D1995066

böhlau

Peter Apathy/Georg Klingenberg/Martin Pennitz

EINFÜHRUNG IN DAS RÖMISCHE RECHT

5., verbesserte und ergänzte Auflage 2012

2012

BÖHLAU VERLAG WIEN KÖLN WEIMAR

Bibliografische Information der Deutschen Nationalbibliothek:
Die Deutsche Nationalbibliothek verzeichnet diese Publikation
in der Deutschen Nationalbibliografie; detaillierte bibliografische Daten
sind im Internet über http://dnb.d-nb.de abrufbar.

Wiesingerstraße 1, A-1010 Wien, www.boehlau-verlag.com

Druck und Bindung: BALTO print
Gedruckt auf chlor- und säurefreiem Papier
Printed in Litauen

ISBN 978-3-205-78886-7

Inhalt

Dritter Teil: Erbrecht

Vierter Teil: Sachenrecht

Fünfter Teil, erste Hälfte: Schuldrecht – Besonderer Teil

Fünfter Teil, erste Hälfte: Schuldrecht – Allgemeiner Teil

Sechster Teil: Zivilprozessrecht

Vorwort

Die europäische Rechtskultur und im Besonderen auch das österreichische Privatrecht wurden entscheidend durch das römische Privatrecht geprägt. Es steht daher in Österreich traditionell am Beginn der Juristenausbildung. Unser Lehrbuch will den Studienanfänger in das römische Privatrecht, vor allem in das Recht der klassischen Jurisprudenz, und in die juristische Denkweise einführen sowie auf die vielfältigen Nachwirkungen des römischen Rechts im geltenden Recht hinweisen.

Der Aufbau des Lehrbuchs orientiert sich am Linzer Studienplan, ohne sich auf diejenigen Teilgebiete zu beschränken, die in den Vorlesungen behandelt werden. Nach einer Einführung in das römische Personen-, Familien- und Erbrecht liegt der Schwerpunkt der Darstellung beim Sachen- und Schuldrecht, welche Gebiete den nachhaltigsten Einfluss auf das geltende Recht und die heutige juristische Denkweise ausgeübt haben. Da der Studienanfänger in den Vorlesungen zum österreichischen Privatrecht besonders mit dem Kaufvertrag und dessen Abwicklung vertraut gemacht wird, wurde dieser Teil besonders intensiv behandelt, wobei aus didaktischen Überlegungen Überschneidungen der Darstellung im Schuld- und im Sachenrecht bewusst in Kauf genommen werden. Die abschließende Darstellung des Zivilprozesses ist für das Verständnis des römischen Privatrechts unerlässlich.

Die Autoren haben die Darstellung untereinander aufgeteilt: Prof. Apathy verfasste den einleitenden Teil über die Grundlagen, die §§ 7–10 aus dem Personen- und Familienrecht, das Sachenrecht sowie die §§ 11, 13, 14 vom Erbrecht; Prof. Klingenberg bearbeitete das Schuldrecht, die §§ 15–19 aus dem Erbrecht sowie den Zivilprozess; Prof. Pennitz schrieb auf der Grundlage der Darstellung von Prof. Stiegler in der dritten Auflage die §§ 4–6 zum Personen- und Familienrecht sowie § 12 aus dem Erbrecht.

Die Autoren danken Frau Sandra Zeiml und Frau Margareta Hammerl für die Herstellung der Texterfassung.

Linz und Graz, im April 2012. *Apathy Klingenberg Pennitz*

Abkürzungen

AA	Aulus Agerius (Kläger)
ABGB	Allgemeines bürgerliches Gesetzbuch
Abs	Absatz
aF	alte Fassung
allg	allgemein
ALR	Allgemeines Landrecht für die Preußischen Staaten
AnfO	Anfechtungsordnung
AußStrG	Gesetz über das gerichtliche Verfahren in Rechtsangelegenheiten außer Streitsachen (Außerstreitgesetz)
bes	besonders
BGB	(deutsches) Bürgerliches Gesetzbuch
Bsp	Beispiel
bzw	beziehungsweise
C	Codex (Justinians)
ca	circa
c.d.	capitis deminutio
D	Digesten
dh	das heißt
EheG	Ehegesetz
etc	et cetera
frag vat	Fragmenta Vaticana
f	folgende [Seite]
ff	folgende [Seiten]
G	Gesetz
Gai	Gaiusinstitutionen
GoA	Geschäftsführung ohne Auftrag
hL	herrschende Lehre
I	Institutionen (Justinians)
idR	in der Regel
insb	insbesondere
IO	Insolvenzordnung
iVm	in Verbindung mit
ieS	im engeren Sinn

iwS	im weiteren Sinn
Jh	Jahrhundert
KSchG	Konsumentenschutzgesetz
MRG	Mietrechtsgesetz
nChr	nach Christus
nF	neue Fassung
NN	Numerius Negidius (Beklagter)
Nov	Novelle (Justinians)
NZwG	Notariatszwangsgesetz
o	oben
oÄ	oder Ähnliches
PS	Pauli sententiae
S	Satz, Seite
s	siehe
s.	servitus
SC	senatus consultum
sog	so genannt
StGB	Strafgesetzbuch
TEG	Todeserklärungsgesetz
Ulp reg	Ulpiani liber singularis regularum
u	und, unten
ua	und andere, unter anderem
uÄ	und Ähnliches
usf	und so fort
usw	und so weiter
uU	unter Umständen
va	vor allem
vChr	vor Christus
vgl	vergleiche
VStG	Verwaltungsstrafgesetz
wörtl	wörtlich
zB	zum Beispiel
ZPO	Zivilprozessordnung
zT	zum Teil

ERSTER TEIL

Grundlagen

§ 1. Römisches Recht und österreichisches Privatrecht

Das geltende österreichische Privatrecht ist das Ergebnis eines jahrhundertelangen Entwicklungsprozesses im europäischen Kulturraum. Die **abendländische Rechtskultur** baut in vielem auf dem römischen Recht auf; zahlreiche Institute unseres Privatrechts sind von den römischen Juristen erdacht oder vorgeformt; für viele Probleme haben sie in interessegerechten Fallentscheidungen vorbildliche Lösungen gefunden. Vor allem aber haben die römischen Juristen, beeinflusst von der griechischen Philosophie, die **juristische Denkweise** nachhaltig geprägt; denn als erste erfassten sie Rechtsfragen als Probleme des wissenschaftlichen Denkens und erreichten dabei den Standard an möglicher Wissenschaftlichkeit der Jurisprudenz. Neben der griechischen Philosophie und dem Christentum bildet die römische Jurisprudenz einen dritten antiken Eckpfeiler der abendländischen Kultur.

Die Kenntnis der historischen Grundlagen des geltenden Rechts soll dessen Verständnis vertiefen, indem die Zusammenhänge zwischen den Regelungen und Entscheidungen besser erkannt und das über Jahrhunderte gewachsene geistige Band, das die einzelnen Bestimmungen zu einer Rechtsordnung zusammenfügt, bewusst wird. Es gilt ferner, die praktischen Erfahrungen der Vergangenheit für die Weiterentwicklung des Rechts zu nützen und frühere Fehlentwicklungen nicht zu wiederholen. Die Besinnung auf die historischen Gemeinsamkeiten der europäischen Rechtsordnungen, wie sie vor den Kodifikationen der letzten beiden Jahrhunderte bestanden, ist gerade in Hinblick auf die Rechtsangleichung im Rahmen der EU von großer Bedeutung. Auch wenn sich die gesellschaftlichen Verhältnisse ändern, gibt es über die Jahrhunderte gleich bleibende oder ähnlich gelagerte Interessenkonflikte. Für solche Konflikte lassen sich sachgerechte Lösungen nur in beschränkter Zahl finden, auch wenn es eine gewisse Bandbreite zwischen extrem gegensätzlichen Lösungen in vielen Fällen gibt. Das heutige Privatrecht ist das Ergebnis einer Abstraktion allgemein formulierter Normen aus

Einzelfallentscheidungen. Die sachliche Angemessenheit abstrakter Normen hat sich im konkreten Fall zu erweisen; das römische Recht bietet dafür die reichhaltigste Sammlung der auf Einzelfälle angewandten Rechtsgrundsätze, die sich über Jahrhunderte als das Resultat der Gedankenarbeit vieler Juristen entwickelten und bewährten. Deshalb haben auch die Väter des ABGB, Martini und Zeiller, vielfach Rechtssätze des römischen Rechts als solche des Naturrechts empfunden und ins ABGB übernommen.

Bis zum Inkrafttreten des ABGB (1.1.1812) herrschte in den österreichischen Erblanden starke Rechtszersplitterung im Bereich des Privatrechts. Es galt das *ius commune* ([all]**gemeine Recht**), soweit ihm nicht – vor allem im Personen-, Ehegüter-, gesetzlichen Erb- und Liegenschaftsrecht – lokal differenziertes einheimisches Recht vorging. Im Gegensatz zum einheimischen Recht war das gemeine Recht, das im ganzen christlichen Abendland Verbreitung fand und im Deutschen Reich als Kaiserrecht besondere Bedeutung gewann, rezipiertes Recht. Es wurde aus Oberitalien, wo ab dem Ende des 11. Jh der Schwerpunkt der europäischen Juristenausbildung lag, von den dort ausgebildeten Juristen in ihre Heimat gebracht. Infolge seiner wissenschaftlichen Durchdringung und Schriftlichkeit konnte sich das gelehrte Recht, das sich inhaltlich hauptsächlich aus römischem Recht in zeitgemäßer Interpretation und Kirchenrecht zusammensetzte, gegenüber dem einheimischen (Gewohnheits)Recht vor allem im Schuld- und Sachenrecht durchsetzen. Es galt als *ratio scripta* (niedergeschriebene Vernunft) und das ABGB hat häufig aus dem römischen Recht Regelungen übernommen, weil sie der natürlichen Vernunft und dem moralischen Menschengefühl entsprechen. Mindestens ebenso wichtig war aber, dass die Denkweise, die bei der wissenschaftlichen Befassung mit dem gemeinen Recht wieder entdeckt und entwickelt wurde, auch auf das einheimische Recht angewandt wurde. Schließlich geht auch die Systematik des ABGB mit der Kategorie der „persönlichen" Sachenrechte auf die Gliederung der Institutionen des Gaius (S 9) und Justinians in *personae* (Personen- und Familienrecht), *res* (Sachenrecht einschließlich Erb- und Obligationenrecht) und *actiones* (Klagen) zurück („Institutionensystem").

Die Bildung und die Rezeption des gemeinen Rechts im spätmittelalterlichen und frühneuzeitlichen Europa ist die Folge eines von den Universitäten ausgehenden Prozesses der **Verwissenschaftlichung** des Rechtswesens.

Die juridischen Fakultäten gehören wie die philosophischen, theologischen und medizinischen zu den klassischen Fakultäten der europäischen Universitäten des Mittelalters. Akademisch gebildete Fachjuristen fanden in den Kanzleien der Fürsten und Städte Verwendung und verdrängten schrittweise Schöffen, Honoratioren und den Adel in der Rechtsprechung. Grundlage dieser Verwissenschaftlichung der Jurisprudenz, die zur Entstehung einer europäischen Privatrechtswissenschaft geführt hat, ist die Befassung mit dem römischen Recht nach dem Wiederauffinden einer Handschrift der Digesten, des wertvollsten Teils des spätantiken Gesetzgebungswerks von Kaiser Justinian (Regierungszeit: 527–565), das seit Gothofredus (1583) *Corpus Iuris Civilis* genannt wird. Es erwies sich als eine einmalige Quelle juristischen Denkens.

§ 2. Die Entwicklung des römischen Privatrechts

I. Ius civile

Das römische Privatrecht ist keine systematische Einheit, sondern über Jahrhunderte aus mehreren Entstehungsquellen in Schichten gewachsen. Die älteste Rechtsschicht, das *ius civile*, hat einen traditionellen gewohnheitsrechtlichen Kern (S 15), der ca 450 vChr im **Zwölftafelgesetz** teilweise aufgezeichnet, teilweise neu gestaltet wurde. Die XII-Tafeln sind ein Ergebnis des Ständekampfs zwischen den Patriziern und den Plebejern. Die Aufzeichnung des Rechts durch ein speziell eingesetztes Zehnmännerkollegium (*decemviri legibus scribundis*) sollte die Plebejer gegen die Willkür der Patrizier im Rechtsverkehr und in der Justiz schützen. Die ursprüngliche Aufzeichnung ist nicht erhalten; angeblich verbrannten die hölzernen Tafeln beim Gallierbrand 387 vChr. Wir besitzen daher nur bruchstückhafte, mittelbare Überlieferungen, die einen knappen und klaren Gesetzeswortlaut sowie einen beachtlichen Grad an Abstraktion der Normierungen erkennen lassen. Die XII-Tafeln waren zwar keine auf Vollständigkeit und systematische Ordnung bedachte Kodifikation, wohl aber eine recht umfassende Aufzeichnung des damaligen Rechtszustandes eines bäuerlichen Gemeinwesens im Bereiche des Privat- und Prozessrechts, des Straf- sowie des Sakralrechts. Die bäuerliche Sozialstruktur erklärt die Bedeutung des vom *paterfamilias* dominierten Hausverbandes (*familia*), in dessen innere Verhältnisse sich der Staat kaum einmengte. Hingegen drängten die prozessrechtlichen Vorschriften die außergerichtliche Verfolgung privater Rechte gegenüber Hausfremden durch Selbsthilfe zurück.

Die weitere Entwicklung des *ius civile* bestimmte zunächst die **Auslegung** (*interpretatio*) der XII-Tafeln. Diese oblag bis zum 3. Jh vChr den Priestern (*pontifices*), wobei ausgehend von wörtlichen Interpretationen auch Neuschöpfungen „nachgeformter" Rechtsgeschäfte, zB die *emancipatio* (S 64), mit Hilfe bestehender Rechtssätze gelangen. Nur vereinzelt erfolgte die Weiterbildung durch Gesetze (*leges*). Die *lex publica* wurde – häufig nach vorheriger Beratung im Senat (Rat der Ältesten) – auf Antrag (*rogatio*) des Konsuls oder des Prätors von der Volksversammlung (Zenturiatskomitien) beschlossen.

Gesetzgebungsorgan war die Versammlung des *populus Romanus* auf Grundlage der Gliederung des Heeres in Hundertschaften (*centuriae*) von unterschiedlicher Größe. Die Zuordnung des Einzelnen erfolgte nach der vom Zensor vorgenommenen Vermögensschätzung, wobei die *equites* (Ritter) zusammen mit den Angehörigen der ersten Klasse des Fußvolkes, den Schwerbewaffneten, über die Mehrheit an Zenturien, auf die es bei der Abstimmung ankam, verfügten. Gesetzesbeschlüsse konnten nur aufgrund eines Antrags des Magistrats, der die Versammlung aufgrund seines *ius agendi cum populo* einberief und leitete, und ohne Änderungsmöglichkeit der Versammlung gefasst werden.

Seit 286 vChr (*lex Hortensia*) standen den von der gesamten Volksversammlung beschlossenen *leges* die vom *concilium plebis* insb auf Antrag der Volkstribune beschlossenen Plebiszite gleich (Gai 1,3). Dementsprechend werden auch Plebiszite als Gesetze bezeichnet (zB: *lex Aquilia*).

Für die Privatrechtsgeschichte bedeutsame *leges* hat die Volksversammlung noch unter Augustus beschlossen. Wenig später kam die Volksgesetzgebung ohne formelle Abschaffung außer Übung. An die Stelle der *leges* traten Senatsbeschlüsse (*senatus consulta*), die nunmehr gesetzesgleiche Kraft erlangten (Gai 1,4); Ansätze dazu gab es schon im letzten Jh der Republik.

Der Senat setzte sich ursprünglich aus den Oberhäuptern (*patres*) der patrizischen Adelsgeschlechter (*gentes*) zusammen; in der Republik ernannte der Konsul, seit 312 vChr der Zensor ehemalige Magistrate zu

Senatoren. Der Senat wurde vom Konsul einberufen und beschloss in der Republik Empfehlungen an die Magistrate, die wegen der Autorität der Senatoren regelmäßig beachtet wurden.

Mit zunehmendem Einfluss des Kaisers auf den Senat schwand die Bedeutung des Senatsbeschlusses gegenüber dem Antrag des Kaisers (*oratio principis*). Zudem hatten kaiserliche Anordnungen (*constitutiones principis*) vom 2. Jh nChr an gesetzesgleiche Kraft (Gai 1,5), obwohl dem *princeps* nach der Verfassung keine Gesetzgebungsmacht zukam. Zu diesen Konstitutionen zählen: *edicta* (allgemeine Verlautbarungen wie die *constitutio Antoniniana*: S 16), *mandata* (interne Dienstanweisungen an Beamte), *rescripta* (schriftliche Stellungnahmen zu Anfragen) und *decreta* (Entscheidungen nach Verhandlungen vor dem Kaisergericht).

II. Ius honorarium

Nur eine kleine Zahl von *leges* betrafen das Privatrecht und dessen prozessuale Verwirklichung. Sie regelten zumeist eng begrenzte Einzelfragen von politischem Interesse, während die Weiterentwicklung des römischen Privatrechts durch generelle Normen ab etwa 300 vChr – also in der Zeit der Entwicklung Roms zur Großmacht und der Veränderung der wirtschaftlichen Strukturen durch wachsenden Handels- und Geldverkehr sowie städtische Strukturen – zunehmend im Bereich der Rechtsanwendung (*iurisdictio*) durch die Jurisdiktionsmagistrate, vor allem den **Prätor**, erfolgte.

Die *iurisdictio* oblag zunächst dem Höchstmagistrat (*praetor maximus*, *iudex*, Konsul), seit der Konsularverfassung von 367 vChr (*leges Liciniae Sextiae*) für die ordentliche Zivilgerichtsbarkeit dem Prätor als *minor collega* der Konsuln. Daneben bestand eine besondere Zuständigkeit der kurulischen Ädile für den Markthandel. In den Provinzen oblag dem Statthalter (*praeses provinciae*) die Straf- und Privatrechtspflege.

Iurisdictio bedeutet seit den XII-Tafeln nicht mehr Rechtsprechung durch den Magistrat, sondern dessen Funktion, durch Einsetzung eines Urteilsgerichts (*iudicium dare*) den Prozess einzuleiten. Der Prätor entscheidet im Verfahrensabschnitt *in iure*, der mit der *litis contestatio* endet, über die Zulassung der *actio* (Klage) und bestimmt den *iudex privatus* (Richter), der das Ermittlungsverfahren durchzuführen und danach zu urteilen hat. Außerdem ist der Prätor für die Vollstreckung zuständig. Die für den römischen Zivilprozess kennzeichnende Verfahrensteilung zwischen dem Prätor und dem *iudex* wurde zur Entlastung des Prätors eingeführt; sie fördert aber auch – wie die moderne Gewaltenteilung – eine unparteiliche Rechtsfindung.

Der Prätor ist an das *ius civile* gebunden, aber beim *iudicium dare* nicht auf die *legis actiones* (S 306) des *ius civile* beschränkt. Er kann aufgrund seiner *iurisdictio* im Rahmen des Formularprozesses (S 308 ff) neue Rechtsbehelfe gewähren. Dazu zählen etwa die *bonae fidei iudicia* aus formlosem Kauf und anderen Vertragsverhältnissen, die in unmittelbarer Weiterentwicklung des *ius civile* geschaffenen *actiones utiles*, *actiones ad exemplum* (zB *legis Aquiliae*: S 224), Klagen mit *formulae ficticiae* (zB um die *actio furti* auf Nichtbürger zu erstrecken) sowie auf den Einzelfall zugeschnittene *actiones in factum*, aber auch Interdikte oder *exceptiones* (Einreden).

Aufgrund der *iurisdictio* entwickelte sich durch die Schaffung neuer Rechtsbehelfe (insb Klagen), die über den Einzelfall hinaus Verwendung fanden, neben dem altrömischen *ius civile* ein **Amtsrecht** der Prätoren, kurulischen Ädile und Statthalter (*ius honorarium*), für dessen Ausgestaltung insb auch der Rechtsverkehr mit den Ausländern von Bedeutung war; die Förmlichkeiten des altrömischen Rechts verloren an Bedeutung. Seit 242 vChr gab es für Prozesse mit Ausländern einen eigenen *praetor peregrinus* (Fremdenprätor) neben dem *praetor urbanus*. Die Verflechtungen zwischen den beiden Rechtsschichten *ius civile* und *ius honorarium*, wozu noch das Juristenrecht und das Kaiserrecht traten, prägen die Struktur des römischen Privatrechts: Papinian D 1,1,7,1: *Ius praetorium est, quod praetores introduxerunt adiuvandi vel supplendi vel corrigendi iuris civilis gratia* (Prätorisches Recht ist solches, das die Prätoren zur Unterstützung oder Ergänzung oder Korrektur des Zivilrechts einführten). So gibt es neben dem zivilen Erbrecht eine prätorische Nachfolgeordnung, die teilweise mit dem *ius civile* übereinstimmt, dieses aber auch ergänzt und korrigiert (S 71).

Die prätorische Rechtsschöpfung findet ihren sichtbaren Ausdruck im **Edikt**. Es enthält Kundmachungen verschiedener Art, insb Ankündigungen, unter welchen Voraussetzungen der Prätor eine (nichtzivile) *actio* gewährt: zB D 6,2,1pr: *Ait praetor: Si quis id quod traditur ex iusta causa non a domino et nondum usucaptum petet, iudicium dabo.* (Der Prätor sagt: Wenn jemand das einklagt, was aus einem gerechtfertigten Grund vom Nichteigentümer übergeben und noch nicht ersessen wurde, werde ich ein Urteilsgericht einsetzen). Der Magistrat war an sein Edikt gebunden; er musste also eine von ihm verheißene *actio* gewähren, wenn jemand sie beantragte, der die im Edikt genannten Voraussetzungen erfüllte. Die prozessorientierten Ankündigungen im prätorischen Edikt führten zu der für das römische Recht charakteristischen aktionenrechtlichen Denkweise (S 16).

Auch wenn jeder Prätor sein Edikt zu Beginn seiner einjährigen Amtszeit verlautbarte, orientierte er sich am Edikt seines Amtsvorgängers, so dass viele Rechtsschutzankündigungen der Prätoren permanent galten und das *ius honorarium* stetig weitergebildet wurde. Im Auftrag Kaiser Hadrians unterzog der Jurist Julian (S 9) das prätorische sowie das ädilizische Edikt einer abschließenden Redaktion. Dieses *edictum perpetuum* beendete um 130 nChr die Periode der Rechtsfortbildung durch den Prätor. Künftige Änderungen und Ergänzungen des Edikts blieben dem Kaiser vorbehalten.

III. Juristenrecht

Der römische Prätor war Politiker und nicht Jurist, ebenso war der *iudex privatus* juristischer Laie. Fachleute auf dem Gebiet der Rechtswissenschaften waren zunächst die *pontifices* (Priester). Sie kannten die Prozessformeln, schufen Geschäftsformeln, berieten aufgrund ihrer Autorität als Sakral- und Rechtsexperten die Magistrate und Privatpersonen und konnten eine Geheimwissenschaft betreiben. Erst nach der Veröffentlichung der Formeln und der öffentlichen Bekanntgabe von Rechtsauskünften zu Beginn des 3. Jh vChr war die Rechtskunde nicht mehr ans Priesteramt gebunden. In diese Zeit fällt auch die Begegnung mit der griechischen Philosophie, deren Denkmethoden erst die Juristen die Zusammenhänge zwischen den in Einzelfällen gefundenen Problemlösungen erfassen ließen und damit die Entwicklung einer römischen Rechtswissenschaft ermöglichten.

Juristen (*iuris periti*) waren wohlhabende Männer von hohem Ansehen, häufig aus dem Senatorenstand, die unentgeltlich Privatpersonen, Magistraten und Richtern **Gutachten** (*responsa*) erteilten und sie in deren *consilia* berieten. Dadurch nahmen sie wesentlichen Einfluss auf die Rechtsfortbildung der Prätoren und die Entscheidungen der Richter. Die Vertretung vor Gericht überließen sie meist Rhetoren, von denen sich die *iuris periti* abgrenzten. Zur Tätigkeit der Juristen gehörte ferner das *cavere* (daher: Kautelarjurisprudenz), also die Konzeption von Vertragsformularen, schwierigen Verträgen oder Testamenten. Die damit verbundene Formulierungsarbeit der republikanischen Juristen (von den späteren *veteres* genannt), etwa auch bei der Entwicklung neuer Prozessformeln, prägte sehr nachhaltig die klare, knappe und prägnante römische Rechtssprache.

In der **klassischen Periode** der römischen Rechtswissenschaft, die mit Augustus beginnt und bis ins 3. Jh dauert, wuchs der Einfluss prominenter Juristen auf die Rechtsentwicklung durch das *ius respondendi*. Seit Augustus verliehen die Kaiser hervorragenden Juristen die Befugnis *ex auctoritate principis* zu gutachten; übereinstimmende Gutachten von Juristen mit *ius respondendi* hatten gesetzesgleiche Wirkung. In ihren Gutachten entwickelten die Juristen der Klassik das Recht von Fall zu Fall weiter und erreichten, trotz aller Kontroversen, ein großes Maß an Harmonie. Schließlich waren viele Juristen als Magistrate, als Berater im *consilium principis* oder bis in höchste Positionen – wie Papinian, Ulpian und Paulus als *praefecti praetorio* – in der kaiserlichen Verwaltung tätig.

Die intensive Gutachtertätigkeit lässt die römischen Juristen nicht nur als hervorragende Rechtstheoretiker, sondern auch als Praktiker der Rechtsanwendung und Rechtsschöpfung erscheinen. Dementsprechend ist die **Rechtsliteratur** eine wesentliche Quelle der Rechtserkenntnis und Rechtsentwicklung, denn in ihren Werken diskutierten die Juristen problematische Fälle über Generationen. Die literarische Produktion der römischen Juristen besteht zu einem großen Teil aus Gutachtensammlungen (*responsa, digesta*). Daneben verfassten sie Monographien und vor allem Kommentare. Für Kommentare zum *ius civile* diente entweder dessen Darstellung durch den republikanischen Juristen Quintus Mucius Scaevola (95 vChr Konsul) oder die *tres libri iuris civilis* des Sabinus als Vorlage (*libri ad Sabinum*). In Kommentaren zum prätorischen Edikt (*libri ad edictum*), zum Edikt der kurulischen Ädile und zum Provinzialedikt erläutern sie das *ius honorarium*. Lehrbücher, wie die *institutiones* des Gaius, zeigen, dass sich die römischen Juristen auch um systematische Darstellung vor allem für den Unterricht bemühten.

Das römische Recht ist weniger Gesetzesrecht als **Entscheidungsrecht**, ähnlich dem anglo-amerikanischen case law. Nicht die *leges* und andere generelle Normen (S 4f), sondern die auf den Arbeiten der republikanischen Juristen aufbauenden Einzelfallentscheidungen der besten Juristen der Klassik verhalfen dem römischen Recht zu seiner besonderen

Bedeutung. Es war dies die geistige Leistung eines kleinen Kreises von Fachleuten, die ihr über Generationen entwickeltes Wissen, ihre Erfahrung und ihre Rechtsweisheit an ihre Schüler weitergegeben haben.

Bedeutendster Jurist der frühen Klassik (1. Jh) war Labeo, der Begründer der nach seinem Nachfolger Proculus benannten prokulianischen Rechtsschule. Zwischen den Prokulianern und den nach dem Frühklassiker Sabinus benannten Sabinianern gab es bis zur Mitte des 2. Jh zahlreiche Kontroversen. Von den Hochklassikern (2. Jh) sind Javolen und Julian Sabinianer, Neraz und Celsus Prokulianer; Celsus und Julian sind die herausragenden Persönlichkeiten dieser Zeit. Anerkannt waren ferner Pomponius, der auch einen Abriss über die Geschichte der römischen Rechtswissenschaft verfasst hat, Marcell und Scaevola. Wegen seiner *institutiones* ist Gaius bedeutsam geworden. Der angesehenste unter den Ende des 2. und Anfang des 3. Jh wirkenden Spätklassikern ist Papinian, der vielen als der größte unter den römischen Juristen gilt. In ihren gewaltigen Kommentaren *ad edictum* und *ad Sabinum* haben Paulus und Ulpian die beständig angewachsene Rechtsliteratur breit und klar dargestellt; ihre Schriften sind in den Digesten am umfangreichsten überliefert.

In der mit den Soldatenkaisern (ab 235 nChr) beginnenden **nachklassischen Periode** ging – abgesehen von der Zeit des Diokletian (284–305) – die verfeinerte juristische Denkweise und Ausdruckstechnik verloren. Die Juristen der kaiserlichen Kanzlei blieben anonym, ebenso die Bearbeiter klassischer Juristenschriften, die etwa unter dem Namen des Klassikers Auszüge wie die Paulussentenzen oder die *tituli ex corpore Ulpiani* verfassten.

Im 4. Jh starb die juristische Fachausbildung ab und Nichtjuristen mit unwissenschaftlichen Vorstellungen verfassten die Kaiserkonstitutionen. Laienhafte Anschauungen setzten sich durch, weil die Gedanken der klassischen Juristen nicht mehr nachvollzogen werden konnten. Dieses auf eine niedrigere Stufe der Rechtskultur zurückgesunkene **Vulgarrecht**, das aber gelegentlich auch sachliche Fortschritte erzielen konnte, hat über Kodifikationen für die romanische Bevölkerung im Westgotenreich und in Burgund Ende des 5. und Anfang des 6. Jh die weitere Rechtsentwicklung in Westeuropa beeinflusst.

IV. Justinians Kodifikation

Die Schriften der klassischen Juristen waren auf Papyrusrollen (*libri*) von kurzer Lebensdauer verfasst; sie mussten häufig abgeschrieben werden. Erst nach der Hochblüte der römischen Jurisprudenz kam der *codex*, das aus Pergamentblättern bestehende Buch, auf. Nur wenige Juristenschriften sind unmittelbar überliefert wie die *institutiones* des Gaius, die auf einer überschriebenen Handschrift (Palimpsest) in Verona gefunden wurden, oder die *fragmenta Vaticana*, eine nachklassische Privatsammlung von Auszügen aus Schriften des Papinian, Ulpian und Paulus sowie einzelner Kaiserkonstitutionen. Die Schriften der klassischen römischen Juristen wären bis auf wenige Ausnahmen verloren gegangen, hätte nicht Kaiser **Justinian I** (527–565) mit seiner Kodifikation (*Corpus Iuris Civilis*) so viel von ihnen der Nachwelt erhalten, dass eine tragfähige Grundlage für die spätere Rechtsentwicklung Europas auf hohem juristischem Niveau geschaffen wurde. Justinians Politik zielte auf eine Wiederherstellung des alten *imperium Romanum*; sein Gesetzgebungswerk war Teil dieser Politik.

In den Rechtsschulen von Berytos (Beirut) und Konstantinopel befasste man sich im 5. Jh nChr wieder mit den Klassikertexten, die man zur Ausbildung im juristischen Denken eingehend analysierte. Im Gefolge dieser **Wiederbelebung der klassischen Rechtskultur** strebte Justinian eine Kodifikation des Rechts an, und zwar nicht nur der Kaiserkonstitutionen wie im *Codex Theodosianus* (438), sondern auf Vorschlag seines Justizministers Tribonian auch des Juristenrechts. Dabei ist kulturgeschichtlich wesentlich, dass die Kodifikation unter möglichster Wahrung der Schriften der klassischen römischen Juristen erfolgte. Die klassizistische Gesinnung Justinians erkennt man abgesehen von der Beibehaltung der lateinischen Sprache auch daran, dass in den Digesten die Namen der Autoren und ihrer Werke in der sog *inscriptio* angeführt sind; dies bringt zum Ausdruck, dass gedanklicher Urheber dieses Teils der Kodifikation nicht der Kaiser ist, sondern die Juristen.

530 beauftragte Justinian Tribonian, mit einer Kommission eine Sammlung von Auszügen aus den Schriften der klassischen Juristen zu erstellen. Bei der Auswahl haben die „**Kompilatoren**" innerhalb von drei Jahren die vorhandene Literatur von etwa 2000 *libri* auf etwa ein Zwanzigstel gekürzt, wobei Kontroversen zum Teil bereinigt wurden. Justinian erließ dazu 50 Konstitutionen. Zudem hat man die Texte dem aktuellen Rechts-

zustand durch Interpolationen angepasst; so wurden veraltete Rechtsinstitute durch geltende ersetzt, etwa die *mancipatio* durch die *traditio* (S 121), oder ersatzlos gestrichen, etwa die *tutela mulierum* (S 46). Weitere Abweichungen vom Originaltext können daher rühren, dass durch das häufige Abschreiben der Juristenschriften Veränderungen eingetreten sind.

Für die Erforschung von Textveränderungen in der Nachklassik und bei der Kompilation sind die außerhalb des *Corpus Iuris Civilis* überlieferten Quellen, zB die Gaiusinstitutionen, wertvoll.

Das *Corpus Iuris Civilis* besteht aus: den **Institutionen**, einem Anfängerlehrbuch (mit Gesetzeskraft) „für die nach Rechtskenntnis verlangende Jugend" (*cupidae legum iuventuti*); den **Digesten** (= Pandekten), die auf der Grundlage der Schriften der klassischen Juristen erstellt wurden, und die insb durch eine Abschrift aus dem 6. Jh, die Florentina, gut überliefert sind; dem **Codex**, einer Sammlung von über 4600 Kaiserkonstitutionen (die älteste stammt von Hadrian) in 12 Büchern. Institutionen und Digesten wurden 533, der Codex 534 in Kraft gesetzt; später ergangene Kaiserkonstitutionen sind uns in privaten Novellensammlungen erhalten.

Die Digesten gliedern sich in 50 Bücher, innerhalb dieser in Titel mit einer die Thematik bezeichnenden Überschrift (zB *De furtis* [über Diebstähle] = D 47,2), weiter in Fragmente oder *leges* mit der Benennung des Juristen und des Werkes in der *inscriptio*. Längere Fragmente bestehen aus mehreren Paragraphen; der jeweils erste heißt *principium* (Anfang). Nach dieser Gliederung werden Digestentexte zitiert.

V. Vom römischen Recht zum ius commune

Die Wiederentdeckung der Digesten um die Mitte des 11. Jh und die Denkmethode der mittelalterlichen Theologie, die Scholastik, bildeten die Grundlagen einer neuen wissenschaftlichen Befassung mit dem Recht. Die von Irnerius in Bologna begründete und den *quattuor doctores* Martinus, Bulgarus, Hugo und Jacobus fortgeführte Schule der **Glossatoren** erläuterte den Text des *Corpus Iuris Civilis* durch Anmerkungen am Rand (Marginalglossen) oder zwischen den Zeilen (Interlinearglossen). Dabei wurden Begriffe erklärt, Entscheidungen analysiert, erläutert und mit anderen verglichen, Widersprüche durch Differenzierung (*distinctio*), Erweiterung oder Begrenzung des Anwendungsbereichs gelöst und durch Abstraktion aus den Einzelfallentscheidungen der Digesten allgemeine

Rechtssätze entwickelt. Im 13. Jh fasste Accursius diese Kommentierungen zu der für die Praxis maßgeblichen *glossa ordinaria* zusammen.

Die wissenschaftliche Durchdringung und systematische Ordnung des Rechtsstoffs durch die Glossatoren ermöglichte den nachfolgenden **Kommentatoren** (Konsiliatoren), unter denen im 14. Jh Bartolus und Baldus hervorragen, eine zeitgemäße Anwendung des römischen Rechts in Gutachten (*consilia*) und umfangreichen Kommentaren. Neue Rechtsinstitute wurden, auch wenn sie keine Grundlage im antiken römischen Recht haben, mit Texten aus dem *Corpus Iuris Civilis* oder der Glosse erklärt. Dadurch entwickelten sie das europäische *ius commune*, das die in Italien im römischen und kanonischen Recht zum *doctor utriusque iuris* (Doktor beider Rechte) ausgebildeten Studenten auch ins Deutsche Reich brachten.

Das *ius commune* kam aufgrund seiner geistigen Autorität und Schriftlichkeit durch Gerichtsgebrauch und Gewohnheit (*usu receptum*) zu Geltung. Diese **Rezeption** brachte nicht nur das an den italienischen Universitäten fortgebildete römische Recht selbst nach Deutschland, sondern auch die Rechtswissenschaft des *ius commune*, die Dogmatik der Glossatoren und Kommentatoren, deren Denkweise man auch auf die einheimischen Partikularrechte anwandte. Dabei kam es zu einer Verschmelzung römischrechtlicher, kirchenrechtlicher und partikularrechtlicher Elemente, verbunden mit deren stetiger Weiterentwicklung. Wenngleich man die Zersplitterung des einheimischen Rechts in dieser Epoche des älteren gemeinen Rechts (16.–18. Jh) nicht zu überwinden vermochte, führte die zeitgemäße Praxis des römischen Rechts (*usus modernus pandectarum*) zu wissenschaftlich begründeten Rechtsordnungen, die von einem universitär gebildeten Juristenstand logisch nachvollziehbar gehandhabt wurden. Erst auf dieser Grundlage konnten die von der rationalen Naturrechtslehre getragenen großen Kodifikationen in Preußen (ALR), Frankreich (code civil) und Österreich Ende des 18. und Anfang des 19. Jh entstehen.

Der erste Entwurf zur Kodifikation des bürgerlichen Rechts in Österreich, der Codex Theresianus (1766), ist ein Abbild der damaligen Entwicklungsstufe des gemeinen Rechts.

Während in Österreich das gemeine Recht 1812 außer Kraft trat, galt es in Deutschland noch bis 1900. Als humanistische Gegenbewegung zur Naturrechtsschule gründete Savigny Anfang des 19. Jh die **Historische**

Schule, um zum römischen Recht des *Corpus Iuris Civilis* (ohne die seit dem Mittelalter erfolgten Weiterbildungen) als der höchsten Entfaltung der europäischen Rechtskultur zurückzukehren. Verbunden war die historisierende Strömung mit einem wissenschaftlichen Positivismus, der das Recht logisch zu konstruieren und systematisch aufzubauen suchte (**Pandektistik**). Auf der Grundlage des *Corpus Iuris Civilis* sollte ein widerspruchsfreies System des Privatrechts gebildet werden.

In Österreich bewirkten die Historische Schule und die Pandektistik, dass ab der Mitte des 19. Jh, beginnend mit Stubenrauch und vor allem Unger, das ABGB zunehmend aus der Sicht des römisch-gemeinen Rechts interpretiert und das österreichische Privatrecht systematisch dargestellt wurde.

Die Entwicklung eines Allgemeinen Teils, die aus dem Vorlesungsbetrieb übernommene Gliederung des Privatrechts nach dem Pandektensystem (Allgemeiner Teil, Schuldrecht, Sachenrecht, Familienrecht, Erbrecht) und die Bildung allgemeiner Rechtssätze und Begriffe zur einfacheren Handhabung des Privatrechts sind herausragende Leistungen der Pandektistik. Beginnend mit Puchta fanden sie ihren Niederschlag in umfassenden und systematischen Gesamtdarstellungen, den Pandektenlehrbüchern (zuletzt von Windscheid), und im deutschen BGB. Allerdings führten der Positivismus und die Vorstellung von einem lückenlosen System von Normen und Rechtsbegriffen, aus denen durch Deduktion die Fallentscheidung ableitbar sei, zur extremen Begriffsjurisprudenz. Ihr hing zunächst auch Jhering an, der sie aber überwand und unter Bedacht auf die soziale Wirklichkeit die Zwecke des Rechts betonte, also die von der Rechtsordnung geschützten Interessen der Gesellschaft, Wirtschaft und des Einzelnen. Seitdem ist das Bemühen um materielle Gerechtigkeit in der juristischen Methodenlehre wieder dominant.

§ 3. Ius

I. Ars boni et aequi

Recht ist nach einer berühmten Definition des Celsus die Wissenschaft vom Guten und Richtigen (D 1,1,1pr: *ius est ars boni et aequi*); damit übereinstimmend versteht Paulus (D 1,1,11) *quod semper aequum et bonum est* (was immer richtig und gut ist) als *ius naturale* (Naturrecht). *Ius* ist zum Teil von der Natur vorgegeben (*ius naturale*) und an der *iustitia*, der **Gerechtigkeit**, ausgerichtet, etwa am Gedanken, jedem sein Recht zu gewähren (D 1,1,10pr: *ius suum cuique tribuendi*), dh dem Einzelnen die Durchsetzung seines Rechts zu ermöglichen. Das Rechtsverständnis der Römer ist daher kein rein positivistisches, sondern wertbezogen, wobei der Begriff *aequum* in D 1,1,1pr die Ausgewogenheit sowie den Gedanken, Gleiches gleich zu behandeln, ausdrückt. Recht ist das ethische Gleichgewicht zwischen den Interessen der Menschen in sozialen und wirtschaftlichen Belangen. Auch die Rechtsgebote *honeste vivere, alterum non laedere, suum cuique tribuere* (ehrenhaft leben, niemanden verletzen, jedem das Seine gewähren; D 1,1,10,1) drücken grundlegende ethische Anforderungen an rechtschaffenes Verhalten aus.

II. Bedeutungen von ius

Ius ist eine Ordnung des zwischenmenschlichen Verhaltens, also der Beziehungen zwischen den Menschen in einer Gemeinschaft durch für alle verbindliche Normen (Recht im **objektiven** Sinn). Auch der Ort, wo das Recht „gefunden" wird und Verstöße gegen diese Ordnung geahndet werden, heißt *ius* (Gerichtsstätte). Denn einerseits ist die Erzwingbarkeit Kennzeichen einer Rechtsordnung, andererseits die Zurückdrängung privater Eigenmacht zugunsten der Kontrolle und Durchsetzung des Rechts durch ein öffentliches Gericht ein Maßstab für die Rechtskultur. *Ius* bezeichnet ferner die ursprünglich aus Eigenmacht, seit den XII-Tafeln aus der gesamten Rechtsordnung fließende Berechtigung des Einzelnen gegenüber den Mitmenschen und an Sachen (Recht im **subjektiven** Sinn); zB: *Si nox furtum faxsit, si im occisit, iure caesus esto* (XII-Tafeln 8,12: Wenn er nachts einen Diebstahl begangen und man ihn getötet hat, soll er mit Recht getötet sein). Die Verbindlichkeit „privatautonomen" Handelns ist gemeint, wenn es in XII-Tafeln 5,3 heißt: *uti legassit super pecunia tutelave suae rei, ita ius esto* (Wie man über sein Vermögen oder eine Vormundschaft testiert hat, so soll es Recht sein). In Gegensatz zu *iniuria* bedeutet *ius*, dass jemand berechtigt gehandelt (*ius fecit*), also keinen anderen Menschen verletzt hat. Von Verstößen gegen die zwischenmenschliche Ordnung unterscheiden die Römer Handlungen, durch die der Täter die Götter verletzt (*nefas*) und deshalb von jedermann getötet werden darf.

III. Recht und Sitte

Bevor noch die Rechtsordnung aufgezeichnet (*ius ex scripto*: D 1,1,61) und durch *leges* gestaltet wurde, bestand eine ungeschriebene verbindliche Ordnung, eine von den Vorvätern übernommene Tradition (*mos maiorum*) und **Gewohnheit** (*consuetudo*), der sich die konservativen Römer verpflichtet fühlten. Rechtsinstitute wie die *patria potestas*, die *manus*, das Erbrecht der *sui heredes*, Eigentum oder die *sponsio* haben die XII-Tafeln schon vorausgesetzt. Die gefestigte *consuetudo* hat die gleiche Wirkung wie ein Gesetz, sie begründet Gewohnheitsrecht; gewohnheitsmäßige Nichtanwendung (*desuetudo*) setzt eine Norm außer Kraft (S 58). Mit *mos* bezeichnen die Römer aber nicht nur die rechtlich verbindliche Gewohnheit, sondern auch das sittliche Gebot, gegen das nicht verstoßen werden darf (§879 ABGB: gute Sitten); ferner die Verkehrssitte (zB Ortsgebrauch: *mos regionis*), schließlich die rechtlich unverbindliche **Sitte**, wie etwa das Brauchtum bei der Eheschließung (S 57), oder die von der Gerichtsbarkeit unterschiedene Sittenaufsicht (*regimen morum*) des Zensors. Der Zensor ahndet Missbräuche etwa des Eigentumsrechts oder der *patria potestas* mit steuerlichen Sanktionen oder der Ausstoßung aus dem Ritterstand oder aus dem Senat.

IV. Ius civile und ius gentium

Recht kann für alle **Menschen** (soweit sie nicht Sklaven sind) gelten (*ius gentium*) oder nur für die **Bürger** einer *civitas* (*ius civile*; vgl §1 ABGB: bürgerliches Recht). Als *ius Quiritium* bezeichnen die Römer ihr *ius civile*. Rechtseinrichtungen wie die *patria potestas*, das *dominium* (Eigentum) *ex iure Quiritium* und dessen Ersitzung (S 124ff) oder die *sponsio* (S 155) sind römischen Bürgern vorbehalten. Durch Verleihung des *commercium* (Fähigkeit zum Abschluss der *mancipatio*) und *conubium* (Fähigkeit, ein *matrimonium iustum* einzugehen: S 55) an die Stadtstaaten des latinischen Bundes und im Einzelfall wurde der Geltungsbereich in Teilbereichen auf *peregrini* (Nichtbürger) erstreckt. Die Ausweitung des römischen Bürgerrechts auf Italien (1. Jh vChr) und durch die *constitutio Antoniniana* von 212 nChr auf die freien Reichsbewohner (D 1,5,17) hat den Anwendungsbereich des *ius civile* stark erweitert.

Rechtsbeziehungen zwischen *peregrini* gleicher Herkunft können nach ihrem Heimatrecht beurteilt werden (**Personalitätsprinzip**); zwischen Peregrinen verschiedener Nationalität oder Peregrinen und Römern gilt *ius gentium*, das zu einem erheblichen Teil vom *praetor peregrinus* (S 6) als Amtsrecht geschaffen wurde.

In etwas anderer Bedeutung begegnet *ius gentium* für Recht, das bei allen Völkern beachtet wird. Nach Gaius gründe es sich auf die natürliche Vernunft (Gai 1,1), doch kann wie die Beurteilung der Sklaverei zeigt, *ius gentium* dem Naturrecht widersprechen (I 1,2,2).

Auch der Begriff *ius civile* ist mehrdeutig: Dem *ius gentium* gegenübergestellt geht es um den persönlichen Geltungsbereich (*cives Romani – peregrini*) von Normen; andererseits drückt *ius civile* die gesetzliche oder gesetzesgleiche Geltungsgrundlage einer Norm im Gegensatz zum *ius honorarium* aus (S 6).

Naturrechtliche und zivilrechtliche Vorschriften sowie solche des *ius gentium* fasst Ulpian als **ius privatum** zusammen (D 1,1,1,2), das er dem *ius publicum* gegenüberstellt: Privatrecht hat das Interesse Einzelner, öffentliches Recht die Ordnung des Staates und das Gemeinwohl im Auge. Dies ist die Grundlage der Interessentheorie zur Abgrenzung von privatem und öffentlichem Recht. Daneben bezeichnet *ius privatum* im Gegensatz zu generellen Normen die privatautonom eingegangenen Rechtsbeziehungen.

V. Recht und actio

Insb die Gestaltung des prätorischen Edikts, in dem angekündigt ist, unter welchen Voraussetzungen eine (nichtzivile) *actio* gewährt wird, förderte die **aktionenrechtliche Denkweise**: Wer eine *actio* hat, der hat ein (subjektives) Recht, das er grundsätzlich erfolgreich im Prozess durchsetzen kann. Private Interessen, die nicht durch eine *actio* (oder ein anderes Rechtsmittel) geschützt werden, sind rechtlich unerheblich. Der Begriff *actio* umschließt sowohl den prozessualen Akt der (vom Magistrat gewährten) Klage als auch die damit durchsetzbare materielle Berechtigung. Inhalt und Umfang der Berechtigung bestimmen sich danach, welche *actio* zusteht. Die *actio* kann auf eine Leistung gerichtet sein (zB: D 44,7,51 *Nihil aliud est actio quam ius quod sibi debeatur, iudicio persequendi.* [Die Klage ist nichts anderes als das Recht, gerichtlich durchzusetzen, was einem gebührt]), aber auch auf Feststellung oder Rechtsgestaltung (zB: Teilungsklagen).

Erst im 19. Jh kam es insb durch Windscheid (S 13) zur Trennung von Klage und Anspruch.

Die an der *actio* ausgerichtete Gestaltung des römischen Privatrechts zeigt auch die Unterscheidung von **actiones in personam** und **actiones in rem** als Wurzel der heutigen Differenzierung zwischen relativen und absoluten Rechten. Forderungsrechte werden vom Gläubiger mittels *actio in personam* gegen den konkreten Schuldner durchgesetzt; dieser (und nur er sowie in der Regel sein Erbe) hat etwas zu tun oder zu unterlassen. Dingliche Rechte (wie Eigentum, beschränkte Sachenrechte, Erbrecht) stehen hingegen an der Sache selbst „ohne Rücksicht auf gewisse Personen" (§ 307 ABGB) zu. Daher kann jeder mit einer *actio in rem* belangt werden, der die eingeklagte Sache dem Berechtigten vorenthält. Während sich der Schuldner auf eine *actio in personam* einzulassen hat, besteht bei den *actiones in rem* Einlassungsfreiheit, weil der Berechtigte damit kein Recht gegenüber dem Besitzer, sondern nur an der Sache selbst geltend macht. Der Besitzer kann allerdings mit einer *actio in personam* oder einem Interdikt belangt werden, wenn er sich weder auf die *actio in rem* einlässt, noch die Sache restituiert. Andererseits erschöpfen sich die absoluten Rechte nicht darin, die Herausgabe einer Sache von jedermann zu verlangen, sondern beinhalten auch Herrschaftsbefugnisse: Der Berechtigte darf auf die Sache unmittelbar einwirken und Eingriffe Dritter ausschließen. Herrschaftsrechte bestehen nicht nur an Sachen, sondern auch an Personen, zB die *patria potestas* über die Hauskinder, die *manus* über die Ehefrau, die Tutel und Kuratel sowie die Patronatsgewalt nach Freilassung oder *emancipatio*.

Dass materielles Recht und Verfahrensrecht stärker als heute eine Einheit bilden, zeigt sich auch bei der **exceptio** (Einrede). Mit ihr macht der Beklagte eine ihm günstige Ausnahme von den Voraussetzungen für die Verurteilung geltend, ohne diese Voraussetzungen und damit das Recht (= die *actio*) des Klägers an sich zu bestreiten. Nur wenn die *exceptio* in die Klagsformel aufgenommen ist, kann der Richter bei einer strengrechtlichen Klage zB dem Einwand der Arglist (*exceptio doli*) Rechnung tragen. Bloß bei den *bonae fidei iudicia* ist die *exceptio doli* von vornherein mitenthalten, so dass Arglist des Klägers bereits das Entstehen seines Rechts verhindert.

Durch die Gewährung einer *exceptio* kann der Prätor *ius civile* durch *ius honorarium* korrigieren (S 6); er kann aber auch Normen des *ius civile* derart durchsetzen (zB: *exceptio legis Laetoriae; exceptio senatusconsulti Macedoniani*).

Zweiter Teil

Personen- und Familienrecht

§ 4. Grundbegriffe des Personenrechts

I. Rechtssubjekte

1. Person und Sache

Das ABGB unterscheidet die Personen als Träger von Rechten und Pflichten (Rechtssubjekte) von Sachen als Objekten des Rechtsverkehrs. § 285 ABGB besagt im Sinn des Institutionensystems (vgl S 2): Was nicht Person ist, ist Sache, und umgekehrt: Was Sache ist, ist nicht Person. Nur eine Person ist fähig zu Rechtserwerb, rechtsgeschäftlicher Verfügung und Verpflichtung; und nur eine Person kann für unerlaubtes Handeln (Tun oder Unterlassen) verantwortlich gemacht werden. Eine Sache hingegen kann weder Rechte und Pflichten haben, noch im rechtlichen Sinne handeln.

Allerdings ist heute ein Tier nach § 285a ABGB (seit 1988 zusammen mit § 1332a ABGB – Schadenersatz bei Verletzung eines Tieres – in Geltung) nicht Sache, aber ebenso wenig Person: Ein Pferd, das ausschlägt und jemanden verletzt, „handelt" nicht, weil es nicht fähig ist, einen rechtlich erheblichen Willen zu bilden.

Die Fähigkeit, Träger von Rechten und Pflichten zu sein, heißt **Rechtsfähigkeit.** Dagegen ist **Handlungsfähigkeit** (s S 24) das Vermögen, durch eigenes Handeln Rechte und Pflichten zu begründen und für unrechtmäßiges Verhalten verantwortlich zu sein. Für den Begriff der Person (vgl ua §§ 16, 26, 286 ABGB) ist die Rechtsfähigkeit eine essentielle Eigenschaft. Jede Person ist Rechtssubjekt; aber nicht jede Person ist auch handlungsfähig.

2. Der Mensch als Person

Nach § 16 ABGB hat jeder Mensch „angeborne, schon durch die Vernunft einleuchtende Rechte, und ist daher als eine Person zu betrachten", dh als ein von Natur aus mit Rechtsfähigkeit ausgestattetes Wesen; „Sklaverei oder Leibeigenschaft, und die Ausübung einer darauf sich beziehenden Macht wird in diesen Ländern nicht gestattet".

Im Unterschied dazu ist in der Antike nicht jeder Mensch Rechtssubjekt. **Sklaven** sind überhaupt nicht rechtsfähig, **Freie** in ungleichem Maß: So sind Fremde gegenüber Bürgern, Freigelassene gegenüber Freigeborenen, Frauen gegenüber Männern oder gewaltunterworfene Hauskinder gegenüber den gewaltfreien Personen zurückgesetzt. Von einer allgemeinen und einheitlichen Rechtsfähigkeit ist das römische Recht noch meilenweit entfernt. Unser Wort „Person" unterscheidet sich vom Terminus *persona* („Schauspielermaske" → „Rolle" → „Rolle im Rechtsleben"), der von den römischen Juristen sowohl auf freie, als auch auf unfreie Menschen angewandt wird. Sie sehen keinen Widerspruch darin, Sklaven als *res* und als *personae* zu erfassen.

Wer menschliches Antlitz trägt, ist also im römischen Recht *persona*, obgleich nicht immer rechtsfähig. Naturrechtliche Denkansätze im *Corpus Iuris Civilis* sehen zwar alle Menschen nach *ius naturale* als frei geboren an (Ulp. D 1,1,4) und bezeichnen die Sklaverei als *contra naturam* (Flor. D 1,5,4pr–1), doch wird diese als Einrichtung des *ius gentium* (S 15f) noch nicht in Frage gestellt. Erst in neuerer Zeit reift aus solchen Wurzeln die Überzeugung, dass die Rechtsfähigkeit jeder Person und damit jedem Menschen zukommt.

In einem weiteren Prozess der Verallgemeinerung abstrahiert man den Begriff der Person vom Menschen und schafft es damit, auch Gesamtheiten (*universitates*) als Träger von Rechten und Pflichten, also als Rechtssubjekte, auszugestalten. Schon in den römischen Quellen finden sich hierzu beachtenswerte Ansätze.

3. Gesamtheiten als Rechtssubjekte

Gemäß §§ 16ff ABGB ist jeder Mensch von Natur aus rechtsfähig und daher **natürliche Person**. Hingegen kommt Personen- oder Sachgesamtheiten die Rechtssubjektivität nur zu, wenn sie ihnen von der Rechtsordnung verliehen wird; man spricht deshalb von **juristischen Personen**. Zu diesen zählen zB Vereine, Aktiengesellschaften oder Körperschaften des öffentlichen Rechts (Bund, Land, Gemeinde) sowie Anstalten oder Stiftungen; auch der „ruhende Nachlass" (*hereditas iacens*, S 84) ist nach herrschender Lehre juristische Person.

Wenn A, B und C sich zu einer bürgerlich-rechtlichen Erwerbsgesellschaft verbinden (§§ 1175ff ABGB, vgl zur *societas* S 203), entsteht keine von den Mitgliedern verschiedene juristische Person. Anders verhält es sich, wenn diese drei Personen einen Verein gründen (*tres faciunt collegium*; vgl Marcell. D 50,16,85): Der Verein als neues, selbständiges Rechtssubjekt ist mehr als nur die Summe der Mitglieder A+B+C. Er tritt ins Rechtsleben als Organismus (*corpus*) mit eigenen Rechten und Pflichten, abgenabelt von seinen Erzeugern.

Vergleichbares gilt bereits für den römischen Staat der Republik (*populus Romanus*), für städtische Gemeinden (*municipia, coloniae*) oder für zahlreiche Vereine (*collegia, sodalitates, sodalicia*): Denn das römische Recht unterscheidet hier zwischen der **Personengesamtheit**, die als Rechtsträger angesehen wird, und ihren einzelnen Mitgliedern. So betont man, dass Forderungen der Körperschaft nicht jene der Mitglieder sind, und ebenso wenig lassen sich die Schulden der *universitas* von ihren Mitgliedern eintreiben (Ulp. D 3,4,7,1). Um handeln zu können und einen „Gesamtwillen" zu bilden, bedarf die Körperschaft der in ihrer „inneren Verfassung" festzulegenden Organe; der Bestand der Korporation ist zudem unabhängig vom Wechsel der Mitglieder oder vom Schwanken der Mitgliederzahl: Ulp. D 3,4,7,2 kennt sogar die Einmanngenossenschaft: *sed si universitas ad unum redit, magis admittitur posse eum convenire et conveniri, cum ius omnium in unum recciderit et stet nomen universitatis* (auch wenn die Gesamtheit sich auf einen reduziert, wird eher bejaht, dass er klagen und beklagt werden kann, weil das Recht aller Mitglieder sich in einem konzentriert und der Name der Gesamtheit Bestand hat).

Stiftungen im heutigen Sinn, bei denen das Stiftungsvermögen als **Sachgesamtheit** den Rechtsträger bildet, hat das römische Recht noch nicht ausgeformt, doch erhalten wohltätige Einrichtungen, wie zB Waisen- oder Krankenhäuser (sog *piae causae*), in der Kaiserzeit des Dominats besondere gesetzliche Privilegien. Ansätze für die heutige Sicht finden sich aber auch im klassischen Recht: So sagt zB Flor. D 46,1,22 vom Vermögen eines Verstorbenen, das der Erbe noch nicht erworben hat (*hereditas iacens*), dass es – etwa vergleichbar einer Stadtgemeinde (*municipium*) – „die Stelle einer Person" einnehme (*personae vice fungitur*); möglicherweise hat das justinianische Recht derartige Vorstellungen auf die christlichen *piae causae* übertragen, doch entwickeln sich Theorien über Begriff und Wesen der juristischen Person erst im weiteren Verlauf der neueren Dogmengeschichte: Erwähnt sei hier bloß die ua von Friedrich C. v. Savigny (19. Jh) vertretene Theorie einer *persona ficta* (fingierten Person).

II. Rechtsfähigkeit und Handlungsfähigkeit

1. Rechtsfähigkeit. Vermögensfähigkeit

a) Die Überzeugung, dass jeder Mensch rechtsfähig ist (§ 16 ABGB, S 19), findet erst über die Vernunftrechtslehre (16.–18. Jh) Eingang in die modernen Gesetzbücher. Im Altertum ist die Fähigkeit, Träger von Rechten und Pflichten zu sein, vor allem von der Zugehörigkeit des Menschen zu einer bestimmten Rechtsgemeinschaft abhängig: Solche Zugehörigkeit macht den *status personae* (die personenrechtliche Stellung des Einzelnen) aus. Rechtssubjekt nach *ius civile* kann grundsätzlich nur ein römischer „Staatsbürger" (*civis Romanus*) sein. Deshalb ist der Fremde (*peregrinus*) zunächst rechtsunfähig. Mit der Ausbildung des *ius gentium* (s S 15 f) etabliert sich jedoch die Idee einer vom Bürgerrecht unabhängigen Rechtsgemeinschaft aller Freien.

Ausgeschlossen bleiben die Unfreien (*servi*, Sklaven). Es wird zwar betont, dass die Sklaverei naturwidrig ist, doch rechtfertigt man sie gleichsam als humanere Alternative zum Abschlachten der Kriegsgefangenen (vgl I 1,3,2–3 = Flor. D 1,5,4,1–2): Schonung (*servare*) der besiegten Feinde sei die Wurzel der Sklaverei (*servitus*).

Der **status personae** wird durch drei Merkmale näher bestimmt: Freiheit, Bürgerrecht, Stellung im agnatischen Familienverband. Hiernach unterscheiden wir den *status libertatis* (Zugehörigkeit zur Gemeinschaft der freien Menschen), *status civitatis* (Zugehörigkeit zum römischen Bürgerverband), *status familiae* (Zugehörigkeit zum agnatischen Familienverband) und drei Arten von **capitis deminutio** (Minderung der Rechtsstellung): *capitis deminutio maxima* = Verlust von Freiheit, Bürgerrecht und Familienzugehörigkeit; *capitis deminutio media* = Verlust des Bürgerrechts und der Familienzugehörigkeit (unter Aufrechterhaltung der Freiheit); *capitis deminutio minima* = Wechsel in der Familienzugehörigkeit.

b) Von der Warte des römischen *ius civile* aus ergibt sich folgende Rangordnung rechtsfähiger Personen: 1. *paterfamilias*, 2. weitere *personae sui iuris*, 3. sonstige *cives* (dh *personae alieni iuris*), 4. sonstige Fraeie (= Fremde).

1. Die umfassendste Rechtsstellung hat der **paterfamilias**: Er und nur er hat freie Personen in seiner Hausgewalt (*patria potestas, manus, mancipium*).

2. Nächst ihm sind alle anderen gewaltfreien römischen Bürger (**personae sui iuris**) zu nennen, also Frauen, die niemals eine Hausgewalt über *liberi* (Freie → Kinder) haben, und ledige Männer, die sie vorläufig noch nicht haben. Gewaltfrei können sie von Geburt an sein (zB Uneheliche) oder sie werden es durch Tod ihres *paterfamilias* bzw durch Rechtsakt (zB *emancipatio*). Mit der Gewaltfreiheit ist insb die **Vermögensfähigkeit** vorhanden, die einen Aspekt der Privatrechtsfähigkeit bildet: Vermögensfähigkeit bedeutet, Eigentümer, Gläubiger oder Schuldner, Erblasser oder Erbe sein zu können.

3. Gewaltunterworfene römische Bürger (sog **personae alieni iuris**) kann man als eingeschränkt rechtsfähig bezeichnen: Sie sind nicht vermögensfähig und können daher nicht Träger von Vermögensrechten (zB Eigentum) und Vermögenspositionen sein; daraus folgt, dass das von ihnen Erworbene grundsätzlich dem Gewalthaber zufällt. Die Hausangehörigen fungieren gewissermaßen als „**Erwerbsorgane**" des Hausvaters.

In dieser Hinsicht gilt Ähnliches für „Hauskinder" und für Sklaven, die man ebenfalls zu den *personae alieni iuris* zählt. Im Gegensatz zu Sklaven sind Hauskinder (= *liberi!*) aber „freie" Gewaltunterworfene. Sie können eine gültige Ehe eingehen; die ehelichen Kinder von Haussöhnen stehen in der Gewalt des väterlichen Großvaters (nach dessen Tod in der Gewalt ihres hierdurch gewaltfrei gewordenen Vaters); die ehelichen Kinder von Haustöchtern stehen in der *patria potestas* ihres Gatten.

4. Die Rechtsfähigkeit der **peregrini** ist weniger umfassend als die der römischen Bürger, weil ihnen gewisse Rechtseinrichtungen des *ius civile* (im Sinn des den Bürgern vorbehaltenen Rechts, vgl S 15 f) verschlossen sind. Das *ius gentium* (Völkergemeinrecht) macht dagegen keinen Unterschied zwischen Bürgern und Nichtbürgern.

Typische Rechtseinrichtungen des *ius civile* sind zB die *patria potestas* (väterliche Gewalt); die *mancipatio* sowie die *in iure cessio* (förmliche Eigentumsübertragungsarten, s Gai 2,65); die *sponsio* (förmliches mündliches Versprechen); das *matrimonium iustum* (Ehe nach römischem Recht); das *dominium ex iure Quiritium* (quiritisches Eigentum); die *usucapio* (Ersitzung). So ist zB eine Ehe unter Nichtrömern (etwa Athenern) kein *matrimonium iustum* und vermittelt über die Kinder auch keine *patria potestas*; eine solche Ehe wird als *matrimonium iuris gentium* bezeichnet. Die Ersitzung von Sachen (*usucapio*) war auf römische Bürger beschränkt; erst später wurde eine auch Nichtrömern zugängliche *longi temporis praescriptio* (Einwendung der Verjährung → Ersitzung, vgl §§ 1452, 1501 ABGB) geschaffen.

Mit der Verleihung des römischen Bürgerrechts an alle freien Reichsuntertanen (**constitutio Antoniniana**, 212 nChr) verliert dieser Gegensatz an Bedeutung.

c) Zudem mindert die sog *infamia* (**Verlust der Ehre**) nicht nur die gesellschaftliche Position, sondern auch die rechtliche Stellung einer Person: Die durch Gesetze oder vom Prätor angeordneten, beeinträchtigenden Rechtsfolgen orientieren sich dabei entweder an typisch ehrlosem Verhalten (zB Ausübung der Zuhälterei bzw Prostitution) oder an schwerwiegenden Verurteilungen, etwa wegen bestimmter Delikte oder auf Grund des Bruches eines rechtlichen Treueverhältnisses (Vormund gegenüber Mündel usf): Als infame Person ist man dann zB von der Ausübung von Ämtern oder vom Recht, vor Gericht zu agieren, ausgeschlossen.

2. Handlungsfähigkeit

Nur Personen, die sich auf Grund ihres Alters und ihrer Besonnenheit rechtskonform und verantwortungsbewusst verhalten können, gelten als handlungsfähig: Diese Fähigkeit, durch eigenes Verhalten Rechte und Pflichten zu begründen, wird in zweifacher Hinsicht relevant: Als **Geschäftsfähigkeit** ermöglicht sie es, durch rechtsgeschäftliches Handeln die gewollten (und anerkannten) Rechtswirkungen hervorzubringen, und als **Deliktsfähigkeit** bildet sie die Voraussetzung dafür, dass man für unerlaubte Handlungen einstehen muss.

Beispiele: Einen Kaufvertrag schließen, ein Darlehen aufnehmen, eine Sache übereignen kann nur ein Geschäftfähiger; wegen Beschädigung einer fremden Sache ersatzpflichtig wird nur ein Deliktssfähiger.

Handlungsfähigkeit und Rechtsfähigkeit sind stets **gesondert** zu beurteilen: Kleinkinder oder ein Geisteskranker können rechtsfähig und daher zB Hauseigentümer, Vermieter usf sein, sie sind aber nicht handlungsfähig: Sie können also ihr Eigentum nicht selbst verwalten bzw gültig einen Mietvertrag abschließen. Der umgekehrte Fall – Handlungsfähigkeit ohne Rechtsfähigkeit – kommt heute nicht mehr vor, weil jede Person ex definitione rechtsfähig ist und nur „Personen" willensbestimmt (und somit für sich selbst verantwortlich) „handeln" können. Im römischen Recht sind Sklaven dagegen deliktsfähig, zudem spielt ihre Geschäftsfähigkeit eine bedeutende Rolle im Wirtschaftsleben. Zu einzelnen Aspekten der Rechtsfähigkeit sogleich §5, zur Geschäftsfähigkeit und den Einrichtungen der *tutela* und *cura* §6.

§5. Die Rechtsstellung des Menschen

I. Der Beginn des menschlichen Lebens

1. Statusfolge des Neugeborenen

Im geltenden Recht beginnt die Rechtsfähigkeit des Menschen mit Vollendung der Geburt (§ 1 BGB); eine bedingte und beschränkte Rechtsfähigkeit wird auch der Leibesfrucht zugestanden (Nasciturus, S 28). Im römischen Recht herrschen analoge Grundsätze, doch ist dabei zu beachten, dass keine allgemeine Rechtsfähigkeit besteht. Für die Bestimmung des *status* eines Neugeborenen gelten folgende Regeln des *ius gentium*:

Bei ehelicher Zeugung gilt das **Prinzip der Vaterfolge** (vaterrechtliche Anknüpfung), dh der *status* des Vaters im Moment der *conceptio* (Empfängnis) des Kindes ist maßgeblich für den *status* des Kindes.

Bei unehelicher Zeugung gilt das **Prinzip der Mutterfolge** (mutterrechtliche Anknüpfung), dh nach dem *status* der Mutter im Zeitpunkt der *editio* (Entbindung) bestimmt sich der *status* des Kindes.

Abstammung	maßgeblicher Zeitpunkt	ANKNÜPFUNG
eheliche Abstammung	Zeugung	vaterrechtliche Anknüpfung
uneheliche Abstammung	Geburt	mutterrechtliche Anknüpfung

Während ein Kind nach § 138c ABGB auch dann ehelicher Abstammung ist, wenn es kurz nach der Eheschließung geboren wird, stellt das römische Recht für die „vaterrechtliche Anknüpfung" darauf ab, dass der Vater bereits bei der Zeugung (!) mit der Mutter in gültiger Ehe verheiratet war. Dies wird angenommen, wenn das Kind frühestens im 7. Monat nach der Eheschließung der Eltern oder spätestens im 10. Monat nach Beendigung der Ehe zur Welt kommt. Ist das Kind aber ehelich gezeugt, haben nachträgliche Statusänderungen der Eltern (zB *capitis deminutio maxima* der Mutter oder *emancipatio* des Vaters, vgl S 64) keinerlei Auswirkungen auf den Kindesstatus.

Die vorgenannten Anknüpfungsregeln wurden durch einzelne Gesetze oder Senatsbeschlüsse und durch *interpretatio prudentium* (Auslegung der Juristen) modifiziert. Im Einzelnen ist Folgendes zu erwähnen:

a) *Status libertatis*. Ein Kind ist daher nach der oben beschriebenen, allgemeinen *status*-Regel bei ehelicher Abstammung frei geboren, wenn sein Vater (zumindest im Zeitpunkt der Zeugung) frei war. Bei unehelicher Abstammung muss dagegen seine Mutter (zum Zeitpunkt der Geburt) frei gewesen sein; ist die uneheliche Mutter eine Sklavin, wird das Prinzip der Mutterfolge seit der Spätklassik durch den sog **favor libertatis** (Begünstigung der Freiheit) gemildert: Das Kind ist danach frei geboren (*ingenuus*), wenn die Mutter nur zu irgendeinem Zeitpunkt während der Schwangerschaft frei war, denn ihre *capitis deminutio maxima* soll dem Ungeborenen nicht schaden (I 1,4pr = Marci. D 1,5,5,2). Hier tritt also der Gedanke der bedingten Rechtsfähigkeit der Leibesfrucht (s S 28) auch bei unehelichen Kindern zutage.

b) *Status civitatis*. Auf Grund ehelicher Abstammung wird einer freien Person römisches Bürgerrecht erworben, wenn der Vater im Moment der Zeugung römischer Bürger ist. Vorausgesetzt ist dabei das sog *matrimonium iustum* (eine Ehe nach *ius civile*): Dies liegt vor, wenn beide Ehepartner Römer sind oder das **conubium** besteht (vgl S 54f), so dass sie eine Ehe nach *ius civile* miteinander eingehen können. Das *ius conubii* ist prinzipiell Vorrecht der römischen Bürger, es kann jedoch vom Staat auch an Ausländer verliehen werden.

Im Fall unehelicher Abstammung (auch bei einer Ehe ohne *conubium*) gilt nach *ius gentium* Mutterfolge: Das Kind ist demnach Römer, wenn die Mutter im Moment der Geburt Römerin ist. In Durchbrechung dieser Regel hat das *ius civile* durch vereinzelte Gesetze das „Prinzip der ärgeren Hand" statuiert: *ut deterioris parentis condicionem sequatur* (das Kind folgt der ungünstigeren Elternstellung). So wurde nach einer *lex Minicia* bei **Mischehen** ohne *conubium* das Kind *peregrinus* (vgl Gai 1,75; 1,78). Wenn sich eine Römerin einen fremden Sklaven wissentlich – und ohne Zustimmung seines Herrn – zum Beischläfer erkor, wird ein Kind aus dieser Beziehung als Sklave geboren; wenn sie den Sklavenstand des Vaters jedoch nicht kannte, erwirbt das Kind mit seiner Geburt das römische Bürgerrecht (vgl Gai 1,84–86).

c) *Status familiae*. Für die Frage, welchem agnatischen Familienverband ein römischer Bürger ab seiner Geburt angehört (vgl Gai 1,162–163), ist wiederum dessen eheliche bzw uneheliche Abstammung entscheidend: Wird das neugeborene Kind im *matrimonium iustum*, dh ehelich gezeugt, so ist es in die **agnatische Großfamilie** eingegliedert (*familia communi iure*), der auch sein Vater angehört (s S 38; 51); solange das Kind unter dessen *patria potestas* (bzw der „väterlichen Gewalt" des Großvaters) bleibt, ist es zugleich Teil der **Kleinfamilie**, der der jeweilige *paterfamilias* vorsteht (vgl Ulp. D 50,16,195,2).

Ein uneheliches Kind fällt hingegen nicht unter die *patria potestas* seines Erzeugers. Da auch seine Mutter (als Frau) nicht Trägerin der *patria potestas* sein kann, gehört es weder der agnatischen Großfamilie väterlicher- noch mütterlicherseits an, sondern bildet eine „Familie für sich". **Kognatisch** verwandt (dh blutsverwandt) sind uneheliche Kinder nach römischem Recht im Übrigen nur mit der Mutter und mit deren Blutsverwandten.

Davon zu unterscheiden ist die Frage, ob ein neugeborenes Kind **gewaltfrei** (*persona sui iuris*) oder **gewaltunterworfen** (*persona alieni iuris*) ist: Sklaven, die zT ebenfalls zur *familia* gezählt werden, sind stets gewaltunterworfen; denn Kinder einer Sklavin stehen im Eigentum und in der *potestas* ihres Herrn (wenn die Mutter in keinem Moment der Schwangerschaft frei war). Eheliche Kinder, die mit ihrer Geburt der *patria potestas* unterstehen, sind als sog „Hauskinder" *personae alieni iuris*; allerdings wird ein *postumus* (ein nachgeborenes Kind) dadurch, dass der *paterfamilias* während der Schwangerschaft gestorben ist, als *persona sui iuris* geboren. Auch uneheliche Kinder sind mit ihrer Geburt bereits *personae sui iuris*, da sie unter niemandes *patria potestas* fallen können.

2. Die Rechtsstellung des Nasciturus

M bringt das ehelich gezeugte Kind (K) ihres kürzlich verstorbenen Mannes V zur Welt, das gleich darauf stirbt. Der Bruder von V behauptet nun, K sei tot geboren worden, und beansprucht (als nächster agnatischer Verwandter) das Erbe des V für sich. Allerdings bestätigen die bei der Geburt anwesenden Matronen, dass K zwar nicht geschrien, aber geatmet und daher eindeutig gelebt habe, bevor der Tod eintrat. Ist K Erbe des V geworden? Auch bei Totgeburt, wenn K nur im Mutterleib „gelebt" hatte?

Nur wer geboren ist, kommt für die Rechtsordnung als *persona* in Betracht. Hängen die Rechte dritter Personen von der Existenz eines Kindes ab, bleiben sie vor dessen Geburt noch ungewiss; vgl Paul. D 50,16,231: *Quod dicimus eum, qui nasci speratur, pro superstite esse, tunc verum est, cum de ipsius iure quaeritur: aliis autem non prodest nisi natus* (wenn man sagt, dass die Leibesfrucht als lebend angesehen wird, so trifft das insoweit zu, als nach deren eigenem Recht gefragt wird; anderen nützt nur die Geburt des Kindes).

Das Kind muss nach dem vollständigen Verlassen des Mutterleibes gelebt haben. Die in § 23 ABGB aufgestellte Vermutung der Lebendgeburt kennt das römische Recht nicht; doch ist nach sabinianischer Lehrmeinung der **Lebensbeweis** auf jede Art zulässig, während die Prokulianer nur das Schreien als einen solchen ansehen (vgl deutschrechtlich: „Beschreien der vier Wände"); Justinian folgt den Sabinianern (C 6,29,3, 530 nChr).

Ein Freigeborener (*ingenuus*) ist ab vollendeter Geburt eigener Rechte fähig. Soweit Vaterfolge gilt (s S 25), wird aber schon seit alters an die Zeugung angeknüpft und dem **Ungeborenen** sein Erbteil vorbehalten, wenn der Vater vor der Geburt stirbt. Lebendgeburt des „nachgeborenen" Kindes (*postumus*) ist auch hier vorausgesetzt.

Die Spätklassik verallgemeinert dann den Gedanken einer bedingten sowie beschränkten Rechtsfähigkeit des Nasciturus, wie Paul. D 1,5,7 zeigt: *Qui in utero est, perinde ac si in rebus humanis esset custoditur, quotiens de commodis ipsius partus quaeritur: quamquam alii antequam nascatur nequaquam prosit* (wer im Mutterleib ist, wird so betrachtet, als ob er schon unter den menschlichen Wesen wäre, soweit es sich um die Vorteile der Leibesfrucht selbst handelt; einem anderen kann dies freilich vor der Geburt nicht nützen).

Im gemeinen Recht wurden derartige Quellenbelege, die die Leibesfrucht als bereits geboren fingieren, zu einer Rechtsregel verdichtet: *Nasciturus* (oder *Conceptus*) *pro iam nato habetur, quotiens de commodis eius agitur* (der Nasciturus gilt als schon geboren, soweit es sich um seine Vorteile handelt). Diese Fiktion gilt nicht bei Totgeburt; vgl Paul. D 50,16,129: *Qui mortui nascuntur, neque nati neque procreati videntur, quia numquam liberi appellari potuerunt* (totgeborene Kinder gelten weder als geboren, noch als erzeugt, und konnten nie als Kinder bezeichnet werden). – Danach § 22 ABGB: „Selbst ungeborne Kinder haben von dem Zeitpunkte ihrer Empfängnis an einen Anspruch auf den Schutz der Gesetze. Insoweit es um ihre und nicht um die Rechte eines Dritten zu tun ist, werden sie als Geborne angesehen; ein totgebornes Kind aber wird in Rücksicht auf die ihm für den Lebensfall vorbehaltenen Rechte so betrachtet, als wäre es nie empfangen worden".

Der Schutz der Leibesfrucht ist vor allem im Hinblick auf deren Erbberechtigung entwickelt worden: Dabei hat sich das römische Recht ursprünglich auf die Kinder ehelicher Abstammung bezogen, bei denen der Zeitpunkt der Zeugung (im *matrimonium iustum*) wegen des Prinzips der Vaterfolge im Mittelpunkt steht. Das nachgeborene, eheliche Kind (*postumus suus*) wird den *sui heredes* zugerechnet und ist daher bei der gesetzlichen Erbfolge nach dem Vater zu berücksichtigen, ebenso kann es gemäß *ius civile* im Testament des Vaters bereits als Erbe eingesetzt werden. Zur Wahrnehmung und Sicherung der Rechte des Nasciturus wird ein *curator ventris* bestellt („Kurator für Ungeborene", vgl § 269 ABGB).

Sui heredes sind die agnatischen Deszendenten des *paterfamilias*, soweit sie durch seinen Tod gewaltfrei werden (S 66 f, 68 f). Ein bei Lebzeiten des Erblassers gezeugtes, aber nach seinem Tod erst geborenes Kind (*postumus*) kommt gewaltfrei zur Welt; da es aber als schon geboren fingiert wird, gilt es als beim Erbfall (Tod des Erblassers) lebend und ist den *sui heredes* gleichgestellt.

II. Das Ende des menschlichen Lebens

Der **Tod** eines vermögensfähigen (!) Bürgers muss feststehen, damit es zur Beerbung kommt. Im älteren Recht konnte nur eine *persona sui iuris* beerbt werden. Haben also zB ein *paterfamilias* und sein gewaltunterworfener Sohn auf dem Schlachtfeld den Tod gefunden, kann eine Erbfolge nach dem Sohn stattfinden, wenn der Vater vor ihm verstorben ist, selbst wenn der Haussohn nur Sekunden länger gelebt hat. Aber so genau wird sich das meist nicht feststellen lassen. Kaiser Hadrian nahm in so einem Fall an, dass der Sohn den Vater überlebt habe; damit bestätigte die kaiserliche Entscheidung das Erbrecht der Mutter, das von den Verwandten des Vaters bestritten wurde (vgl Tryph. D 34,5,9,1).

a) Bei diesem sog **Kommorientenproblem** (mehrere sterben in gemeinsamer Gefahr, zB bei einem Schiffbruch, einem Theaterbrand usf) zeigt die Kasuistik der römischen Quellen unterschiedliche Lösungsmodelle auf. Immer geht es darum, dass in erbrechtlichen oder anderen Zusammenhängen die Frage relevant ist, ob eine Person (von mehreren) länger gelebt hat, doch fehlt es zugleich an Anhaltspunkten, um den faktischen Verlauf zu rekonstruieren. Marcian. D 36,1,35 (34) bewältigt das Problem über die Beweislastverteilung: A hatte im Testament angeordnet, dass nach dem Tod seiner Söhne S_1 und S_2 der Erbteil des zuletzt verstorbenen Sohnes an B herausgegeben werden soll; S_1 und S_2 kommen gemeinsam ums Leben. Wenn B nicht beweisen kann, welcher von beiden später starb, bekommt er nichts, und die Mutter erbt das Ganze.

1. Vermutung des gleichzeitigen Todes: Manche Fallentscheidungen – wie auch Marcian. D 36,1,35 (34) – laufen darauf hinaus, dass im Zweifel gleichzeitiges Ableben angenommen wird.

In diesem Sinne hatte auch §25 aF des ABGB 1811 bestimmt: „Im Zweifel, welche von zwey oder mehrern verstorbenen Personen zuerst mit Tode abgegangen sey, muß derjenige, welcher den frühern Todesfall des Einen oder des Andern behauptet, seine Behauptung beweisen; kann er dieses nicht, so werden Alle als zu gleicher Zeit verstorben vermuthet, und es kann von Uebertragung der Rechte des Einen auf den Andern keine Rede seyn". Vgl heute – im selben Sinn – § 11 TEG.

2. Überleben des Stärkeren: Eine Reihe überlieferter Entscheidungen orientiert sich offensichtlich an der Überlegung, dass der Robustere wahrscheinlich länger überlebt hat als der nicht so Widerstandsfähige (vgl Kaiser Hadrian in D 34,5,9,1). Aus Tryph. D 34,5,9,4 und Javolen./Gai. D 34,5,22–23 ergibt sich die widerlegbare Vermutung (*praesumptio iuris*), dass in gemeinsamer Gefahr zuerst unmündige Kinder (*impuberes*), danach ihre Eltern, und nach diesen die mündigen Kinder (*puberes*) umgekommen sind.

b) **Verschollenheit.** Wird jemand nach einer Gefahrensituation über längere Zeit hin vermisst, so dass er wahrscheinlich nicht überlebt hat, fragt sich, welche Anforderungen an den Todesbeweis gestellt werden können. Das moderne Recht (s § 2 TEG) sieht vor, dass ein Verschollener nach Ablauf gewisser Fristen „im Aufgebotsverfahren für tot erklärt werden" kann. Das römische Recht kennt noch keine Todeserklärung. Auch in derartigen Fällen oblag es dem Richter, für dessen Sachentscheidung Tod und Todeszeit einer Person zur Vorfrage wurde, in freier Beweiswürdigung darüber zu befinden.

III. Kriegsgefangenschaft

Die Rechtsfähigkeit endet durch Tod. Für den römischen *status personae* (vgl S 22) bedeutet darüber hinaus jede *capitis deminutio*, dass die „Rechtsfähigkeit" freier Personen – bezogen auf die jeweilige *status*-relevante Gruppe – in unterschiedlichem Ausmaß verloren geht (dh bei *c. d. maxima* als freie Person insgesamt, bei *c. d. media* als römischer Bürger und bei *c. d. minima* bezüglich der Rechte in einem bestimmten agnatischen Familienverband).

Im Prinzip ist der im Gefolge einer *capitis deminutio* eingetretene Rechtsverlust definitiv. Eine allfällige Wiedererlangung der Freiheit und/oder des Bürgerrechts – etwa bei Begnadigung eines verurteilten Straftäters – stellt insofern nicht eo ipso den vorherigen Familienstatus wieder her; allerdings kann hier durch kaiserlichen Gnadenakt (*indulgentia principis*) geholfen werden. Einige Texte (vgl D 28,3,6,12) sehen darin eine Parallele zum sog. *ius postliminii*, das Römern zusteht, sollten sie aus feindlicher Gefangenschaft zurückkehren.

a) Die Kriegsgefangenschaft (*captivitas*) gilt als prima causa der Sklaverei (I 1,3,3 = Flor. D 1,5,4,2). Als Tatbestand des *ius gentium* erfasst sie sowohl Feinde, die in römische, als auch Römer, die in feindliche Kriegsgefangenschaft geraten: Auch der Römer wird somit **Sklave der Feinde** (*servus hostium*). Den hieraus resultierenden Verlust der Rechtsfähigkeit entschärft man mit Fiktionen.

Fall 1: *Reversio ab hostibus.* Der aus der Gefangenschaft heimgekehrte Römer wird kraft **postliminium** nach Möglichkeit so behandelt, als wäre er lediglich abwesend und nicht rechtsunfähig gewesen, dh seine während der *captivitas* suspendierten Rechte leben wieder auf. Das *ius postliminii* (Heimkehrrecht) bezieht sich aber nur auf Rechtspositionen, faktische Verhältnisse wie Ehe und Besitz (zB als Ersitzungsvoraussetzung, vgl S 124f) stellt es nicht wieder her; diese müssen durch entsprechende Handlungen neu begründet werden. Fall 2: *Mors apud hostes.* Im Allgemeinen kann jemand, der als Sklave stirbt, weder aus Testament, noch *ab intestato* beerbt werden; ein vor der Versklavung errichtetes Testament würde dadurch ungültig (nachträgliche Unwirksamkeit: S 79). Stirbt ein Römer als Sklave der Feinde, müsste das Gesagte theoretisch auf ihn angewendet werden. Um diese Rechtsfolgen zu vermeiden, gebraucht ein Gesetz Sullas (1. Jh vChr) die Fiktion, der *captivus* sei im Fall des Nichtüberlebens der Gefangenschaft als Bürger gestorben (**fictio legis Corneliae**); der letzte Augenblick der Freiheit (vor Gefangennahme) wird als Todeszeitpunkt angenommen.

b) **Pendenz** der Rechtsverhältnisse. Da man während bestehender Kriegsgefangenschaft den Ausgang noch nicht kennt, sind die Rechte des *captivus* (zB seine *patria potestas*, sein Eigentum) einstweilen in Schwebe (*in pendenti*). Das wirkt auf die Rechtsstellung der Kinder eines gefangenen *paterfamilias* zurück: Sobald Fall 2 eintritt, gelten sie ex tunc – ab dessen Gefangennahme – als *personae sui iuris*; was sie in der Zwischenzeit erwarben, haben sie dann für sich erworben. In Fall 1 sind sie immer *personae alieni iuris* geblieben und waren als Hauskinder demzufolge nur die „Erwerbsorgane" ihres heimgekehrten Vaters.

IV. Sklaven und Freigelassene

1. Entstehungs- und Endigungsgründe der Sklaverei

a) Wie wird jemand Sklave? *Servi autem aut nascuntur aut fiunt. nascuntur ex ancillis nostris: fiunt aut iure gentium, id est ex captivitate, aut iure civili, cum homo liber maior viginti annis ad pretium participandum sese venumdari passus est.* «Zum Sklaven wird man entweder geboren oder gemacht. Geboren: wenn die Mutter Sklavin ist. Gemacht: entweder nach *ius gentium,* dh durch Kriegsgefangenschaft, oder nach *ius civile,* wenn sich ein freier Mensch, älter als 20, selbst verkaufen lässt, um mit seinen Komplizen den Kaufpreis zu teilen", so I 1,3,4 (nach einer klassischen Vorlage).

1. **Geburt**. Ein Kind wird im Allgemeinen als Sklave geboren, wenn sein *status* dem der Mutter folgt und die Mutter Sklavin ist (vgl auch S 26f):

Es fällt in das Eigentum und unter die *potestas* des Eigentümers der Mutter; allerdings kann der *favor libertatis* (Begünstigung der Freiheit) hier zu Ausnahmen führen.

2. Freie werden zu Sklaven durch Kriegsgefangenschaft oder als Straffolge.

Kriegsgefangenschaft. Nach allgemeiner Rechtsüberzeugung der antiken Völker (*ius gentium*) können Kriegsgefangene (*captivi*) zu Sklaven der Sieger gemacht werden. Die Römer haben auf diese Weise seit dem 3. Jh vChr große Sklavenmassen erworben.

Umgekehrt werden von den Feinden gefangen gesetzte Römer *servi hostium*. Den daraus denknotwendig folgenden Verlust der Rechtsfähigkeit vermeidet das römische Recht, indem die Zeitspanne der Gefangenschaft – mittels *ius postliminii* – gleichsam „hinweg"-fingiert wird (vgl o III).

2.2 **Strafe.** In alter Zeit konnte ein Bürger in Rom nicht Sklave werden, daher wurde zB der nicht ausgelöste Schuldknecht ins Ausland (*trans Tiberim*: nach Etrurien) in die Sklaverei verkauft. Die Kaiserzeit kennt dagegen zB den strafweisen Freiheitsverlust von Inländern in folgenden Fällen:

2.2.1. Der zu einer Kapitalstrafe, zB zum Tode oder zur Bergwerksarbeit (*ad metalla*) etc, Verurteilte wird *servus poenae* (Strafsklave).

2.2.2. Nach einem Senatsbeschluss unter Kaiser Claudius (*SC Claudianum*) wird eine Bürgerin, die den Geschlechtsverkehr mit einem fremden Sklaven gegen den Willen seines Herrn und trotz Abmahnung fortsetzt, dessen Sklavin (Gai 1,91; von Justinian beseitigt).

2.2.3. Wer sich selbst betrügerisch als Sklave verkaufen lässt, um den Kaufpreis zu ergaunern (s o I 1,3,4), verwirkt definitiv die Freiheit. Das gilt aber nur für über 20-jährige (*maiores XX annis*). Erst die spätklassischen Juristen nehmen in diesem Fall einen Tatbestand des *ius civile* an. Ursprünglich entsteht nur eine prätorische Sklaverei (ein Gegenstück zu den sog prätorischen Freilassungen, S 35 f): Wenn der Spießgeselle als *adsertor* klagsweise (mittels *vindicatio in libertatem*, vgl u 2) die Freiheit des Verkauften behauptet, wird die Klage vom Prätor nicht gewährt (*actionem denegare*, vgl S 308 f).

b) Wie wird ein Sklave frei? Der reguläre Weg zum *status libertatis* ist die Freilassung (vgl u 3); daneben gibt es Fälle obrigkeitlicher Verleihung, teils zur Belohnung für besondere Verdienste des Sklaven (zB Aufdeckung einer Verschwörung), teils zum Schutz gegen missbräuchliche Handhabung der Eigentümermacht; schließlich wird in einer späten Phase des klassischen Rechts auch die Ersitzung der Freiheit bejaht, sofern ein Sklave 20 Jahre lang gutgläubig als faktisch freie Person gelebt hatte (*longi temporis praescriptio*, Einrede der langen Zeit), vgl auch Dioclet./Maxim. C 7,22,2 (300 nChr).

2. Scheinsklave und Scheinfreier. Freiheitsprozess

Nicht selten scheint es vorgekommen zu sein, dass jemand zwar in Wirklichkeit frei geboren war, aber irrtümlich als Sklave eines anderen galt (er wurde zB im Kindesalter von diesem redlich „als Sklave" erworben). Die Konsequenzen daraus werden von den römischen Juristen erörtert: So stellt sich etwa die Frage, ob ein solcher Scheinsklave (*homo liber bona fide serviens*) für sich selbst oder für den vermeintlichen *dominus* erwirbt (vgl Paul. D 45,3,20pr). Umgekehrt konnte es geschehen, dass jemand de facto in Freiheit lebte und in Wahrheit Sklave war: Überliefert ist, dass einmal ein entlaufener Sklave sogar zum Prätor gewählt wurde, weswegen sich die Frage nach der Gültigkeit seiner Amtshandlungen stellte (vgl Ulp. D 1,14,3).

Wie wird aber der de iure vorhandene Freiheitsstatus im Falle einer de facto-Sklaverei gerichtlich geltend gemacht? Wer möglicherweise Sklave und als solcher nicht parteifähig ist, braucht im darüber geführten Freiheitsprozess (*causa liberalis*; *status quaestio*) die Hilfe eines freien Dritten, der als „Beistand" (*adsertor*) im Prozess für seine Freiheit eintritt.

Der *adsertor libertatis* klagt gegen den Besitzer des Scheinsklaven auf Feststellung der Freiheit (*vindicatio in libertatem*). Die Prozessrollen sind vertauscht, wenn jemand, der sich im Besitzstand der Freiheit befindet, – mittels *vindicatio in servitutem* – als Sklave bezeichnet wird und ein *adsertor libertatis* nun die Verteidigung des Beklagten übernimmt. Justinian gestattet dann, dass die Person, deren *status* strittig ist, im Freiheitsprozess selbst Partei ist.

3. Freigelassener und Patron

a) Freilassungsformen: Gemäß *ius civile* stehen dem Herrn (*dominus*) drei Formen – die *manumissio vindicta, censu, testamento* – offen, um

Sklaven freizulassen. Diese Akte führen regelmäßig zum Erwerb des römischen Bürgerrechts. Daneben gibt es schon in der jüngeren Republik eine formlose Freilassung mit schwächerer Wirkung (sog prätorische Freilassung).

Manumissio vindicta. Diese Freilassung findet vor dem Prätor statt und ist formal dem Freiheitsprozess (*causa liberalis*, vgl o 2) nachgebildet: Eine Hilfsperson erhebt (als *adsertor libertatis*) vor dem Prätor die *vindicatio in libertatem*, indem sie den Freizulassenden mit einem Stab, der *vindicta*, berührt. Darauf unterlässt der Herr die Gegenbehauptung (*vindicatio in servitutem*), was einer *confessio in iure* gleichkommt (vgl S 318), so dass der Prätor mittels *addictio* die Freiheit bestätigen kann. In späterer Zeit wird das Ritual vereinfacht: Es genügt eine förmliche Erklärung des Freilassungswillens vor dem Prätor (bzw in Provinzen vor dem Statthalter), wobei der *dominus* selbst dem Freizulassenden die *vindicta* auflegt.

Manumissio censu. Der Herr ermächtigt seinen Sklaven, sich in die (alle fünf Jahre aufgestellten) Bürgerlisten eintragen zu lassen.

Manumissio testamento. Die Freilassung erfolgt hier durch eine dem Typus des Vindikationslegats (S 94) verwandte letztwillige Verfügung, zB *„Stichus servus meus liber esto"*, *„Stichum liberum esse iubeo"* (mein Sklave St. soll frei sein; ich gebiete, dass St. frei ist): Stichus erwirbt automatisch die Freiheit, sobald ein Testamentserbe die Erbschaft antritt. Als Freilasser und damit Patron gilt der Testator, der Freigelassene ist *libertus orcinus* (weil der Patron im Orkus weilt).

Davon zu unterscheiden ist die sog *fideicommissaria libertas* (**fideikommissarische Freilassung**). Der Erblasser bringt etwa mit den Worten *„fidei tuae committo* (*rogo te*), *ut Pamphilum manumittas"* („ich überlasse es deiner Treue/bitte dich, den P. freizulassen") zum Ausdruck, dass der Erbe den Sklaven Pamphilus freilassen soll: Dieser erlangt seine Freiheit erst dadurch, dass der mit dem Fideikommiss beschwerte Erbe zB die *manumissio vindicta* vollzieht; Freilasser und Patron ist hier der Erbe.

Sog **prätorische Freilassung**. Bedient sich ein *dominus* nicht der vom *ius civile* bereitgestellten Formen, hat er aber seinen ernsthaften Freilassungswillen in anderer Weise bekundet, zB durch Freibrief (*per epistulam*), Erklärung vor Freunden (*inter amicos*) oder Beiziehung zum Mahl (*per mensam*), so liegt nach *ius civile* keine gültige Freilassung vor.

Der „Freigelassene" ist formell weiterhin Sklave, doch greift zu seinem Schutz der Prätor (*iuris civilis corrigendi gratia*) ein: Will etwa der Herr nachträglich einen *status*-Prozess (*vindicatio in servitutem*) anstrengen, so dringt er mit seiner Klage nicht durch. Die daraus resultierende Position des Freigelassenen – nach *ius civile* Sklave, nach prätorischem Recht frei – wird mit den Worten *„in libertate esse"* umschrieben (vgl im Sachenrecht: *„in bonis esse"*, sog bonitarisches Eigentum).

Seit einer *lex Iunia Norbana* (wohl 19 nChr) ist der *status libertatis* der formlos Freigelassenen auch von Gesetzes wegen anerkannt; sie erlangen freilich nicht das römische Bürgerrecht, sondern die Stellung von Latinern (sog **Latini Iuniani**); doch fällt bei ihrem Tod das von ihnen erworbene Vermögen weiterhin wie ein *peculium* dem Freilasser heim (*„vivunt ut liberi, moriuntur ut servi"*, sie leben als Freie, sterben wie Sklaven).

Volle Wirkung nach *ius civile* hat seit dem 4. Jh nChr die vor dem Bischof und der versammelten Christengemeinde erklärte Freilassung (**manumissio in ecclesia**). Darin spiegelt sich die Bedeutung, die der christlichen Kirche im spätantiken Staat zugemessen ist. Im justinianischen Recht führt jede Freilassungsart zum Erwerb des Bürgerrechts, auch in den Fällen, wo bisher nur die Stellung von *Latini Iuniani* erlangt wurde.

b) Rahmenbedingungen der Freilassung (Steuer, Häufigkeit, Beschränkungen): Schon in der Republik ist die Freilassung ein steuerpflichtiger Tatbestand (5%ige Freilassungssteuer: *vicesima manumissionum, vicesima libertatis*).

Freilassungen kamen sehr häufig vor, in Rom viel häufiger als in Griechenland. Das hatte auch wirtschaftliche Hintergründe, weil man die Sklaven durch die Erwartung der Freilassung zu Wohlverhalten und Fleiß anspornte. In der späten Republik traten aber Auswüchse auf, als die Renommiersucht manch einen reichen Eigentümer veranlasste, massenhaft Sklaven zu manumittieren, ohne bei Auslese der Betreffenden wählerisch zu sein, so dass auch dem Staat unerwünschte Elemente zu römischen Bürgern wurden.

Beschränkungen. Unter Augustus wird dann die Verfügungsfreiheit der Eigentümer gesetzlich beschnitten: So beschränkt eine *lex Fufia Caninia* (2 nChr) die *manumissio testamento* quotenmäßig (Höchstzahl 100); zudem schreibt eine *lex Aelia Sentia* (4 nChr) ein Mindestalter sowohl für Herrn (20 Jahre) als auch Sklaven (30 Jahre) vor, erklärt Freilassungen zum Schaden der Gläubiger (*in fraudem creditorum*) für unwirksam, und ordnet bei Freilassung von ehemals straffällig gewordenen Sklaven an, dass diese nur zu heimatlosen *peregrini* (*dediticii*) werden und dass ihnen das Bürgerrecht sowie der Aufenthalt in und um Rom versperrt bleibt. Justinian hebt die *lex Fufia Caninia* zur Gänze, die *lex Aelia Sentia* zum Großteil auf.

c) Stellung der Freigelassenen: Rechtlich und gesellschaftlich sind die Freigelassenen (*liberti*; *libertini*) den Freigeborenen (*ingenui*, vgl S 26) nicht gleichgestellt. Die Ehe mit Freigelassenen ist Senatoren überhaupt verboten (*leges Iulia et Papia*, 18 vChr bzw 9 nChr). Aber inschriftliche und literarische Belege zeigen, dass Freigelassene oft in Wohlstand lebten. Namentlich in Handel und Gewerbe waren sie wirtschaftlich erfolgreich. Einzelne gelangten auch in den Provinzstädten zu beträchtlichem Ansehen und politischem Einfluss.

Patronat. Das Rechtsverhältnis des Freigelassenen zum Freilasser (*patronus*) ist ein Schutz- und Abhängigkeitsverhältnis. Der *libertus* schuldet dem Patron Ergebenheit und Respekt (*obsequium et reverentia*). Er darf ihn nur mit Gestattung des Prätors vor Gericht laden und weder eine „infamierende" Zivilklage, bei der ein als ehrenrührig betrachtetes Verhalten zur Sprache käme (zB Nichtrückgabe der hinterlegten Sache bei der *actio depositi directa*, s S 24), noch eine strafrechtliche Anklage gegen den Patron erheben. Aus Anlass der Freilassung werden oft **Dienstleistungen** (*operae libertorum*) in Eides- oder Stipulationsform versprochen; zur Durchsetzung dient die *actio operarum*. Der Patron ist gesetzlicher *tutor* der Kinder des *libertus* und hat ein gesetzliches **Erbrecht** (nach dessen *sui heredes/liberi*) sowie ein Pflichtteilsrecht (sofern weder Deszendenten vorhanden sind noch *operae* vereinbart wurden). In der Kaiserzeit trifft den *libertus* eine Unterhaltspflicht gegenüber dem verarmten Patron und dessen Familie. Das Patronat ist aktiv vererblich (bei Tod des Patrons), passiv unvererblich (bei Tod des *libertus*).

V. Hauskinder und Sklaven

Gai 1,49 unterscheidet folgende Arten persönlicher Gewaltverhältnisse: a) *potestas* über eigene und adoptierte Hauskinder (*patria potestas*) sowie über Sklaven (*dominica potestas*); b) *manus* über die Ehegattin (bei *manus*-Ehe); c) *mancipium* über fremde Hauskinder (S 64).

Die Bezeichnung „Hauskinder" (*liberi in potestate*) bezieht sich auf Personen jeglichen Alters. Darunter fallen also auch Erwachsene, solange sie nicht *sui iuris* sind. Die *patria potestas* über Söhne und Töchter endet mit dem Tod des Vaters; zu dessen Lebzeiten werden sie gewaltfrei, wenn zB ihre *emancipatio* erfolgt (S 64).

Aufschlussreich ist die Doppelbedeutung von **liberi**: 1. Freie, 2. Kinder. Dass man die Kinder als „die Freien" bezeichnete, kommt daher, dass der Ausdruck „*familia*" Kinder und Sklaven, also freie und unfreie Gewaltunterworfene umfassen konnte (vgl auch S 27). Zur engeren **agnatischen** Familie (*familia proprio iure*) zählen nur die in der *patria potestas* oder *manus* eines *pater-familias* stehenden freien Personen; der weiteren agnatischen Familie (*familia communi iure*) gehören auch die in der Seitenlinie agnatisch verwandten Personen an, die auf einen gemeinsamen (wenn auch schon gestorbenen) Stammvater zurückblicken. „*Familia servorum*" nennt man die einem Eigentümer gehörigen Sklaven; in ganz alter Terminologie heißt *familia* überhaupt „Erbgut" (zB *actio familiae erciscundae* = Erbteilungsklage, S 88).

Hauskinder sind ursprünglich ebenso wie Sklaven unfähig zu Besitz und Eigentum; aber dabei bleibt es nicht: In der Kaiserzeit wächst ihnen eine gewisse Vermögensfähigkeit zu.

1. Das Handeln von Gewaltunterworfenen

a) Da Hauskinder und Sklaven vermögensunfähig sind, gebührt jedes subjektive Recht, das durch sie entsteht, notwendig ihrem Gewalthaber; ein Übertragungsakt ist nicht erforderlich („Organschaft"). Der **Gewalthaber** G wird also automatisch Eigentümer des von seinem Sohn (oder Sklaven) S erlegten Wildes und er erlangt die Gläubigerstellung aus dem Kaufvertrag, den S mit dem Verkäufer V abschließt. Hat ein Dritter T den S zum Erben eingesetzt, wird G Erbe des T, sobald S – auf Anweisung (*iussum*) des G – die Erbschaft antritt. Wenn dem S ein Vermächtnis (*legatum*) letztwillig zugewendet ist, wird G Legatar; wurde S ein Fruchtgenussrecht vermacht (*legatum ususfructus*), wird G Fruchtnießer. Hier überall steht der **Erwerb von Rechten** in Frage.

Etwas komplizierter verhält es sich, wenn zum Rechtserwerb des G auch die Einräumung einer faktischen Position nötig ist: Werden etwa die von V gekauften Sachen formlos an S übergeben, bedarf es zugleich eines *iussum* oder der nachträglichen Genehmigung (*ratihabitio*) von Seiten des G: Denn nur dadurch erlangt er den zum Eigentumserwerb erforderlichen Besitz (*corpus* und *animus*), sofern er dem S nicht sowieso ein *peculium* (s u) eingeräumt hat (vgl auch S 119).

b) Andererseits wird aber G aus dem Kaufvertrag des S nicht ohne weiteres Schuldner: **Verpflichtungsgeschäfte** von Hauskindern oder Sklaven verpflichten G nach *ius civile* überhaupt nicht, nach *ius honorarium* nur insoweit, als die sog adjektizischen Klagen zur Verfügung stehen (S 209). **Delikte** von Gewaltunterworfenen verpflichten den Gewalthaber, entweder den schuldigen S an den Geschädigten auszuliefern (*noxae deditio*) oder selbst an diesen die Deliktsbuße zu zahlen; der Geschädigte erhebt zu diesem Zweck die entsprechende Deliktsklage (zB *actio furti*) als sog Noxalklage gegen G (S 231 f).

Sklaven und Haustöchter sind nach *ius civile* unfähig, sich rechtsgeschäftlich zu verpflichten (Gai 3,104); man geht hier bloß von einer Naturalobligation (s S 237) aus, die sich nicht einklagen lässt. Ein *filiusfamilias* wird demgegenüber zwar gültig verpflichtet, die Klage gegen ihn führt also zur Verurteilung; allerdings bleibt die Vollstreckbarkeit gehemmt, solange die *patria potestas* aufrecht ist. Das prätorische Recht sieht daher unter bestimmten Voraussetzungen den **Gewalthaber** G als „zusätzlich" (adjektizisch) Verpflichteten an. Die Formel der adjektizischen Klagen bedient sich hierfür der sog **„Umstellung der Subjekte"**: Im Klagebegehren (*intentio*) wird der gewaltunterworfene S (bei Sklaven etwa mittels Fiktion) als fähiger „Schuldner" namhaft gemacht, die *condemnatio* (Urteilsermächtigung) benennt aber als „Beklagten" den G, gegen den ja die Vollstreckung offen steht. War S zB durch *iussum* des G gegenüber Dritten zum Abschluss eines Kaufes ermächtigt, kann gegen G die Verkäuferklage (*actio venditi*) in Form der *actio quod iussu* erhoben werden.

c) **Verfügungsgeschäfte** (zB Veräußerungen, Verpfändungen) sind nur mit Ermächtigung des Gewalthabers G möglich, es sei denn, er hat dem Hauskind (bzw Sklaven) S ein **peculium** (Sondergut) zu selbständiger Bewirtschaftung überlassen: Dieses bleibt zwar rechtlich in Besitz und Eigentum des G, doch gilt es (in der volkstümlichen Auffassung) mehr oder minder als Eigengut des S. S kann daher als „Organ" des G über Sachen des *peculium* verfügen; G haftet überdies bis zum Wert des *peculium* mit einer adjektizischen Klage (*actio de peculio*) für die Schulden von S.

2. Die „beschränkte Vermögensfähigkeit" von Hauskindern

Erst im Prinzipat wird die Vermögensunfähigkeit der Hauskinder erstmals durchbrochen, während im justinianischen Recht Hauskinder im Prinzip vermögensfähig sind: Zu diesem Wandel kommt es einerseits durch Sonderpekulien (*castrense* und *quasi castrense*), die noch an das „alte Pekuliarrecht" anknüpfen. Zum anderen bilden sich dann in der Dominatszeit die sog *bona materna* und *bona adventicia* als weitere Sondervermögen heraus.

a) Augustus und seine Nachfolger schaffen mit Soldatenprivilegien die Ausgangsbasis: Haussöhne erhalten das Recht, über ihr **peculium castrense** (von *castra*, Kriegslager), nämlich Sold, Beuteanteile ua, frei zu verfügen; darin eingeschlossen ist auch die (beim gewöhnlichen *peculium* fehlende) **Testierbefugnis**. Schon die klassischen Juristen schließen daraus, dass es sich hierbei um Vermögenswerte im Eigentum des Haussohnes handelt. Allerdings fällt die Hinterlassenschaft des *filius miles*, wenn er ohne Testament stirbt, wie ein gewöhnliches *peculium* dem *paterfamilias* heim.

b) In nachklassischer Zeit ist die zu einer Summe von häuslichen Leitungsbefugnissen zusammengeschrumpfte *patria potestas* von der einstigen Machtfülle eines altrömischen *paterfamilias* schon weit entfernt; in ähnlicher Weise hat auch die heutige Obsorge des Vaters als „ein Elternteil" (§§ 144 ff ABGB) die „väterliche Gewalt" im 19. Jh. (vgl § 147 ff aF des ABGB 1811) abgelöst. Dem entspricht die schrittweise Ausweitung der Vermögensfähigkeit von Hauskindern.

1. Eine unter Kaiser Konstantin initiierte Entwicklung führt hin zum justinianischen Begriff der **bona adventicia**. An diesem (von außerhalb „hinzugekommenen") Vermögen steht dem Vater regelmäßig das Recht der Fruchtnießung und Verwaltung zu (sog unfreies Kindesgut), während den Hauskindern als Eigentümern nur das *nudum ius* bleibt; bloß ausnahmsweise – bei den sog *bona adventicia* **irregularia** (sog freies Kindesgut) – entfällt der väterliche „Verwaltungsnießbrauch".

Den historischen Kern der Adventizien bilden seit Konstantin die **bona materna** und *bona materni generis*, dh Erbschaft und Schenkung von Mutterseite; Justinian erweitert die dafür ausgebildeten Grundsätze auf jeden Erwerb von dritter Seite (mit Ausnahme der Sonderpekulien), daher *bona adventicia*. Nach Konstantin hatte ein zwischen Hauskind und Vater **funktionell geteiltes Eigentum** an der mütterlichen Erbschaft (*bona materna*) bestanden. Das Eigentum des Vaters war historisch begründet, die Mitberechtigung des Kindes die Innovation. Daraus resultierte im praktischen Ergebnis eine Beschränkung der väterlichen Befugnisse auf Gebrauch, Nutzung und Verwaltung; hierbei trifft den Vater eine Sorgfaltspflicht. Justinian gibt dem Kind das alleinige Eigentum, dem Vater den „Verwaltungsnießbrauch" als ein **ius in re aliena** (dingliches Recht an fremder Sache); dieses kann entfallen, wenn es zB vom Zuwendenden ausdrücklich ausgeschlossen wurde. Von diesem Sonderfall (*bona adventicia irregularia*) einmal abgesehen kann das Kind also nur mit Einverständnis des Vaters verfügen. Darüber hinaus ist das (unfreie und freie) Adventiziengut insofern familiengebunden, als das Hauskind darüber – bei Lebzeiten des Vaters – nicht letztwillig verfügen kann. Stirbt das Hauskind daher vor dem Vater, kommt es bezüglich der *bona adventicia* immer zur gesetzlichen Erbfolge (vgl S 74f).

2. Neben den Adventizien existieren weiterhin die aus den Einkünften bestimmter Berufe gespeisten **Sonderpekulien**: Dem *peculium castrense* der Soldaten wird nämlich im Lauf der Entwicklung das *peculium quasi castrense* der Beamten, Geistlichen und Advokaten gleichgestellt, zu dem auch Schenkungen des Kaisers oder der Kaiserin gerechnet werden.

Die für diese Sonderpekulien wesentliche Verfügungsfreiheit des Hauskindes macht den Hauptunterschied zu den *bona adventicia* aus. Im Übrigen ersetzt erst das justinianische Recht das frühere „Heimfallsrecht" des Vaters beim *peculium* (*quasi*) *castrense* durch die gesetzliche Erbfolge, die nun immer dann eingreift, wenn das Hauskind nicht testiert hat.

3. Alte Pekuliargrundsätze gelten für alles, was ein Hauskind vom Vater selbst bekommt oder aus dessen Mitteln (*ex re patris*) erwirbt, sog **peculium profecticium** (I 2,9,1).

§ 6. Geschäftsfähigkeit. Tutela und cura

Fragen der Geschäftsfähigkeit haben im römischen Recht vor allem im Hinblick auf **Gewaltfreie** (*personae sui iuris*) Relevanz. Denn bei Hauskindern war diese Thematik von untergeordneter Bedeutung, so lange man ihnen die Fähigkeit, eigenes Vermögen zu haben, grundsätzlich absprach. Wer nicht unter *patria potestas* (oder *manus*) steht, kann eines Vormunds oder Kurators bedürfen. Schon in die altrömische Periode reichen die Einrichtungen der *tutela* (Vormundschaft) und *cura* (Kuratel, Pflegschaft, Sachwalterschaft) zurück: *tutela impuberum* (für Unmündige); *tutela mulierum* (für Frauen); *cura furiosi* (für Geisteskranke); *cura prodigi* (für Verschwender); in der Klassik tritt als weiterer Typ eine *cura minorum* (für Mündige bis zum vollendeten 25. Lebensjahr) hinzu.

Seit dem Jahr 2001 ist der Gesetzgeber von dieser Terminologie zT abgegangen und hat den Begriff des „Vormunds" aus dem ABGB getilgt: Minderjährige bedürfen nach heutigem Recht, soweit weder Eltern noch Großeltern oder Pflegeeltern mit der „Obsorge" für sie betraut sind (§ 145 ABGB), der „Obsorge einer anderen Person" (§§ 187 ff ABGB). Als „sonstige gesetzliche Vertreter" lassen sich der Kurator „für Ungeborene" (§ 269 ABGB), jener „für Abwesende und für unbekannte Teilnehmer an einem Geschäft" (§ 270 ABGB) oder der sog Kollisionskurator (§ 271 ABGB) nennen. Für volljährige Personen kommt die Bestellung eines „Sachwalters" in Betracht (§ 268 ABGB): Dies erfolgt auf Antrag oder auch von Amts wegen, wenn es sich um eine „behinderte Person" handelt, die „alle oder einzelne ihrer Angelegenheiten nicht ohne Gefahr eines Nachteils für sich selbst" besorgen kann; zu deren Geschäftsfähigkeit vgl § 280 ABGB.

I. Geschäftsfähigkeit

1. Altersstufen

Die Geschäftsfähigkeit (vgl S 24) hängt primär vom Vorhandensein einer gewissen geistigen Reife ab, die gewöhnlich mit der Erreichung bestimmter Altersstufen (vgl § 21 Abs 2 ABGB) verbunden ist: Im römischen Recht fehlt sie dem kleinen Kind (*infans*) zur Gänze; dem Unmündigen (*impubes*) wird aber – mit Beendigung der „Kindheit" – eine beschränkte Geschäftsfähigkeit zuerkannt; voll geschäftsfähig ist ursprünglich der Mündige (*pubes*), dem späteren Recht erscheint aber auch der unter 25-jährige (*minor XXV annis*) schutzwürdig.

a) Bei den **Unmündigen** (*impuberes*) hat man daher zwei Alterstufen zu unterscheiden:

1. Völlig handlungsunfähig sind *infantes*, im heutigen Recht Kinder unter 7 Jahren. Über die Dauer der *infantia* entscheidet bis weit in die Klassik die Sprachfähigkeit: So erklärt sich auch der Ausdruck *infantes*, dh *qui fari non possunt* (die nicht sprechen können); erst im spätrömischen Recht setzt sich die Siebenjahresgrenze nach und nach durch.

Insofern können *infantes* keine rechtsgültigen Vereinbarungen treffen. Erst das heutige Recht sieht hier gemäß § 151 Abs 3 ABGB eine Ausnahme vor: Wenn das Kind ein „übliches" Rechtsgeschäft über „eine geringfügige Angelegenheit des täglichen Lebens" abschließt und seine Leistung erbracht hat (zB Kauf einer Tafel Schokolade und Zahlung des Preises), wird das Geschäft dadurch „rückwirkend rechtswirksam".

2. Eine beschränkte Handlungsfähigkeit besitzen *impuberes infantia maiores*, die nicht mehr Kinder, aber auch nicht mündig sind; das justinianische Recht geht hier bereits generell von Unmündigen zwischen 7 und 14 bzw (bei Mädchen) 12 Jahren aus. Ohne den Vormund zu bemühen, können Personen dieser Altersgruppe Rechte erwerben, denn sie verbessern dadurch ihre Rechtslage. Selbige verschlechtern, indem sie Verpflichtungen eingehen oder über ihre Rechte verfügen, können *„maiores"* aber nur im Zusammenwirken mit dem Vormund: *placuit meliorem quidem suam condicionem licere eis facere etiam sine tutoris auctoritate, deteriorem vero non aliter quam tutore auctore* (I 1,21pr). Der Vormund muss bei solchen Geschäften selbst zugegen sein und dazu sofort – nach Prüfung – seine **auctoritas** (Zustimmung) erteilen. War der Vormund abwesend, ist das Geschäft daher nichtig und seine spätere Sanierung (Konvaleszenz) durch Nachholung der *auctoritas tutoris* nicht mehr möglich.

Fehlt die *auctoritas tutoris* bei einem Vertrag, der typischerweise beide Seiten verpflichtet (*contractus bilateralis*, S 242), wie zB beim Kauf (Ansprüche von Käufer und Verkäufer), wird dieser als sog **negotium claudicans** (hinkendes Rechtsgeschäft) nur einseitig verbindlich, nicht wie nach § 865 ABGB „schwebend unwirksam": Dh nur dem „*maior*" steht eine Klage aus dem Vertrag zu; vgl Paul. D 19,1,13,29: *ex uno latere constat contractus* (der Vertrag besteht nur von einer Seite her). Um daher unbillige Härten gegenüber dem Vertragspartner des Mündels hintanzuhalten, gibt ihm Kaiser Antoninus Pius (**rescriptum divi Pii**, Mitte 2. Jh nChr) einen Anspruch auf Rückerstattung der erbrachten Leistung, sofern das Mündel dadurch nach wie vor bereichert ist.

b) **Mündige** (*puberes*) sind im alten Recht voll handlungsfähig. Die Mündigkeit war, wie der lateinische Ausdruck *pubertas* erkennen lässt, an die Geschlechtsreife geknüpft, die bei Frauen mit Vollendung des 12. Lebensjahres angenommen, bei jungen Männern zunächst individuell festgestellt wurde (im klassischen Recht vertreten das noch die Sabinianer); später ließ man, den Prokulianern folgend, bei Männern Vollendung des 14. Lebensjahres genügen (I 1,22pr; C 5,60,3).

1. Minderjährige sind die noch nicht 25-jährigen (*minores viginti quinque annis*). Diese Altersgrenze wird in der Republik durch eine **lex Laetoria** (ca 200 vChr) neu eingeführt. Seit damals stuft man auch **mündige Minderjährige** als schutzbedürftig ein, doch bleiben sie weiterhin voll geschäftsfähig. Erst als es möglich wird, dem *minor* auf Antrag auch einen *curator* für sämtliche Geschäfte beizustellen, finden sich Entscheidungen, die die Gültigkeit seiner Veräußerungsgeschäfte an das Vorliegen des sog **consensus curatoris** knüpfen.

Die *lex Laetoria* war eine *lex minus quam perfecta* (S 257), die in der Klassik zur **lex imperfecta** mutierte: Gegen denjenigen, der die geschäftliche Unerfahrenheit eines *minor* bewusst ausnützte, hatte die *lex Laetoria* eine Bußklage (*actio legis Laetoriae*) vorgesehen, die im klassischen Prozess unanwendbar geworden ist, so dass nunmehr die Übervorteilung (*circumscriptio*) von Minderjährigen zwar verboten, aber sanktionslos bleibt: Das Geschäft ist – da keine *lex perfecta* es für nichtig erklärt – nach *ius civile* gültig; aber in analoger Weise wie bei anderen *leges imperfectae* gewährt der Prätor dem übervorteilten *minor* eine **exceptio** *legis Laetoriae* gegen die von seinem Kontrahenten erhobene Vertragsklage.

Darüber hinaus kann der *minor*, auch ohne hereingelegt worden zu sein, gegen ein objektiv nachteiliges Geschäft eine prätorische **in integrum restitutio** (Einsetzung in den vorigen Stand, vgl dagegen § 1450 ABGB) erlangen und damit so gestellt werden, als hätte er das Geschäft nicht vorgenommen. In weiterer Folge wird dem *minor* auf seinen Antrag vom Prätor ein Beistand (Kurator) gegeben, der ihn in geschäftlichen Angelegenheiten anleiten und damit die nachträgliche Reparatur überflüssig machen soll. Die Einwilligung (**consensus**) des Kurators ist im klassischen Recht noch kein Gültigkeitserfordernis; es wird aber im Interesse des Vertragspartners gelegen sein, auf ihr zu bestehen, um das Risiko einer Anfechtung zu minimieren.

Eine neue Rechtslage spiegelt sich in Dioclet./Maxim. C 2,21,3 (293 nChr) wider: „Dem Attianus: Wenn du, obwohl einen Kurator habend, als mündiger Minderjähriger Sachen verkauft hast, darf dieser Vertrag nicht aufrechterhalten werden, da sich ein Minderjähriger, dem ein Kurator bestellt worden ist, in einer ähnlichen Lage befindet wie einer, dem der Prätor unter Einsetzung eines Kurators die Vermögensverwaltung untersagt hat. Wenn du aber den Vertrag geschlossen hast, ohne einen Kurator zu haben, so wird man dir, sofern die gesetzlichen Fristen noch nicht abgelaufen sind, nach Prüfung der Sachlage gestatten, Einsetzung in den vorigen Stand (*in integrum restitutio*) zu begehren".

Spätestens ab Kaiser Diokletian sieht man also mündige Minderjährige unter 25 Jahren (*puberes minores XXV annis*) als beschränkt geschäftsfähig an, wenn ihnen auf Dauer ein *curator* beigestellt wurde (ähnlich den *impuberes infantia maiores* bzw den Verschwendern, *prodigi*); sie können allerdings auch vorzeitig für volljährig erklärt werden (*venia aetatis*). Darin spiegelt sich eine gesteigerte Bedeutung der *cura minorum*, die dann unter Justinian weitgehend an die *tutela impuberum* angenähert ist. Zu einer völligen Vereinheitlichung kommt es aber erst, als seit dem 16. Jh alle vaterlosen Minderjährigen unter Vormundschaft stehen (Reichspolizeiordnungen von 1548 und 1577).

2. Nach heutigem Recht ist man mit 18 Jahren **volljährig** (§21 Abs 2 ABGB). Im spätrömischen Recht trifft das jedenfalls auf die sog *maiores viginti quinque annis* (mit vollendetem 25. Lebensjahr) zu. Volljährige sind nicht länger schutzbedürftig und insofern auch uneingeschränkt geschäftsfähig.

Hingegen tritt die **Deliktsfähigkeit** (Verschuldensfähigkeit, s S 24) – im entwickelten klassischen Recht ebenso wie heute (§ 153 ABGB) – idR mit der Mündigkeit ein.

2. Frauen

Frauen unter Geschlechtsvormundschaft (*tutela mulierum*) können frei über *res nec mancipi* (S 105) verfügen, müssen aber den Tutor beiziehen, um *res mancipi* zu veräußern oder sich zu verpflichten. Diese Prozedur ist allerdings zur Zeit des Gaius zu einer zwecklosen Förmlichkeit verblasst, welche in der Regel die Geschäftsfähigkeit der bevormundeten Frau kaum mehr einschränkt. Im ausgehenden 3. Jh stirbt die *tutela mulierum* schließlich ab.

> Gai 1,189–190: „Dass Unmündige unter Vormundschaft stehen, ist nach dem Recht aller Staaten der Fall; denn, dass einer, der noch nicht erwachsen ist, durch die schützende Fürsorge eines anderen geleitet werden muss, entspricht dem gesunden Menschenverstand. Und es gibt kaum einen Staat, in dem es den Vätern nicht freisteht, ihren unmündigen Kindern im Testament einen Vormund zu bestellen, obgleich ... nur die Römer ihre Kinder in der väterlichen Gewalt haben. Dass jedoch erwachsene Frauen unter Vormundschaft stehen, entbehrt so ziemlich jeder haltbaren Begründung. Es wird zwar gemeinhin angenommen, dass sie sich wegen ihres Leichtsinns zumeist betrügen lassen und dass es deswegen ein Gebot der Gerechtigkeit war, sie der Autorität von Vormündern unterzuordnen. Aber das ist eher schön gesagt als wahr. Denn tatsächlich kümmern sich erwachsene Frauen um ihre geschäftlichen Angelegenheiten selbst; in gewissen Fällen willigt der Vormund pro forma ein, und er kann in vielen Fällen sogar gegen sein Widerstreben vom Prätor dazu gezwungen werden".

3. Geisteskranke, Verschwender

Furiosi, also „Personen ..., die den Gebrauch der Vernunft nicht haben" (§§ 310, 865 ABGB), sind **geschäftsunfähig** und können nicht einmal solche Rechtsgeschäfte, die sie nur berechtigen, unter Mitwirkung des *curator* abschließen. Von den *furiosi* unterscheiden sich die *prodigi* (Verschwender), obwohl Ulp. D 26,5,12,2; D 27,10,1pr; bzw Pomp. D 50,17,40 auf Analogien hinweisen. Wer „sein Vermögen auf eine unbesonnene Art durchbringt, und sich oder seine Familie ... künftigem Nothstande Preis gibt" (§ 273 aF des ABGB 1811), kann unter Entziehung der Vermögensverwaltung (*interdictio*) vom Prätor zum Verschwender erklärt werden. Der entmündigte *prodigus* ist anders als der *furiosus* zum Abschluss lukrativer (rein berechtigender) Geschäfte **fähig**. Hierzu benötigt er nicht den Konsens des Kurators, dem ansonsten die ausschließliche Vermögensverwaltung übertragen ist. Eine Zustimmung zu onerosen Geschäften (Verpflichtungen, Verfügungen) ist, wie es scheint, nicht vorgesehen. Insofern wird die Geschäftsfähigkeit des *prodigus* durch die Kuratel stärker **eingeschränkt** als das bei *impuberes infantia maiores* (oder in weiterer Folge bei *minores XXV annis)* der Fall ist.

Gemäß der „Entmündigungsordnung“ (seit 1991 außer Kraft) stand ein „Verschwender“ bei beschränkter Entmündigung „einem mündigen Minderjährigen gleich“ und erhielt einen Beistand. Seit 1983 (in Folge des „Sachwaltergesetzes“) ist der Fall des „Verschwenders“ im Gesetz (§ 273 aF des ABGB 1811) nicht mehr ausdrücklich erwähnt; die neu konzipierte flexible *cura* (Sachwalterschaft) für schwere und leichte Fälle psychischer Erkrankungen oder geistiger „Behinderungen“ stellt nun nicht mehr auf die Interessen der Familie ab, sondern auf die „Gefahr eines Nachteils für sich selbst“ (vgl § 268 ABGB).

II. Tutela impuberum. Cura minorum

1. Berufung zur Vormundschaft

Das römische Recht unterscheidet drei Arten der Berufung zur Vormundschaft: 1. testamentarische (*tutela testamentaria*); 2. gesetzliche (*tutela legitima*); 3. behördliche (*tutela dativa*). Seit der Reichspolizeiordnung 1577 musste stets eine *confirmatio* (Bestätigung) durch das Vormundschaftsgericht erfolgen. Im römischen Recht fallen die *tutela testamentaria* und *legitima* den Berufenen von selbst an; weder im einen noch im anderen Fall bedarf es eines Dekrets der Vormundschaftsbehörde. Traten bei der testamentarischen Ernennung allerdings Formmängel auf oder ernannten andere Personen als der *paterfamilias* einen Vormund im Testament (zB die Mutter oder sonstige Verwandte), so wird die Berufung nur durch magistratische *confirmatio* wirksam.

Tutela testamentaria. – Der *paterfamilias* kann Unmündigen, die mit seinem Tod *sui iuris* werden, durch letztwillige Anordnung Vormünder bestellen, zB *L. Titium liberis meis tutorem do* (ich gebe meinen Kindern den L. Titius zum Vormund). Letztwillig berufene Tutoren können die Übernahme der Vormundschaft ablehnen (*ius abdicandi*).

Tutela legitima. – Hatte der Testator über Vormundschaften nichts verfügt, schlugen die von ihm bestellten Vormünder aus oder kam es zur Eröffnung der Intestaterbfolge, so sind als *tutores legitimi* die männlichen *adgnati proximi* (subsidiär die *gentiles*) berufen, also (nur) die gradnächsten agnatischen Seitenverwandten (S 69f), zB die Brüder des Mündels.

Aufgrund der Berufung der nächsten gesetzlichen Erben folgert man, dass die Einrichtung der *tutela* zu Anbeginn besonders auch den Schutz der Familieninteressen (Erhaltung des Familienvermögens) bezweckte. Etwas überspitzt kann sie in dieser Funktion als „eigennützige" Gewalt der Vormünder über Person und Vermögen des Mündels bezeichnet werden. Seit der jüngeren Republik wandelt sich die *tutela impuberum* zu einer modernen Institution mit „fremdnützigen" Aufgaben. Damit stimmt auch die Einführung magistratischer Vormundsbestellungen durch die *lex Atilia* (ca 210 vChr) überein. In der Kaiserzeit gewinnt dann der Gedanke behördlicher Fürsorge- und Aufsichtspflichten zunehmend an Boden. Demgegenüber legt die *tutela mulierum* den „atavistisch-egoistischen" Charakter nie ab und kann daher mit den dynamischen Veränderungen der Gesellschaft nicht Schritt halten; sie wird immer mehr „zum Gespenst ihrer selbst" und verschwindet schließlich am Ende der Klassik aus dem Rechtsleben.

Tutela Atiliana (*dativa*). – „Wenn jemand gar keinen Vormund hat, wird ihm in der Stadt Rom aufgrund der *lex Atilia* [ca 210 vChr] vom *praetor urbanus* und der Mehrheit der Volkstribunen ein sog Atilianischer Vormund bestellt, in den Provinzen aber von den Provinzstatthaltern..." (Gai 1,185); dabei hatten die Amtsträger – neben gesellschaftlicher Position – insb auch dessen persönliche Zuverlässigkeit und Vertrauenswürdigkeit zu überprüfen (vgl Mod. D 26,5,21,5; Ulp. D 26,5,18). Den Antrag auf Vormundbestellung kann jedermann einbringen, die Mutter oder bestimmte andere dem Kind nahe stehende Personen sind dazu sogar verpflichtet. Die magistratische Tutel gilt als *munus*, dh als Last, die jedermann im öffentlichen Interesse zu tragen hat. Allerdings besteht hier ein ganzer Katalog anerkannter Entschuldigungsgründe (**Exkusationsgründe**). Der bei der magistratischen Tutel entwickelte Pflichtgedanke sowie die Exkusationsgründe sind alsbald auch auf die *tutela testamentaria* und *tutela legitima* übertragen worden.

Entschuldigungsgründe sind zB hohes Alter, Gebrechen, Militärdienst, hohe Kinderzahl. Die Benennung eines Geeigneteren (*potioris nominatio*) war eine im spätklassischen Recht zulässige Variante, der Bürde einer Vormundschaft zu entgehen. Zu den Unfähigkeitsgründen zählt noch im klassischen Recht vor allem das weibliche Geschlecht. Dagegen sind im hellenistischen Rechtsbereich Frauen als Vormünderinnen nichts Ungewöhnliches. Für das römische Recht ergibt sich die Unfähigkeit von Frauen daraus, dass sie selbst unter Vormundschaft stehen. Allerdings wird die *tutela mulierum* schon in der Klassik zurückgedrängt, und mit ihrem Verschwinden entfällt im nachklassischen Recht der letzte Grund, Frauen die Übernahme von Vormundschaften zu versagen.

2. Aufgaben des Tutors. Haftung

a) Dem *impubes infantia maior* ermöglicht es der *tutor* durch Erteilung der *auctoritas* („Vollwort"), selbständig Verpflichtungen einzugehen oder Veräußerungen vorzunehmen (vgl S 43). Für einen *infans* kann nur der Vormund Rechtsgeschäfte vornehmen, die das Mündelvermögen betreffen. Er handelt zumeist als sog indirekter Stellvertreter (S 200); Besitz und Eigentum kann er mit unmittelbarer Wirkung für das Mündel erwerben (S 119). Als **Treuhänder** des Mündelvermögens ist der *tutor* befugt, „wie ein Eigentümer" (*domini loco*, Paul. D 26,7,27) darüber zu verfügen. Seine weit reichende Verfügungsmacht wird erst seit der Spätklassik beschnitten: Ein bei Ulp. D 27,9,1pr–2 überliefertes Gesetz des Kaisers Septimius Severus (**oratio Severi,** 195 nChr) bindet Veräußerungen von unbeweglichem Gut an eine – nur ausnahmsweise zu erteilende – Genehmigung der zuständigen Behörde (s § 232 ABGB). Diese Vorschrift bezieht sich auf *praedia rustica vel suburbana* (ländliche und vorstädtische Liegenschaften), weil sie wertbeständig („mündelsicher") sind, während Stadthäuser leicht durch Großbrände entwertet werden. In der Nachklassik unterliegen alle Veräußerungen, die nicht zur ordentlichen Verwaltung gehören, der Genehmigungspflicht. Justinian verlangt auch für die Einziehung von Forderungen eine behördliche Erlaubnis (vgl § 234 ABGB).

b) Da die Macht des Vormunds in alter Zeit nicht durch Verfügungsverbote beschränkt ist, bedarf es eines Gegengewichts, um Missbräuchen vorzubeugen. Verhält sich ein *tutor testamentarius* treuwidrig, kann jedermann mittels *accusatio suspecti tutoris* vorgehen und dessen **Entfernung** (*remotio*) – mit Infamiefolge (s S 24) – erreichen. Der (unabsetzbare) *tutor legitimus* haftet auf eine **Buße** im doppelten Wert seiner Unterschlagungen (*obligatio ex delicto*, s S 236; 270), die nach Beendigung der Vormundschaft mit der *actio rationibus distrahendis* (Klage auf Vorlage der Rechnungen) einzuklagen ist.

Mit Ausnahme des *tutor testamentarius* (Gai 1,200; I 1,24pr) ist bei Antretung der Vormundschaft **Kaution** zu leisten. Die *cautio rem pupilli salvam fore* ist ein stipuliertes Versprechen (*obligatio ex contractu*, S 155; 236), das Vermögen des Mündels zu schützen; die *cautio* wird zB einem Mündelsklaven oder dem zuständigen Beamten geleistet und räumt dem Mündel nach beendeter Vormundschaft die *actio ex stipulatu* ein.

Von größter Bedeutung ist seit der jüngeren Republik die **actio tutelae**. Schon die Übernahme der Geschäftsführung (*gestio*) verpflichtet den Vormund, das Vermögen treu und verlässlich zu verwalten (s Pomp. D 27,5,4). Er haftet für *dolus* und *culpa* (S 274), zB wenn er in Mündelangelegenheiten nachlässiger verfährt als in eigenen (*diligentia quam in suis rebus*). Das vom Leitgedanken der *bona fides* (S 238) bestimmte Verhältnis, das bei Justinian zu den *obligationes quasi ex contractu* zählt (S 236f), verpflichtet in erster Linie den Vormund; allerdings kann der *actio tutelae* **directa** des Mündels (ähnlich den sog „unvollkommen zweiseitigen Verträgen", S 242) eine *actio tutelae* **contraria** des Vormunds auf Ersatz seiner Aufwendungen gegenüberstehen. Die Klagen sind nach Beendigung der Tutel anzustellen. Die *actio directa* zielt auf Rechnungslegung, Herausgabe von Mündelgut bzw Schadenersatz und kann wiederum *infamia* nach sich ziehen. Ab Kaiser Konstantin sind Mündelansprüche zudem durch eine Generalhypothek (S 149) am Vermögen des Vormunds gesichert.

3. Cura minorum

Auf Antrag des mündigen Minderjährigen (unter 25 Jahren) bestellt der Magistrat den *curator*, anfangs immer nur für bestimmte konkrete Angelegenheiten, ab Kaiser Marc Aurel auch generell für alle Geschäfte des *minor*. Damit nähert sich die *cura minorum* schrittweise an die *tutela impuberum* an; zB können nun auch nahe Angehörige die Kuratel beantragen. Spätestens mit Ausgang des 3. Jh nChr (vgl S 44f) scheint zudem in jenen

Fällen, für die dem *minor* ein *curator* bestellt wurde, dessen Einwilligung bindend geworden zu sein, sofern es sich nicht um rein berechtigende Geschäfte handelt: Allerdings kann der *consensus curatoris* – anders als die *auctoritas tutoris* (s S 43) – auch schon im Voraus oder noch im Nachhinein erteilt werden. Ohne Konsens des Kurators ist das Geschäft zunächst schwebend unwirksam („hinkendes Rechtsgeschäft" im heutigen Sinn, vgl § 865 ABGB), bei nachträglicher Genehmigung dann von Anfang an gültig. Ab dieser Zeit bildet die Vermögensverwaltung eine der Hauptaufgaben des Kurators; die bei der *tutela impuberum* ausgebildeten Grundsätze werden entsprechend angewendet. Für Ansprüche aus der Geschäftsführung des Kurators hat der *minor* die **actio negotiorum gestorum directa** (vgl S 202); wegen Aufwendungen kann der Kurator seinerseits mit der *actio negotiorum gestorum* **contraria** Ersatz begehren.

§ 7. Familie und Verwandtschaft

§ 40 ABGB versteht als Familie die Stammeltern mit allen ihren Nachkommen; diese Großfamilie umfasst alle Blutsverwandten. Die römische *gens* (Sippe) war eine Art **Großfamilie** mit Bedeutung für die politische Ordnung der Königszeit und frühen Republik: Aus den Oberhäuptern der *gentes* setzte sich der Senat zusammen. Den *gentes* gehörte wahrscheinlich der Boden; außerdem waren sie subsidiär Erben (XII-Tafeln 5,4) und Vormünder. Im *nomen gentile* (zwischen dem Vor- und dem Familiennamen) ist die Zugehörigkeit zur *gens* erkennbar; zB Gaius *Iulius* Caesar.

Als *familia* bezeichnet man in Rom hingegen die **Kleinfamilie**, die freilich mit der heutigen Kleinfamilie nicht gleichgesetzt werden kann, weil auch die erwachsenen Kinder grundsätzlich im Familienverband verblieben. Familienoberhaupt war der *paterfamilias*: Ihm unterstanden die Familienangehörigen; er war Alleineigentümer der zum Hausverband gehörigen Sachen (in einem weiteren Sinn bezeichnet *familia* das Familienvermögen). Die *familia* bildete zugleich eine sakrale Einheit (Hausgötterkult).

Diese römische Kleinfamilie ist ein **patriarchalisch organisierter Rechtsverband**, dessen Mitglieder nicht gleichberechtigt sind. Einzig der *paterfamilias* ist *persona sui iuris*, während die *uxor in manu* (Ehefrau unter eheherrlicher Gewalt) und die ehelichen Kinder als *personae alieni iuris* vermögensunfähig sind. Die alleinige Vermögensherrschaft des *paterfamilias* ist auch durch die Anwartschaft seiner Kinder als künftige Erben nicht beschränkt. Der *paterfamilias* übt eine sehr weitgehende **Herrschaftsgewalt** (*potestas*) aus, die gegenüber den Kindern *patria potestas*, gegenüber der Ehefrau *manus* heißt. Sie reicht bis zum Recht über Leben und Tod, ist aber durch das Sakralrecht und in der Republik durch die Sittenaufsicht des Zensor eingeschränkt. Die *potestas* des *paterfamilias* ist gegenüber der *uxor in manu* und gegenüber den Kindern weitgehend gleichartig gestaltet, so dass die Ehefrau – in gewissen Fragen – *filiae loco* steht.

Die patriarchalische Struktur der römischen Familie hat zur Folge, dass nur ein Mann *paterfamilias* sein kann. Außerdem begründet – neben Adoption und Manusehe – nur die eheliche Abstammung von einem Mann die Zugehörigkeit zur *familia*, die also die Kinder der *filiifamilias*, nicht der Töchter umfasst. Diese Abstammung vom Mann war auch für das Verwandtschaftsrecht bedeutsam. Das römische Recht kennt neben der **Blutsverwandtschaft** (*cognatio*) eine durch die Zugehörigkeit zum Hausverband begründete **agnatische Verwandtschaft**: *Sunt autem agnati per virilis sexus personas cognatione iuncti, quasi a patre cognati* (Agnaten sind durch Personen männlichen Geschlechts miteinander blutsverwandt, sozusagen vom Vater her Blutsverwandte; Gai 1,156). Agnatisch verwandt sind Personen, die in demselben Hausverband stehen oder noch stünden, wenn ihr gemeinsamer *paterfamilias* noch lebte. Neben den ehelichen Kindern und weiteren ehelichen Nachkommen im Mannesstamm sind dies die *uxores in manu* (des *paterfamilias* und der *filiifamilias*) und die Adoptivkinder. Bedeutsam ist die agnatische Verwandtschaft im Erb- und Vormundschaftsrecht: Der gradnächste Agnat ist erbberechtigt, wenn es keine *sui heredes* gibt; er ist auch gesetzlicher Vormund. Die Gradesnähe richtet sich nach der Zahl der Zeugungen, welche die Verwandtschaft vermitteln (§ 41 ABGB).

Frauen haben zwar weder Familiengewalt, noch vermitteln sie agnatische Verwandtschaft, sie bilden aber als *personae sui iuris* (zB nach dem Tod ihres Gewalthabers) eigene (Einpersonen-)Familien; ebenso uneheliche Kinder und eheliche Kinder ohne *paterfamilias*. Die Eingliederung der Ehefrau in den Familienverband des Mannes ist in der frühen Republik die Regel, in der Zeit der Klassik jedoch die Ausnahme, so dass sich die Kleinfamilie im soziologischen Sinn nicht mehr mit dem Rechtsverband deckt.

Adfinitas (Schwägerschaft) ist die Beziehung einer Person zu den Verwandten des Ehegatten.

§ 8. Eherecht

I. Das Wesen der römischen Ehe

Das römische Eheverständnis ist vom heutigen weitgehend verschieden. Es ist unberührt von christlichen Elementen, die auch nach der staatlichen Regelung des Eherechts ab dem 18. Jh nachhaltig das geltende Recht prägen. Vor allem aber ist die römische Ehe (*nuptiae, matrimonium*) Privatangelegenheit, also nicht in jenem Maße staatlich reglementiert wie heute. Die Ehe ist daher weniger ein Rechtsverhältnis, als vielmehr ein **faktisches Verhältnis des sozialen Lebens.**

In Rom gibt es weder eine förmliche Eheschließung vor einer Behörde, noch wird die Ehe durch Vertrag begründet (so § 44 ABGB) oder vom Richter geschieden (§ 46 EheG). Bezeichnend für die römische Sozialordnung war der Bestand der Ehen lange Zeit hindurch ohne restriktive Scheidungsgesetzgebung gesichert. Was heute zum persönlichen Eherecht zählt, war weitgehend der **Sitte** (*mos maiorum*) überlassen. Auch für das Verhältnis zwischen den Eheleuten gab der *mos maiorum* Verhaltensrichtlinien. Die Ehe ist freilich auch von rechtlicher Bedeutung, etwa für die Ehelichkeit und damit für den *status* der Kinder und deren Zugehörigkeit zur römischen *civitas*. Die Gültigkeit der Ehe spielt ferner in Vermögensangelegenheiten als Vorfrage eine Rolle, zB in Zusammenhang mit dem Schenkungsverbot oder dem Heiratsgut (S 61 ff).

Die römische Ehe ist die in häuslicher Gemeinschaft **verwirklichte Lebensgemeinschaft** von Mann und Frau: Mod. D 23,2,1: *Nuptiae sunt coniunctio maris et feminae et consortium omnis vitae, divini et humani iuris communicatio* (Die Ehe ist eine Verbindung von Mann und Frau und eine Gemeinschaft für das ganze Leben, eine Gemeinschaft nach göttlichem und menschlichem Recht). Sie beruht auf der *affectio maritalis*, dem Ehebewusstsein beider Gatten, das während der gesamten Ehe bestehen muss.

Gerade wegen ihres präpositiven Charakters als soziales Faktum (mit Rechtsfolgen) ist die römische Ehe von der **Ehegewalt** (*manus*) des Ehemanns und *paterfamilias* über die Ehefrau zu unterscheiden. Die *manus*-Begründung ist kein bloß sozialer, sondern ein rechtlicher Vorgang: Die Frau wird in die *familia* ihres Mannes eingegliedert. Die Eheschließung muss aber nicht mit der Begründung von *manus* verbunden sein. In älterer Zeit erlangte der Ehemann meist die *manus*, doch sahen bereits die XII-Tafeln Ausnahmen vor. Die weitere Entwicklung ging dahin, dass in der Kaiserzeit die *manus*-freie (gewaltfreie) Ehe zum Normalfall wird, während die rechtliche Unterordnung der Ehefrau im Laufe der Zeit immer seltener vorkommt.

II. Verlöbnis (sponsalia)

Das Versprechen künftiger Eheschließung erfolgte ursprünglich in Form wechselseitiger *sponsiones* (Stipulationen), war also ein klagbarer **Vorvertrag**. Der *paterfamilias* der Braut – als *persona sui iuris* sie selbst mit *auctoritas tutoris* – verspricht dem Bräutigam, sie ihm zur Frau zu geben. Der Bräutigam – als Haussohn mit Zustimmung seines Gewalthabers – verspricht, sie heimzuführen: *uxorem ducere*. Gegen ihren Willen kann eine *filiafamilias* nach klassischem Recht nicht verlobt werden.

In der jüngeren Republik lösten sich die *sponsalia* von der Stipulationsform und verloren damit die Verbindlichkeit (§45 ABGB); eine Vertragsstrafe zur Sicherung eines Verlöbnisses ist im klassischen Recht sittenwidrig und unwirksam. Ein zweites Verlöbnis soll, bei sonstiger Infamie, erst nach der Auflösung des ersten eingegangen werden. Das Verlöbnis begründet also trotz freier Lösbarkeit nicht nur sittliche Gebundenheit: Es entsteht ein Ehehindernis, so dass man zB – auch nach Auflösung des Verlöbnisses – die Mutter der Verlobten ebenso wenig wie eine Schwiegermutter heiraten kann (Paul. D 23,2,14,4). Auch andere dauernde Ehehindernisse stehen einem Verlöbnis entgegen. Hingegen können Unmündige zwar nicht heiraten, aber bereits verlobt werden (Mod. D 23,1,14).

III. Ehehindernisse

Eine nach *ius civile* gültige Ehe (*matrimonium iustum*) kann nur zwischen Personen eingegangen werden, die miteinander das *conubium* haben. Dieses besteht zwischen römischen Bürgern, seit der *lex Canuleia* (445 vChr) auch zwischen Patriziern und Plebejern und ab der späten Republik auch zwischen Freigeborenen und Freigelassenen. Zwischen Römern und *peregrini* konnte das *conubium* verliehen werden, was jedoch durch die Ausdehnung des römischen Bürgerrechts, insb mit der *constitutio Antoniniana* (212 nChr) an Bedeutung verliert. Ehen zwischen *peregrini* oder mit *peregrini* ohne *conubium* werden entsprechend dem Personalitätsprinzip nach Heimatrecht beurteilt. Kein *matrimonium iustum* ist die Lebensgemeinschaft von Sklaven (*contubernium*).

Gültigkeit einer Ehe erfordert *pubertas* (**Mündigkeit**) der Partner. Bei Heirat eines(r) Unmündigen wird die Ehe erst mit dem Eintritt der *pubertas* gültig. Auch Geisteskrankheit im Zeitpunkt der Heirat schließt eine gültige Ehe aus; die nachträgliche geistige Erkrankung eines Ehegatten lässt aber eine gültig geschlossene Ehe weiter bestehen.

Aus dem Prinzip der **Monogamie** ergibt sich, dass, wer in gültiger Ehe lebt, keine zweite Ehe eingehen kann, bevor nicht die erste aufgelöst ist (§ 8 EheG). Wird die erste Ehe nicht aufgelöst, so ist die zweite unwirksam und der Bigamist ehrlos.

Das Ehehindernis der **Blutsverwandtschaft** beruht auf der Strafbarkeit des Geschlechtsverkehrs zwischen bestimmten Personen wegen Inzest. Dies gilt für Verwandte in auf- und absteigender Linie, während für Seitenverwandte das Ehehindernis zunehmend eingeschränkt wurde. In der Klassik reicht es idR bis zum 3. Grad (nach § 6 EheG ist nur noch die Ehe zwischen Geschwistern untersagt). Um die Heirat des Kaiser Claudius mit Agrippina zu ermöglichen, gestattete ein SC die Ehe zwischen dem Onkel und der Tochter des Bruders.

Grundsätzlich in gleicher Weise wie die Blutsverwandtschaft hindert die Adoptivverwandtschaft eine Ehe; unter Seitenverwandten gilt dies jedoch nur für die Dauer des durch die Adoption begründeten Verwandtschaftsverhältnisses.

Nach klassischem Recht begründet *adfinitas* (Schwägerschaft) ein Ehehindernis in gerader Linie, also zwischen Stiefeltern und -kindern bzw Schwiegereltern und -kindern.

Um dem weiblichen Mündel die Entscheidungsfreiheit bei der Eheschließung zu sichern, wird unter Marc Aurel und Commodus die Heirat zwischen dem Vormund, seinem Sohn oder Enkel und dem Mündel untersagt.

Zum Schutz der Provinzbewohner ist Provinzialbeamten und in der Provinz tätigen Offizieren (für die Dauer ihrer Funktion) die Ehe mit Angehörigen derselben Provinz untersagt. Aus disziplinären Gründen dürfen Soldaten während ihrer Dienstzeit nicht verheiratet sein; das Verbot wurde spätestens um 200 nChr aufgehoben. Bis dahin waren Konkubinate häufig.

Heiratet eine Witwe während der 10-monatigen **Trauerzeit**, so wird sie zwar infam, ihre Ehe ist aber gültig. Die Trauerzeit hat sakrale Wurzeln; für die Juristen der Klassik geht es aber primär darum, Unklarheiten über die Vaterschaft zum nachgeborenen Kind zu vermeiden.

IV. Ehegesetze des Augustus

Augustus versuchte durch Freilassungsbeschränkungen (S 36f) und Ehegesetze die italische Stammbevölkerung als Kern des sich zunehmend ausweitenden Reichs zu stärken, um eine Überfremdung zu verhindern. Er wollte der zunehmenden Ehe- und Kinderlosigkeit vor allem der oberen Schichten entgegenwirken; bevölkerungspolitisch unerwünschte Ehen wurden verboten. Diese Ehegesetzgebung des Augustus griff massiv in die Freiheit der Eheschließung ein, stieß auf Widerstand und führte zur Zunahme von Konkubinaten, also nicht als Ehen anerkannten, aber tolerierten dauernden Lebensgemeinschaften.

Die *lex Iulia de maritandis ordinibus* (= über die Verheiratung der Bürgerstände; 18 vChr) und die *lex Papia Poppaea* (9 nChr), von den klassischen Juristen wegen ihrer engen Verflechtung als Einheit aufgefasst, normieren **Eheverbote** und **Ehegebote**. Zudem wird die Streichung der Bedingung der Ehe- oder Kinderlosigkeit bei testamentarischen Zuwendungen angeordnet. Die *lex Iulia de adulteriis* (18 vChr) stellt Unzucht und Ehebruch unter Strafe.

Allen Freigeborenen ist die Heirat anrüchiger Frauen (Dirnen, Kupplerinnen, Schauspielerinnen, im *iudicium publicum* Verurteilten) untersagt. Senatoren und deren Angehörige dürfen zudem keine Freigelassenen heiraten. Derart verbotene Ehen waren zunächst wirksam, aber keine *matrimonia secundum legem Iuliam et Papiam contracta*, weshalb die Ehepflicht nicht erfüllt ist (*lex minus quam perfecta*). Erst seit Marc Aurel und Commodus sind sie nichtig, so dass Kinder aus solchen Ehen unehelich sind.

Männer im Alter von 25 bis 60, Frauen von 20 bis 50 Jahren müssen verheiratet sein und bei Beginn dieser Fristen mindestens ein eheliches Kind haben. Wird eine Ehe aufgelöst, so muss man sich wieder verheiraten, was bei Witwen der Tradition widerspricht. Keiner Ehepflicht unterliegt, wer drei eheliche Kinder gezeugt oder geboren hat; dieses *ius trium liberorum*, bei Freigelassenen *ius quattuor liberorum*, wurde aber auch als Privileg erteilt.

Wer diesen Pflichten nicht nachkommt, erleidet Nachteile, wenn er (ohne mit dem Erblasser nahe verwandt zu sein) in einem Testament als Erbe oder Legatar bedacht wird. Er bleibt zwar erbfähig und kann *ab intestato* (ohne Testament) erben; die Fähigkeit, aus einem Testament zu erwerben (**Kapazität**), ist aber ausgeschlossen oder vermindert. Unverheiratete sind völlig erwerbsunfähig, sofern sie nicht binnen 100 Tagen heiraten; Kinderlose erwerben nur die Hälfte, Ehegatten untereinander nur ein Zehntel. Was von Unverheirateten oder Kinderlosen derart nicht erworben wird, fällt an andere Erben oder Legatare mit Kindern, sonst an den Staat (*aerarium,* später *fiscus: bona caduca*).

V. Eheschließung

Die Ehe wird durch den nach außen erkennbaren, **übereinstimmenden Willen** der Brautleute, eine Ehe einzugehen (*affectio maritalis*), und die tatsächliche Herstellung der Lebensgemeinschaft geschlossen: *consensus facit nuptias*. Hauskinder bedürfen der Zustimmung ihres *paterfamilias*, doch wird die zu Unrecht verweigerte *auctoritas patris* nach der *lex Iulia de maritandis ordinibus* erzwungen (vgl § 3 Abs 3 EheG). Eine Frau *sui iuris* kann nach klassischem Recht ohne *auctoritas tutoris* heiraten. Eine besondere Form ist nicht geboten; üblich ist die *in domum deductio* der Braut durch den Bräutigam.

Die Eheschließung verschafft der Frau die soziale Anerkennung als Ehefrau, den *honor matrimonii*, der sie von der Konkubine unterscheidet. Sie teilt in der Kaiserzeit Wohnsitz und sozialen Stand des Mannes. Ohne Begründung der *manus*-Gewalt ändert die Heirat aber nichts an ihrem *status familiae*; auch der Ehemann bleibt Haussohn, wenn er es vor der Heirat ist.

Die eheliche Treuepflicht betrifft vor allem die Frau, die von ihrem Mann getötet werden darf, wenn er sie beim Ehebruch ertappt (*lex Iulia de adulteriis*).

VI. Auflösung der Ehe

Die Ehe endet durch Tod, Verlust der Ehefähigkeit eines Ehegatten oder Scheidung. Wird die Ehe durch Kriegsgefangenschaft aufgelöst, und kehrt der Gefangene zurück, so wird die Ehe als soziales Faktum nicht schon aufgrund des *ius postliminii* (S 31) wieder hergestellt, sondern es bedarf der Wiederaufnahme der Lebensgemeinschaft mit *affectio maritalis*.

Die **Scheidung** (*divortium*) ist an kein Verfahren und im klassischen Recht an keine Gründe gebunden. Sie besteht in der einseitigen oder einvernehmlichen Aufhebung der ehelichen Lebensgemeinschaft mit dem erkennbaren Willen, die Ehe zu beenden, zB durch *nuntium remittere* (einen Boten schicken). Diese Scheidungsfreiheit setzte sich gegen das Sakralrecht und zensorische Beschränkungen durch. Vertragsstrafen, welche die Scheidungsfreiheit einengen, sind unwirksam (Alex. C 8,38,2 [223]).

Steht die Ehefrau unter *patria potestas*, so kann ihr *paterfamilias* sie zurückholen (*vindicatio; interdictum de liberis ducendis*) und die Ehe auflösen. Antoninus Pius beseitigt dieses Recht des Vaters, sofern die Ehe glücklich ist.

VII. Manus

In älterer Zeit war die Eheschließung meist mit der **Begründung** der Ehegewalt (*conventio in manum*) verbunden, um die Ehefrau als *uxor in manu* in die Familie des Ehemannes aufzunehmen. Dafür sind drei Formen überliefert.

Die *confarreatio*, ein sakraler Akt mit Opferung von Brot (*panis farreus*) an Jupiter unter Mitwirken des Jupiterpriesters (*flamen dialis*) und des *pontifex maximus*, verbindet Eheschließung und Begründung der *manus* (Gai 1,112). – Durch *usus* erlangt der Mann die *manus*, der ein Jahr mit seiner Frau in häuslicher Ehegemeinschaft lebt. Diese Ersitzung (S 124ff) der *manus* wird nach XII-Tafeln 6,4 verhindert, wenn die Frau während drei Nächten (*trinoctium*) vom Haus des Mannes fernbleibt, was die Jahresfrist unterbricht. Damit werden gewaltfreie Ehen ermöglicht. Gegen Ende der Republik gerät der Erwerb der *manus* durch *usus* außer Übung (Gai 1,111: *desuetudo*).

Die *coemptio* hat man aus dem förmlichen Erwerbsakt der *mancipatio* (S 120) entwickelt (Gai 1,113). Der Ehemann erwirbt die *potestas* über die

Frau von ihrem *paterfamilias*, in klassischer Zeit von ihr selbst mit *auctoritas* ihres *tutor* oder *paterfamilias*.

Durch die *conventio in manum* ändert sich der *status familiae* der Frau (*capitis deminutio minima*). **Die agnatische Verwandtschaft zur väterlichen Familie erlischt.** Die Frau wird mit ihrem Ehemann und dessen Agnaten verwandt und nimmt die Stellung wie eine Tochter ihres Mannes (*filiae loco*) in dessen Familie ein. War sie vorher *persona sui iuris*, so wird sie durch die Manusbegründung *persona alieni iuris* und ihr Vermögen fällt an den Ehemann oder dessen *paterfamilias*. Hat sie Schulden, so ist zu unterscheiden: Ererbte Schulden gehen auf den neuen Gewalthaber über; andere erlöschen nach *ius civile*, doch gewährt der Prätor den Gläubigern eine *in integrum restitutio*: Sie können die Frau klagen, als hätte sie keine *capitis deminutio* erlitten (Fiktion), und in das Vermögen vollstrecken, das die Frau ohne die *capitis deminutio* hätte. Ist der Ehemann *filiusfamilias*, so steht die *manus* zunächst seinem *paterfamilias* zu. Erst bei dessen Tod erwirbt der Ehemann die *manus* über seine Frau ebenso wie die *patria potestas* über seine Kinder.

Eine Scheidung beendet nur die Ehe; die **Aufhebung** der *manus* erfordert einen Rechtsakt: Entweder die *diffarreatio* (bei durch *confarreatio* begründeter *manus*-Ehe) oder eine *remancipatio*, was die Frau nach Kaiserrecht erzwingen kann. Der Ehemann überträgt seine *potestas* durch *mancipatio* entweder ihrem früheren *paterfamilias* zurück oder einem Treuhänder, der die Frau durch *manumissio* zur *persona sui iuris* macht und ihr gesetzlicher Vormund wird.

§ 9. Ehegüterrecht

I. Gütertrennung

Bei manusfreier Ehe hat die Heirat keine unmittelbare vermögensrechtliche Wirkung; es gilt das Prinzip der Gütertrennung. Jeder Ehegatte bleibt Eigentümer seiner Sachen und haftet nur für die eigenen Schulden. Ist einer der Ehegatten Hauskind, so erwirbt er weiterhin seinem *paterfamilias*. Der Ehemann ist nach der Sitte, nicht aber rechtlich zur Unterhaltsleistung verpflichtet. Er hat kein Recht, das Vermögen seiner Frau zu verwalten; allerdings kann die Ehefrau ihr Vermögen vom Ehemann verwalten lassen (*parapherna*).

II. Schenkungsverbot

Schenkungen zwischen Ehegatten sind **verboten** und **nichtig**, was nur bei manusfreier Ehe Bedeutung hat. Das Verbot wurde durch kein Gesetz eingeführt, wenn es auch gut die erbrechtlichen Erwerbsbeschränkungen nach den Ehegesetzen des Augustus (S 56f) ergänzte, solange die verbotene Ehe gültig war. In Ulp. D 24,1,1 ist das Schenkungsverbot auf das Herkommen zurückgeführt und damit motiviert, dass gefühlsbestimmte Vermögensverschiebungen unerwünscht sind. Die Ehe soll keinen Vermögensübergang bewirken, für den keine wirtschaftliche Rechtfertigung besteht, weshalb das Schenkungsverbot zwischen allen Personen der beiden Hausverbände besteht.

Wer eine körperliche Sache verschenkt, bleibt infolge der Nichtigkeit Eigentümer und kann sie vindizieren oder nach Verbrauch der Sache die Bereicherung kondizieren (Ulp. D 24,1,5,18). Aus einer *stipulatio* kann der beschenkte Ehegatte nicht klagen; ein unentgeltlicher Schulderlass lässt die Schuld fortbestehen.

Schenkungen, die keine unerwünschte Bereicherung eines Ehegatten auf Kosten des anderen bewirken, sind gültig; zB zum Unterhalt oder aus sonstiger Anstandspflicht; oder wenn der zum Erben eingesetzte Mann die Erbschaft ausschlägt, damit die Frau sie erwirbt (D 24,1,5,13), weil sich die Frau hierbei nicht auf Kosten des Mannes bereichert.

Schenkungen vor der Ehe oder nach deren Auflösung sind gültig, insb **Schenkungen** auf **den Todesfall**. Daher kann der Schenker eine verbotene Schenkung durch Fideikommiss bestätigen. Nach einer *oratio Severi* (206 nChr) wird auch ohne Fideikommiss eine nicht widerrufene Schenkung mit dem Tod des Schenkers wirksam (Konvaleszenz).

Vermacht der Ehemann seiner *uxor in manu* alles, was sie während der Ehe von ihm erhalten hat, so wird zugunsten der Frau vermutet, dass eine Sache im Zweifel vom Mann an die Frau gelangt sei. Später wird diese *praesumptio Muciana* zum Nachteil der Frau mit dem Schenkungsverbot in Verbindung gebracht.

Als Gegenstück zur *dos* wird im justinianischen Recht die *donatio propter nuptias* ausgestaltet. Diese Schenkung des Mannes an die Frau im Hinblick auf die Ehe ist auch nach der Heirat möglich; insoweit gilt also das Schenkungsverbot nicht. Wie der Vater der Braut eine Mitgift zu bestellen hat, ist der Ehemann zur *donatio propter nuptias* verpflichtet. Bei Auflösung der Ehe durch Tod verbleibt sie dem überlebenden Ehegatten und den Kindern; nach einer Scheidung dem schuldlosen Teil und den Kindern.

III. Heiratsgut (dos)

1. Zweck der dos

Ist die Frau bei der Eheschließung *filiafamilias*, so ist ihr *paterfamilias* sittlich verpflichtet, dem Ehemann zur **Erleichterung des mit der Ehe verbundenen Aufwandes** eine *dos* (Heiratsgut; Mitgift) zu bestellen. Dem Ehemann soll durch diesen Beitrag zu den *onera matrimonii* (Lasten der Ehe) geholfen werden, seiner Ehefrau Unterhalt zu gewähren und sie an seinem Lebensstandard teilhaben zu lassen. Daneben tritt mit der Zeit als weitere Funktion der *dos* die **Versorgung der Ehefrau** nach Beendigung der Ehe, was zudem den Ehemann von grundloser Scheidung abhält, wenn er die *dos* herausgeben muss. Im justinianischen Recht kommt die *dos* auch den Kindern zugute. Eine Rechtspflicht des *paterfamilias* zur Dotierung ist in einer Konstitution von Septimius Severus und Antoninus Caracalla (Marcian. D 23,2,19) überliefert; damit entwickelte sich aus der Dosbestellung zugunsten des Ehemannes der Anspruch der Tochter auf eine Ausstattung (§ 1220 ABGB).

Zwar erwirbt der Ehemann (oder dessen *paterfamilias*) Eigentum an den Dotalsachen, doch ist seit Augustus dem Ehemann die Veräußerung von italischen Dotalgrundstücken und die Freilassung von Dotalsklaven ohne Zustimmung der Frau untersagt. Um die *dos* als ein **Sondervermögen** zu erhalten, umfasst sie auch den Erwerb aus Dotalvermögen (Surrogation) und Zuwächse. Die Früchte aus Dotalsachen stehen aber dem Ehemann zur freien Verfügung, da er die *onera matrimonii* zu tragen hat.

2. Dotis datio, dotis promissio, dotis dictio

Bestellt wird das Heiratsgut entweder durch **Übereignung** (*dotis datio*) oder durch ein **Versprechen**, und zwar entweder mittels *stipulatio* (*dotis promissio*) oder *dotis dictio*. Letztere ist wie die *stipulatio* ein Verbalkontrakt, besteht aber in einer einseitigen mündlichen Zusage entweder des Vaters der Frau, von ihr selbst oder von ihrem dazu angewiesenen Schuldner.

Eine *dos* setzt eine nach *ius civile* gültige Ehe voraus. Ist die Ehe nach den Augusteischen Ehegesetzen verboten, so verfällt eine *dos* dem Staat. Wird die *dos* vor der Heirat bestellt, so steht eine *dotis promissio* unter der Bedingung der Heirat und der Ehemann kann erst nach der Heirat die Erfüllung des Dotalversprechens begehren. Auch eine *dotis datio* kann derart aufschiebend bedingt erfolgen. Werden Dotalsachen hingegen bereits vor der Ehe übereignet, diese später aber nicht geschlossen, so kann der Besteller die Rückgabe verlangen (*condictio causa data causa non secuta*; S 217 f).

3. Die dos nach beendeter Ehe

Da die *dos* auch der Versorgung der Frau nach Auflösung der Ehe dient, hat sie der Ehemann oder sein Erbe nach beendeter Ehe idR dem Besteller oder der Frau herauszugeben. Hat sich der **Besteller** die Rückgabe der *dos* (*recepticia*) versprechen lassen, so ist er entsprechend der Vereinbarung (*stipulatio*) anspruchsberechtigt. Hat der **Vater** der Braut die *dos* (*profecticia*) bestellt, so kann er sie bei Tod der Frau zurückfordern; dem Ehemann verbleibt aber für jedes Kind ein Fünftel des Heiratsguts. Ansonsten kann die **Frau** die von ihr oder einem Dritten ohne Rückgabeanspruch bestellte *dos* (*adventicia*) mit der *actio rei uxoriae* beanspruchen. Ist sie *filiafamilias*, so klagt ihr *paterfamilias* auf Rückgabe, muss dabei aber die Frau beiziehen.

Impensae necessariae und *utiles*, also zur Erhaltung der *dos* notwendige und werterhöhende Aufwendungen des Mannes auf das Dotalvermögen, mindern den Anspruch der Frau *ipso iure*. Außerdem verringert sich die Herausgabepflicht des Ehemannes, wenn die Frau Sachen vom Mann geschenkt bekommen oder ihm eigenmächtig entzogen hat.

Die *actio rei uxoriae* hat von Fällen ihren Ausgang genommen, in denen sich der Ehemann von der schuldlosen *uxor in manu* scheiden ließ. Im klassischen Recht spielen die Gründe für die **Scheidung** insoweit eine Rolle, als der Mann nach einer von der Frau verschuldeten Scheidung für jedes aus der Ehe stammende Kind ein Sechstel, maximal die Hälfte der *dos*, zurückbehalten kann.

Bei Ehebruch der Frau behält er ein weiteres Sechstel und bei geringeren Sittenverstößen ein Achtel der *dos*. Im justinianischen Recht behält der Mann die *dos*, wenn die Frau die Scheidung verschuldet oder sich grundlos scheidet.

Endet die Ehe durch den **Tod** des Mannes, so sind dessen Erben zur Herausgabe der *dos* verpflichtet. Hinterlässt der Ehemann seiner Frau die *dos* in Form eines Damnationslegats, so kann sie zwischen der *actio rei uxoriae* und der *actio ex testamento* wählen. Bei Tod der Frau verbleibt die *dos adventicia* dem Mann.

Die *actio rei uxoriae* zählt zu den *bonae fidei iudicia* und räumt dem Richter einen weiten Ermessensspielraum bei der Bestimmung der Rückgabepflicht ein. Der Mann haftet für dolose und fahrlässige Beeinträchtigungen der Dotalsachen. Vertretbare Sachen (S 106) muss er in drei Jahresraten zurückstellen, aber auch nach zufälligem Verlust ersetzen. Den Ehemann trifft auch dann die Gefahr (*periculum dotis*), wenn er eine *dos* mit vereinbartem Schätzwert erhält (*res aestimata in dotem data*), so dass nach Auflösung der Ehe die *dos* selbst oder ihr Schätzwert zu leisten ist. Allerdings ist die Haftung aus der *actio rei uxoriae* auf *id quod facere potest* (was er zu leisten vermag) beschränkt, so dass dem Schuldner kein Konkurs droht.

§ 10. Kindschaftsrecht

Der patriarchalischen Struktur der *familia* entsprechend unterstehen **eheliche** – also in der Ehe (*matrimonium iustum*) gezeugte (und vom Vater anerkannte oder als ehelich festgestellte) – **Kinder** der *patria potestas* des *paterfamilias*; ebenso die Kinder der *filiifamilias*. Die *patria potestas* dauert grundsätzlich bis zum Tod des *paterfamilias.* Sie ist eine typisch römische Einrichtung; mit der heutigen elterlichen Obsorge (§ 144 ABGB) lässt sie sich kaum vergleichen.

Über Kinder aus einer Ehe, die kein *matrimonium iustum* ist, erwirbt der Vater, selbst wenn er Römer ist, keine *patria potestas*. Ein Kind aus einer Ehe mit einer Peregrinen ohne *conubium* folgt dem Status der Mutter; aber auch das Kind einer Römerin, deren Ehemann Peregriner ist, ist kein römischer Bürger.

Hingegen sind **uneheliche Kinder**, auch solche aus Konkubinaten, mit ihrem natürlichen Vater nicht agnatisch verwandt, sondern von Geburt an *personae sui iuris*. Zwischen dem außerehelichen Vater und dem Kind besteht keine Rechtsbeziehung, insb trifft ihn keine Unterhaltspflicht. Erst in der Nachklassik erlangen Kinder aus Konkubinaten (*liberi naturales*) durch nachfolgende Heirat der Eltern oder durch kaiserlichen Gnadenakt die Stellung ehelicher Kinder (Legitimation: vgl §§ 161 ff ABGB).

Patria potestas kann auch durch **Rechtsgeschäft** begründet und beendet werden. Die Wurzel dieser Vorgänge liegt in einem XII-Tafel-Satz, der zugleich die Reichweite der *patria potestas* verdeutlicht. Der *paterfamilias* kann sein Kind durch *mancipatio* veräußern. Ein Hauskind *in mancipio* behält zwar seinen *status libertatis*, wird aber aus der Gewalt des Erwerbers ähnlich wie ein Sklave durch *manumissio* entlassen; dann fällt es wieder unter die *patria potestas*. Die XII-Tafeln (4,2) beschränken die Veräußerungsbefugnis, indem sie bestimmen, *si pater filium ter venum duit, filius a patre liber esto* (Wenn der Vater den Sohn dreimal verkauft hat, soll der Sohn vom Vater frei sein). Nach dreimaliger Veräußerung erlischt die *patria potestas* und mit ihr die agnatische Verwandtschaft endgültig. Die Blutsverwandtschaft (*cognatio*) wird davon nicht betroffen.

Auf der Grundlage von XII-Tafeln 4,2 schuf die Jurisprudenz das Rechtsinstitut der **emancipatio**, um Kinder vorzeitig aus der *patria potestas* zu entlassen. Ein Sohn wird nach dreimaliger *mancipatio* an einen Treuhänder dem Vater remanzipiert, danach von diesem manumittiert, wodurch er *persona sui iuris* und der Vater sein Patron wird. Da in XII-Tafeln 4,2 nur vom *filius* die Rede ist, begnügt man sich bei Töchtern und Enkeln mit einer einzigen *mancipatio* des Gewalthabers, worauf die *remancipatio* sowie die *manumissio* folgen. XII-Tafeln 4,2 hat man ferner zur Begründung der *patria potestas* durch *adoptio* (§ 179 ABGB: **Annahme an Kindesstatt**) einer *persona alieni iuris* genutzt. Der Gewalthaber bringt seine *patria potestas* durch *mancipatio* an den Adoptierenden zum Erlöschen. Dieser behauptet dann in einem Scheinprozess (*in iure cessio*), *paterfamilias* des als Sohn, Tochter oder Enkel zu Adoptierenden zu sein, was unbestritten bleibt, worauf der Magistrat das Kind dem Adoptivvater zuspricht (*addictio*). Das Adoptivkind ist mit seinem Adoptivvater (und dessen Angehörigen) agnatisch verwandt; mit seinem bisherigen Gewalthaber ist es nicht mehr agnatisch, sondern nur noch kognatisch verwandt.

Spätestens seit Justinian muss der Adoptierende um zumindest 18 Jahre älter sein als das Adoptivkind (I 1,11,4; § 180 Abs 2 ABGB).

Zur Adoption von *personae sui iuris* dient hingegen die *adrogatio* durch einen Beschluss der Volksversammlung. Sie war zunächst auf die Adoption von Männern *sui iuris* (samt deren Gewaltunterworfenen) beschränkt, weil nur sie die agnatische Familie fortsetzen. Erst in der Kaiserzeit werden auch Frauen arrogiert. Der Arrogierte wird Hauskind des Adoptivvaters.

Die vermögensrechtlichen Folgen der *adrogatio* entsprechen denen bei der *conventio in manum* einer Frau *sui iuris* (S 59).

DRITTER TEIL

Erbrecht

§ 11. Funktion und Grundbegriffe

Mit dem Tod einer *persona sui iuris* endet deren Rechtsfähigkeit, und es fragt sich, wem das Vermögen des Erblassers, der Nachlass (§ 531 ABGB: Verlassenschaft), gehört und an wen sich dessen Gläubiger halten können. Das Erbrecht regelt diese vermögensrechtlichen Folgen derart, dass ein Erbe (*heres*) oder mehrere an die Stelle des Erblassers treten, also in dessen Rechte nachfolgen. Dazu muss er den Erblasser überleben. Der Erbe erlangt ein absolutes Recht am Nachlass, das er mit der *hereditatis petitio* (§ 823 ABGB: Erbschaftsklage) durchsetzen kann. Erbfolge ist wie die *adrogatio* (S 65) oder *conventio in manum* einer Frau *sui iuris* (S 59) **Gesamtnachfolge** (Universalsukzession: Gai. D 50,16,24: *successio in universum ius quod defunctus habuit*, also Nachfolge in das gesamte Recht, das der Verstorbene hatte), sei es aufgrund eines Testaments des Erblassers (§ 13), sei es ohne Testament (*successio ab intestato*; § 12; heute: gesetzliche Erbfolge). Andere Berufungsgründe, zB den Erbvertrag, kennt das römische Recht nicht. Die Erbschaft (*hereditas*) umfasst alle vererblichen Rechte des Erblassers (§ 531 ABGB); nicht vererbt werden höchstpersönliche Rechte, wie ein *ususfructus* sowie familienrechtliche Befugnisse (*patria potestas, tutela*). Die Schulden des Erblassers – außer solchen aus Pönalklagen (S 170) – gehen auf den bzw die Erben über (D 46,2,24). Die Erben haften auch bei überschuldetem Nachlass unbegrenzt; erst im justinianischen Recht beschränkt das *beneficium inventarii* die Haftung auf den Nachlass (vgl § 802 ABGB).

Der Ausgangspunkt der römischen Erbfolgeordnung ist die Fortsetzung des Familienverbandes ohne den verstorbenen *paterfamilias*. Dabei geht es nicht nur um die Nachfolge ins Vermögen, sondern auch um die **Fortführung der familia** samt dem Hausgötterkult durch die Hauserben (*sui heredes*). Dies sind alle Personen, die mit dem Tod des *paterfamilias* zu *personae sui iuris* werden, also die ehelichen Kinder (einschließlich der ungeborenen), die Enkel, deren Vater vorverstorben ist, und die *uxor in manu*. Sie führen den Familienverband als *consortium ercto non cito* (ungeteilte Gemeinschaft) *ipso iure* fort. Erst mit der Auflösung dieses Verbandes, die jeder Gemeinschafter mit der *actio familiae erciscundae* erwirken kann, zerfällt die *familia* des Verstorbenen.

Während die *sui heredes* mit dem Tod des *paterfamilias* an dessen Stelle treten, können andere Erben wählen, ob sie die Erbschaft antreten oder ausschlagen (S 82f).

Neben diese natürliche Familienerbfolge trat (erst nach den XII-Tafeln) die Möglichkeit, in einem Testament einen Erben einzusetzen und die Intestaterbfolge zu vermeiden. Schon nach XII-Tafeln 5,3 (vgl o S 15) kann der Erblasser in einer letztwilligen Anordnung über einzelne Sachen verfügen. Die Zuwendung einer einzelnen Sache macht den Bedachten jedoch nicht zum Erben (*heres*) und Gesamtnachfolger, sondern als Legatar (Vermächtnisnehmer; u S 93ff) zu einem Einzelnachfolger (§533 ABGB), der den Gläubigern des Erblassers nicht haftet.

Heres ist der Erbe nach *ius civile*. Zur Ergänzung und Korrektur der zivilen Erbfolgeordnung entwickelte der Prätor ein eigenes Erbrecht, die **bonorum possessio**. Zwar kann der Prätor niemanden zum *heres* machen, der nicht nach *ius civile* Erbe ist, doch weist er auch andere Personen in den Nachlassbesitz ein und stellt sie *heredis loco*. Je nachdem, ob der *bonorum possessor* gegen die Erbschaftsklage (*hereditatis petitio*) des zivilen Erben geschützt wird oder diesem weichen muss, unterscheidet man zwischen einer *bonorum possessio cum re* und einer *sine re*.

§ 12. Intestaterbfolge

„In Ermangelung einer gültigen Erklärung des letzten Willens fällt die ganze Verlassenschaft des Verstorbenen den gesetzlichen Erben zu" (§728 ABGB). Ebenso, wenn „die eingesetzten Erben die Erbschaft nicht annehmen können oder wollen" (§727 ABGB); im römischen Recht wird dadurch das gültige Testament nachträglich unwirksam (S 79). Solange es ungewiss ist, ob die Erbschaft von den „eingesetzten Erben" angetreten wird

(S 82 f), erfolgt keine Berufung der gesetzlichen Erben (Ulp. D 29,2,39). Als Intestaterben kommen vor allem jene Personen in Betracht, die im Zeitpunkt des Erbanfalls (Delation, vgl S 82) „mit dem Erblasser in nächster Linie verwandt sind" (§ 730 ABGB; vgl Gai 3,11–13; I 3,2,6).

I. Verwandtenerbfolge

Die Verwandtenerbfolge des ABGB basiert auf der sog Parentelenordnung (Erbfolge nach „Linien", § 731 ABGB); im römischen Erbrecht herrschen andere Prinzipien. Am nächsten kommt dem heutigen das justinianische System der Novelle 118 (543 nChr). Dem Kognationsprinzip, das hier (am Ende einer tausendjährigen Entwicklung) rein verwirklicht wird, steht im altehrwürdigen *ius civile* der Zwölftafeln (s S 3 f) das Agnationsprinzip schroff gegenüber. So dokumentiert die Geschichte des römischen Erbrechts den Übergang von der einen zur anderen Verwandtschaftsauffassung, mit Etappen im prätorischen Recht und im jüngeren *ius civile* (*SCa Tertullianum* und *Orfitianum*, 2. Jh nChr), die schon im Verlauf der Klassik das Zwölftafelerbrecht in Teilaspekten modifizieren.

1. Ius civile

Die Erbfolgeordnung des *ius civile* beruht auf den XII-Tafel-Sätzen 5,4–5: *Si intestato moritur, cui suus heres nec escit, adgnatus proximus familiam habeto. Si adgnatus nec escit, gentiles familiam habento* (Wenn jemand, der keinen Hauserben hat, ohne Testament stirbt, so soll der nächste Agnat das Hausgut haben. Wenn kein Agnat vorhanden ist, so sollen die Gentilen das Hausgut haben). Die Erbfolge der Gentilen wird in der frühen Kaiserzeit obsolet; von Bedeutung bleiben nur mehr „Hauserben" und „nächste agnatische Seitenverwandte".

a) Sui heredes

Der „harte Kern" der Zwölftafelregelung bleibt fast 1000 Jahre in Kraft, wie zB folgende Aussage der justinianischen Institutionen belegt (I 3,1,1): *Intestatorum autem hereditates ex lege XII tabularum primum ad suos heredes pertinent* (Intestaterbschaften stehen nach dem XII-Tafelgesetz in erster Linie den Hauserben zu). Die *sui heredes* werden (im Anschluss an Gaius) in I 3,1,2 als diejenigen Personen definiert, „die sich in der **Hausgewalt** (*potestas*) des Sterbenden befunden haben, zB Sohn, Tochter; Enkel oder Enkelin, die von einem Sohn abstammen; Urenkel oder Urenkelin, die von einem solchen Enkel abstammen". Adoptierte Kinder stehen den leiblichen gleich, ebenso die legitimierten Kinder (nach I 3,1,2a; sie fehlen bei Gaius, da es die Legitimation vorehelicher Kinder in der Klassik nicht gibt, S 64). Auch nachgeborene Kinder (*postumi*, s S 28), die in der Gewalt stünden, wenn sie schon bei Lebzeiten des Vaters auf der Welt gewesen wären, sind *sui heredes* (vgl I 3,1,2b).

Da die Ehefrau, die mit dem Erblasser bis zum Tod in *manus*-Ehe gelebt hat, die erbrechtliche Position einer Tochter (*filiae loco*) einnimmt, zählt sie insofern ebenfalls zu den „Verwandten"; vgl ferner II.

„Enkel von noch lebenden Kindern, und Urenkel von noch lebenden Enkeln haben kein Recht zur Erbfolge" (§ 732 ABGB; I 3,1,2b); nur dann gehören Enkel (Urenkel) zu den *sui heredes*, wenn der Sohn (Enkel), durch den sie vom Erblasser abstammen, vor dem Erbanfall gestorben oder (zB durch Emanzipation) aus der Familie ausgeschieden ist. In diesem Fall treten sie an die Stelle ihres Vorfahren (**Repräsentationsprinzip; Eintrittsrecht)** und **teilen nach Stämmen** (*in stirpes*, I 3,1,6; vgl §§ 733 f ABGB). Ist eine Frau ohne Testament gestorben, steht den Kindern die Erbschaft ihrer Mutter nach XII-Tafelrecht nicht zu, weil Frauen keine *sui heredes* haben können. „Gesetzliche Erben" einer Erblasserin sind daher im *ius civile* – nach dem Wegfall der Gentilerbfolge – nur mehr die *adgnati proximi*.

Die *sui heredes* erwerben die Erbschaft ohne eigenes Zutun automatisch mit dem Erbanfall (**Erbanfallsprinzip**; Delationsprinzip), also idR im Todeszeitpunkt des Erblassers (§ 545 ABGB). Auf ihr Wissen und Wollen kommt es nicht an; auch *infantes* und *furiosi* beerben ihren Vater unmittelbar „von Rechts wegen" (*ipso iure*; vgl I 3,1,3). Aus diesen Gründen sind schon beim bloßen Vorhandensein von *sui heredes* die „gradnächsten Agnaten" von der gesetzlichen Erbfolge ausgeschlossen.

b) Adgnati proximi

Die Agnaten werden nach dem **Prinzip der Gradesnähe** (Zahl der Zeugungen) berufen; nur die bei Berufung „Gradnächsten" (*proximi*) kommen zum Zug, es besteht also kein Eintrittsrecht. Gleichnahe **teilen nach Köpfen** (*in capita*, I 3,2,4). Eine „Erbrechtsgrenze" ist nicht festgelegt, auch weit entfernte Verwandte sind daher berechtigt. Niemand kann näher sein als die Geschwister väterlicherseits (*consanguinei*) des Erblassers. Ist die Mutter mit dem Erblasser agnatisch verwandt, weil sie mit seinem vorverstorbenen Vater in einer *manus*-Ehe gelebt hatte, nimmt sie jetzt die erbrechtliche Position einer Schwester (*sororis loco*) ein.

Das Zwölftafelgesetz meint die agnatischen **Seitenverwandten** des Erblassers. Agnatische Aszendenten gibt es nicht. Das emanzipierte Kind hat keine Agnaten, an ihrer Stelle erbt zwar der Vater (*parens manumissor*), aber nicht etwa deshalb, weil er als leiblicher Vater mit dem Erblasser im ersten Grad (eine Zeugung) kognatisch verwandt ist; vielmehr ist er analog einem Patron berufen, der seinen Freigelassenen beerbt (vgl S 37).

Die Agnaten erwerben den Nachlass nicht *ipso iure*, sondern erst mit *hereditatis aditio*, indem sie die Erbschaft formell oder konkludent annehmen (**Erbantrittsprinzip**). Stirbt der zunächst Berufene ohne angetreten zu haben (oder schlägt er aus), geht die Berufung nicht auf den folgenden Grad über (keine *successio graduum*), sondern an die Gentilen, später sieht man die Verlassenschaft als „erblos" an (vgl § 760 ABGB): Es kommt zum „Heimfall" an den Staat, soweit nicht ein prätorischer Rechtsnachfolger den Nachlass erwirbt.

Seit dem 2. Jh vChr wird das Erbrecht der weiblichen Verwandten auf den 2. Grad (*consanguineae*, dh die Schwestern väterlicherseits, nicht aber eine Tante oder Nichte) beschränkt: Daher zählt man in der Klassik nach den „Hauserben" die „Geschwister" insgesamt (*consanguinei*) und erst danach die übrigen „männlichen *proximi adgnati*" als gesetzliche Erben auf (vgl Ulp reg 16.1); Justinian kehrt dann – im Sinne einer Gleichberechtigung – zur einfacheren und konsequenteren XIITafel-Regelung zurück (I 3,2,3b).

2. Ius praetorium

Als Hauptmangel der civilen Intestaterbfolge wird unter geänderten gesellschaftlichen Bedingungen schon am Ende der Republik die Nichtberücksichtigung der natürlichen Verwandtschaft (*cognatio naturalis*) fühlbar: Man akzeptiert nicht mehr, dass Emanzipierte und solche Personen, die nur durch weibliche Mittelspersonen mit dem Erblasser (der Erblasserin) verwandt sind, also etwa auch die Mutter nach dem Tod eines Kindes und die Kinder nach dem Tod ihrer Mutter, leer ausgehen sollen. Noch ehe der Gesetzgeber (wozu im Prinzipat auch der Senat zählt) in diese Rechtssituation ändernd eingreift (vgl 3), schafft der Prätor ein komplettes Erbrechtsgebäude, in dem auch die Kognaten (Blutsverwandten) untergebracht werden. Um 130 nChr, als der Hochklassiker Salvius Iulianus dem *edictum perpetuum* die endgültige Gestalt gibt (S 7), sieht dieses für die Beerbung von Freigeborenen vier „Klassen" vor: *bonorum possessio unde liberi* (zugunsten der Kinder), *unde legitimi* (der Civilerben), *unde cognati* (der Blutsverwandten), *unde vir et uxor* (des Witwers und der Witwe). Diese Klassen folgen in der sog **successio ordinum** aufeinander: Für die in einer Klasse Berufenen läuft eine 100-tägige Frist (Eltern und Kinder haben 1 Jahr Zeit), um die Einweisung in den Nachlassbesitz (*bonorum possessio*) zu beantragen (**agnitio,** S 83); nur jene Tage zählen, an denen die Möglichkeit zur Antragstellung besteht (*dies utiles*).

a) Unde liberi

Auf die *bonorum possessio unde liberi* haben neben den *sui heredes* (S 68f) insbesondere auch **emanzipierte Kinder** des Erblassers Anspruch; zudem gilt das Repräsentationsprinzip für von emanzipierten Söhnen gezeugte Enkel usf. Emanzipierte sind dabei gemäß der *bonorum possessio cum re* geschützt (s S 67; 92). Im Übrigen kann nur ein Mann – im Sinn dieser Klasse – *liberi* (Kinder) haben, weil nur solche Abkömmlinge dazu zählen, die im Zeitpunkt des Todes in seiner Gewalt stehen (oder stehen würden, wenn keine *emancipatio* stattgefunden hätte). Die *liberi* werden nach analogen Grundsätzen berufen, wie sie gemäß *ius civile* für die *sui heredes* gelten (**Eintrittsrecht; Stammteilung**).

Besonderes gilt für den Fall, dass ein Haussohn, der bereits eheliche Kinder hat, emanzipiert wird, wobei seine Kinder in der *patria potestas* des Großvaters verbleiben: Stirbt der Großvater, gehören diese Enkel zu seinen *sui heredes*. Wenn nun der emanzipierte Sohn in der Klasse *unde liberi* neben den eigenen Kindern berufen ist (und er sie daher – nach dem Repräsentationsprinzip – als gesetzliche Erben wieder verdrängen würde), bekommt er seit Julians Ediktsredaktion nur die Hälfte seiner Quote, während sich dessen Kinder die zweite Hälfte teilen.

b) Unde legitimi

In dieser Klasse beruft der Prätor die gesetzlichen Erben nach *ius civile* (*heredes ab intestato*, s 1 und 3), gibt ihnen also Vorrang vor den bloßen Kognaten des Erblassers. Die *heredes*, in erster Linie also die **proximi adgnati**, sind an sich nicht auf die Erteilung dieser *bonorum possessio* (*sine re*) angewiesen, um sich den Genuss der Erbschaft zu verschaffen. Doch bietet ihnen die *bonorum possessio* den Vorteil, dass sich von jedem, der körperliche Nachlasssachen besitzt, deren Herausgabe – in einem vereinfachten Verfahren – mittels eines prätorischen Befehls (*interdictum quorum bonorum*) erzwingen lässt (vgl S 92).

c) Unde cognati

Hier beruft der Prätor alle Kognaten (also auch Verwandte in der weiblichen Linie) nach dem **Prinzip der Gradesnähe**; Gleichnahe teilen **nach Köpfen** (*in capita*). Vater und Mutter sowie die ehelichen Kinder eines Erblasser bzw eheliche wie uneheliche Kinder einer Erblasserin erben daher in dieser Klasse gemeinsam (eine Zeugung = 1. Grad); uneheliche Kinder sind hingegen mit ihrem Erzeuger nicht einmal kognatisch verwandt (vgl S 27): Hinterlässt daher zB eine verstorbene Frau beide Eltern und drei Kinder, erhalten sie je ein Fünftel. Beantragt von den gleichzeitig Berufenen niemand die *bonorum possessio* (*sine re*; vgl Gai 3,37), wird der nächste Grad berufen (2. Grad: Großeltern, Enkel, Geschwister usf): **successio graduum**. Das wechselseitige Erbrecht reicht in dieser Klasse idR bis zum 6. Grad, doch wird ausnahmsweise – nämlich bei Kindern von Geschwisterenkeln – auch der 7. Grad (**Erbrechtsgrenze**) berücksichtigt.

Bsp:

A + { —B + —**B**$_1$
   { —C + { —D + —D$_1$ + —**D**$_2$
   {   { —E + —E$_1$ + —**E**$_2$—E$_3$

Im **Beispiel** sind B1, D2 und E2 untereinander im 6. Grad der Seitenlinie verwandt; D2 und E2 sind *sobrini* (Geschwisterenkel), da ja die vorverstorbenen (+) D und E Geschwister waren; D2 und E2 haben C als Urgroßvater/-mutter gemeinsam, B ist ihr Urgroßonkel/ihre -tante. Aus der Sicht von B1 sind D2 und E2 die Enkel der Cousins/Cousinen D und E.

Von den im 7. Grad mit dem Erblasser Verwandten erbt nur das Kind eines *sobrinus* oder einer *sobrina*, also würde E3 (als „Kind" von Geschwisterenkel E2) noch die *bonorum possessio unde cognati* nach dem Tod des D2 erhalten können, aber eben nicht umgekehrt D2 nach dem Tod von E3. Auch zwischen B1 und E3 bestünde kein Erbrecht.

d) Unde vir et uxor

Erst nach allen agnatischen und kognatischen Verwandten gewährt der Prätor dem überlebenden Ehegatten die *bonorum possessio* (*sine re*); dieser Klasse kommt in erster Linie bei *manus*-freien Ehen Bedeutung zu.

3. Erbfolge zwischen Mutter und Kind

Ius civile (*vetus*). – Die Mutter hat gegenüber ihren Kindern und diese haben gegenüber ihrer Mutter nur dann ein gesetzliches Erbrecht, wenn sie miteinander **agnatisch verwandt** sind. Das setzt idR voraus, dass der *paterfamilias* zugleich die *manus*-Gewalt über seine Frau besessen hatte. Durch den Tod ihres Gatten muss die Mutter gemeinsam mit ihren Kindern *sui iuris* geworden sein. Mutter und Kind gelten als *consanguinei*, dh als vom Vater stammende („vatersblütige") Geschwister, und beerben sich dann gegenseitig als *proximi adgnati*.

Ius praetorium. – Ein wechselseitiges Erbrecht zwischen Mutter und Kindern aufgrund der kognatischen Verwandtschaft besteht in der Klasse **unde cognati**. Es kommt nur in Betracht, wenn kein Agnat die *bonorum possessio unde legitimi* erbeten hat. Gegenüber dem civilen Erbrecht des *adgnatus proximus*, der die Erbschaft angetreten hat (*hereditatis aditio*), ist die *bonorum possessio unde cognati* nämlich *sine re*, selbst wenn es sich nur um eine sehr entfernte agnatische Verwandtschaft (mit dem Erblasser bzw der Erblasserin) handelt.

Ius civile novum. – Durch die *senatusconsulta Tertullianum* und *Orfitianum* wird im Prinzipat erstmalig das **Kognationsprinzip** ins Erbrecht nach *ius civile* übernommen.

a) Erbrecht der Mutter zum Nachlass ihres Kindes

Die Mutter ist nach dem **senatusconsultum Tertullianum** (ca 130 nChr) *heres* (*legitima*) ihres Sohnes oder ihrer Tochter, wenn sie das *ius liberorum* (S 57) hat; doch gehen ihr bestimmte Verwandte vor: 1. die Kinder (*liberi*) des Sohnes (= *sui heredes* des Erblassers), seit dem *SC Orfitianum* (178 nChr) auch die der Tochter (= Erblasserin); 2. agnatische Brüder ihres Kindes oder, wenn dieses emanzipiert ist, dessen Vater als *parens manumissor*. In Konkurrenz mit agnatischen Schwestern ihres Kindes erhält die Mutter die halbe Erbschaft. Alle sonstigen Agnaten werden durch die Mutter ausgeschlossen (vgl Ulp reg 26,8).

Nach prätorischem Recht ist sie demnach bereits in der Klasse **unde legitimi** berufen. Ist jedoch der Vater des verstorbenen (gewaltfreien) Kindes am Leben, ohne als *parens manumissor* nach *ius civile* erbberechtigt zu sein, kommt vortertullianisches Recht (*ius antiquum*) zur Anwendung: Vater und Mutter sind (hinter den Agnaten) gemeinsam in der prätorischen Klasse *unde cognati* berufen.

b) Erbrecht der Kinder zum Nachlass ihrer Mutter

In der umgekehrten Richtung bleibt noch rund 50 Jahre nach dem *SC Tertullianum* alles beim Alten: Eine Frau kann keine *sui heredes* haben, und der Prätor erteilt ihren Kindern die *bonorum possessio* auch nicht in der Klasse *unde liberi*; sie sind daher (als Kognaten) von der Erbschaft ihrer Mutter ausgeschlossen, wenn die *proximi adgnati* der Mutter den Nachlass beanspruchen. Diese befremdliche Konsequenz des Agnationsprinzips wird erst durch das **senatusconsultum Orfitianum** (178 nChr) beseitigt, indem es auch hier die kognatische vor die agnatische Verwandtschaft setzt. Die Reform erklärt die Söhne und Töchter einer Frau *sui iuris* zu *heredes legitimi* ihrer Mutter, und zwar vor allen Agnaten (s Ulp reg 26,7).

Nach prätorischem Recht sind sie nunmehr in der Klasse **unde legitimi** berufen; sie gehen dadurch allen sonstigen Verwandten der Erblasserin vor. Stehen sie noch unter *patria potestas*, ist der Erwerb der sog *bona materna* nur mit Ermächtigung (*iussum*) des *paterfamilias* möglich, da sie als dessen „Erwerbsorgane" (S 38 f) ihn zum Erben und Eigentümer machen.

4. Justinianisches Recht

Die Kompilation Justinians (533/534 nChr) hält nominell am überlieferten Gegensatz von *hereditas* und *bonorum possessio* fest, obwohl civile und prätorische Erbfolge materiell zu einem Einheitssystem verwachsen sind;

das Kognationsprinzip ist verstärkt auf Kosten der Agnation begünstigt; die Sondererbfolge in die *bona adventicia* (S 41) ermöglicht, dass Hauskinder auch *ab intestato* beerbt werden können.

543 nChr, zehn Jahre nach Publikation von Justinians Institutionen und Digesten, erfolgt mit der Nov 118 (iVm Nov 127,1 aus 548 nChr) eine umwälzende Neugestaltung der Intestaterbfolge. Der überholte Dualismus *„heres"* – *„bonorum possessor"* hat endgültig ausgespielt, das **Kognationsprinzip** wird voll durchgeführt, die von Männer- und Frauenseite hergeleitete Verwandtschaft ist gleichberechtigt; Frauen vererben ihr Vermögen nach den gleichen Regeln wie Männer, Hauskinder ihre Rechtspositionen – aufgrund der Adventizien – wie *personae sui iuris*.

Nov 118 beruft die Verwandten in **vier Klassen**:

I. Abkömmlinge (Deszendenten);

II. Aszendenten und „vollbürtige" Geschwister (oder die Kinder von solchen);

III. „halbbürtige" Geschwister (oder die Kinder von solchen);

IV. alle sonstigen Seitenverwandten (Kollateralen).

Zur **ersten** Klasse gehören die Kinder des Erblassers und ihre Nachkömmlinge; es gelten Repräsentationsprinzip und Stammteilung (S 69; vgl §§ 731 Abs 1, 732–734 ABGB).

Sind in der **zweiten** Klasse lediglich Aszendenten des Erblassers vorhanden, kommen der Reihe nach folgende Grundsätze zur Anwendung: 1. Gradnähere schließen alle Gradferneren aus (zB ein Elternteil die Großeltern); 2. die eine Hälfte der Erbschaft geht an die väterlichen, die andere Hälfte an die mütterlichen Vorfahren (sog Linealteilung); 3. Kopfteilung zwischen Personen gleichen Verwandtschaftsgrades innerhalb dieser Linien. Sind dagegen „vollbürtige" Geschwister (dh sie haben dieselben Eltern wie der Erblasser) allein oder gemeinsam mit den gradnächsten Aszendenten berufen, wird stets nach Köpfen geteilt; den Söhnen und Töchtern vorverstorbener Geschwister (und nur diesen) steht hier allerdings das Eintrittsrecht zu.

In der **dritten** Klasse sind „halbbürtige" Geschwister berufen (dh sie haben mit dem Erblasser nur einen Elternteil gemeinsam; Halb- bzw Stiefgeschwister); Söhnen und Töchtern vorverstorbener Geschwister steht wiederum das Eintrittsrecht zu. In der **vierten** Klasse erfolgt die Berufung aller übrigen Seitenverwandten (ab dem 3. Grad) nach Gradesnähe und auf Kopfteile; es besteht keine Erbrechtsgrenze.

Die im heutigen Recht maßgebliche **Parentelenordnung** (§§ 731 ff ABGB) verfeinert diese Grundsätze und gelangt durch konsequente Anwendung des Repräsentationsprinzips (§§ 733 f; 735 ff; 739 f) zu einem bestechend einfachen System: **1. Linie:** Kinder des Erblassers und deren Nachkömmlinge; **2. Linie:** Eltern und deren Nachkömmlinge; **3. Linie:** Großeltern und deren Nachkömmlinge; **4. Linie:** Urgroßeltern (seit 1914: **Erbrechtsgrenze**). Bei den direkten Vorfahren entscheidet also die Gradesnähe über die Zugehörigkeit zu den Parentelen (vgl § 731); das Eintrittsrecht gilt dabei innerhalb der ersten drei „Parentelen" (im ABGB: „Linien"; im BGB: „Ordnungen"). Jeder der direkten Vorfahren, aber auch der Erblasser selbst, bilden einen Stamm: Ab der zweiten Parentel gebührt die eine Hälfte zunächst den über den Vater, die andere den über die Mutter mit dem Erblasser Verwandten; erst wenn alle Stämme der einen Seite erloschen sind, fällt die ganze Erbschaft an die andere Seite.

II. Ehegattenerbrecht

Ein Ehegattenerbrecht zugunsten von Witwe bzw Witwer (vgl § 757 ABGB) ist nur in der Erbfolgeordnung des prätorischen Rechts und nur subsidiär hinter allen Kognaten vorgesehen (*bonorum possessio unde vir et uxor*, S 73). Dem *ius civile* ist ein Ehegattenerbrecht ieS unbekannt, doch erbt die *uxor in manu* des verstorbenen *paterfamilias* neben den Kindern einen Kopfteil: Denn sie steht erbrechtlich einer Tochter gleich (*filiae loco*); wenn also nicht weitere *sui heredes* existieren, erhält sie den gesamten Nachlass. Mit Wegfall der *manus*-Ehe entfällt auch diese Grundlage eines Erbrechts der Witwe. Die ohnehin dürftige Position des überlebenden Ehegatten wird durch die erwähnte Novellenregelung Justinians weiter geschwächt, weil sie nicht mehr die Erbrechtsgrenze (des prätorischen Rechts) beim 6. bzw – ausnahmsweise – 7. Grad der Seitenlinie (s S 72 f) vorsieht. Einen gewissen Ausgleich gewährt die von Justinian mit Nov 53 (537 nChr) eingeführte sog **Quart der armen Witwe**: Der bedürftigen Witwe (nicht dem Witwer; gemäß Nov 117, 542 nChr) steht neben den Kindern ein Viertel des Nachlasses zu, wenn für sie ehegüterrechtlich – durch Mitgift oder Eheschenkung – nicht vorgesorgt ist.

§ 13. Testamentarische Erbfolge

Anordnungen, wodurch ein Erblasser sein Vermögen einer oder mehreren Personen widerruflich auf den Todesfall hinterlässt (§ 552 ABGB: letztwillige Erklärungen), ermöglichen es ihm, die Vermögensverhältnisse für die Zeit nach seinem Tod zu gestalten und die Intestaterbfolge zu vermeiden. Er kann damit zB eine Zersplitterung des Familienvermögens unter mehreren Kindern verhindern, Verfügungen über einzelne Sachen treffen (Vermächtnisse: S 93 ff), Freilassungen anordnen (S 35) oder seinen unmündigen Kindern einen *tutor* bestellen (S 47). Der Erblasser genießt weitgehende Testierfreiheit (S 81).

I. Ius civile

1. Testamentum per aes et libram

Die förmliche letztwillige Verfügung nach *ius civile* in der Klassik, das *testamentum per aes et libram*, ist eine Weiterentwicklung der *mancipatio* (S 120 f). Der Erblasser (Testator) manzipiert sein Vermögen *nummo uno* an einen Treuhänder, den *familiae emptor*, und bestimmt – ursprünglich mündlich, später schriftlich – in der *nuncupatio*, an wen dieser das Vermögen nach seinem Tod weiterzugeben hat. Der *familiae emptor* ist damit eine Art Testamentsvollstrecker (vgl § 816 ABGB). Zu seinen Lebzeiten ist der Testator weiterhin über sein Vermögen verfügungsbefugt.

In der *nuncupatio* erklärt der Erblasser die Erbeinsetzung (*heredis institutio*). Möchte er verhindern, dass die zur Intestaterbfolge berufenen *sui heredes* oder einzelne von ihnen erben, so ordnet er die Enterbung derer an, die nicht erben sollen. Ferner kann er die oben genannten Einzelverfügungen treffen. Bei der Auslegung der letztwilligen Erklärungen orientiert man sich seit vorklassischer Zeit am konkreten Erblasserwillen (Paul. D 50,17,12) und am *favor testamenti* (Begünstigung des Testaments).

Setzt der Erblasser den A zum Erben ein, obwohl er den B einsetzen will, so ist A nicht Erbe, weil dies vom Erblasser nicht gewollt ist; aber auch B erbt nicht, weil er im Testament nicht genannt ist (D 28,5,9pr).

2. Erbeinsetzung

Inhaltliche Voraussetzung für die Gültigkeit eines Testaments ist die formgerechte *heredis institutio*, etwa: *Titius heres mihi esto* (Titius soll mein Erbe sein). Sie muss **am Anfang** des Testaments stehen; was der Erblasser vor der Erbeinsetzung anordnet, ist unwirksam (Gai 2,229). Der Testator kann eine bestimmte Person zum Alleinerben (*ex asse*) einsetzen oder mehrere Erben zu bestimmten Quoten oder zu gleichen Teilen. Hat er dabei nicht den ganzen Nachlass verteilt, so greift für den Rest nicht die Intestaterbfolge ein (so §§ 552, 562 ABGB), sondern die Anteile der eingesetzten Erben werden proportional vergrößert (Akkreszenz). Dies folgt aus dem Grundsatz: *nemo pro parte testatus, pro parte intestatus decedere potest* (niemand kann teils als Testator, teils als jemand, der nicht testiert hat, sterben). Machen die vom Erblasser den Testamentserben zugewiesenen Quoten mehr als die ganze Erbschaft aus, so werden die Anteile proportional gekürzt.

Da der Erbe Gesamtrechtsnachfolger werden soll, ist eine Erbeinsetzung auf einen einzelnen Gegenstand, etwa: „Titius soll mein Haus erben", nicht möglich. Zur Wahrung des vermutlichen Erblasserwillens und wegen des *favor testamenti* wird die Einsetzung trotzdem für gültig erachtet und die Beschränkung auf den Gegenstand gestrichen.

Der Erblasser kann den Erben unter einer aufschiebenden **Bedingung** (*condicio*) einsetzen; eine aufschiebende Befristung wird hingegen gestrichen, ebenso eine unmögliche oder unerlaubte Bedingung (*favor testamenti*). Nach der Regel *semel heres semper heres* (einmal Erbe, immer Erbe) ist eine auflösend bedingte oder befristete Einsetzung nicht möglich; die eingesetzte Person bleibt endgültig Erbe.

Der Erblasser kann einen **Ersatzerben** berufen, der die Erbschaft erlangen soll, wenn die primär eingesetzte Person nicht Erbe wird, weil sie vorverstorben ist oder ausschlägt (*substitutio vulgaris*; § 604 ABGB: gemeine Substitution). Einem unmündigen *suus heres* kann der Erblasser einen Substituten auch für den Fall bestellen, dass der eingesetzte *suus heres* als Unmündiger sterben sollte (*substitutio pupillaris*). Dadurch wird die Intestaterbfolge des *proximus adgnatus* vermieden. Der Pupillarsubstitut wird als Erbe des Testators, im klassischen Recht aber auch als Erbe des Unmündigen angesehen. Eine Pupillarsubstitution schließt eine Vulgarsubstitution ein, so dass der Ersatzerbe auch dann zum Zuge kommt, wenn der unmündige *suus* noch vor dem Testator verstirbt; in der *causa Curiana*, einem berühmten Erbstreit (93 vChr), obsiegte der Rhetor Crassus mit dieser am Erblasserwillen orientierten Auslegung gegen den Juristen Q. Mucius Scaevola.

3. Testamenti factio

Um ein Testament wirksam errichten zu können (*testamenti factio activa*), muss der Testator mündiger römischer Bürger sein; er darf nicht geisteskrank oder wegen Verschwendung entmündigt sein. Die Testierfähigkeit von Frauen ist jedenfalls seit Hadrian anerkannt (Gai 2,112). Hauskinder können nur über das *peculium* (*quasi*) *castrense* testieren. Als Erbe eingesetzt werden können römische Bürger und eigene Sklaven, wenn sie zugleich freigelassen werden (*testamenti factio passiva*). Fremde Sklaven und Hauskinder erwerben die Erbschaft ihrem Gewalthaber, wenn dieser den Erbschaftsantritt befiehlt.

Von der Erbunfähigkeit, also der mangelnden *testamenti factio passiva*, zu unterscheiden ist die Erwerbsunfähigkeit (Inkapazität) Unverheirateter und die beschränkte Erwerbsfähigkeit Kinderloser nach den Ehegesetzen des Augustus (S 56 f).

4. Nachträgliche Unwirksamkeit und Widerruf

Das gültig errichtete Testament wird unwirksam, wenn keine der eingesetzten Personen Erbe wird (*testamentum destitutum*), womit – anders als nach § 726 ABGB – auch die anderen letztwilligen Verfügungen (Freilassungen, Legate) nicht wirksam werden. Ferner wenn nach der Testamentserrichtung ein Kind geboren oder adoptiert wird (*testamentum ruptum*), sofern dieser *postumus* weder eingesetzt noch enterbt wurde (vgl § 778 ABGB); wenn der Erblasser eine *capitis deminutio* erleidet (S 22); schließlich kann der Erblasser sein Testament widerrufen, insb indem er ein neues errichtet (Gai 2,144; §§ 717 ff ABGB).

Zerstört der Testator absichtlich die Testamentsurkunde (vgl § 721 ABGB), so bleibt ein *testamentum per aes et libram* zwar nach *ius civile* wirksam, doch gewährt der Prätor dem Intestaterben eine *bonorum possessio cum re*, da keine Testamentsurkunde mit sieben Siegeln mehr existiert.

5. Sonderformen

Neben dem *testamentum per aes et libram* kennt das altrömische Recht das *testamentum calatis comitiis* (vor der Volksversammlung) und das *testamentum in procinctu* (vor dem kampfbereiten Heer), vermutlich um dem, der keinen *suus heres* hat, einen solchen zu verschaffen.

Den **Soldaten** wird das Testieren in der Kaiserzeit erleichtert: Sie können ihr Testament in beliebiger Form errichten; neben der testamentarischen ist auch die Intestaterbfolge möglich; auch Peregrine können Erben oder Legatare sein.

II. Ius honorarium

Im Laufe der Zeit verlor die Manzipationsform an Bedeutung für das Testament und der Inhalt der letztwilligen Anordnung wird als das Wesentliche erachtet. Die Erbeinsetzung wird nicht mehr mündlich erklärt, sondern schriftlich auf Wachstafeln. Die Tafeln werden mit einer Schnur verschlossen, die sieben Siegel erhält (fünf Zeugen der *mancipatio, familiae emptor, libripens*). Damit kann der Wille des Testators geheim gehalten und der Beweis gesichert werden.

Der Prätor verzichtet auf die sinnlos gewordene Förmlichkeit der *mancipatio* und verheißt jedem die *bonorum possessio secundum tabulas*, der eine **Testamentsurkunde** vorweist, in der er zum Erben eingesetzt ist, sofern die Urkunde **sieben Siegel** aufweist. Kann der zivile Intestaterbe nachweisen, dass keine *mancipatio* erfolgt war, so dringt er mit der *hereditatis petitio* zunächst durch (*bonorum possessio sine re*). Antoninus Pius gewährt der im Testament eingesetzten Person eine *exceptio doli*, womit die *bonorum possessio secundum tabulas* zu einer solchen *cum re* wird; seitdem ist die *mancipatio* für die Testamentserrichtung entbehrlich.

III. Kodizill

Letztwillige Anordnungen ohne Erbeinsetzung (§ 553 ABGB) entwickelten sich aus Briefen des Erblassers, in denen er formlos um die Ausführung eines Fideikommiss (S 97) bat oder ein Testament ergänzte. In einem Testament angekündigte oder bestätigte Kodizille (Gai 2,273: *codicilli testamento confirmati*) gelten im klassischen Recht als Bestandteil des Testaments und können alles aufnehmen, was Inhalt eines Testaments sein kann, außer Erbeinsetzungen und Enterbungen. Nicht konfirmierte Kodizille können nur Fideikommisse enthalten. Durch die sog Kodizillarklausel kann der Testator für den Fall, dass sein Testament unwirksam ist, etwa weil die eingesetzten Erben vorverstorben sind oder ausschlagen, vorsorgen, dass zumindest die Fideikommisse wirksam bleiben.

§ 14. Noterbrecht

Wenngleich der Erblasser nach römischem Recht weitgehende **Testierfreiheit** genießt, wird diese durch den Gedanken der Familienerbfolge doch in formeller und materieller Hinsicht eingeschränkt.

a) Die formelle Beschränkung besteht darin, dass der Erblasser seine *sui heredes* (auch die nach der Testamentserrichtung geborenen *postumi*) entweder einsetzen oder enterben muss, aber **nicht übergehen** darf. Söhne muss er namentlich enterben, andere *sui* (Töchter, *uxor in manu*, Enkelkinder) kann er auch pauschal (*inter ceteros*) enterben. Übergeht er einen Sohn oder *postumi*, so ist das Testament nach *ius civile* nichtig und es kommt zur Intestaterbfolge; übergeht er einen anderen *suus heres*, so erhält dieser neben eingesetzten *sui* den Intestaterbteil, neben hausfremden Testamentserben die Hälfte des diesen zugewandten Erbteils.

b) Andererseits darf der Erblasser seit der späteren Republik seine Kinder, Eltern und Geschwister, soweit sie ohne das Testament erbberechtigt wären, nicht grundlos enterben, sondern muss ihnen zumindest einen sog **Pflichtteil** (§ 764 ABGB) in Höhe eines Viertels des Intestaterbteils zuwenden. Andernfalls steht den grundlos Enterbten die *querela inofficiosi testamenti* zur Anfechtung des pflichtwidrigen Testaments offen. Dadurch wird das Testament aufgehoben und der siegreiche Kläger erlangt den Intestaterbteil. In der Nachklassik hat man dem nicht Bedachten nur mehr einen Pflichtteilsergänzungsanspruch gewährt, wenn ihm der Erblasser weniger als den Pflichtteil zugewandt hat. Schmälert der Erblasser durch lebzeitige Schenkungen den Pflichtteil, so gewährt Kaiser Severus Alexander dem Benachteiligten eine Anfechtungsklage gegen den Beschenkten mit der Folge, dass das Geschenk in den Nachlass fällt (*querela inofficiosae donationis*; §§ 785, 951 ABGB).

c) Weiter geht der Pflichtteilsanspruch des Patrons nach prätorischem Recht. Wird ein Freigelassener oder ein emanzipiertes Hauskind nicht von *liberi* beerbt, so muss dem Patron (außer er hat diesem Dienste versprochen) die Hälfte der Erbschaft hinterlassen werden; andernfalls kann dieser eine *bonorum possessio contra tabulas* beantragen.

§ 15. Der Erbgang

I. Allgemeines

Erbfall ist der Tod des Erblassers. Mit der **Delation** (Erbanfall, Berufung zum Erben) erwirbt der Berufene das Recht, den Nachlass zu erwerben.

Zeitlich fällt die Delation zumeist mit dem Tod des Erblassers zusammen (vgl § 545 ABGB); bei aufschiebend bedingter Erbeinsetzung kommt es erst mit Bedingungseintritt zur Delation (§ 703 ABGB).

Durch **Akquisition** (Erbschaftserwerb) wird der Nachlass erworben und der Berufene Universalsukzessor.

Das ABGB hat die Abfolge von Delation und Akquisition mit der Lehre von *titulus* und *modus* verknüpft. Die Delation schafft den Titel für den Erbschaftserwerb, der unter gerichtlicher Mitwirkung im Außerstreitverfahren (Verlassenschaftsverfahren: §§ 143 ff AußStrG) nach **Erbantrittserklärung** (§ 157 AußStrG) letztlich durch die **Einantwortung** (§ 819 ABGB, § 177 AußStrG) erfolgt.

II. Erwerb der zivilen hereditas

1. Erwerb durch Hauserben

Zu den Hauserben zählen (testamentarische wie gesetzliche) *sui heredes* und der unter gleichzeitiger Freilassung eingesetzte Sklave. Als sog *heredes necessarii* erwerben sie **ipso iure** mit dem Tod des Erblassers (oder mit Bedingungseintritt), ohne dass es ihres Zutuns bedarf. Delation und Akquisition fallen daher zusammen. Der Prätor gewährt den *sui* auf Antrag ein **beneficium abstinendi**, wodurch vor allem die Haftung für Nachlassschulden abgewendet wird. Voraussetzung ist, dass sie sich noch nicht in den Nachlass eingemischt haben (*immiscere se hereditati* zB durch Einziehung einer Forderung). Der eingesetzte Sklave hat kein *beneficium abstinendi*.

2. Erwerb durch extranei heredes

Alle anderen Erben (Außenerben, *heredes extranei*) erwerben die Erbschaft erst durch den ihnen freistehenden Erbschaftsantritt (**aditio hereditatis**). Der Erbschaftsantritt kann förmlich oder formlos erfolgen.

a) Die förmliche **cretio** wird sehr häufig vom Erblasser testamentarisch angeordnet, wobei dafür zumeist eine Frist von 100 Tagen eingeräumt wird. Mit Bezugnahme auf den Berufungsgrund erklärt der Erbe: *eam hereditatem adeo cernoque* (Ich trete diese Erbschaft an und mache die *cretio*).

b) Die **pro herede gestio** ist eine formlose Antrittshandlung oder ein konkludentes Verhalten, aus dem der Antrittswille hervorgeht.

Wenn der Erbe den Nachlass nicht erwerben will, kann er entweder ausdrücklich ausschlagen (*repudiatio*) oder einfach den Erbschaftsantritt unterlassen.

III. Der Erwerb der bonorum possessio

Die *bonorum possessio* wird stets aufgrund eines Antrages (**agnitio**) vom Prätor durch Dekret erteilt. Der Prätor hält sich dabei an folgende Reihenfolge:

› *bonorum possessio contra tabulas* (Erbfolge gegen das Testament: Noterbrecht)

› *bonorum possessio secundum tabulas* (Testamentserbfolge)

› *bonorum possessio intestati* (Intestaterbfolge in vier Klassen)

IV. Die Erbschaftssteuer

Seit Augustus wird eine Erbschaftssteuer in Höhe von 5 % (*vicesima hereditatium*) erhoben. Das Gesetz ordnet auch eine baldige Testamentseröffnung zur Sicherstellung der Steuer an (PS 4,6,3). Es gab vermutlich eine Freigrenze und Begünstigungen für nahe Verwandte.

V. Hindernisse beim Erbgang

1) **Erbunfähigkeit** (zB fehlende *testamenti factio passiva*) verhindert bereits die Delation.

2) **Erwerbsunfähigkeit** (*incapacitas*) verhindert nicht die Delation, sondern die Akquisition. *Incapacitas* tritt va aufgrund der Augusteischen Ehegesetzgebung (S 56 f) ein.

Was Unverheiratete oder Kinderlose aufgrund eines Testaments nicht erwerben, geht an andere Berufene, sofern sie ihrerseits die Voraussetzungen der Ehegesetze erfüllen. Ansonsten fällt es als *caducum* an das *aerarium*, später an den *fiscus*. Das dafür entwickelte Verfahren (*vindicatio caducorum*) ist der historische Ursprung des Fiskalprozesses.

3) **Erbunwürdigkeit** (*indignitas*) führt dazu, dass dem Erben die erworbene Erbschaft entzogen wird. Erbunwürdig ist, wer gegen den Erblasser ein schweres Verbrechen begeht oder auf die Abfassung des letzten Willens unzulässigen Einfluss nimmt (vgl § 540 ff ABGB). Die Zuwendung wird vom *aerarium*, später vom *fiscus* eingezogen.

VI. Die hereditas iacens

1) Bei Berufung von Außenerben wird das Nachlassvermögen zwischen Delation und Akquisition als *hereditas iacens* (Nachlass) bezeichnet. Wegen des vorübergehenden Fehlens eines Rechtsträgers sind darin enthaltene Gegenstände *res nullius*; deren Entwendung ist daher kein *furtum*.

Der Aktiv- und Passivstand der *hereditas iacens* kann sich auch ohne Vorhandensein und Mitwirkung eines Trägers verändern, zB aktiv durch Fruchterwerb oder Erwerbsakte von Erbschaftssklaven, passiv zB durch deren Verpflichtungen oder Delikte. Werden Erbschaftssachen von Dritten beschädigt, so lässt dies einen Schadenersatzanspruch nach der *lex Aquilia* entstehen (D 5,3,14). Die gemeinrechtliche Auffassung der *hereditas iacens* als juristische Person ist den Römern noch nicht zugänglich: Die Juristen gebrauchen zwar Wendungen, wonach die *hereditas* berechtigt und verpflichtet wird (zB D 3,5,20,1); weiters findet sich gelegentlich die Formulierung, dass der ruhende Nachlass *personae vice fungitur* (die Stelle einer Person einnimmt). Man projiziert das aber entweder noch auf den Erblasser (so D 30,116,3), oder die Akte werden schon dem künftigen Erben zugerechnet (etwa durch die Annahme, sein Erwerb wirke auf den Todeszeitpunkt zurück: D 45,3,28,4; D 29,2,54).

2) Zur **usucapio pro herede** (Ersitzung der Erbenstellung am ruhenden Nachlass, später des Eigentums an einzelnen Nachlassgegenständen) siehe S 126.

VII. Erbschaftsschulden

Aufgrund der Gesamtrechtsnachfolge treffen den oder die Erben auch die Nachlassverbindlichkeiten.

1. Schutz des Erben gegen das Überschuldungsrisiko

a) In der Klassik gibt es für den Erben nur folgende Alternative: Entweder er erwirbt den Nachlass, haftet damit unbeschränkt für die Nachlassverbindlichkeiten, und öffnet so sein eigenes Vermögen dem potentiellen Zugriff der Nachlassgläubiger, oder er macht als *suus* vom *beneficium abstinendi* Gebrauch bzw tritt als *extraneus* nicht an. Dann haftet er nicht, erhält aber auch nichts.

Das potentielle Risiko der Schuldenhaftung veranlasste Kinder schon bei der Bestattung ihres Vaters darauf hinzuweisen, dass sie diese nicht *animo heredis*, sondern *pietatis causa* vornehmen, damit ihr Verhalten nicht als *immiscere se hereditati* bzw als *pro herede gestio* gewertet wird (D 11,7,14,8).

b) Das justinianische Recht bringt als Verfeinerung das **beneficium inventarii**: Errichtet der Erbe ein Verzeichnis der Nachlassgegenstände, so führt das zu einer Haftungsbeschränkung: Der Erbe haftet nur mehr mit den Stücken des Nachlasses (*cum viribus hereditatis*). Heute bewirkt die Erbantrittserklärung mit Vorbehalt der Rechtswohltat des Inventars (§ 802 ABGB: sog „bedingte Erbantrittserklärung") eine rechnerische Beschränkung auf die Höhe der Nachlassaktiven (*pro viribus hereditatis*). Eine sog „unbedingte Erbantrittserklärung" (§ 801 ABGB) führt zu einer unbeschränkten Haftung.

2. Schutz der Nachlassgläubiger

a) Bei Außenerben besteht für Nachlassgläubiger eine unklare Situation, solange nicht feststeht, ob der Berufene antritt oder nicht. Daher kann auf Initiative der Gläubiger dem berufenen Erben vom Prätor eine Frist zur Erklärung gesetzt werden: In der Klassik gilt ungenutztes Verstreichenlassen der Frist als Ausschlagung, bei Justinian als Antritt.

b) Hat ein überschuldeter Erbe angetreten, so wird dadurch die Befriedigung der Nachlassgläubiger gefährdet. Daher können diese von einem *heres suspectus* (verdächtigen Erben) Sicherheitsleistung in Stipulationsform verlangen und bei Konkurs des Erben eine **separatio bonorum** (Nachlassabsonderung, vgl §812 ABGB) begehren, wodurch der Nachlass dem Zugriff der Eigengläubiger des Erben entzogen wird.

VIII. Veräußerungsakte am Nachlass

1) Durch **in iure cessio hereditatis** können bei Intestaterbfolge die Agnaten bereits nach der Delation die Erbenstellung auf einen anderen übertragen. Nach Akquisition ist die *in iure cessio* auch bei testamentarischer Erbfolge möglich, hat aber eine schwächere Wirkung: Insb gehen die Verpflichtungen nicht auf den Erwerber über.

2) Beim **Erbschaftskauf** ist der bereits erworbene Nachlass Kaufgegenstand. Forderungen und Schulden gehen dabei nicht auf den Käufer über. Durch die *stipulationes emptae et venditae hereditatis* wird dabei regelmäßig ein interner Ausgleich vorgesehen.

3) Zum **Universalfideikommiss** siehe unten S 98.

IX. Transmission

Beispiel: Erblasser E stirbt am 1.10. Zur Erbschaft ist der Erbe H berufen. Bevor H noch die Erbschaft antreten kann, stirbt dieser selbst am 1.11.

Fällt der Nachlass den gesetzlichen Erben des E zu, oder kann der Erbe des H den Antritt vornehmen?

Die Transmission ist die Vererbung des Rechts, eine angefallene Erbschaft anzutreten oder auszuschlagen (§§ 537, 809 ABGB). Das klassische Recht kennt sie nur ausnahmsweise, etwa wenn der nach Berufung verstorbene Erbe H durch Abwesenheit verhindert war, den Antritt vorzunehmen. Ist ein *suus heres* berufen und hat er sich noch nicht in die Erbschaft eingemischt (oben I), so können seine Erben noch das *beneficium abstinendi* in Anspruch nehmen. In der Nachklassik führt Theodosius die Transmission bei testamentarischer Berufung von Nachkommen ein (*transmissio Theodosiana*); Justinian erstreckt die Transmission auch auf die Intestaterbfolge: Der Erbe des verstorbenen Erben H kann die Erbschaft nach E innerhalb eines Jahres annehmen (oder auch ausschlagen).

X. Erbloser Nachlass

Nach den XII-Tafeln fällt der Nachlass bei Fehlen von *sui* und Agnaten an die *gens*. Schon in der Republik wird bei überschuldeten Nachlässen, für die sich kein Erbe gefunden hat, ein Nachlasskonkurs abgewickelt (*venditio bonorum*). In der Prinzipatszeit werden erblose Nachlässe zunächst vom *aerarium*, später vom *fiscus* eingezogen (vgl §760 ABGB). Der *fiscus* wird zwar nicht Erbe, aber erbenähnlicher Gesamtrechtsnachfolger, der für die Schulden haftet; Legate und Fideikommisse bleiben aufrecht. Wenn der *fiscus* den Erwerb wegen Überschuldung ablehnt, kommt es zum Nachlasskonkurs.

§ 16. Erbenmehrheit

I. Erbengemeinschaft

1) Bei der **älteren Erbengemeinschaft** (*consortium, societas ercto non cito*) setzen die *sui heredes* nach dem Tod des Gewalthabers den Hausverband in genossenschaftlicher Organisation fort: Es handelt sich nicht bloß um eine vermögens-, sondern auch um eine personen- und sakralrechtliche Gemeinschaft.

Bis zur Erbteilung (erst bei dieser werden die Anteile bestimmt) gehört das vorhandene Vermögen sowie aller künftige Erwerb allen gemeinsam. An einzelnen Gegenständen entsteht Gesamthandeigentum in der Weise, dass jeder auch ohne Mitwirkung der anderen über den gesamten Gegenstand verfügen (zB diesen veräußern) kann.

2) Bei der **jüngeren Erbengemeinschaft** des klassischen Rechts gibt es sofort frei verfügbare rechnerische Anteile; an den einzelnen Gegenständen entsteht Miteigentum nach Quoten, über die jeder Einzelne unabhängig von den anderen verfügen kann. Verfügungen über einen Gegenstand als Ganzes (zB Veräußerung eines Grundstückes) bedürfen des Zusammenwirkens aller.

Schulden und Forderungen, welche teilbare Leistungen betreffen (zB Geld), sind von vornherein geteilt (**nomina ipso iure divisa**). Bei Unteilbarkeit entsteht eine Gesamtschuld bzw Gesamtforderung.

II. Erbteilung

Die Erbteilung kann entweder freiwillig oder über Klage (**actio familiae erciscundae**) erfolgen, zu der jeder Miterbe berechtigt ist. Der Teilungsrichter kann durch rechtsgestaltende *adiudicatio* Alleineigentum zuweisen, darüber hinaus wie in jedem Leistungsurteil durch *condemnatio* Ausgleichs- und Abrechnungszahlungen aussprechen.

III. Akkreszenz

Unter Akkreszenz versteht man die Anwachsung, die zugunsten von Miterben eintritt, wenn ein Erbe ausfällt.

1) Bei testamentarischer Erbfolge findet sie statt:

a) bei unvollständiger Erfassung des Nachlasses durch den Erblasser:

Testament: „A soll zu 1/2 (= 3/6), B zu 1/6, C zu 1/6 Erbe sein." Wegen der Regel *nemo pro parte testatus, pro parte intestatus decedere potest* (oben S 78) kommt es über das offene Sechstel nicht zur Intestaterbfolge (so § 562 ABGB), sondern dieses wächst A, B und C im Verhältnis ihrer Erbteile zu.

b) bei Ausfall von Miterben (Tod, Ausschlagung):

Wenn der Erblasser in seinem Testament bestimmte Gruppen zusammengefasst hat (*coniunctio*), tritt Akkreszenz zunächst nur innerhalb der Gruppe ein.

Hat der Erblasser jedoch einen Ersatzerben berufen, schließt diese Substitution (S 78) die Akkreszenz aus. Nur wenn auch der Substitut ausfällt, kommt es zur Akkreszenz.

2) Akkreszenz begegnet auch bei der Intestaterbfolge, so zB wenn von mehreren berufenen Agnaten einer nicht antritt. Unter *sui heredes* tritt Akkreszenz zunächst nur innerhalb eines Stammes ein:

Beispiel: Der Erblasser hinterlässt einen Sohn S und (nach einem vorverstorbenen Sohn) drei Enkel A, B und C. Schlägt B aus, so wächst sein Sechstel nur dem A und C zu.

3) Soweit bei Tod eines Miterben nach Delation die Transmission (S 86) anerkannt ist, wird durch sie die Akkreszenz ausgeschlossen.

IV. Kollation

Eine Ungleichheit vor allem unter Geschwistern kann sich daraus ergeben, dass eines oder einige von ihnen schon zu Lebzeiten des Erblassers Vorempfänge erhalten haben, die anderen hingegen nicht. Bei der gesetzlichen Erbfolge sind die begünstigten Kinder zur Anrechnung bestimmter Zuwendungen unter Lebenden verpflichtet (§ 790 iVm § 788 ABGB), bei testamentarischer Erbfolge nur, wenn der Erblasser das anordnet. Nach § 793 ABGB geschieht die Anrechnung zum Erbteil in der Weise, dass „jedes Kind den nämlichen Betrag noch vor der Teilung erhält"; in komplizierteren Fällen werden alle Vorempfänge dem Nachlasswert hinzugerechnet, dieser geteilt und die einzelnen Teile um den allfälligen Vorempfang gemindert.

1. Die collatio emancipati

Im römischen Recht kann eine Ungleichheit auch dadurch entstehen, dass ein Kind durch *emancipatio* früher vermögensfähig wird als die anderen. Während der Emanzipierte für sich erwerben kann und eigenes Vermögen bilden kann, erwerben die Gewaltunterworfenen für ihren Gewalthaber und späteren Erblasser.

Bei der Intestaterbfolge nach *ius civile* ist kein Platz für eine Kollation, da der *emancipatus* ohnedies nicht erbberechtigt ist und der Nachlass nur zwischen den *sui heredes* geteilt wird. Hingegen gehört bei der prätorischen Intestaterbfolge auch der *emancipatus* zur ersten Klasse *unde liberi*. Um einen Ausgleich unter den *liberi* zu erreichen, ist er nach dem prätorischen Edikt gegenüber den *sui heredes* zur Kollation seines eigenen Vermögens verpflichtet. Technisch erfolgt die Kollation zumeist durch eine Stipulation, in der sich der *emancipatus* gegenüber den einzelnen *sui* zur Leistung einer Quote seines Vermögens verpflichtet:

> Beispiel in Ulp. D 37,6,1,24: V hinterlässt einen emanzipierten Sohn B und zwei bis zu seinem Tod gewaltunterworfene Kinder A und C. Wenn B im Todeszeitpunkt des V ein Vermögen von 300 hat, so muss er sich gegenüber A und C zur Kollation von je 100 verpflichten, 100 verbleiben ihm.

Die Kollation kann auch durch reale Einbringung erfolgen, so dass zur Erbteilung der um das Vermögen des B vergrößerte Nachlass zur Verfügung steht (*collatio re*).

2. Die collatio dotis

Hat V für eine Tochter T eine Mitgift bestellt, so ist sie gegenüber ihren Geschwistern insofern im Vorteil, als einerseits die *dos* nach dem Tod ihres Mannes ihr (der T) zufällt, andererseits das Vermögen des V durch die *dos*-Bestellung eine Minderung erfahren hat. Wenn die T nach dem Tod des V die *bonorum possessio intestati* oder *contra tabulas* begehrt, so ist sie zur *collatio dotis* gegenüber den *sui heredes* verpflichtet.

3. Die Deszendentenkollation

Die Nachklassik löst die Kollation von der Verknüpfung mit dem prätorischen Erbrecht und ordnet unter Abkömmlingen generell die Anrechnung bestimmter Vorempfänge an: Kollationspflichtig sind *dos*, *donatio ante nuptias* und teilweise auch gewöhnliche Schenkungen, die ein Abkömmling zu Lebzeiten des Erblassers von diesem erhalten hatte. Zunächst nur bei Intestaterbfolge vorgesehen, wird sie von Justinian in den Novellen auf die testamentarische Erbfolge erweitert.

§ 17. Der Schutz des Erbrechts

I. Der Schutz des zivilen Erbrechts

Die Klage des zivilen Erben (*heres*) ist die **hereditatis petitio**.

1. Entwicklung

Ihre historische Entwicklung zeigt Parallelen zur Eigentumsklage (*rei vindicatio*, S 133f). Bei der alten *legis actio sacramento* behaupten beide Parteien ihr Erbrecht. In klassischer Zeit wird sie entweder als Sponsionsverfahren oder als Verfahren mit petitorischer Formel durchgeführt.

Beim Sponsionsverfahren verspricht der Beklagte zunächst dem Kläger in Stipulationsform eine Summe für den Fall, dass das Erbrecht des Klägers besteht. Der Kläger klagt aus der Stipulation, dabei muss als Vorfrage sein Erbrecht beurteilt werden. Je nach Höhe der Summe ist entweder das Zentumviralgericht oder der Einzelrichter zuständig.

Im Verfahren mit petitorischer Formel ist neben der Feststellung des Erbrechts auch die Herausgabe des Nachlasses oder einzelner Nachlasspositionen unmittelbares Prozessziel.

Geht es um einzelne Sachen oder Vermögenspositionen (zB Forderungen), so kann der Erbe statt mit der hereditatis petitio auch mit der jeweils zuständigen Einzelklage (zB rei vindicatio, Klage aus der Forderung) vorgehen. Dabei wird aber mittels einer praescriptio quod hereditati praeiudicium non fiat die Erbrechtsfrage der hereditatis petitio vorbehalten.

2. Aktiv- und Passivlegitimation

Aktivlegitimiert ist derjenige, der behauptet, ziviler Erbe zu sein. Passivlegitimiert ist nicht nur ein Besitzer (des Nachlasses oder einzelner Nachlassgegenstände), der selbst ein Erbrecht behauptet (*possessor pro herede*), sondern auch derjenige, der ohne Behauptung des eigenen Erbrechts besitzt und keinen Titel angibt (*possessor pro possessore*).

Die Klage ist auch gegen (vertragliche oder deliktische) Erbschaftsschuldner (Paul. D 5,3,14) möglich; deren Qualifikation als Rechtsbesitzer (D 5,3,13,15) ist allerdings nicht klassisch. Ebenso ist ein sog *fictus possessor* passivlegitimiert: Wie bei der *rei vindicatio* (S 133) ist das zunächst derjenige, der sich trotz fehlenden Besitzes auf die Klage einlässt (*qui se liti optulit*: Cels. D 5,3,45); weiters derjenige, der vor dem Prozess arglistig den Besitz aufgegeben hat. Letzteres geht auf das *SC Iuventianum* – welches ursprünglich die *vindicatio caducorum* (S 84) erfasste – zurück und wurde auf die *hereditatis petitio* und von dort auf Einzelklagen *in rem* erstreckt (Paul. D 6,1,27,3).

3. Gegenstand der Klage

Inhaltlich geht die *hereditatis petitio* auf Herausgabe aller Sachen und Vermögenswerte, die der Beklagte aus der Erbschaft besitzt; insb auch auf Zuwachs und Früchte, Forderungen, weiters Surrogate wie zB jene Sachen, welche der Beklagte mit Erbschaftsgeld gekauft hat. Lag der Erwerb im Interesse des Nachlasses, so ist das erworbene Gut herauszugeben, wenn nicht, der ausgelegte Kaufpreis. Ähnlich wurde auch beim Verkauf von *res hereditariae* differenziert (Ulp. D 5,3,20pr–2; D 5,3,33,1). Nach dem *SC Iuventianum* haben gutgläubige Besitzer den Kaufpreis, der ihnen für den Verkauf der gesamten Erbschaft zugegangen ist, nur unverzinst herauszugeben (D 5,3,20,6a). Überhaupt wird bei vorprozessualer Besitzaufgabe nach dem *SC Iuventianum* zwischen gut- und schlechtgläubigen Besitzern unterschieden (D 5,3,20,6c): Erstere werden nur zur Herausgabe der Bereicherung (*quo locupletiores ex ea re facti essent*) verurteilt, letztere so, als ob sie noch besäßen (*quasi possiderent*).

Die Regelung für Schäden an Erbschaftsgegenständen ist ähnlich wie bei der *rei vindicatio* (S 133 f); ebenso die Behandlung der notwendigen und nützlichen Aufwendungen durch den gutgläubigen Beklagten (Retentionsrecht über die *exceptio doli*: S 135).

4. Prozessuales

Bei der *hereditatis petitio* besteht Einlassungsfreiheit wie bei den *actiones in rem*. Lässt sich der Beklagte nicht ein, so gewährt der Prätor dem Kläger ein *interdictum quem hereditatem*, mit dem nun ohne Prüfung des Erbrechts die Restitution an den Kläger angeordnet wird. Unterbleibt diese, wird der Beklagte auf die Summe verurteilt, die sich bei Verurteilung aus der nicht zustande gekommenen *hereditatis petitio* ergäbe.

Die *hereditatis petitio* enthält ebenso wie die *rei vindicatio* die Arbiträrklausel, so dass der Beklagte durch Naturalrestitution während des Prozesses der Verurteilung entgeht.

II. Schutz der bonorum possessio

1) Dem offensiven Rechtsschutz des *bonorum possessor* dient das **interdictum quorum bonorum**, das ihm gegen jeden *possessor pro herede* oder *possessor pro possessore* zusteht (Gai 4,144). Der unterlegene *possessor pro herede* kann in der Folge freilich die *hereditatis petitio* anstellen.

2) Defensiver Rechtsbehelf des *bonorum possessor cum re* (S 67) ist die **exceptio doli**, welche zur Abweisung der *hereditatis petitio* des zivilen Erben führt.

III. Schutz des Pflichtteilsrechts

Zu den Klagen und Rechtsbehelfen im Zusammenhang mit dem Pflichtteilsrecht siehe oben S 81 f.

§ 18. Legate und Fideikommisse

I. Vermächtnisse. Übersicht

Neben Erbeinsetzungen (1) können in einem Testament auch Vermächtnisse enthalten sein:

(1) *Titius et Aulus heredes sunto.*	Titius und Aulus sollen Erben sein.
(2) *Balbino amico meo fundum Cornelianum do lego.*	Meinem Freund Balbinus vermache ich das Cornelianische Grundstück.
(3) *Aulus heres meus Rufo decem milia HS dare damnas esto.*	Mein Erbe Aulus soll schuldig sein, dem Rufus 10.000 HS zu leisten.
(4) *Te Titium rogo, uti Flaviae decem milia HS des.*	Ich bitte dich Titius, der Flavia 10.000 HS zu leisten.

Hier sind Titius und Aulus Erben und damit Universalsukzessoren (oben S 66). Hingegen sind Balbinus, Rufus und Flavia Vermächtnisnehmer. Ihnen werden einzelne Vermögenspositionen zugewandt, die sie durch Singularsukzession erwerben.

Die am Vermächtnis beteiligten Personen sind der Erblasser, der Bedachte (Vermächtnisnehmer, Legatar, Fideikommissar) und der Beschwerte.

Das römische Recht unterscheidet bei den Vermächtnissen förmliche **Legate** [(2) und (3)] und **Fideikommisse**, die als Bitte an den Beschwerten formuliert sind (4). Legate sind nach *ius civile* im ordentlichen Prozess einklagbar, Fideikommisse nach Kaiserrecht im außerordentlichen Verfahren (*extraordinaria cognitio*). Erst unter Justinian kommt es zu einer Verschmelzung; in C 6,43,1 spricht er von der einheitlichen Rechtsnatur (*una natura*) der Legate und Fideikommisse.

Das ABGB hat die scharfe Trennung zwischen Erbeinsetzung und Vermächtnis in § 535 übernommen: Ein Vermächtnis liegt vor, wenn eine Sache, eine oder mehrere Sachen von gewisser Gattung, eine Summe oder ein Recht zugedacht wird.

II. Die Legate

Legate müssen entweder im **Testament** selbst oder in einem testamentarisch **konfirmierten Kodizill** (S 80) enthalten sein. Neben der Einhaltung dieser äußeren Form ist als innere Form die Verwendung bestimmter Worte (*do lego, damnas esto* etc) erforderlich.

1. Arten der Legate

a) Vindikationslegat und Damnationslegat

Das **Vindikationslegat** (zB *Balbino fundum Cornelianum do lego*) hat dingliche Wirkung und verschafft dem Legatar unmittelbar ein dingliches Recht am vermachten Gegenstand: Das Eigentum geht unmittelbar vom Erblasser auf den Legatar über, ohne dass der Erbe Zwischeneigentümer wird. Zur Durchsetzung steht dem Legatar die **rei vindicatio** zu Gebote.

Auch ein *ususfructus* oder Grundservituten können durch Vindikationslegat bestellt werden.

Durch ein **Damnationslegat** (zB *heres meus damnas esto Balbino fundum Cornelianum dare*) erlangt der Legatar ein Forderungsrecht gegen den beschwerten Erben. Dieser wird zunächst selbst Eigentümer des vermachten Gegenstandes und ist verpflichtet, diesen an den Legatar zu übereignen. Zur Durchsetzung steht dem Legatar die strengrechtliche **actio ex testamento** zu.

Gegenstand von Damnationslegaten können sein:

aa) eigene körperliche Sachen des Erblassers

bb) fremde körperliche Sachen: Hier ist der Beschwerte verpflichtet, sich diese Sachen zu beschaffen und an den Legatar zu übereignen (Verschaffungsvermächtnis). Gelingt ihm das nicht, ist der Geldwert zu leisten.

cc) Forderungen: Wird eine Forderung des Erblassers gegen einen Dritten vermacht (*legatum nominis* = Forderungsvermächtnis), so ist der beschwerte Erbe zur Abtretung verpflichtet. Wird eine Forderung gegen den Legatar vermacht (*legatum liberationis* = Befreiungsvermächtnis), so ist der beschwerte Erbe zur Vornahme eines Erlassgeschäftes verpflichtet. Wird eine Sache vermacht, die der Erblasser ohnedies dem Legatar schuldet (*legatum debiti* = Schuldvermächtnis), so ist das nur sinnvoll und wirksam, wenn der Legatar dadurch einen

Vorteil erlangt, zB wenn dadurch eine Befristung wegfällt.

dd) Teile des Nachlasses (*partitio legata* = Teilungsvermächtnis): Der Erblasser verpflichtet den Erben, den Nachlass mit dem Legatar zu teilen.

b) Weitere Arten

Das *legatum sinendi modo* (zB *heres meus damnas esto sinere L. Titium hominem Stichum sumere sibique habere*: mein Erbe soll verpflichtet sein, zuzulassen, dass L. Titius den Sklaven Stichus nimmt und für sich behält) ist eine Mischform zwischen Vindikations- und Damnationslegat.

Aufgrund eines Präzeptionslegats (Vorwegvermächtnis) kann ein Miterbe vor der Erbteilung einen bestimmten Gegenstand aus der Teilungsmasse für sich herausnehmen. Die Prokulianer lassen es – anders als die Sabinianer – auch zugunsten eines Nichterben zu und behandeln es dann als Vindikationslegat.

Ein Prälegat (Vorausvermächtnis) ist ein Legat zugunsten eines Miterben, welches die Erbteile belastet; soweit der eigene Erbteil des Prälegatars belastet ist, ist es unwirksam.

2. Wirksamkeit und Erwerb von Legaten

Die Legate sind mit der testamentarischen Erbfolge verknüpft.

a) Die Wirksamkeit des Legats setzt zunächst einmal bei der Errichtung die Einhaltung der äußeren (Aufnahme in ein Testament oder in ein testamentarisch konfirmiertes Kodizill) und inneren Form (Gebrauch bestimmter Worte, zB do lego, damnas esto) voraus. Ferner muss der Erblasser die testamenti factio activa und der Bedachte die testamenti factio passiva haben; demzufolge können etwa Peregrine nicht bedacht werden. Wenn kein Widerruf erfolgt ist, der Bedachte den Erblasser überlebt und die testamentarische Erbfolge eintritt, wird das Legat wirksam.

b) Die Verknüpfung mit der testamentarischen Erbfolge zeigt sich auch beim **Erwerb**, der uU in zwei Stufen erfolgt:

Dies cedens ist der Tod des Erblassers, später der Tag der Testamentseröffnung; bei bedingtem Legat ist *dies cedens* der Tag, an dem die Bedingung eingetreten ist. Mit dem *dies cedens* erwirbt der Bedachte eine Anwartschaft.

Diese Anwartschaft ist vererblich, dh sollte der Legatar kurz nach dem *dies cedens* selbst sterben, so steht die Anwartschaft auf Erwerb des Legats dem Erben des Legatars zu.

Dies veniens ist jener Tag, an dem der Rechtserwerb endgültig erfolgt.

Wenn Außenerben antreten, wird aus der Anwartschaft des Legatars ein Vollrecht, das Legat und die damit verbundene *actio* werden erworben: Beim Vindikationslegat die *rei vindicatio*, beim Damnationslegat die *actio ex testamento*. Ist der beschwerte Erbe ein Hauserbe, so fallen *dies veniens* und *dies cedens* regelmäßig zusammen.

c) Der Legatar selbst muss beim Damnationslegat keinen eigenen Antrittsakt setzen. Will er es nicht, so unterlässt er die Erhebung der *actio ex testamento* oder beseitigt sein Forderungsrecht durch Erlass (S 284). Beim Vindikationslegat herrscht Schulenstreit (Gai 2,195): Die Sabinianer nehmen automatischen Erwerb mit dem *dies veniens* an, die Prokulianer erst dann, *si voluerit eam ad se pertinere* (wenn er will, dass diese Sache ihm gehört); bis dahin ist sie *res nullius.*

d) **Unwirksamkeit** von Legaten

Ein Legat ist von Anfang an unwirksam, wenn das Testament insgesamt unwirksam ist; wenn beim Legat Formmängel vorliegen (zB Gebrauch des Wortes *relinquo Titio*: Ich hinterlasse dem Titius); wenn dem Bedachten die *testamenti factio passiva* fehlt; ein Vindikationslegat auch dann, wenn die Sache nicht dem Erblasser gehört.

Die sog **regula Catoniana** (D 34,7,1) arbeitet bei unwirksam errichteten Legaten mit der Fiktion, der Erblasser sei im Moment der Legatserrichtung gestorben. Daher bleibt das Legat auch dann unwirksam, wenn später der Grund für die Unwirksamkeit wegfällt (zB der Bedachte erst nach Legatserrichtung die *testamenti factio passiva* erlangt). Diese alte Regel wird allerdings von den Klassikern bei bedingten und befristeten Legaten zurückgedrängt.

Ein **SC Neronianum** sieht die **Konversion** (Umdeutung in einen anderen Typus) von unwirksamen Legaten vor: Ist zB ein Vindikationslegat unwirksam, weil die vermachte Sache nicht dem Erblasser gehört, so wird es in ein Damnationslegat mit Beschaffungspflicht für den Beschwerten umgedeutet (Gai 2,197).

Ein wirksam errichtetes Legat kann im Nachhinein durch Änderung des Erblasserwillens unwirksam werden; so etwa durch Errichtung eines neuen Testaments (in welchem das ursprüngliche Legat nicht wiederholt wird); bei aufrechtem Testament durch Widerruf (*ademptio legati*), der allerdings als förmlicher *contrarius actus* mit den Worten, wie zB *non do non lego* oder *dare damnas non esto,* zu erfolgen hat. Ein bloßes Durchstreichen oder ein nichtförmlicher Widerruf beeinträchtigen nach *ius civile* nicht die Wirksamkeit, begründen allerdings für den Beschwerten eine *exceptio doli* gegen die Klage des Bedachten. Schließlich wird ein Legat unwirksam, wenn der Bedachte vor dem Erblasser stirbt.

Nach dem Tod des Erblassers wird ein Legat unwirksam, wenn es nicht zur testamentarischen Erbfolge kommt. Ausnahmen bestehen bei der *querela inofficiosi testamenti*, bei Ausschlagung durch einen testamentarischen Erben, der in der Folge als gesetzlicher Erbe antritt.

3. Beschränkungen der Legate

Eine *lex Furia testamentaria* beschränkte die Legatshöhe unter nichtverwandten Personen. Die *lex Voconia* verbot es Legataren, aus dem Nachlass nach einem Bürger der obersten Vermögensschicht mehr anzunehmen, als der oder die Erben erhalten. Schließlich bestimmte die *lex Falcidia* (40 vChr), dass ein Viertel des Nachlasses frei bleiben muss (sog **Falcidische Quart**); übersteigen die Legate 3/4 des Nachlasses, so werden alle Legate anteilsmäßig gekürzt.

III. Die Fideikommisse

Fideikommisse sind formlose Bitten des Erblassers, der es der Treue des Beschwerten überlässt, dem Bedachten etwas zu leisten. Die Fideikommisse begründen daher ursprünglich nur eine sittliche und keine Rechtspflicht des Beschwerten; erst seit Augustus kann sie der Bedachte (Fideikommissar) im Rahmen der *extraordinaria cognitio* durchsetzen. Später wird dafür ein eigener *praetor fideicommissarius* geschaffen.

Beschwerter kann jeder sein, der aus dem Nachlass etwas erhält, also (testamentarische wie gesetzliche) Erben, Legatare und auch Fideikommissare. Anders als beim Legat muss der Bedachte nicht die *testamenti factio passiva* haben. Das Fideikommiss wirkt ähnlich wie das Damnationslegat nur obligatorisch, wird allerdings nicht strengrechtlich, sondern ähnlich wie eine *bona-fides*-Obligation beurteilt und ist daher zB im Verzugsfall verzinslich (Gai 2,280).

Beim Einzelfideikommiss werden dem Bedachten ähnlich wie beim Legat einzelne Sachen (auch Forderungen) zugewandt, beim Universalfideikommiss (dazu sogleich) der ganze Nachlass oder ein Teil davon. Bei der *fideicommissaria libertas* ist der Beschwerte verpflichtet, den bedachten Sklaven freizulassen (S 35).

Die Errichtung von Fideikommissen kann im Testament oder in einem Kodizill erfolgen, wobei dieses – anders als bei Legaten – nicht konfirmiert sein muss; daher können Fideikommisse auch bei gesetzlicher Erbfolge errichtet werden. Übliche Formulierungen sind zB *fidei tuae committo* bzw *rogo te* oder *volo* uÄ. Wegen der Formfreiheit kommt auch eine mündliche Bestellung in Betracht (Oralfideikommiss). Die Legatsbeschränkungen werden auch auf Fideikommisse erstreckt.

IV. Universalfideikommisse

Mit einem Universalfideikommiss trägt der Erblasser dem Erben bei Eintritt einer Bedingung oder eines Termins die *restitutio* des ganzen Nachlasses oder einer Quote an den Fideikommissar auf.

Beispiel in Gai 2,250:

(1) *L. Titius heres esto* (Mein Erbe soll L. Titius sein).
(2) *Rogo te, L. Titi petoque a te, ut cum primum possis hereditatem meam adire, C. Seio reddas restituas* (Ich bitte dich, L. Titius, und fordere dich auf, dass du, sobald du meine Erbschaft antreten kannst, diese an den C. Seius herausgibst).

Der beschwerte Erbe ist verpflichtet, durch *mancipatio nummo uno* den Nachlass an den Universalfideikommissar zu übertragen.

Das Universalfideikommiss ist damit ein Mittel, die Regel *semel heres semper heres* (S 78) zu umgehen. Allerdings behält auch nach der *restitutio* der eingesetzte Erbe die Erbenstellung, dh er ist weiterhin den Nachlassgläubigern verpflichtet, umgekehrt ist er – und nicht der Universalfideikommissar – Gläubiger der Nachlassforderungen.

1) Der Erbe ist damit in der unangenehmen Position, vom Nachlass

nichts behalten zu können, andererseits aber den Nachlassgläubigern (mit eigenem Vermögen) zu haften. Allein diese Lage wird schon die Motivation zum Erbschaftsantritt herabsetzen. Wenn der Erbe aber nicht antritt, ist auch das Fideikommiss hinfällig. Das römische Recht bemüht sich daher, dem beschwerten Erben Verbesserungen zu bringen:

a) Zunächst werden zwischen Erben und Legatar Stipulationen geschlossen, wie sie beim Erbschaftskauf üblich sind (*stipulationes emptae et venditae hereditatis*):

Der Erbe verpflichtet sich darin, dem Universalfideikommissar die Klagen abzutreten (dh ihn – wie bei der Zession – zum Prozessvertreter zu bestellen) bzw das aus Forderungen Erlangte herauszugeben; umgekehrt verpflichtet sich der Universalfideikommissar gegenüber dem Erben, diesen schadlos zu halten. Der Erbe haftet also weiterhin den Gläubigern, kann allerdings dann mit der *actio ex stipulatu* gegen den Universalfideikommissar vorgehen. Wenn dieser zwischenzeitig insolvent geworden ist, hat der Erbe das Nachsehen (Tragung des Insolvenzrisikos).

b) Das *SC Trebellianum* stellt den Universalfideikommissar *heredis loco*, womit die aus dem Nachlass resultierenden Forderungen und Verpflichtungen durch *actiones utiles* unmittelbar von ihm und gegen ihn geltend gemacht werden können.

c) Das *SC Pegasianum* gibt dem Erben das Recht zum Abzug der Falcidischen Quart, führt andererseits bezüglich der Forderungen und Schulden eine detaillistische Regelung ein, welche teilweise wieder die Verbesserungen des *Trebellianum* beseitigt.

2) Über ein Universalfideikommiss kann eine Vermögensabfolge erzielt werden, die funktional einer Nacherbschaft entspricht:

Beispiel nach Gai 2,277:

(1) *Titius heres esto* (Titius soll Erbe sein).
(2) *Cum Titius heres meus mortuus erit, volo hereditatem meam ad P. Maevium pertinere* (Wenn mein Erbe Titius gestorben sein wird, will ich, dass mein Nachlass an den P. Maevius fällt).

Während aber nach römischer Auffassung der P. Maevius nicht Erbe (sondern Universalfideikommissar) wird, ist im modernen Recht die sog **fi-**

deikommissarische Substitution (§ 608 ABGB) als Fall der Nacherbschaft anerkannt: Für den Vorerben hat dies zur Folge, dass er nur ein eingeschränktes Eigentumsrecht (mit den Rechten und Verbindlichkeiten eines Fruchtnießers: § 613 ABGB) erlangt, damit dem Nacherben die Substanz erhalten bleibt.

Reihen von fideikommissarischen Substitutionen, mit denen über Generationen (zB jeweils der älteste Sohn soll Erbe sein) – oft über Jahrhunderte hinweg – eine Vermögensbindung erzielt wurde, waren früher vor allem in Adelskreisen üblich (sog Familienfideikommisse). Sie wurden 1938 aufgehoben. Auch die §§ 611, 612 ABGB beschränken die mehrfache fideikommissarische Substitution.

§ 19. Die Schenkung von Todes wegen

Bei der Schenkung von Todes wegen (*donatio mortis causa*) werden mehrere Arten unterschieden (Iul. D 39,6,2; Paul. D 39,6,35,4).

1) Erfolgt die Schenkung nicht in einer konkreten Todesgefahr, sondern „*sola cogitatione mortalitatis* (nur im Gedanken an die Sterblichkeit)", so ist ihre Beständigkeit davon abhängig, dass der Beschenkte den Schenker überlebt. Stirbt der Beschenkte vor dem Schenker, kann dieser das Geschenk mittels *condictio* zurückverlangen.

2) Erfolgt eine *donatio mortis causa* in konkreter Todesgefahr, so ist ihre Beständigkeit zusätzlich und vor allem davon abhängig, dass der Schenker in dieser Gefahr den Tod findet. Es kommt daher zu einer Rückabwicklung, wenn er der Gefahr entkommt:

a) Ist der Tod zur Bedingung gemacht, so erlangt der Beschenkte erst mit diesem Ereignis das Eigentum. Entkommt der Schenker der Gefahr, so ist die Bedingung nicht eingetreten und der Schenker kann das Geschenk – es ist noch sein Eigentum – vindizieren.

Diese Vorgangsweise passt nur zur *traditio*, nicht aber zur *mancipatio* und *in iure cessio*, welche bekanntlich bedingungsfeindlich sind (S 259). Hier konnte durch *pactum fiduciae* oder Stipulationen eine obligatorische Rückübereignungspflicht geschaffen werden.

b) Wird Eigentum hingegen sofort auf den Beschenkten übertragen, so erfolgt bei Entkommen aus der Todesgefahr die Rückabwicklung mit der *condictio ob causam datorum* (S 218). Teilweise findet sich der Gedanke eines dinglichen Rückfalls an den Schenker (D 39,6,29).

3) Auf die *donatio mortis causa* werden die Beschränkungen der Legate angewandt (*lex Furia, lex Voconia*) oder erstreckt (*lex Falcidia*), ebenso die Erwerbsbeschränkungen nach der Augusteischen Ehegesetzgebung. Nach Ansätzen in der Klassik (zB Iul. D 39,6,16) bildet sich ein freies Widerrufsrecht heraus.

4) Anders als die römische *donatio mortis causa* ist die heutige Schenkung auf den Todesfall konzipiert (§ 956 ABGB): Sie setzt neben dem Formerfordernis den Widerrufsverzicht des Schenkers voraus. Fehlt der Widerrufsverzicht, so handelt es sich – bei Beobachtung der entsprechenden Form – um ein (frei widerrufliches) Vermächtnis.

VIERTER TEIL

Sachenrecht

§ 20. Funktion und Kennzeichen des Sachenrechts

Nach dem Institutionensystem umfasst das Sachenrecht das gesamte Vermögensrecht, also in der Systematik und Terminologie des ABGB die dinglichen Rechte (einschließlich des Erbrechts) und die persönlichen Sachenrechte. Nach dem Pandektensystem, dem die Darstellung folgt, werden im Sachenrecht nur das Eigentumsrecht, die sog beschränkten dinglichen Rechte und der vom Eigentum zu unterscheidende Besitz behandelt. In diesem gesellschaftspolitisch wesentlichen Teil des Privatrechts ist also geregelt, wem die Sachgüter gehören und welche Befugnisse der jeweils Berechtigte im Einzelnen hat; ferner wie diese Berechtigungen erworben werden und enden. Dabei herrscht im Sachenrecht (auch heute noch) **Typenzwang**, so dass neue dingliche Rechte nicht durch privatautonome Vereinbarungen, sondern nur durch Gesetzgebung oder im Wege der *iurisdictio* des Prätors entwickelt werden können.

Sachenrechte beziehen sich auf einzelne Sachen (*res*), nicht auf das gesamte Vermögen (*patrimonium, bona*) oder auf Sondervermögen (*dos, peculium, hereditas*). Es herrscht das Prinzip der **Spezialität** der Sachenrechte.

Daher ist ein Erbe nicht Eigentümer der Erbschaft, sondern Eigentümer der einzelnen körperlichen Sachen, die zur Erbschaft gehören, und Inhaber der anderen ererbten Rechte. Zur Verfolgung seiner Berechtigung als Erbe dient die *hereditatis petitio* (S 90) und nicht die *rei vindicatio* (Eigentumsherausgabeklage; S 133ff).

Sachenrechte verleihen dem Berechtigten unmittelbare Herrschaftsbefugnis über eine Sache (S 17). Wegen dieser Herrschaft über Dinge bezeichnet man sie auch als **dingliche Rechte**. Sie können – anders als ein Forderungsrecht, das dem Gläubiger nur gegen einen bestimmten Schuldner zusteht – grundsätzlich gegenüber jedermann mittels einer *actio in rem* durchgesetzt werden (S 17).

> §307 ABGB: Rechte, welche einer Person über eine Sache ohne Rücksicht auf gewisse Personen zustehen, werden dingliche Rechte genannt. Rechte, welche zu einer Sache nur gegen gewisse Personen unmittelbar aus einem Gesetze, oder aus einer verbindlichen Handlung entstehen, heißen persönliche Sachenrechte.

Beschränkte dingliche Rechte (Dienstbarkeiten, Pfandrecht, Erbpacht, Erbbaurecht) gibt es an fremden Sachen (*iura in re aliena*). Im Vergleich zum Eigentumsrecht sind sie inhaltlich beschränkt, belasten aber das Eigentumsrecht unabhängig davon, wem die Sache gehört. Sie bestehen daher auch nach einer Übereignung der belasteten Sache fort, während ein bloß obligatorisch Berechtigter, zB ein Mieter, kein Recht an der Sache selbst hat. Er ist nur gegenüber dem Vermieter, nicht auch gegenüber dessen Einzelrechtsnachfolger (zB einem Käufer) zum Gebrauch berechtigt („Kauf bricht Miete").

§21. Die Sachen (res)

I. Begriff

Sachenrechte bestehen an *res*. Als *res* bezeichnet man aber nicht nur Sachen (im Sinne des Sachenrechts), sondern ua auch den Streitgegenstand oder Rechtsstreit, eine Angelegenheit, ein Geschäft, aber auch ein Vermögen. *Res* im sachenrechtlichen Zusammenhang ist die einzelne, selbständige Sache, wobei der Sachbegriff des römischen Rechts Grundstücke und bewegliche Sachen, körperliche Sachen und Rechte umfasst (D 50,16,222). Dieser **weite**, schlechthin wirtschaftliche Werte umfassende **Sachbegriff** ist in §285 ABGB übernommen: „Alles, was von der Person unterschieden ist, und zum Gebrauche der Menschen dient, wird im rechtlichen Sinne eine Sache genannt". Vom heutigen Sachbegriff unterscheidet sich der römische – abgesehen von der Kuriosität des §285a ABGB – freilich dadurch, dass Sklaven insoweit als Sachen angesehen werden, als sie im Eigentum ihres Gewalthabers (*dominus*) stehen. Allerdings sind Sklaven zugleich Personen, die ihrem *dominus* Rechte erwerben.

Während der enge Sachbegriff des §90 BGB nur körperliche Gegenstände umfasst, kennen das römische und das österreichische Recht (§§292, 311, 353 ABGB) neben den körperlichen (*res corporales*) auch die unkörperlichen Sachen (*res incorporales*), die nicht angegriffen werden können (Gai 2,14: *quae tangi non possunt*). Dazu zählen die Erbschaft (auch wenn sie zum Teil aus körperlichen Sachen besteht), Obligationen und andere Rechte. Aus dem weiten Sachbegriff folgt allerdings nicht, dass alle Sachenrechte an *res incorporales* bestehen. An Forderungen gibt es kein Eigentum, wohl aber ein Pfandrecht. Auch können nur *res corporales* übergeben oder ersessen werden, nicht hingegen Obligationen. Ein Besitz unkörperlicher Sachen (§311 ABGB) ist dem klassischen römischen Recht noch fremd.

II. Arten von Sachen

1. Privatrechtsunfähige Sachen

Nicht an allen Sachen bestehen private Sachenrechte. An *res extra nostrum patrimonium* (Gai 2,1) gibt es kein Privateigentum. Sie sind kein Gegenstand privater Rechtsgeschäfte (*res quarum commercium non est*). Dazu zählen:

a) Res divini iuris

Sachen göttlichen Rechts sind – im Gegensatz zu den *res humani iuris* – den Göttern zugeordnet. Dazu zählen *res sacrae, res religiosae* und *res sanctae*. *Res sacrae* sind den Göttern geweiht, etwa Tempel, Altäre und Kultgeräte.

Damit eine Sache zur *res sacra* wird, bedarf es einer *lex* oder eines Senatsbeschlusses (Gai 2,5). Private *consecratio*, die zu einer Gläubigerbenachteiligung führen könnte, genügt nicht. Die rechtmäßige Bestattung durch den Eigentümer macht die Grabstätte zur *res religiosa*. Stadtmauern und Stadttore stehen als *res sanctae* unter dem Schutz der Götter.

b) Res communes omnium

Allen Menschen gemeinsam stehen die Luft, das fließende Wasser, das Meer und seine Ufer zu (D 1,8,2,1). Sie sind herrenlos (§287 ABGB: freistehende Sachen), aber nur zum Teil aneignungsfähig; ansonsten besteht an ihnen **Gemeingebrauch** (D 43,8,3,1). Das Meeresufer unterliegt zwar staatlicher Hoheitsgewalt, weshalb das Bauen staatlicher Erlaubnis bedarf, doch gehört das Gebäude dem Errichter, nicht dem Staat. Der Satz *superficies solo cedit* (das Gebäude folgt dem Grund; S 130) kommt nicht zum Tragen, weil das Meeresufer niemandem gehört.

c) Res publicae
Öffentliche Sachen gehören dem Staat oder der Gemeinde (§§ 287 f ABGB), doch wurde dies nicht als Privateigentum verstanden. Soweit an *res publicae* Gemeingebrauch (*usus publicus*) besteht, wie an öffentlichen Straßen und Plätzen, Theatern, Bädern und Arenen, darf jedermann dieses öffentliche Gut (§ 287 ABGB) in üblicher Weise gebrauchen und wird bei Behinderung durch Privatpersonen vom Prätor durch spezielle Interdikte geschützt.

2. Privatrechtsfähige Sachen

a) Res mancipi und res nec mancipi
Für den Rechtsverkehr überaus bedeutsam ist die Einteilung in *res mancipi* (manzipationsfähige Sachen) und *res nec mancipi*. *Res mancipi* werden förmlich durch *mancipatio* (S 120 f) oder *in iure cessio* (S 121 f) übereignet. Dazu zählen folgende, in der altrömischen Agrarordnung besonders wertvolle Sachen: italische Grundstücke und Feldservituten an diesen (Gai 2,17), Sklaven und Großvieh (Rinder, Pferde, Esel, Maultiere). Geld, das erst nach der Herausbildung der Kategorie der *res mancipi* aufgekommen ist, und andere *res nec mancipi* werden formlos übereignet (S 122).

Die ältesten Feldservituten (S 139 f) sind: *iter* (Fußweg), *via* (Fahrweg), *actus* (Viehtrieb), *aquae ductus* (Wasserleitung). Provinzialgrundstücke zählen zu den *res nec mancipi* (Gai 2,21), weil sie grundsätzlich im Staatseigentum, nicht im Privateigentum stehen. Private Nutzungsrechte an ihnen werden formlos übertragen.

b) Bewegliche und unbewegliche Sachen

Die Unterscheidung zwischen *res mobiles* (Fahrnis) und *res immobiles* (Liegenschaft: *praedium, fundus*; §§ 293, 295 ff ABGB) spielt im römischen Recht eine vergleichsweise geringe Rolle, da es kein Grundbuch gab. Die Frist zur Ersitzung beweglicher Sachen ist kürzer als bei Liegenschaften (S 125). Bei Störung des Besitzes von unbeweglichen und beweglichen Sachen gibt es verschiedene Interdikte (S 138). Die Beschränkung des *furtum* (Diebstahl) auf bewegliche Sachen, der Ansprüche aus Nachbarrecht und der Servituten auf unbewegliche Sachen folgt aus der natürlichen Beschaffenheit.

c) Vertretbare Sachen

Bei ihnen kommt es im Wirtschafts- und Rechtsverkehr regelmäßig auf die Gattungszugehörigkeit und nicht auf die individuelle Sache an, weshalb sie nach Maß, Zahl und Gewicht bestimmt werden (*res quae pondere numero mensura consistunt*; § 91 BGB). Nur vertretbare Sachen (zB Geld, Getreide, Öl) sind Gegenstand eines Darlehens; Gattungsschulden (S 266) haben zumeist vertretbare Sachen zum Inhalt.

d) Verbrauchbare Sachen

Sie werden durch den bestimmungsgemäßen Gebrauch verbraucht (*res quae usu consumuntur*); ihr gewöhnlicher Nutzen lässt sich ohne „Zerstörung oder Verzehrung" (§ 301 ABGB) nicht erzielen. Viele Sachen sind irgendeinmal aufgebraucht, doch gelten nur solche als verbrauchbare, deren Verbrauch recht kurzfristig erfolgt, wie etwa Lebensmittel, Wein, Brennstoff, aber auch Geld, das zum Umsatz bestimmt ist. Gebrauchsrechte (Fruchtnießung, Miete, Leihe) können an solchen Sachen grundsätzlich nicht begründet werden. Zum *quasi ususfructus* an Geld u S 141.

e) Unteilbare Sachen

Res quae sine interitu dividi non possunt (D 6,1,35,3), Sachen, die ohne Untergang nicht geteilt werden können, wie Sklaven, Tiere, Kunstwerke, gelten als unteilbar. Eine reale Teilung würde sie zerstören oder unwirtschaftlich entwerten, weshalb eine Teilungsklage bei ihnen nicht zur Realteilung, sondern zur Aufteilung des Werts führt (S 116). Nach einer Realteilung, etwa eines Grundstücks, bildet jeder Teil (*pars*) eine selbständige Sache.

f) Einheitssachen und Sachverbindungen

Die Teilbarkeit einer Sache ist ferner bedeutsam, wenn aus mehreren Sachen eine neue geschaffen oder eine Sache in eine andere eingefügt wird. Entsteht dabei eine unteilbare Sache (zB gefärbter Stoff), so hat sie als Einheitssache ein einheitliches sachenrechtliches Schicksal, ihre Bestandteile sind also nicht sonderrechtsfähig. Entsteht hingegen eine zusammengesetzte Sache (Pomp. D 41,3,30pr: *corpus ex contingentibus*, zB ein Schiff, Kasten oder Haus), so kann man zwischen den Rechten an der zusammengesetzten Sache und den Rechten an ihren Teilen unterscheiden. Die zusammengesetzte Sache kann Teile enthalten, die jemand anderem gehören, etwa ein im Haus eingebauter fremder Balken, ein fremder Stein in einem Ring. Ob eine Sache als einheitliche oder zusammengesetzte anzusehen ist, wurde danach beurteilt, ob sie Gegenstand der *rei vindicatio* (Eigentumsherausgabeklage) sein kann (S 129).

Mehrere körperlich selbständige Sachen können eine Gesamtsache (§ 302 ABGB: *universitas rerum*; Pomp. D 41,3,30pr: *corpus ex distantibus*) bilden (zB Herde, Bibliothek). Gesamtsachen können als rechtliche Einheit verkauft, übereignet (vgl § 427 ABGB), verpfändet und vindiziert werden. Besessen und ersessen werden aber nur die einzelnen zur Gesamtsache gehörigen Sachen.

g) Zubehör (Pertinenz)

Bewegliche Sachen, welche – ohne Teil der Hauptsache zu sein – entsprechend der Widmung durch den Eigentümer für die Zwecke der Hauptsache zu dienen bestimmt sind, nennt man Zubehör (§ 294 ABGB: Nebensachen). Ob ein Geschäft über die Hauptsache, zB ein Landgut oder Geschäftslokal, auch das Zubehör, zB das Inventar (*instrumentum*) umfasst, ist Auslegungsfrage.

h) Früchte (fructus)

Durch Bewirtschaftung werden aus einer sog Muttersache *fructus naturales* (§ 405 ABGB) gewonnen (zB Obst, Getreide, Holz, Wolle, Tierjunge, Milch, Arbeitsleistungen [*operae*] eines Sklaven). Das Kind der Sklavin (*partus ancillae*) zählt nicht dazu. Bis zur Trennung von der Muttersache sind Früchte deren Bestandteil (§ 295 ABGB), erst danach selbständige Sachen.

Erträgnisse aus Vermietung und Verpachtung sind Zivilfrüchte (*fructus civiles*). Die Kapitalzinsen haben die Römer noch nicht zu den Zivilfrüchten gezählt.

§ 22. Eigentum und Besitz

„Wer eine Sache in seiner Macht oder Gewahrsame" hat, heißt ihr Inhaber. Hat der Inhaber einer Sache den Willen, sie als die seinige zu behalten, so ist er ihr Besitzer" (§ 309 ABGB). **Innehabung** (Detention, *naturalis possessio*) und **Besitz** (*possessio, usus*) sind tatsächliche Zustände. Die römischen Juristen verstehen den Besitz als Faktum, nicht als Recht; auch der Dieb hat Besitz, aber selbstverständlich kein Recht an der Sache. Besitzschutz setzt keine Berechtigung des Besitzers voraus, sondern richtet sich gegen eigenmächtige Selbsthilfe. Trotz § 308 ABGB gilt auch heute der Besitz überwiegend nicht als subjektives Recht.

In der Alltagssprache wird als Besitzer bezeichnet, wem eine Sache gehört; in der juristischen Terminologie ist dies der Eigentümer (*dominus*). Er ist vielfach zugleich Besitzer, kann aber auch den Besitz durch Diebstahl oder Verlust der Sache verloren haben. **Eigentum** (*dominium, proprietas*) ist das umfassendste private Recht, das man an einer Sache haben kann: „Als ein Recht betrachtet, ist Eigentum das Befugnis, mit der Substanz und den Nutzungen einer Sache nach Willkür zu schalten, und jeden andern davon auszuschließen" (§ 354 ABGB). Eigentum ist also ein absolutes, dh gegenüber jedermann wirksames Herrschaftsrecht (S 17). Der Eigentümer kann die Sache nach Willkür benützen und idR frei über sie verfügen (§ 362 ABGB). Trotzdem ist seine Berechtigung begrenzt; Rechte Dritter und Gesetze beschränken die Befugnisse des Eigentümers (§ 364 Abs 1 ABGB; S 112 ff). Dieses Eigentumsverständnis des klassischen römischen Rechts, welches das geltende Zivilrecht geprägt hat, wurde allmählich entwickelt.

I. Eigentum

1. Das altrömische Eigentumsrecht

Für die berechtigte Herrschaft über Sachen gab es zunächst noch nicht den Begriff *dominium*, sondern man sprach von **meum esse**, von mir gehören.

Dieses *meum esse* ist Teil der umfassenden Hausgewalt des *paterfamilias*, die nicht auf Sachen beschränkt ist. Worauf sich seine *potestas* bezieht, ob auf die Ehefrau, die Kinder oder Sachen, wird freilich seit jeher unterschieden. Die begriffliche Erfassung als *manus* über die Ehefrau und *patria potestas* über Kinder ist aber älter als die Begriffe *dominium* und *proprietas*, die erst gegen Ende der Republik zu Fachausdrücken für Eigentum wurden.

Das altrömische *meum esse* (*ex iure Quiritium*) schloss, auch soweit es sich auf Sachen bezieht, mehr ein als das spätere *dominium*. *Meum esse* bezeichnete schlechthin ein Sachenrecht, dessen Umfang jedoch variieren konnte, und ursprünglich auch solche Tatbestände erfasste, die man in der späteren Rechtsentwicklung als beschränkte dingliche Rechte vom Eigentum unterscheidet. Demzufolge wird das Eigentum an Grundstücken mit demselben Formalakt, der *mancipatio*, übertragen wie die Einräumung etwa eines Wegerechts.

Auch einem Wegeberechtigten gehört das Grundstück in gewisser Weise. Man spricht von funktionell geteiltem Eigentum, wobei der Wegeberechtigte in geringerem Umfang als der Grundstückseigentümer berechtigt ist. Seine Berechtigung wirkt aber auch gegen den Grundstückseigentümer.

Individualeigentum gab es ursprünglich wohl nur an beweglichen Sachen. Dafür spricht insb, dass die Sache bei der Übereignung durch *mancipatio* (S 120) und im Eigentumsprozess (*vindicatio*) ergriffen wird. **Grundstücke** gehörten hingegen der *gens* (Sippe; S 51) oder der Allgemeinheit. Die Individualisierung des Bodeneigentums wird vom Bauernhof und den umliegenden Grundstücken ausgegangen sein, während das Ackerland länger Gemeineigentum geblieben ist. Am längsten bestand kollektives Eigentum am Weideland (*ager compascuus*). Für das ursprüngliche Eigentumsverständnis ist die Gestaltung des altrömischen Eigentumsprozesses (**legis actio sacramento in rem**) aufschlussreich, in dem Kläger und Beklagter behaupten, die strittige Sache gehöre ihnen.

Nach dem Bericht des Gaius (4,16) vindiziert der Kläger, indem er die an die Gerichtsstätte (*in iure*) gebrachte Sache (zB einen Sklaven) anfasst, mit einem Stab (*festuca, vindicta*) berührt und folgende Formel spricht: *hunc ego hominem ex iure Quiritium meum esse aio. secundum suam causam sicut dixi, ecce tibi, vindictam inposui* (Ich behaupte, dass dieser Sklave nach dem Recht der Quiriten mir gehört. Gemäß seiner rechtlichen Lage, so wie ich es gesagt habe, habe ich ihm hier vor deinen Augen den Stab angelegt). Der Beklagte lässt sich in den Streit mit dem Kläger ein, indem er die *contravindicatio* mit den gleichen Förmlichkeiten und Worten wie der Kläger vollzieht. Auf Befehl des Prätors lassen beide die Sache los. Der Kläger fragt den Beklagten, warum er vindiziere; dieser antwortet, er habe rechtmäßig gehandelt. Daraufhin behaupten Kläger und Beklagter unter Eid (*sacramentum*), der andere habe zu Unrecht vindiziert, und setzen in einer Art Prozesswette 50 As (= 5 Schafe) oder (ab einem Streitwert von 1000 As) 500 As (= 5 Rinder) ein. Der Richter entscheidet, wessen Behauptung *iniustum* ist, so dass sein Wetteinsatz dem Staatsschatz zufällt.

Die Entscheidung hängt von der Beurteilung der Vorfrage ab, ob die Eigentumsbehauptung des Klägers oder des Beklagten zu Recht erfolgt ist. Da nur einer der beiden Wetteinsätze verfällt, genügt es, ein **relativ besseres Recht** geltend zu machen, also zu beweisen, dass einem die Sache eher gehört als dem Gegner. Ob die Sache in Wirklichkeit einem Dritten gehört, bleibt unberücksichtigt. Hat etwa der Kläger eine *res mancipi* formlos vom Eigentümer erworben oder eine Sache vom Nichteigentümer gekauft, während der Beklagte unberechtigter Besitzer ist, so obsiegt der Kläger, obwohl ein Dritter Eigentümer ist. Im Regelfall ist, wer im altrömischen Eigentumsprozess obsiegt, freilich gegenüber jedermann berechtigt.

Für die Dauer des Prozesses weist der Prätor die Streitsache nach seinem Ermessen einer der Parteien zu vorläufigem Besitz zu. Der Zwischenbesitzer hat dem anderen Bürgen dafür zu stellen, dass er ihm, sollte er im Prozess unterliegen, die Sache überlässt. Tut er dies nicht, so droht ihm die *manus iniectio*.

2. Dominium ex iure Quiritium und in bonis esse

a) Ius civile

Im Wandel vom altrömischen zum klassischen Recht vollzog sich der Übergang zu einem engeren und konkreteren Verständnis von Eigentum. Das *dominium ex iure Quiritium* (*proprietas*), das Eigentum nach *ius civile*, wird jetzt auch begrifflich von den beschränkten dinglichen

Rechten an fremden Sachen unterschieden. Außerdem behauptet bei der Eigentumsklage im Formularprozess (*rei vindicatio*) – anders als bei der *legis actio sacramento in rem* – nur noch der Kläger, Eigentümer zu sein; ihn allein trifft die Beweislast (ebenso § 369 ABGB), und zwar dafür, dass er (gegenüber jedermann) Eigentümer der Sache ist (Gai 4,93). Das *dominium ex iure Quiritium* wandelt sich dadurch zum **absoluten Recht** (§§ 354, 366 ABGB).

Der Kläger kann dazu einen originären oder derivativen Erwerb (S 120 ff) nachweisen; leitet er sein Recht vom Vormann ab, so muss er auch dessen Eigentum beweisen. Der beklagte Besitzer braucht nicht mehr zu beweisen, dass ihm die Sache gehöre. Er gewinnt im Eigentumsstreit nicht nur, wenn die Sache ihm gehört, sondern stets wenn sie jemand anderem als dem Kläger gehört. Das ist die Wurzel der mittelalterlichen Parömie *qui possidet dominus esse praesumitur* (wer besitzt, von dem wird vermutet, dass er Eigentümer ist; vgl § 1006 BGB; enger: §§ 323, 372 ABGB).

b) Prätorisches Recht

Die Übertragung des *dominium ex iure Quiritium* an *res mancipi* erfordert eine *mancipatio* oder *in iure cessio*. Als die Publizität dieser Formalakte im Laufe der Republik an Bedeutung verliert, schützt der Prätor auch den formlosen Erwerb einer *res mancipi*. Wer eine *res mancipi* bloß tradiert, bleibt zwar ziviler Eigentümer, dringt aber mit der *rei vindicatio* gegen den, dem er sie veräußert hat, sowie dessen Rechtsnachfolger (D 21,3,3pr) nicht durch. Denn der Prätor schützt den beklagten Käufer gegen die *rei vindicatio* mit einer *exceptio rei venditae et traditae*; wem der Kläger die Sache aus einem anderen Erwerbsgrund tradiert hat, dem steht die *exceptio doli* zu. Der Prätor kann das Eigentumsrecht nach *ius civile* nicht aufheben, er entkräftet es aber mit Einreden. Der Erwerber erlangt dadurch eine stärkere Position als der zivile Eigentümer, dem bloß ein *nudum ius Quiritium* (Gai 1,54) bleibt. Bei Besitzverlust schützt er den Erwerber mit der *actio Publiciana* (S 135 f). Für Gaius (2, 40 f) gibt es daher zwei Arten von Eigentum (Gai 1,54: *duplex dominium*), das *dominium ex iure Quiritium* und das vom Prätor geschützte *in bonis habere* (im Vermögen haben), sog **bonitarisches Eigentum**.

Der Begriff *in bonis* wird bisweilen auch für redliche Erwerber von einem Nichteigentümer verwendet. Auch diese können die *actio Publiciana* erheben, obsiegen jedoch nur gegen schlechter berechtigte Besitzer (S 136). Von bonitarischem Eigentum sollte man aber nur sprechen, wenn der Erwerber absolut, also auch gegenüber dem quiritischen Eigentümer geschützt ist. Außer bei formlosem Erwerb einer *res mancipi* vom Eigentümer ist dies der Fall: Beim Erwerb vom Nichteigentümer, der nachträglich Eigentümer wird (nach §366 Satz 2 ABGB tritt Heilung ein); bei der Aneignung einer vom Eigentümer derelinquierten *res mancipi*; beim Erwerb einer *res mancipi* vom Verfügungsermächtigten; bei der Verleihung der *bonorum possessio cum re* (S 67).

c) Ius gentium

Dominium ex iure Quiritium ist eine Einrichtung des *ius civile* und damit auf römische Bürger beschränkt. Eigentum der *peregrini* wird nach deren Heimatrecht oder *ius gentium* beurteilt, selbst wenn ihnen durch Verleihung des *commercium* (S 15) die *mancipatio* eröffnet ist.

3. Grenzen des Eigentums

Das Eigentumsrecht ist zwar das umfassendste private Recht, das man an einer Sache haben kann; es ist aber nicht unbeschränkt, sondern hat Grenzen. Diese ergeben sich einerseits aus Verfügungen des Eigentümers, der jemandem ein beschränktes dingliches Recht oder durch Vertrag ein obligatorisches Gebrauchsrecht an seiner Sache einräumt (zB Miete, Leihe). Solche freiwilligen Dispositionen des Eigentümers beschränken das Eigentum nur vorübergehend. Infolge seiner **Elastizität** erlangt das Eigentumsrecht wieder seinen vollen Umfang, wenn die Beschränkung wegfällt. Andererseits beschränkt die Rechtsordnung das Eigentumsrecht im öffentlichen Interesse (vgl §364 Abs 1 ABGB) oder im Interesse Dritter, etwa der Grundstücksnachbarn.

a) Beschränkungen im öffentlichen Interesse:

Zu den ältesten Eigentumsbeschränkungen gehören bau-, feuer- und sanitätspolizeiliche Normen in den XII-Tafeln, wie das Verbot der Bestattung innerhalb der Stadt, Vorschriften über den Mindestabstand zwischen Häusern, die Wegeerhaltungspflicht der Straßenanlieger. Übermäßiger Aufwand bei Begräbnissen, Kleidung und Gastmählern ist untersagt. In der Kaiserzeit wird der Eigentümer, der seinen Sklaven peinigt, gezwungen ihn zu verkaufen (Gai 1,53).

Seit der mittleren Republik können Magistrate mit *imperium* in Privateigentum eingreifen, zB ein privates Grundstück durch öffentlich-rechtlichen Kauf vom Eigentümer, der angemessen entschädigt wird, auch ohne dessen Zustimmung erwerben. Vgl §365 ABGB.

b) Verfügungsverbote

Schon die XII-Tafeln (12,4) verbieten die Konsekration der streitbefangenen Sache (*res litigiosa*). Unter Augustus wird der bewusste Kauf eines strittigen Grundstücks vom Nichtbesitzer untersagt und unter Strafe gestellt; eine *exceptio* entkräftet die *rei vindicatio* des Käufers, dem es manzipiert wird. Weitere Veräußerungsverbote betreffen Mündelgrundstücke (*oratio Severi*), Dotalgrundstücke (S 61) sowie Pfandsachen (S 150). Seit Augustus ist die Freilassung von Sklaven beschränkt.

c) Nachbarrecht

Seit dem altrömischen Recht gibt es detaillierte Regelungen für die vielfältigen Interessenkonflikte zwischen Grundstücksnachbarn.

Hängen die Zweige eines Baumes über die Grundstücksgrenzen (**Überhang**) oder dringen die Wurzeln aus dem Nachbargrundstück ein, so kann der beeinträchtigte Nachbar vom Eigentümer Beseitigung verlangen und bei Unterbleiben eigenmächtig vorgehen (Selbsthilferecht: §422 ABGB).

Fallen Früchte auf das Nachbargrundstück (**Überfall**), so darf sie der Eigentümer jeden zweiten Tag abholen (anders §422 ABGB); er wird dabei durch ein *interdictum de glande legenda* geschützt.

Nach klassischem Recht muss man Ausbuchtungen in der Mauer des Nachbarn bis zu einem halben Fuß dulden (**Überbau**).

Wer von seinem Grundstück aus die öffentliche Straße nicht oder nur schwer erreichen kann, darf über das fremde Grundstück gehen (**Notweg**; vgl NotwegeG 1896). Ein spezielles Notwegerecht gibt es zur Begräbnisstätte.

Vom Nachbargrundstück eindringende **Immissionen** (Rauch, Wasser) muss der Eigentümer bis zum gewöhnlichen Maß dulden (§364 Abs 2 ABGB).

Übermäßige Immissionen (zB Geruchsbelästigung durch eine Käserei: D 8,5,8,5) können im Rahmen des *interdictum uti possidetis* (S 138), bei Anmaßung eines Rechts auch durch *actio negatoria* (S 135) abgewehrt werden.

Fließt infolge einer Anlage (*opus manu factum*), die den natürlichen Abfluss auf dem Nachbargrundstück verändert, mehr **Regenwasser** auf ein Grundstück, so kann der gestörte Eigentümer den Nachbarn mit der *actio aquae pluviae arcendae* belangen (vgl § 364 Abs 2 letzter Satz ABGB: Verbot der unmittelbaren Zuleitung). Hat der Nachbar die Anlage selbst errichtet, so muss er den früheren Zustand wiederherstellen (Restitution); andere Eigentümer haben die Beseitigung auf Kosten des Klägers zu dulden.

Die gleiche Abstufung der Haftung besteht, wenn gewaltsam oder heimlich Anlagen (zB eine Wasserleitung) auf einem fremden Grundstück errichtet oder sonstige Veränderungen vorgenommen werden. Der Gestörte kann gegen den Störer mit dem *interdictum quod vi aut clam* vorgehen.

Droht einem Grundeigentümer durch den **Einsturz** eines schadhaften Nachbargebäudes oder durch fehlerhafte Anlagen, die der Nachbar auf seinem Grundstück errichtet hat, Schaden, dann trägt der Prätor auf Antrag des Gefährdeten dem Nachbarn auf, Sicherheit durch *stipulatio* (allenfalls verstärkt durch Bürgen) zu leisten: *cautio damni infecti* (§ 343 ABGB). Sie begründet eine verschuldensunabhängige Haftung, wenn ein Schaden eintritt, doch keine Haftung bei *vis maior*. Unterbleibt die *cautio*, so weist der Prätor den Gefährdeten in die Detention des Nachbargrundstücks ein (*missio in possessionem*) und verleiht ihm bei Bedarf auch bonitarisches Eigentum. Widersetzt sich der Nachbar der *missio in possessionem*, so ist er ersatzpflichtig, als hätte er die *cautio* geleistet.

Der durch fremde Bauführung gefährdete Eigentümer (oder Servitutsberechtigte), kann ein **Bauverbot** erklären: *operis novi nuntiatio* (§§ 340 ff ABGB). Wird weitergebaut, so kann er die Demolierung verlangen (*interdictum demolitorium*). Der Bauende setzt das Bauverbot außer Kraft, indem er Sicherheit leistet, das Gebäude zu beseitigen, sollte die Bauführung unzulässig sein. Er kann auch die Aufhebung des Bauverbots beantragen. Hebt der Prätor es auf, so kann der durch die Bauführung Gefährdete mit Erfolg klagen, wenn er in einem Recht verletzt wird (*actio negatoria; vindicatio servitutis).*

Ist der Verlauf der Grenze zwischen ländlichen Grundstücken streitig, so kann jeder Nachbar gegen den anderen eine Klage auf **Grenzregelung** (*actio* *finium regundorum*) einbringen (§§ 850 ff ABGB). Der Richter hat dabei den Grenzverlauf zu ermitteln und verbindlich festzustellen; wie bei den Teilungsklagen wird durch *adiudicatio* konstitutiv Eigentum verliehen (Gestaltungsurteil).

4. Miteigentum

Gehört eine Sache mehreren, wozu es etwa im Erbweg kommen kann, so spricht man von Miteigentum: §§ 361, 825 ff ABGB. Das römische Recht hat mehrere Arten von Miteigentum entwickelt: Zunächst das aus dem Erbrecht stammende *consortium*; später ausgehend von den Erwerbsgesellschaften die *communio pro indiviso*; schließlich das Quantitätseigentum bei *confusio* (dazu S 130 f).

a) Erbengemeinschaft (consortium)

Mehrere *sui heredes* setzen den Hausverband in einer Erbengemeinschaft fort, wobei auch aller künftige Erwerb allen Gemeinschaftern gehört. Das Vermögen gehört allen, ohne dass dem Einzelnen ein Anteil zukäme, über den er verfügen könnte. Verfügungen eines Gemeinschafters über gemeinschaftliche Sachen wirken gegen alle. Die Erbteilungsklage (*actio familiae erciscundae*) kann jederzeit erhoben werden; sie beendet das *consortium*.

Im klassischen Recht besteht auch zwischen Miterben kein *consortium* mehr, sondern:

b) Miteigentum nach Bruchteilen (communio pro indiviso)

Bei dieser Konzeption des Miteigentums, die in §§ 361, 825 ff ABGB übernommen wurde, ist zwischen den Rechten der Miteigentümer an der gemeinsamen Sache und dem (ideellen) Anteil des einzelnen Miteigentümers zu unterscheiden. Der **Anteil** ist kein realer Teil der Sache, sondern als rechnerische Quote (Bruchteil) konzipiert. Der Einzelne kann über seinen Anteil unabhängig von den anderen Miteigentümern verfügen, ihn zB „verpfänden, vermachen, oder sonst veräußern" (§ 829 ABGB). Verfügungen, die die Sache und nicht bloß einen Anteil erfassen sollen, zB die Freilassung eines Sklaven oder die Belastung mit einer Servitut, müssen von allen Miteigentümern gemeinsam vorgenommen werden. Lässt nur ein Miteigentümer einen Sklaven frei, so wächst sein Anteil den anderen an.

Die Nutzungen der Sache gebühren den Gemeinschaftern im Verhältnis ihrer Anteile (§ 839 ABGB). Faktische Maßnahmen, wie der Gebrauch der Sache, sind nicht auf den ideellen Anteil beschränkbar, weshalb sie jeder Gemeinschafter verbieten kann (*ius prohibendi*; vgl § 828 ABGB). Erst in der Nachklassik wird das *ius prohibendi* durch das Mehrheitsprinzip überwunden (§ 833 ABGB).

Jeder Gemeinschafter kann jederzeit mit der **Teilungsklage** (*actio communi dividundo*; § 830 ABGB) die Gemeinschaft beenden. Sie ist gegen alle anderen Gemeinschafter zu richten und hat sachenrechtlich zum Ziel, die *communio* aufzuheben und den Gemeinschaftern Alleineigentum durch *adiudicatio* zuzuweisen (Gestaltungsurteil). Ihr schuldrechtliches Ziel ist die Abrechnung der Forderungen zwischen den Gemeinschaftern.

Ist die Sache teilbar, so erhält jeder Gemeinschafter Alleineigentum an einem seinem Anteil entsprechenden realen Teil. Ist eine Realteilung hingegen nicht möglich oder unerwünscht, so kann die ganze Sache einem zugewiesen werden; er hat die anderen zu entschädigen; oder die Sache wird versteigert und der Erlös verteilt (Zivilteilung).

II. Besitz

Die römischen Juristen der Klassik unterscheiden scharf zwischen dem Eigentum als Recht und dem Besitz als Faktum (S 108). Der Besitz hat zwei Funktionen mit unterschiedlichen Wurzeln: Die *possessio* nach *ius civile* ist Voraussetzung für den Eigentumserwerb durch *usucapio* (Ersitzung) und *traditio*; die *possessio* nach *ius honorarium* wird vom Prätor durch Interdikte geschützt.

1. Possessio civilis

Im altrömischen Recht hieß die tatsächliche Gewalt über eine Sache *usus*. Die *possessio civilis* des klassischen Rechts erfordert – wie der rechtmäßige Besitz nach §§ 316, 1461 ABGB – neben der Gewahrsame und dem Willen, die Sache als die seinige zu behalten (§ 309 ABGB), einen **Erwerbsgrund** (*iusta causa*), der einen Eigentumserwerb rechtfertigt; zB Kauf, Tausch, Schenkung, Darlehen, *dos*, *pactum*, Vergleich, Fideikommiss, *solutio* (Zahlung einer Schuld aus Stipulation, Darlehen, Damnationslegat, Urteil, einer

Deliktsbuße, des Kaufpreises und anderer Geldschulden, aber auch eines *indebitum*), *datio ob rem* (Zweckzuwendung).

2. Possessio nach ius honorarium (Interdiktenbesitz)

Possessio bezeichnete ursprünglich die berechtigte Gewalt des Einzelnen an einem Grundstück, das der *gens* oder dem Staat gehörte (*ager publicus*). Diese widerrufliche *possessio* berechtigte zum Gebrauch und zur Nutzung. Sie bestand außer am *ager publicus* bei der Landleihe durch private Grundherrn (*precarium*).

Bei Störung oder Entziehung des Besitzes prüfte ursprünglich der Magistrat in einem Verwaltungsverfahren auf Verlangen an Ort und Stelle die Besitzverhältnisse, wies die Partei, welche fehlerfrei besaß, in den Besitz ein und untersagte (*interdictum*) der anderen, diesen Besitz zu stören: *uti nunc possidetis eum fundum, ita possideatis. adversus ea vim fieri veto* (wie ihr nun dieses Grundstück besitzt, so sollt ihr besitzen; ich verbiete, dagegen Gewalt anzuwenden). Verstöße gegen das Interdikt wurden bestraft. Als der Prätor nicht mehr jeden Fall untersuchen kann, spricht er gegenüber beiden Parteien das Interdikt aus und ein Richter entscheidet über die Besitzverhältnisse. In der jüngeren Republik wird der Interdiktenschutz auf bewegliche Sachen ausgedehnt.

Im klassischen römischen Recht hängt der Interdiktenschutz nicht von der Rechtmäßigkeit des Besitzes ab. Gegen **eigenmächtige Störung** (§ 339 ABGB) oder **Entziehung** (§ 346 ABGB) wird vorläufig geschützt, wer gegenüber dem anderen fehlerfrei (*sine vitio*) besitzt (*iustus possessor*; § 345 ABGB: echter Besitzer). *Iniustus possessor* ist, wer *vi, clam* oder *precario* – mithin vitiös – besitzt, dh den Besitz des anderen gewaltsam (*vi*) oder heimlich (*clam*) verletzt, oder wenn ihm vom anderen eine Bittleihe (*precarium*) eingeräumt wurde.

§ 345 ABGB: Wenn sich jemand in den Besitz eindringt, oder durch List oder Bitte heimlich einschleicht, und das, was man ihm aus Gefälligkeit, ohne sich einer fortdauernden Verbindlichkeit zu unterziehen, gestattet, in ein fortwährendes Recht zu verwandeln sucht; so wird der ... Besitz ... unecht; in entgegengesetzten Fällen wird der Besitz für echt angesehen.

Neben dem Besitzer, der die Sache als die seinige behalten will (§ 309 ABGB; § 872 BGB: Eigenbesitzer), sind auch der Erbpächter, der Prekarist, der Pfandgläubiger und der Sequester Interdiktenbesitzer. Von diesen sog Fremdbesitzern werden der Erbpächter und der Pfandgläubiger im eigenen Interesse, der Besitz des Prekaristen und des Sequester im Interesse des Eigentümers geschützt.

Aus dem Schutz der *possessio* am *ager publicus* entwickelte sich der Interdiktenbesitz des **Erbpächters**. Ihm überlässt der Zensor bis auf Widerruf staatliches Land gegen Entrichtung eines Zinses (S 144).

Der **Prekarist** erbittet vom *precario dans* eine bewegliche oder unbewegliche Sache zum unentgeltlichen Gebrauch und zur Nutzung. Der *precario dans* kann das *precarium* jederzeit widerrufen (durch das *interdictum de precario*). Der Besitz des Prekaristen ist daher nur gegen Dritte geschützt; gegenüber dem *precario dans* gilt der Prekarist als *iniustus possessor*, hat also wegen der Widerruflichkeit eine schwache Position.

Das *precarium* (Bittleihe) ist von der Bodenleihe an abhängige Bauern ausgegangen. Es ist eine Institution des *ius gentium* und begründet kein Schuldrechtsverhältnis (vgl § 974 ABGB: kein wahrer Vertrag).

Der **Pfandgläubiger** ist Interdiktenbesitzer, wenn ihm das Pfand übergeben wird. Hingegen bleibt der Verpfänder *possessor civilis* und kann eine begonnene Ersitzung vollenden.

Der **Sequester** verwahrt eine Sache, um die Prozessparteien streiten (§ 968 ABGB), um sie dem Sieger herauszugeben. Die Sequestration soll zudem verhindern, dass die Sache inzwischen ersessen wird.

3. Possessio naturalis

Keine zum Erwerb berechtigende *iusta causa* und daher keine *possessio civilis* hat, wer die Sache im Namen eines anderen innehat (§ 318 ABGB), zB als Verwahrer, Entleiher, Beauftragter, Geschäftsführer ohne Auftrag, Werkunternehmer, Mieter, Pächter oder redlicher Finder. Sie werden auch nicht durch Interdikte geschützt, ihre *naturalis possessio* ist nicht Besitz im Rechtssinn, sondern **Detention** (Innehabung). Der, für den sie innehaben, ist (mittelbarer) Besitzer.

Wird etwa ein Mieter durch einen Dritten gestört, so kann er sich nur an den Vermieter wenden, der dann gegen den Störer vorzugehen hat.

Einigen Detentoren (dem Fruchtnießer, dem Erbbauberechtigten und gewissen Servitutsberechtigten) hat der Prätor durch besondere Interdikte Besitzschutz zukommen lassen, was man gelegentlich als *quasi possessio* bezeichnet. Es ist dies neben dem Erbschaftsbesitz (*bonorum possessio*: D 37,1,3,1) eine der Wurzeln der *iuris possessio* und des heutigen Rechtsbesitzes (§ 312 ABGB).

Gewaltunterworfene (*personae alieni iuris*) können zwar Sachen ihres Gewalthabers innehaben, aber nicht besitzen (D 41,2,49,1). Denn auch bei Pekuliarsachen fehlt ihnen der Wille, sie als die ihren zu behalten.

III. Erwerb und Verlust von Eigentum und Besitz

Personae sui iuris können durch eigenes Handeln Eigentum und Besitz erwerben, außer sie sind völlig geschäftsunfähig (*infans, furiosus*; § 310 ABGB). Der Vormund erwirbt für das Mündel, für den Geisteskranken der Kurator. Weitere Fälle eines Besitzerwerbs durch gewaltfreie Personen im klassischen Recht betreffen den *procurator* (Vermögensverwalter) und den Empfangsboten (D 41,1,65pr), doch haben jedenfalls die Sabinianer dies nicht auf alle Mandatare erstreckt (D 41,1,59). Denn grundsätzlich gilt: *per extraneam personam nihil adquiri posse* (durch eine hausfremde Person kann nichts erworben werden; I 2,9,5). Allerdings wird von diesem Grundsatz zunehmend abgewichen, etwa wenn Septimius Severus und Caracalla den Besitzerwerb durch eine freie Person selbst bei Unkenntnis des Erwerbers bejahen und nur für die Ersitzung Kenntnis des Erwerbers verlangen (C 7,32,1).

Personae alieni iuris erwerben ihrem Gewalthaber Rechte auch ohne dessen Zustimmung. Besitzerwerb ist hingegen wegen des Erfordernisses des Besitzwillens nur mit Billigung des Gewalthabers oder zugunsten eines vom Gewalthaber gewährten *peculium* möglich (D 41,2,1,5). Dies berührt den Eigentumserwerb, soweit er vom Besitzerwerb abhängt, etwa bei der *traditio ex iusta causa* (nicht aber den Erwerb durch *mancipatio*).

Der Gewalthaber muss den Sklaven besitzen, um durch ihn Besitz erwerben zu können. Besitzerwerb durch einen geflohenen Sklaven (*servus fugitivus*) hat sich aber im Interesse des Eigentümers allmählich durchgesetzt (D 41,2,1,14). Dem gutgläubigen Besitzer erwirbt der (fremde) Sklave entsprechend dem Surrogationsprinzip, dh wenn er Mittel des Besitzers zum Erwerb verwendet; ferner durch Arbeitsleistungen (wofür ihn der gutgläubige Besitzer ernährt; vgl S 128 zum Fruchterwerb). Zum Erwerb des *servus usufructuarius* s S 142.

1. Derivativer Erwerb

Derivativ erwirbt, wer eine Sache von einem Vormann übertragen erhält. Dieser muss Eigentümer oder sonst verfügungsbefugt sein, um Eigentum zu übertragen, da **niemand einem anderen mehr Recht übertragen kann, als er selbst hat**: Ulp. D 50,17,54: *nemo plus iuris ad alium transferre potest, quam ipse haberet* (§442 Satz 3 ABGB). Einen unmittelbaren Eigentumserwerb von Nichtberechtigten, wie nach §367 ABGB, kennt das römische Recht nicht. Zum Besitzerwerb (ohne Eigentumserwerb) genügt die Übertragung der Gewahrsame durch den bisherigen Besitzer oder Inhaber; den Willen (*animus possidendi*) bildet der Erwerber selbständig. Besitz wird also *corpore et animo* (D 41,2,3,1) erworben.

Der Eigentümer kann einen Gewaltunterworfenen, aber auch eine *persona sui iuris* ermächtigen (*iussum, mandatum*), über seine Sache durch *traditio* zu verfügen. Der Ermächtigte ist **kein Stellvertreter**, sondern handelt im eigenen Namen; er überträgt nur im Rahmen der **Verfügungsermächtigung** Rechte; zB der Pfandgläubiger bei Veräußerung nach Fälligkeit (S 150). Durch *mancipatio* oder *in iure cessio* kann nur der Eigentümer selbst wirksam verfügen.

a) Mancipatio

Die *mancipatio* zählt zu den Libralakten (*negotia per aes et libram*). Dabei bemächtigt sich der Erwerber (*mancipio accipiens*) vor fünf Zeugen (*testes*) und einem Waagehalter (*libripens*) einer *res mancipi* und spricht die förmliche Eigentumsbehauptung: *hunc ego hominem ex iure Quiritium meum esse aio isque mihi emptus esto hoc aere aeneaque libra* (ich behaupte, dass dieser Sklave nach dem Recht der Quiriten mir gehört, und er soll mir mit diesem Erz und der ehernen Waage gekauft sein; Gai 1,119). Der Veräußerer (*mancipio dans*) duldet dies und nimmt das Entgelt an, das der *libripens* abwog, solange man mit ungemünztem Kupfer zahlte.

Der erste Teil dieser Wortformel ist von der *vindicatio* übernommen; danach folgt mit den Worten *isque mihi emptus esto hoc aere aeneaque libra* die Begründung der *auctoritas*-Haftung des Verkäufers in Höhe des doppelten Kaufpreises (S 180). Gezahlt wurde zunächst mit ungeformten Kupferstücken, später mit Barren; seit etwa 300 vChr gibt es Münzen. Maßeinheit ist das Pfund (*as*: 273 Gramm) zu 12 Unzen.

Die *mancipatio,* ursprünglich Barkauf, wurde zum **abstrakten Verfügungsgeschäft** über *res mancipi* weiterentwickelt. Die Zahlung erfolgt bloß symbolisch, indem der Erwerber mit einem Kupferstückchen oder einer kleinen Münze an die Waage schlägt und diese anstelle des Preises dem Veräußerer übergibt. Diese *mancipatio nummo uno* bezeichnet Gaius (1,119) als *imaginaria venditio* (Scheinkauf), die sich auch zur Schenkung, Heiratsgutbestellung und für sonstige Übereignungen von *res mancipi* eignet, aber auch zur Übertragung der *potestas* über eine Person (*coemptio, emancipatio, adoptio*) oder zur Testamentserrichtung. Die Übereignung hängt infolge der Abstraktheit der *mancipatio* nicht davon ab, ob der Rechtsgrund (*causa*; §§ 424, 1053 ABGB: Titel) für ihre Vornahme gültig ist. Der *mancipio accipiens* wird daher auch dann Eigentümer, wenn etwa der Kaufvertrag wegen Irrtums oder Dissenses unwirksam ist. Der Veräußerer kann die Sache nicht mittels *rei vindicatio* herausverlangen, sondern nur kondizieren. Durch die *mancipatio* überträgt der *mancipio dans* Eigentum auch ohne Übergabe der Sache; Besitz erlangt der Erwerber durch die Übergabe (*traditio*). Die *mancipatio* kann als *actus legitimus* nicht unter einer Bedingung (*condicio*) geschlossen werden (D 50,17,77).

Die *mancipatio* gerät am Ende der Klassik außer Übung; sie ist uns nur außerhalb des *Corpus Iuris Civilis*, zB in den Gaiusinstitutionen, überliefert. Die Kompilatoren haben sie meist durch die *traditio* ersetzt.

b) In iure cessio

Die Abtretung vor Gericht ist ein der *legis actio sacramento in rem* nachgeformtes Geschäft zur Übereignung von *res mancipi* und *res nec mancipi*, zur Übertragung anderer Herrschaftsrechte (Adoption; Abtretung der Erbschaft) sowie zur Freilassung. Der Erwerber einer Sache vindiziert diese mit den Worten: *hunc ego hominem ex iure Quiritium meum esse aio* (ich behaupte, dass dieser Sklave nach dem Recht der Quiriten mir gehört). Da der Veräußerer die *contravindicatio* unterlässt spricht der Prätor durch *addictio* dem Erwerber Eigentum zu (Gai 2,24). Wie die *mancipatio* ist auch die *in iure cessio* abstrakt und bedingungsfeindlich.

c) Traditio (ex iusta causa)

Übergabe (*traditio*) verschafft dem Erwerber die Gewahrsame (Detention); hat er den Willen, die Sache als die seinige zu behalten, so wird er Interdiktenbesitzer und, wenn er *ex iusta causa* erwirbt, auch *possessor civilis* (S 116f). Tradiert der (berechtigte) Veräußerer *ex iusta causa*, so verschafft er dem Erwerber an einer *res nec mancipi* ziviles, an *res mancipi* bonitarisches Eigentum. Anders als bei der abstrakten *mancipatio* und *in iure cessio* ist der Eigentumserwerb durch *traditio* **kausal**, erfordert also einen gültigen (auf Übereignung gerichteten) Rechtsgrund. Ohne *traditio* überträgt der Rechtsgrund, zB Kauf, allein kein Eigentum (§ 425 ABGB); dh bis zur Übergabe bleibt der Verkäufer Eigentümer (§ 1053 ABGB).

> Diese kausale Übereignung führte zur gemeinrechtlichen Lehre vom *titulus* und *modus adquirendi*, die das ABGB in §§ 380, 424f, 1053 übernahm. In Einzelfragen gibt es jedoch Unterschiede zwischen dem österreichischen und dem römischen Recht. So wird auch der redliche Empfänger eines *indebitum solutum* Eigentümer und haftet nur aus der *condictio indebiti*. Die *causa solvendi* (S 116f) rechtfertigt den Eigentumserwerb, da die *solutio* ursprünglich eine Haftungslösung war, die keinen Rückgriff auf das Schuldverhältnis mehr zuließ. Wer hingegen wissentlich eine ihm nicht geschuldete Leistung annimmt, begeht einen Diebstahl und wird nicht Eigentümer.

Hält der Erwerber die mit dem Veräußerer vereinbarte *causa* für gültig, obwohl sie es nicht ist (Putativtitel), so erwirbt er Besitz, aber kein Eigentum. Davon zu unterscheiden ist der viel erörterte Streitfall zwischen Julian D 41,1,36 und Ulpian D 12,1,18pr im Falle eines Dissenses über die *causa*: Jemand will Geld schenken, der Empfänger dieses als Darlehen annehmen. Ulpian verneint einen Eigentumserwerb; Julian bejaht ihn, vielleicht aus dem Gedanken, der Geber hätte auch kreditiert oder der Beschenkte die Schenkung angenommen.

Nach Julian könnte auch die abstrakte Einigung, Eigentum übergehen zu lassen, ausgereicht haben. Dieser Auffassung folgt im Gegensatz zum ABGB §929 BGB.

Der Eigentumserwerb eines Käufers kann zudem von der Kaufpreiszahlung abhängen. Nach XII-Tafeln 7,11 wird der Käufer auch dann Eigentümer, wenn er Sicherheit leistet (I 2,1,41). In der Klassik genügt die bloße Kreditierung des Kaufpreises (ebenso § 1063 ABGB), doch lässt sich ähnlich wie beim heutigen Eigentumsvorbehalt der sofortige Eigentumserwerb des Käufers durch die Vereinbarung vermeiden, der Käufer solle bis zur Kaufpreiszahlung zB Mieter (D 19,2,21) oder Prekarist sein. Damit ist der Verkäufer im Konkurs des Käufers gesichert.

Durch die *traditio* muss der Erwerber Gewahrsame über die Sache erlangen, also ein reales Naheverhältnis, das ihn in die Lage versetzt die Sache zu beherrschen, dh den Willen auszuüben, die Sache als die seinige zu behalten (§309 ABGB). Dazu genügt die Übergabe an einen Boten des Erwerbers. Bewegliche Sachen werden durch **körperliche Übergabe** von Hand zu Hand übergeben und übereignet (§426 ABGB), aber auch dadurch, dass der Veräußerer die Sache vereinbarungsgemäß zustellt oder vor dem Erwerber hinlegt (D 46,3,79: *longa manu traditio*). Waren in einem Magazin erwirbt man auch durch die Übergabe des Schlüssels (D 18,1,74; §427 ABGB). Schwere Sachen sind mit der Einigung in deren Gegenwart tradiert (D 41,2,1,21: Säulen). Bei Grundstücken genügt es, wenn der Erwerber das geräumte Grundstück mit Willen des Übergebers in Besitz nimmt, zB mit Besitzwillen betritt; er muss nicht um das Grundstück herumgehen (D 41,2,3,1); oder wenn der Verkäufer dem Käufer von einem Turm aus das Grundstück zeigt und damit übergibt (Cels. D 41,2,18,2). Unzureichend ist hingegen die bloße Einigung über den Eigentumsübergang, ohne dass der Erwerber Gewahrsame an der Sache erlangt; die Übergabe der Sache kann daher auch nicht durch die Übergabe einer Urkunde ersetzt werden.

Hat der Erwerber (zB als Mieter) die Sache schon inne oder besitzt er sie (zB als Prekarist), so ist es nicht nötig, dass er sie zurückgibt und dann vom Veräußerer übergeben erhält. Es genügt die Einigung (zB im Kaufvertrag), der Erwerber solle Besitz und Eigentum erwerben, um sie durch *brevi manu traditio* (Übergabe kurzer Hand) zu übertragen (§428 ABGB: **Übergabe durch Erklärung**). Verkauft jemand eine Sache, die er weiterhin zB als Mieter oder Prekarist gebrauchen will, so genügt die Einigung, „dass er die Sache künftig im Namen des Übernehmers innehabe" (§ 428 ABGB) oder besitze (*constitutum possessorium*; Besitzkonstitut). So kann ein *procurator* (Vermögensverwalter) eine Sache *suo nomine* erwerben und später für den Geschäftsherrn besitzen (Cels. D 41,2,18pr).

Wer seine Sache insb mit Besitzkonstitut oder *mancipatio* übereignet, kann sie zufolge *nemo plus iuris transferre potest quam ipse haberet* (S 120) nicht nochmals übereignen. Von mehreren Erwerbern, zB Käufern, wird daher Eigentümer, wem die Sache als Erstem übergeben oder manzipiert wird (§§ 430, 440 ABGB).

Wer seine Sache unter einer aufschiebenden Bedingung übereignet hat, kann sie bis zum Bedingungseintritt einem anderen übereignen oder mit einem beschränkten dinglichen Recht belasten. Tritt die Bedingung jedoch ein, so ist die spätere Verfügung hinfällig. Endgültige Verfügungen (zB eine Freilassung) nach einer aufschiebend bedingten Übereignung sind solange nicht wirksam, als die Bedingung in Schwebe ist.

Will der Erwerber (B) die Sache vor der Übergabe weiterveräußern, so kann er den Veräußerer (A) anweisen, direkt an den Dritten (C) zu liefern. Besteht zwischen A und B sowie zwischen B und C eine *iusta causa*, so wird C mit der Übergabe an ihn Eigentümer, als hätte A an B, dieser dem C tradiert. Besteht keine *iusta causa* zwischen A und B, so bleibt A Eigentümer, solange C nicht ersitzt. Ist die *causa* des C ungültig, etwa bei einer Schenkung zwischen Ehegatten, so erwirbt er kein Eigentum; nach Celsus (D 24,1,3,12) wird B Eigentümer, weil es so anzusehen sei, als hätte A dem B, dieser dem C geleistet (Durchgangstheorie).

2. Originärer Erwerb

Von den vom Vormann unabhängigen Erwerbsarten gehört die *usucapio* zum *ius civile* (Gai 2,65) und ist daher römischen Bürgern vorbehalten, die anderen (auch „natürliche" genannten) Erwerbsarten gehören zum *ius gentium*.

a) Usucapio (Ersitzung)

Ersitzung ist Eigentumserwerb infolge fortdauernden Besitzes: *usucapio est adiectio dominii per continuationem possessionis* (D 41,3,3). Der redliche Erwerb vom Nichteigentümer und die *traditio* einer *res mancipi* (S 82) sind die wichtigsten Fälle, in denen Eigentum erst durch Ersitzung erworben wird. Die Ersitzung erleichtert ferner dem Eigentümer den Beweis seines Rechts. Diese **Beweiserleichterung** bewirkt der XII-Tafel Satz 6,3: *usus auctoritas fundi biennium, ceterarum rerum annus esto* (die Gewährschaft für den Besitz soll bei Grundstücken zwei Jahre, bei anderen Sachen ein Jahr dauern). Nach Ablauf der Frist haftet ein *mancipio dans* nicht mehr für Gewährschaft (*auctoritas*) und der *mancipio accipiens* – später auch wer eine *res mancipi* oder *res nec mancipi* formlos *ex iusta causa* erwirbt – braucht sein Recht nicht mehr vom Veräußerer abzuleiten.

Dass die *usus auctoritas*-Regel nicht nur dem wahren Eigentümer nützt, sondern auch solchen Besitzern, die sonst nicht Eigentümer wären, ist notwendige Konsequenz der Beweiserleichterung, dient aber auch dem Verkehrsschutz. Dies war von erheblicher Bedeutung, da es keinen gutgläubigen Erwerb vom Nichteigentümer wie nach § 367 ABGB gab. Indem die Ersitzung den (qualifizierten) Besitzer zum Eigentümer macht, dient sie der Rechtssicherheit, und zwar vor allem in Fällen, in denen ein derivativer Erwerb gescheitert ist: Das Eigentumsrecht wird zwar nicht sofort, aber doch nach Ablauf der Ersitzungszeit auf den Erwerber übertragen (im gemeinen Recht sprach man von translativer Ersitzung; vgl § 1452 ABGB). Der bisherige Eigentümer verliert sein Recht, weil er es nicht geltend gemacht hat (Verschweigung).

Voraussetzung für die *usucapio* ist die ein- oder zweijährige fehlerfreie *possessio civilis* einer ersitzungsfähigen Sache (*res mancipi* oder *res nec mancipi*) sowie Redlichkeit (*bona fides*) beim Besitzerwerb. Als Institut des *ius civile* ist die *usucapio* Römern vorbehalten.

aa) Der Besitz darf nicht fehlerhaft, also weder gewaltsam, noch heimlich oder durch *precarium* erlangt sein (§ 1464 ABGB).

bb) Die Befristung der *auctoritas*-Haftung galt nie für den Dieb, so dass der Erwerber vom Dieb nicht ersitzt. Seit der *lex Atinia* (um 200 vChr) können gestohlene Sachen überhaupt nicht ersessen werden, bis sie wieder zum Eigentümer zurückgekehrt sind (anders § 1476 ABGB: Verdoppelung der Frist). Da ein unberechtigter Verkäufer meist ein *furtum* begeht, werden bewegliche Sachen selten ersessen (Gai 2,50). Unersitzbar sind ferner gewaltsam in Besitz genommene Sachen (auch

Grundstücke; Gai 2,45: *lex Iulia et Plautia*), in der Hochklassik auch Fiskalsachen. Unkörperliche Sachen (mit Ausnahme der Erbschaft) konnten in der Klassik nicht besessen und daher auch nicht ersessen werden.

cc) *Possessio civilis* erfordert eine *iusta causa possessionis*. Es sind dies die auch beim Erwerb durch *traditio ex iusta causa* maßgeblichen Erwerbstitel *pro emptore, pro donato, pro dote, pro soluto* usw (S 116f; § 1461 ABGB), ferner die Titel *pro legato, pro derelicto, pro herede, pro suo*, die *noxae deditio* eines Sklaven, der geschädigt hat, und die Erteilung der *bonorum possessio* an jemanden, der nicht ziviler Erbe ist.

Hat der Erblasser eine fremde Sache *per vindicationem* vermacht, so kann der Legatar die ihm vom Erben übergebene Sache ersitzen. – Derelinquiert der Eigentümer eine *res mancipi*, so ersitzt der Erwerber *pro derelicto*. – *Pro herede* ersitzt, wer eine ruhende Erbschaft oder einzelne Sachen daraus in Besitz nimmt. Er braucht nicht tatsächlich auch erbberechtigt zu sein; allerdings ist jedem Inhaber einer Sache des Erblassers – etwa dem, der vom Erblasser gemietet hat – die *usucapio pro herede* versagt, da man den Titel nicht einseitig ändern kann (*nemo sibi ipse causam possessionis mutare potest;* §§ 319, 1462 ABGB). Erst seit Hadrian obsiegt der Erbe mit der *hereditatis petitio*, wenn der Usukapient weiß, dass er nicht erbberechtigt ist. Ursprünglich ersaß er in einem Jahr die Erbenstellung, führte den bäuerlichen Betrieb weiter, setzte den Hausgötterkult fort und haftete den Erbschaftsgläubigern (Gai 2,54). Im klassischen Recht werden nur die in Besitz genommenen Erbschaftssachen ersessen, allerdings auch Grundstücke in einem Jahr (Gai 2,53). – *Pro suo* ersitzt zB der Bräutigam, dem vor der Eheschließung eine *dos* bestellt wird; nach manchen Juristen auch der Erwerber, der nicht weiß, dass sein Erwerbsgrund mangelhaft ist, zB weil der Veräußerer geisteskrank ist (D 6,2,7,2). Celsus kritisiert hingegen eine Ersitzung aufgrund eines solchen Putativtitels.

dd) *Bona fides* ist der Glaube, der Vormann sei Eigentümer oder verfügungsbefugt (D 50,16,109). Dass der Besitzer „aus den Umständen vermuten muss, dass die ... Sache einem andern zugehöre" schließt anders als nach § 326 ABGB die Redlichkeit nicht aus. Auch genügt Redlichkeit im Zeitpunkt des Erwerbs (anders § 1460 ABGB). *Bona fides* lässt sich nur auf einen Tatsachenirrtum, nicht auf einen Rechtsirrtum stützen (anders § 326 Satz 3 ABGB): *ignorantia iuris nocet* (Rechtsunkenntnis schadet).

Wer von einem Mündel ohne *auctoritas tutoris* in der Meinung kauft, das Mündel könne verfügen, ersitzt nicht, weil ein Rechtsirrtum niemandem nützt (D 41,4,2,15: *quia iuris error nulli prodest*). Hält er den Verkäufer für mündig (Tatsachenirrtum), so kann er nach Paul. D 41,4,2,15 ersitzen. Keine Rolle spielt die *bona fides*, wenn der Eigentümer eine *res mancipi* formlos tradiert, oder bei der *usucapio pro derelicto* einer *res mancipi*.

ee) Die kurze Ersitzungsfrist (XII-Tafeln 6,3) dient der Verkehrssicherheit. Besitzverlust unterbricht die Ersitzung, die bei Wiedererlangung neu beginnt, wenn der Besitzer weiterhin redlich ist. Der Erbe des Ersitzungsbesitzers setzt die Ersitzung fort (§§ 1462 f ABGB). Dabei geht der Besitz auf *sui heredes* mit dem Tod des Erblassers über, andere Erben erlangen ihn erst durch Ergreifung, doch kommt auch ihnen die Zeit des Ruhens der Erbschaft zugute. In der späteren Klassik verhilft man auch dem redlichen und rechtmäßigen Einzelrechtsnachfolger, zB einem Legatar (Paul. D 41,3,14,1) oder Käufer (I 2,6,13), zu rascherer Ersitzung; ihm wird die Ersitzungszeit seines Vormannes angerechnet (§ 1493 ABGB).

Diese Anrechnung der Ersitzungszeit ist eine Wurzel für die Annäherung der Erwerbungsart Ersitzung an die Verjährung, also den Verlust eines Rechts infolge Nichtausübung (vgl §§ 1451 ff ABGB). Denn damit kommt es nicht mehr darauf an, wie lange der Ersitzende die Sache besitzt, bedeutsamer ist, wie lange der bisherige Eigentümer die Sache nicht mehr besitzt.

An Provinzialgrundstücken gibt es kein Privateigentum und daher keine *usucapio*, doch gewähren Septimius Severus und Caracalla dem rechtmäßigen und redlichen Besitzer eine **Verjährungseinrede**, die *longi temporis praescriptio*. Wohnen Kläger und Besitzer in derselben Provinz, so beträgt die Frist (*inter praesentes*) 10, ansonsten (*inter absentes*) 20 Jahre. Außer an Provinzialgrundstücken spielt die *longi temporis praescriptio* an von Peregrinen besessenen beweglichen Sachen, insb Sklaven (Mod. D 44,3,3) eine Rolle. Im nachklassischen Vulgarrecht entwickelt sich eine *praescriptio* nach 30 Jahren; sie ist die Wurzel der außerordentlichen Ersitzung durch den redlichen Besitzer, der dazu keine *iusta causa* nachzuweisen braucht (§ 1477 ABGB). Diese *longis-*

simi temporis praescriptio ist auch an gestohlenen Sachen möglich; an Sachen des Fiskus und der Kirche beträgt die Frist 40 Jahre (vgl § 1472 ABGB). Den Begriff *usucapio* beschränkt Justinian auf die Ersitzung beweglicher Sachen; die Frist verlängert er auf 3 Jahre (§ 1466 ABGB).

b) Occupatio (Zueignung)

Wer eine Sache, die niemandem gehört (§ 381 ABGB: freistehende Sache), zB ein wildes Tier oder Kriegsbeute, in Besitz nimmt, um sie zu behalten, wird dadurch auch Eigentümer. Der Erwerbsakt muss dem Erwerber tatsächliche Gewalt verschaffen, wofür strengere Anforderungen als beim derivativen Erwerb bestehen. Außerdem muss sich aus dem Erwerbsakt ergeben, in welchem Umfang Besitz und damit Eigentum erworben werden soll.

Die Aneignung einer vom Eigentümer preisgegebenen Sache (*res derelicta*; § 386 ABGB) verschafft dem Okkupanten sofort Eigentum, soweit dazu nicht – wie bei *res mancipi* – noch eine *usucapio pro derelicto* nötig ist.

Ein Sonderfall der Okkupation betrifft den **Schatz** (*thesaurus*), also eine Wertsache, die so lange verborgen war, dass ihr Eigentümer nicht mehr festzustellen ist (§ 398 ABGB). Er gehörte ursprünglich wohl dem Eigentümer des Grundstücks, wo er sich befindet. Ihn als *res nullius* anzusehen, die der Finder okkupieren könne, hat sich jedoch durchgesetzt. Allerdings war umstritten, ob schon durch das bloße Entdecken oder erst durch das Wegschaffen Besitz erworben wird (D 41,2,3,3). Hadrian gibt dem Grundeigentümer und dem Finder je die Hälfte als Miteigentum.

Der **Fund** anderer Sachen, die jemandem gehören, berechtigt nicht zum Erwerb (anders § 392 ABGB). Der redliche Finder ist Inhaber; der unredliche ist Besitzer, kann aber nicht ersitzen.

c) Fruchterwerb

Früchte (S 107) gehören nach ihrer Trennung grundsätzlich dem Eigentümer der Muttersache (§ 405 ABGB). Ausnahmen von diesem Erwerb nach dem **Substantialprinzip** bestehen zugunsten des Pächters (*conductor*), Fruchtnießers und Erbpächters, die ihre Berechtigung vom Eigentümer ableiten; ferner zugunsten des gutgläubigen *possessor civilis* nach dem **Produktionsprinzip**, gleichsam als Ausgleich für den Produktionsaufwand (I 2,1,35: *pro cultura et cura*; § 330 ABGB). Sobald er jedoch weiß, dass die Muttersache einem anderen gehört, hindert dies nach überwiegender Meinung den weiteren Fruchterwerb. *Conductor* und Fruchtnießer erwerben mit der Besitzergreifung (Perzeption), Erbpächter und gutgläubiger Besitzer bereits bei Separation der Früchte von der Muttersache. Erntet ein Unberechtigter die Früchte, so steht dem Erbpächter oder gutgläubigen Besitzer gegen diesen die *rei vindicatio* zu, während Pächter und Fruchtnießer nur den Eigentümer zur Klage verhalten können.

Justinian beschränkt den Erwerb des gutgläubigen Besitzers auf die verbrauchten Früchte; noch vorhandene Früchte muss er dem Eigentümer herausgeben; diese Differenzierung hat sich nicht bewährt. Das ABGB folgt dem klassischen römischen Recht.

d) Verbindung

Werden Sachen verschiedener Eigentümer miteinander verbunden, so kommt es darauf an, ob eine einheitliche oder zusammengesetzte Sache (S 107) entsteht; ferner ob auch ein Grundstück betroffen ist.

Eine **einheitliche** Sache gehört dem Eigentümer der Hauptsache, in der die Nebensache aufgeht (anders § 414 ABGB außer bei Ausbesserung: § 416 ABGB). Für die Beurteilung, welche Sache als Hauptsache anzusehen ist, kam es nicht immer auf wirtschaftliche Gesichtspunkte an; neben naturphilosophischen Vorstellungen war die Vindizierbarkeit ein maßgeblicher Gesichtspunkt.

Daher gehört gefärbte Wolle dem Eigentümer der Wolle, selbst wenn der Farbstoff (zB Purpur) wesentlich wertvoller ist als die Wolle. Umstritten war, ob ein Gemälde dem Maler oder dem Eigentümer der Maltafel gehört.

Die Verbindung zu einer **zusammengesetzten** Sache, etwa zu einem Fahrzeug, Schiff oder Kasten, lässt hingegen das bisherige Eigentum (zB eines Rades oder Balkens) fortbestehen (§ 415 ABGB). Mit der *actio ad exhibendum* (S 134) kann der Eigentümer des Bestandteils dessen Lostrennung vom Besitzer der ganzen Sache verlangen und dann vindizieren (zB den einer Statue angelöteten Arm: D 6,1,23,5; hingegen entsteht durch Anschweißen eine einheitliche Sache).

Bei untrennbarer Verbindung mit einem **Grundstück** gilt dieses als Hauptsache. Der Grundeigentümer erwirbt Eigentum am ausgesäten Saatgut, an den angewurzelten Pflanzen (§ 420 ABGB), am allmählich angespülten Erdreich (*alluvio*: § 411 ABGB), an größeren Erdschollen, sobald sie mit dem Grundstück verwachsen sind (*avulsio*: vgl § 412 ABGB). Die im öffentlichen Fluss entstandene Insel gehört den Eigentümern der Ufergrundstücke, ebenso das ausgetrocknete Flussbett.

Auch das fest mit dem Grundstück verbundene **Gebäude** (*superficies*) gehört dem Eigentümer des Grundes: *superficies solo cedit* (Gai 2,73; vgl § 297 ABGB). Gesondertes Eigentum am Haus oder Stockwerk ist daher nicht möglich. Anders als heute (§§ 417 ff ABGB) gilt die *superficies* jedoch als zusammengesetzte Sache, die auch fremde Bestandteile enthalten kann. Solange das Gebäude steht, wäre aber eine Loslösung unwirtschaftlich. Nach XII-Tafeln 6,7: *tignum iunctum … ne solvito* (den verbundenen Balken darf man nicht herauslösen) ist sie untersagt. Das Eigentum an fremden Teilen des Hauses ruht daher bis zu dessen Zerfall (Gai. D 41,1,7,10).

Verwendet der Grundeigentümer fremdes Material, so muss er dem Materialeigentümer den doppelten Wert des verbauten Materials ersetzen (*actio de tigno iuncto*). Wer mit eigenem Material auf fremdem Grund baut, hat keine *actio* gegen den bereicherten Grundeigentümer, kann aber bis zum Aufwandersatz das Grundstück zurückbehalten, dh gegen die *rei vindicatio* eine *exceptio doli* geltend machen. Wer bewusst auf fremdem Grund baut, büßt das Eigentum ein (D 41,1,7,12); erst Severus und Caracalla entscheiden gegenteilig (C 3,32,2,1; 213 nChr).

e) Vermengung (confusio)

Die von den Eigentümern nicht gewollte, untrennbare Vermengung von Flüssigkeiten, geschmolzenen Metallen, Getreide lässt Quantitäts(mit)eigentum entstehen (Gai. D 41,1,7,8 f; I 2,1,28). Nach Pomponius (D 6,1,3,2) kann jeder Berechtigte eine *vindicatio pro parte* (**Quantitätsvindikation**) entsprechend seinem Anteil an der Gesamtmenge erheben, welche Auffassung sich durchgesetzt hat (I 2,1,28). Werden Geldstücke verschiedener Personen ununterscheidbar vermengt, so gehören sie dem Besitzer (§ 371 ABGB). Wer dabei sein Eigentum verliert, kann gegen einen Unredlichen mit der *actio ad exhibendum* (S 134) und den Klagen aus *furtum* (Diebstahl; S 221 f) vorgehen.

Die Rechtsfolgen gewollter Vermengung oder Verarbeitung, Alleineigentum oder Miteigentum nach Bruchteilen, richten sich nach der Vereinbarung der Beteiligten.

f) Verarbeitung (specificatio)

Stellt jemand ohne Vereinbarung mit dem Materialeigentümer, also *suo nomine*, aus einer fremden Sache eine neue her, so gehört diese nach Ansicht der Sabinianer dem Materialeigentümer, nach Auffassung der Prokulianer dem Verarbeiter. Dafür sind naturphilosophische Anschauungen über das Wesen der Sache, aber auch das Substantial- bzw Produktionsprinzip maßgebend. Durchgesetzt hat sich eine vermittelnde Meinung (*media sententia*): Lässt sich die neue Sache in den alten Zustand zurückführen, etwa zu einem Gefäß verarbeitetes Gold, so gehört sie dem Materialeigentümer, ansonsten, etwa Wein und Öl, dem Verarbeiter (außer er weiß, dass es fremdes Material ist: Paul. D 10,4,12,3).

Zur Harmonisierung der Interessen des Materialeigentümers und des Bearbeiters durch die Zuerkennung von Miteigentum (§ 415 ABGB) kommt es erst im Naturrecht.

Verliert ein gutgläubiger Besitzer durch Verarbeitung oder Verbindung (S 129 f) sein Eigentum oder büßt er den Ertrag seiner Arbeit ein, so kann er eine *exceptio doli* beantragen, wenn ihn der bereicherte Eigentümer klagt, und die Sache zurückbehalten, bis ihm der Wert seiner Sache oder Arbeitsleistung vergütet wird. In einigen Fällen erhält der bisherige Eigentümer auch mittels *actio utilis* Wertausgleich; gegen einen Dieb stehen ihm die *condictio ex causa furtiva* und die *actio furti* zu (S 221 f).

Ist der Zuwachs für den Eigentümer nicht werterhöhend, ist ihm eine Ausgleichszahlung unzumutbar oder war der Besitzer unredlich, so gebührt ihm kein Wertersatz in Geld; allenfalls kann er die Sache wegnehmen (*ius tollendi*; Cels. D 6,1,38). Verkauft der Eigentümer freilich freiwillig, so hat er die Aufwendungen bis zur Höhe des Wertzuwachses zu ersetzen.

3. Verlust von Eigentum und Besitz

a) Dereliktion

Wer die Gewahrsame über seine Sache aufgibt, weil er sie nicht mehr als die seinige behalten will (§ 386 ABGB), zB eine bewegliche Sache wegwirft, ein Grundstück endgültig verlässt, verliert den Besitz (Paul. D 41,2,8: *animo et corpore*). Die Sabinianer und späteren Juristen lassen damit auch das Eigentum erlöschen, die Prokulianer erst bei Zueignung eines Dritten.

b) Unfreiwilliger Verlust

Wer seine Sache verliert oder wem sie gestohlen wird, der bleibt grundsätzlich Eigentümer, hört aber zu besitzen auf, weil er die tatsächliche Gewalt über die Sache nicht mehr ausüben kann (§ 349 ABGB). Zum Fortbestand des Besitzes ist aber nicht dasselbe intensive Naheverhältnis wie beim Erwerb nötig. Besitz bleibt daher *solo animo*, durch den bloßen Willen (§ 352 ABGB), erhalten, solange er nicht endgültig verloren ist; zB an nur zeitweise benutzten Weiden (D 41,2,3,11), am entflohenen Sklaven (D 41,2,1,14).

Besitz an einem Grundstück geht erst verloren, wenn der Besitzer vom Eindringen eines Dritten erfährt und diesen nicht vertreibt. Geht der Besitz durch Kriegsgefangenschaft verloren, so wird er als Faktum (S 108) nicht schon aufgrund des *ius postliminii* wieder erlangt, sondern muss neu begründet werden.

Besitz und Eigentum gehen verloren, wenn ein eingefangenes wildes Tier wieder seine natürliche Freiheit erlangt oder ein gezähmtes Tier nicht mehr zurückkehrt (vgl § 384 ABGB).

IV. Rechtsschutz und Besitzschutz

Die Unterscheidung von Eigentum und Besitz wird noch dadurch akzentuiert, dass man das Eigentumsrecht und andere dingliche Rechte im sog petitorischen Verfahren mittels *actio in rem* durchsetzt, während der Besitz im Interdiktenverfahren (*possessorium*) gegen eigenmächtige Störungen geschützt wird (S 136 ff).

Auch heute gibt es ein besonderes Verfahren über Besitzstörungsklagen (§§ 454 ff ZPO).

1. Rei vindicatio

Mit der *rei vindicatio* begehrt der nicht besitzende Kläger, der quiritischer Eigentümer zu sein behauptet und dies zu beweisen hat (S 111), vom Interdiktenbesitzer die Herausgabe seiner Sache *in natura* (§ 366 ABGB: **Eigentumsklage**) und Geldersatz, wenn dies unterbleibt.

Der Inhaber war zunächst nicht passivlegitimiert. Der Kläger muss den Besitzer belangen, von dem der Detentor seine Innehabung ableitet; damit berücksichtigt man das Interesse des Besitzers an der Verteidigung der Sache. Erst in der Spätklassik wird die *rei vindicatio* auch gegen den Inhaber zugelassen (Ulp. D 6,1,9: Verwahrer, Entleiher, Mieter; ebenso § 366 ABGB). Seit Konstantin kann der Detentor den Besitzer benennen und ihm dadurch die Sachverteidigung überlassen (§ 375 ABGB).

Besitzt der Beklagte bei der *litis contestatio* nicht, so ist nach Meinung der Sabinianer die Klage abzuweisen, auch wenn er bis zum Urteil Besitz erlangt. Der Eigentümer muss dann neuerlich klagen. Dies erübrigt sich, wenn man es mit den Prokulianern genügen lässt, dass der Beklagte bei der *litis contestatio* oder zur Zeit des Urteils besitzt.

Wer eine Sache, die er nicht besitzt, zu besitzen vorgibt (§ 377 ABGB), etwa um dem Besitzer die Ersitzung zu ermöglichen, wird wegen seines *dolus* wie ein *possessor* behandelt (*fictus possessor*). Ebenso wer den Besitz vor der *litis contestatio* arglistig aufgibt. Dies bestimmt das *SC Iuventianum* für die dem Staat verfallene Erbschaft; der Gedanke wurde auf die *hereditatis petitio* sowie die *rei vindicatio* erstreckt (D 6,1,27,3). Nach § 378 ABGB haftet nur mehr, wer die Sache nach Klagszustellung fahren lässt.

Die Haftung der *ficti possessores* sprengt an sich die Grenzen einer dinglichen Klage; die §§ 377 f ABGB sehen folgerichtig einen Schadenersatzanspruch vor.

Der Besitzer braucht sich auf die *rei vindicatio* nicht einzulassen. Diese **Einlassungsfreiheit** wird aber dadurch abgeschwächt, dass der Besitzer einer beweglichen Sache mit einer *actio in personam*, und zwar der *actio ad exhibendum*, auf Vorlegung der Sache *in iure* geklagt werden kann. Legt er sie vor, und lässt er sich auf die *rei vindicatio* nicht ein, so ermächtigt der Prätor den Kläger, die Sache mitzunehmen. Bringt der Beklagte die Sache nicht *in iure*, so wird er verurteilt, als wäre er in einer *rei vindicatio* unterlegen. Bei Liegenschaften droht dem Beklagten, der die Herausgabe und die Einlassung auf die *rei vindicatio* verweigert, das *interdictum quem fundum* mit gleicher Folge.

Zur Eigentumsverfolgung bestehen im Formularprozess zwei Verfahren. Im **Sponsionsverfahren** verspricht der Besitzer eine Geldsumme, wenn der Kläger Eigentümer ist, und sagt zu, die Sache herauszugeben, wenn er unterliegt (*cautio pro praede litis et vindiciarum*). Das Eigentum des siegreichen Klägers wird als Vorfrage des Stipulationsprozesses festgestellt, die Geldsumme aber nicht eingetrieben; aus der *cautio* haftet der Beklagte, wenn er die Sache nicht herausgibt.

Im **Verfahren per formulam petitoriam** erreicht der Eigentümer nicht nur die Feststellung seines Eigentumsrechts, sondern ein Leistungsurteil. Wegen des Prinzips der *condemnatio pecuniaria* wird der Beklagte in Geld verurteilt. Zahlt der Besitzer den Schätzwert, so steht er einem Käufer gleich; er ist Ersitzungsbesitzer und bonitarischer Eigentümer, wenn der Kläger ziviler Eigentümer ist (D 6,2,7,1); an *res nec mancipi* erlangt er sofort quiritisches Eigentum (D 6,1,46).

> Die **Klagsformel** lautet: Si paret rem qua de agitur ex iure Quiritium AA esse neque ea res restituetur, quanti ea res erit, tantam pecuniam iudex NN AA condemnato, si non paret absolvito. (Wenn es sich erweist, dass die Sache, um die es geht, nach Zivilrecht dem Kläger gehört, und wenn diese Sache nicht restituiert werden wird, soll der Richter den Beklagten gegenüber dem Kläger zu so viel Geld verurteilen, wie viel die Sache wert sein wird. Wenn es sich nicht erweist, soll er die Klage abweisen.)

Die *rei vindicatio* soll möglichst zur Naturalrestitution führen. Kann der Kläger sein Eigentum beweisen, so erlässt der *iudex* zufolge der Arbiträrklausel *neque ea res restituetur* einen Zwischenbescheid (*pronuntiatio*) und fordert den Beklagten auf, die Sache dem Kläger herauszugeben (*iussum de restituendo*), was ihm die Verurteilung erspart. Andernfalls wird er verurteilt, und zwar bei *dolus* in den Geldbetrag, den der Kläger eidlich schätzt (*iusiurandum in litem*).

Der Beklagte soll nicht nur die Sache selbst, sondern alles herausgeben oder ersetzen, was der Kläger erlangt hätte, wäre ihm die Sache bereits bei der *litis contestatio* restituiert worden (vgl § 338 ABGB). Dazu gehören Früchte, die der Beklagte seither gezogen hat, oder die der Kläger hätte ziehen können. Der unredliche Besitzer muss auch für vor der *litis contestatio* gezogene oder entgangene Früchte aufkommen (§ 335 ABGB).

Beschädigt der Besitzer die Sache schuldhaft vor der *litis contestatio*, so haftet er nach der *lex Aquilia* (S 223); gibt er den Besitz arglistig auf, so haftet er auch aus der *rei vindicatio* oder *actio ad exhibendum*. Schuldhafte Schädigung nach der *litis contestatio* wird im Rahmen der *rei vindicatio* berücksichtigt; die Prokulianer haben den Beklagten auch für Zufall einstehen lassen, weil der Kläger bei Rückgabe die Sache hätte verkaufen können.

Hat der redliche Beklagte vor der *litis contestatio* (zur Erhaltung der Sache) notwendige oder nützliche (= werterhöhende) Aufwendungen auf die Sache gemacht, so kann er mit der *exceptio doli* ein Zurückbehaltungsrecht geltend machen: Ersetzt der Eigentümer den Aufwand nicht, so wird die *rei vindicatio* abgewiesen. Lässt sich der Aufwand absondern, so ist auch ein unredlicher Besitzer zur Wegnahme berechtigt (*ius tollendi*; vgl § 1040 ABGB), außer eine Wegnahme wäre ohne Nutzen (Cels. D 6,1,38).

2. Actio negatoria

Wenn jemand dem Eigentümer die Sache nicht vorenthält, sondern behauptet, er habe an der Sache eine Servitut oder ein Fruchtgenussrecht, oder er sei zu Immissionen berechtigt, so kann der Eigentümer, der diese Berechtigung bestreitet, die *actio negatoria,* die **Eigentumsfreiheitsklage** (§ 523 ABGB) erheben. Mit dieser *actio in rem* strebt der Eigentümer die Feststellung der Freiheit des Eigentums von den behaupteten Einschränkungen und die Herstellung des ungestörten Zustands an.

3. Actio Publiciana

Die *actio Publiciana* ist eine prätorische *actio in rem*, die dem **Ersitzungsbesitzer** nach einem Besitzverlust den Schutz gewährt, den der Eigentümer vermöge der *rei vindicatio* genießt. Die Klagsformel ist der *rei vindicatio* nachgebildet, wobei der Ablauf der Ersitzungsfrist fingiert wird. Der Kläger, dem eine ersitzungsfähige Sache *ex iusta causa* tradiert wurde und der mit Ablauf der Ersitzungsfrist Eigentümer geworden wäre, kann vom schlechter berechtigten Besitzer die Herausgabe der Sache verlangen (vgl S 111).

Durch die *actio Publiciana* werden Personen geschützt, die ihre relativ **bessere Berechtigung** mit der *legis actio sacramento in rem* noch durchsetzen konnten, nach dem Übergang zum absoluten Eigentumsverständnis aber die Voraussetzungen der *rei vindicatio per formulam petitoriam* nicht erfüllen. Indem die *actio Publiciana* den Ersitzungsbesitzer schützt, ist sie an Wertungen des *ius civile* orientiert. Neben dem gutgläubigen Erwerber vom Nichteigentümer steht sie dem bonitarischen Eigentümer zu, zB dem, der eine *res mancipi* vom quiritischen Eigentümer formlos erwirbt (S 111). Schließlich nützt sie dem wahren Eigentümer, der das Eigentum seines Vormannes nicht nachweisen kann (vgl § 372 ABGB).

Während der bonitarische Eigentümer auch gegenüber dem quiritischen Eigentümer mit der *actio Publiciana* durchdringt, also eine absolute Berechtigung geltend macht, obsiegt ein gutgläubiger Erwerber vom Nichteigentümer nur gegenüber schlechter berechtigten Besitzern.

> Der zivile Eigentümer kann der *actio Publiciana* die *exceptio iusti dominii* entgegenhalten; hat er selbst die Sache an den Kläger veräußert, so wird diese Einrede durch die *replicatio rei venditae et traditae* oder *doli* entkräftet.

Die *actio Publiciana* des gutgläubigen Erwerbers vom Nichteigentümer schützt eine relative dingliche Berechtigung, die von Neraz (D 19,1,31,2) mit Recht als *ius* bezeichnet wird. Der Ersitzungsbesitz ist anders als der Interdiktenbesitz nicht bloß ein Faktum. Allerdings wird der Kläger, da er nun weiß, dass er vom Nichteigentümer erworben hat, nicht wieder Ersitzungsbesitzer, wenn ihm der Beklagte aufgrund des *iussum de restituendo* (S 134) die Sache herausgibt, ist er doch beim erneuten Besitzerwerb unredlich (Paul. D 41,3,15,2).

4. Interdicta

Zur Erhaltung des Besitzes bei Störung (§ 339 ABGB) sowie zur Wiedererlangung des entzogenen Besitzes (§ 346 ABGB) dienen die *interdicta retinendae* und *recuperandae possessionis*, die sich aus einem Verwaltungsverfahren entwickelt haben (S 86). Sie richten sich gegen **unerlaubte Eigenmacht**, also dagegen dass jemand *vi* oder *clam* fremden Besitz verletzt oder die als *precarium* überlassene Sache nicht zurückgibt. Ob der Störer ein Recht an der Sache oder auf die Sache hat, wird im Interdiktenverfahren nicht berücksichtigt (§ 346 ABGB). Im Interesse des sozialen Friedens darf auch einem unberechtigten oder unredlichen Besitzer die Sache nicht eigenmächtig entzogen werden. Wer die Herausgabe einer Sache verlangt, soll den Prozessweg beschreiten.

Der Prätor untersagt (*interdictum*) Gewaltanwendung, so dass der Beklagte, sofern er gegenüber dem Kläger *iniustus possessor* ist, also *vi*, *clam* oder *precario* besitzt, weitere Störungen zu unterlassen bzw dem Kläger wieder den Besitz einzuräumen hat. Die Verurteilung erfolgt freilich auch im Interdiktenverfahren in Geld, und zwar in das Besitzinteresse. Die beiden wichtigsten Interdikte, das *interdictum uti possidetis* und das *interdictum utrubi*, sind *interdicta duplicia*: Der Prätor richtet das Verbot der Gewaltanwendung an beide Parteien; daher wird der Beklagte nicht nur freigesprochen, sondern der Kläger verurteilt, wenn er gegenüber dem Beklagten *vi*, *clam* oder *precario* besitzt.

Es kommt nur darauf an, ob eine Prozesspartei gegenüber der anderen *iniustus possessor* ist, also fehlerhaft besitzt. Wer einem Dritten gegenüber *vi*, *clam* oder *precario* besitzt, genießt trotzdem Besitzschutz, wenn er vom Beklagten zB gewaltsam vertrieben wird (D 43,16,1,30).

Interdikte zur Besitzerlangung (Gai 4,143: *adipiscendae possessionis causa*), wie das *interdictum Salvianum* (S 153) dienen nicht dem Besitzschutz.

Da es im Interdiktenverfahren auf kein Recht an der Sache ankommt, kann es für den verdrängten Besitzer auch aus Beweisgründen vorteilhaft sein, ein Interdikt zu beantragen. Er braucht dann nur zu beweisen, dass der andere ihm gegenüber fehlerhaft besitzt, während er im Eigentumsprozess sein Recht beweisen müsste. Obsiegt der Gestörte und wird ihm die Sache zurückgegeben, so kann der unterlegene Störer zwar zB mit der *rei vindicatio* sein Recht geltend machen, doch trifft nun ihn die Beweislast. Lässt sich der Störer auf das Besitzinteresse verurteilen, so kann der Gestörte immer noch die *rei vindicatio* erheben.

Beweist er sein Eigentumsrecht, so wird der Störer auch noch auf den Schätzwert der Sache verurteilt.

a) Interdictum uti possidetis

Es schützt den Besitz von **Grundstücken** und lautet (in der älteren Fassung): Uti nunc possidetis eum fundum, quo de agitur, quod nec vi nec clam nec precario alter ab altero possidetis, ita possideatis. adversus ea vim fieri veto. (Wie ihr nun das Grundstück, um das es geht, besitzt, wenn ihr nicht einer vom anderen gewaltsam, heimlich oder als Bittleihe besitzt, so sollt ihr besitzen. Ich verbiete, dagegen Gewalt anzuwenden). Verurteilt wird, wer gegenüber dem Prozessgegner iniustus possessor ist. Haben beide Streitteile eigenmächtig gehandelt, so ist iustus possessor, wessen Besitz zuletzt fehlerfrei war, wer also als erster vom anderen gestört wurde. Ihm wird also private Eigenmacht erlaubt (vgl §344 ABGB).

Gegen den Prekaristen steht dem *precario dans* auch das *interdictum de precario* zu (S 118). Zum *interdictum quod vi aut clam* oben S 114.

b) Interdictum utrubi

Der Besitz **beweglicher Sachen** wird nicht nur bei eigenmächtiger Störung oder Entziehung, sondern auch bei Verlust geschützt. Denn beim *interdictum utrubi* obsiegt, wer innerhalb des letzten Jahres vom Erlass des Interdikts zurückgerechnet, den längeren fehlerfreien Besitz gehabt hat. Hat ein *iustus possessor* den Besitz derivativ erworben, wird ihm die Besitzzeit seines Vorgängers angerechnet.

Andererseits bleibt eine Störung oder Entziehung, die vor mehr als einem Jahr erfolgte, unberücksichtigt, was die Befugnis des zuerst gestörten Besitzers, sich durch private Eigenmacht zu schützen, zeitlich begrenzt. Noch weitergehend §454 Abs 1 ZPO, wonach Besitzstörungsklagen innerhalb von 30 Tagen nach Kenntnis anhängig zu machen sind. – Gegen den Prekaristen steht auch das *interdictum de precario* zu.

Unter Justinian wird die Regelung an das *interdictum uti possidetis* angeglichen und der letzte fehlerfreie Besitzer geschützt.

c) Interdictum unde vi und interdictum de vi armata

Wird ein *iustus possessor* gewaltsam aus dem Besitz eines Grundstücks verdrängt, so kann er zwischen dem *interdictum uti possidetis* und dem *interdictum unde vi* wählen. Der Störer wird zur Restitution aufgefordert und muss den Gestörten so stellen, als wäre er nie vertrieben worden. Er haftet, auch wenn er nicht mehr besitzt. Das *interdictum unde vi* ist wie eine pönale Deliktsklage einjährig befristet und passiv unvererblich. Die Erben haften nur auf Herausgabe des Erlangten aus einer sachverfolgenden *actio in factum*. Das Interdikt richtet sich auch gegen den Auftraggeber und den, der die Vertreibung genehmigt; gegen den Gewalthaber, wenn ein Sklave oder Prokurator jemanden verdrängt.

Bei Vertreibung durch eine bewaffnete Bande kann (unbefristet) das *interdictum de vi armata* erhoben werden, und zwar selbst von einem *iniustus possessor*, da diese Art von Gewaltanwendung jedenfalls unerlaubt ist.

§ 23. Dingliche Nutzungsrechte

I. Dienstbarkeiten

1. Iura praediorum

a) Begriff

Als *servitutes* bezeichnete man ursprünglich nur die *iura praediorum* (**Grunddienstbarkeiten**: § 473 ABGB); für den Spätklassiker Marcian gibt es neben den Real- auch Personalservituten (D 8,1,1: *usus, ususfructus*). Daran schließt § 473 ABGB an.

Iura praediorum berechtigen den jeweiligen Eigentümer des „herrschenden“ Grundstücks zur beschränkten Nutzung des „dienenden“ (belasteten) Grundstücks. Der Eigentümer des dienenden Grundstücks hat eine Einwirkung des Servitutenberechtigten zu **dulden** oder in Rücksicht auf sein Grundstück etwas zu **unterlassen** (§§ 472, 482 ABGB). Die Zahl der Servituten ist im Laufe der Zeit angewachsen. Die ältesten gibt es (vor allem) im ländlichen Bereich: *iter* (Fußweg), *via* (Fahrweg), *actus* (Viehtrieb), *aquae ductus* (Wasserleitung). Die römischen Schuljuristen fassen sie als *iura praediorum rusticorum* (§ 474 ABGB: Feldservituten) zusammen; dazu gehören ferner das Recht Wasser zu schöpfen, Vieh zu tränken oder zu weiden. Ihnen stellen sie als *iura praediorum urbanorum* die (häufiger in der Stadt vorkommenden) Gebäudeservituten (§ 475 f ABGB: Hausservituten) gegenüber. ZB das Recht, Regenwasser auf das Nachbargrundstück abtropfen zu lassen (*servitus stillicidii*) oder abzuleiten (*s. fluminis*), einen Balken in eine fremde Wand einzufügen (*s. tigni immittendi*), das eigene Gebäude auf bauliche Einrichtungen des Nachbargebäudes zu stützen (*s. oneris ferendi*), nicht höher zu bauen (*s. altius non tollendi*).

b) Servitutengrundsätze

Bei aller Vielfalt im Detail hat die römische Jurisprudenz grundlegende **Gemeinsamkeiten** der Grunddienstbarkeiten durch Abstraktion gewonnen.

aa) Der Eigentümer des belasteten Grundstücks hat etwas zu dulden oder zu unterlassen; hingegen kann die Servitut nicht in positivem Tun bestehen (*servitus in faciendo consistere nequit*; § 482 ABGB). Eine Ausnahme davon besteht nur bei der *servitus oneris ferendi*: Der Eigentümer des belasteten Grundstücks hat das tragende Gebäude auf eigene Kosten zu erhalten (D 8,5,6,2; vgl hingegen § 483 ABGB). Reallasten kennt das römische Recht nicht.

bb) Die Servitut ist schonend (Cels. D 8,1,9: *civiliter*) und ohne Erweiterung des Umfangs auszuüben (§ 484 ABGB). Besteht zB das Recht, eine bestimmte Zahl von Tieren zu tränken, so kann der Eigentümer weitere Tiere hindern, das dienende Grundstück zu betreten (D 43,20,1,18).

cc) *Utilitas*: Das dienende Grundstück muss dem herrschenden Grundstück nützlich sein, also dessen vorteilhaftere oder bequemere Benützung ermöglichen (§ 473 ABGB).

Es genügt nicht, dass der Eigentümer einen Nutzen hätte, weshalb man keine Servitut, Obst zu pflücken oder auf fremdem Grundstück spazieren zu gehen oder zu essen, begründen kann (D 8,1,8pr). Auch sind dem römischen Recht die heutigen unregelmäßigen Servituten (§ 479 ABGB) fremd.

dd) *Vicinitas*: Die Grundstücke müssen so benachbart sein, dass die Servitut zum Nutzen des herrschenden Grundstücks ausgeübt werden kann (vgl § 475 Abs 2 ABGB).

ee) *Perpetua causa*: Die Ausübung der Servitut muss zeitlich unbegrenzt möglich sein. Eine Befristung einer Servitut ist zwar nach *ius civile* unzulässig, doch gewährt der Prätor nach Zeitablauf eine *exceptio pacti* oder *doli*.

ff) Wie andere beschränkte dingliche Rechte können Servituten nicht am eigenen Grundstück bestehen: *nulli res sua servit* (niemandem dient die eigene Sache: Paul D 8,2,26; §§ 474, 526 ABGB). Die Berechtigung ist an das Eigentum am herrschenden Grundstück gebunden und kann von diesem nicht losgelöst werden (§ 485 ABGB).

gg) Servituten sind unteilbar, können also weder zugunsten noch zu Lasten eines Miteigentumsanteils bestellt werden. Die Belastung mit einer Servitut bedarf der Mitwirkung aller Miteigentümer. Wird das herrschende Grundstück geteilt, so besteht die Servitut zugunsten aller Teile fort; bei einer Realteilung des dienenden Grundstücks (S 116) kann der Richter – je nach Art der Servitut – die Belastung auf einzelne reale Teile beschränken.

2. Ususfructus, usus, habitatio

a) Paulus definiert den *ususfructus* als *ius alienis rebus utendi fruendi salva rerum substantia* (Recht, fremde Sachen unter Wahrung der Substanz zu benützen und Früchte zu ziehen; D 7,1,1). Dem folgt § 509 ABGB: „Die **Fruchtnießung** ist das Recht, eine fremde Sache, mit Schonung der Substanz, ohne alle Einschränkung zu genießen".

Der *ususfructus* dient vor allem der Versorgung (weiblicher) Hinterbliebener. Daher und um das Eigentumsrecht nicht auf Dauer auszuhöhlen ist die Berechtigung des Fruchtnießers **höchstpersönlich**, also weder veräußerlich noch vererblich (vgl § 529 ABGB). Die Fruchtnießung kann befristet sein.

Fruchtnießung (§ 1030 BGB: Nießbrauch) gab es zuerst an Grundstücken, bald auch an **unverbrauchbaren** beweglichen Sachen, im klassischen Recht auch an Forderungen, ja sogar am ganzen Vermögen, und zwar als *quasi ususfructus* selbst an **verbrauchbaren** Sachen, etwa Geld (§ 510 ABGB). Der Quasiusufruktuar erlangt – wie ein Darlehensnehmer – Eigentum und schuldet aus der *cautio usufructuaria* am Ende die gleiche Menge oder Summe.

Da die Substanz der Sache zu wahren ist, verbleiben dem Fruchtnießer an einer Herde nur so viele Tiere, als die Herde wächst (D 7,1,68,2). Der Ertrag der Arbeitsleistung eines Sklaven, an dem ein *ususfructus* besteht, gehört dem Fruchtnießer, ebenso was der *servus usufructuarius* aus dessen Mitteln erwirbt; nicht aber ein Sklavenkind, da es nicht Frucht ist (S 107).

Der Fruchtnießer kann die Sache erst beanspruchen, wenn er dem Eigentümer versprochen hat, den *ususfructus* als *bonus vir* auszuüben und die Sache am Ende zurückzugeben (*cautio usufructuaria*). Er haftet aus dieser Stipulation für vorsätzliche und fahrlässige Beschädigung, aber auch für *custodia* (S 274).

b) Das dingliche **Gebrauchsrecht** (*usus*; § 504 ABGB) berechtigt zu weniger als ein *ususfructus*, folgt aber ansonsten dessen Regeln. Eine bescheidene Fruchtziehung zum Eigenbedarf ist auch dem Usuar erlaubt, ebenso die Aufnahme von Mitbewohnern bei einem Gebrauchsrecht an einem Haus. Ein Sonderfall des *usus* oder *ususfructus* ist das dingliche **Wohnrecht** (*habitatio*).

3. Begründung und Erlöschen von Dienstbarkeiten

a) Begründung

Iura praediorum rusticorum werden als *res mancipi* (S 105) durch *mancipatio* oder *in iure cessio* eingeräumt; *iura praediorum urbanorum* und *ususfructus* durch *in iure cessio*. Wer ein Grundstück durch *mancipatio* oder *in iure cessio* übereignet, kann sich eine Dienstbarkeit vorbehalten (*deductio servitutis* bzw *ususfructus*). Der *ususfructus* wird meist durch Vindikationslegat begründet. Auch Grunddienstbarkeiten können vermacht werden.

Im Teilungsverfahren kann der Richter eine Dienstbarkeit durch *adiudicatio* auferlegen (§ 480 ABGB). Eine Ersitzung von *iura praediorum* hat eine *lex Scribonia* zur Sicherung der Eigentumsfreiheit abgeschafft, doch braucht der Berechtigte bei *servitutes*, die seit unvordenklicher Zeit bestehen, die Entstehung nicht zu beweisen. Als unkörperliche Sache kann der *ususfructus* nach klassischem Recht nicht ersessen werden; erst die Anerkennung einer *possessio iuris* (S 119) im justinianischen Recht ermöglicht eine Ersitzung von Real- und Personalservituten.

An Provinzialgrundstücken (S 105) werden Dienstbarkeiten durch *pactiones et stipulationes* bestellt (Gai 2,31); außerdem kommt die *longi temporis praescriptio* (S 127) zur Anwendung. Ansonsten werden formlos vereinbarte Dienstbarkeiten vom Prätor geschützt (D 6,2,11,1: *actio Publiciana*).

b) Erlöschen

Verzichten kann der Berechtigte durch *in iure cessio*, die der *actio negatoria* nachgebildet ist: Der Eigentümer des dienenden Grundstücks oder der Sache, an der ein *ususfructus* besteht, behauptet vor dem Prätor, dass keine Dienstbarkeit bestehe, was der bislang Berechtigte nicht bestreitet. Ein formloser Verzicht begründet nur eine *exceptio doli*. Als höchstpersönliches Recht erlischt ein *ususfructus* durch Tod oder *capitis deminutio* des Fruchtnießers.

Die Freiheit von der Belastung wird ersessen, wenn die Dienstbarkeit an einer beweglichen Sache während eines, an einem Grundstück während zweier Jahre nicht ausgeübt wird (*non usus*). Bei Gebäudedienstbarkeiten muss dazu ein servitutswidriger Zustand bestehen. Diese *usucapio libertatis* erfordert keine *iusta causa* und *bona fides* und steht damit einer Verjährung nahe (vgl § 1488 ABGB).

Fallen das Eigentum am herrschenden und am dienenden Grundstück zusammen (*confusio*; § 526 ABGB: Vereinigung) oder entfällt die *utilitas*, so erlischt die Servitut. Ebenso bei Untergang eines Grundstücks, doch lebt sie bei dessen Wiederherstellung auf (D 8,6,14pr: Überschwemmung durch einen Fluss; § 525 ABGB). Auch der *ususfructus* erlischt durch Vereinigung (*consolidatio*).

4. Petitorischer und possessorischer Schutz

Der Berechtigte kann sein dingliches Recht mit der *vindicatio servitutis* bzw *vindicatio ususfructus*, beide werden auch *actio confessoria* genannt, gegen den Eigentümer und andere Besitzer durchsetzen (§ 523 ABGB). Er ist so zu stellen, als hätte ihm der Beklagte im Zeitpunkt der *litis contestatio* die Ausübung der Dienstbarkeit gestattet.

Die faktische Ausübung des *ususfructus* und gewisser Servituten wird, wenn sie nicht *vi*, *clam* oder *precario* erfolgt, durch spezielle Interdikte (zB *de itinere actuque privato*) geschützt. Auf eine Berechtigung kommt es – wie auch sonst im Besitzschutzverfahren – nicht an. Diese possessorisch geschützte Stellung wird ausgehend von der Schuljurisprudenz als *quasi possessio* (an der belasteten Sache), später als *possessio iuris* bezeichnet.

II. Erbpacht und Baurecht

1. Erbpacht

Der Zensor verpachtet auf bestimmte oder unbestimmte Zeit Staatsland gegen Zins (*vectigal*), wobei dieses Pachtverhältnis – ähnlich dem *precarium* – widerruflich ist. Andererseits ist der Erbpächter anders als ein gewöhnlicher Pächter (*conductor*) Interdiktenbesitzer und dinglich berechtigt: Ihm steht gegen unberechtigte Besitzer die *actio vectigalis*, eine prätorische *actio in rem* nach dem Vorbild der *rei vindicatio*, zu. Sein Recht ist vererblich und heißt *ius perpetuum*.

Unter Kaiser Zeno (5. Jh) verschmilzt das *ius perpetuum* am Staatsland mit der *emphyteusis* an privaten Liegenschaften, die der Pächter zu kultivieren hatte, zum *ius emphyteuticarium*. Dieses von Kauf und Pacht verschiedene Recht ist vererblich und veräußerlich. Es bildet die Grundlage für die Entwicklung des mittelalterlichen *dominium utile* des Vasallen (im Gegensatz zum *dominium directum* des Lehensherrn) sowie des Nutzungseigentums (§§ 359, 1122 ABGB), das bis zum Grundentlastungspatent 1848 bestand.

2. Baurecht

Der Bauberechtigte (Superfiziar) hat das vererbliche und wohl auch veräußerliche Recht, auf fremdem Grund ein Gebäude (*superficies*) zu errichten und benutzen. Dem Eigentümer des Grundes zahlt er einen Zins (*vectigal* an die Gemeinde oder den Staat, *solarium* an den Privateigentümer). Der Superfiziar ist nicht Eigentümer der *superficies* (S 130), wird aber gegenüber dem Eigentümer und Dritten durch das spezielle *interdictum de superficiebus* und fallweise durch eine dingliche *actio in factum* geschützt.

III. Sicherungseigentum und Pfandrecht

Sicherungseigentum und Pfandrecht sind Mittel der **Kreditsicherung**. Dem *creditor* (Gläubiger, Kreditgeber) haftet eine bestimmte Sache bevorzugt; dh er kann sich aus ihr vor allen anderen Gläubigern des Schuldners befriedigen, wenn die Verbindlichkeit nicht erfüllt wird. Für die Begründung solcher **Sachhaftung** sprechen die römischen Juristen von *rem obligare*.

Ähnlich wie bei der Übereignung unterscheidet man auch bei der Sachhaftung zwischen *res mancipi* und *res nec mancipi*. Für *res mancipi* gibt es die förmliche Sicherungsübereignung durch *fiducia cum creditore contracta*. Dem Sicherungseigentümer stehen gegen Dritte die *rei vindicatio* und die *actio negatoria* zu. Die formlose Verpfändung (*pignus, hypotheca*), wodurch der Gläubiger das beschränkte dingliche Recht erlangt, sich aus der Pfandsache zu befriedigen, wenn die fällige Verbindlichkeit nicht erfüllt wird (§ 447 ABGB), ist jünger und ging von den *res nec mancipi* aus. Doch gab es ein *pignus* bald auch an *res mancipi*. Der Pfandgläubiger kann gegen Dritte insb die *actio Serviana* (S 153 f) erheben.

Anders als heute spielt die Kreditsicherung durch Pfänder (Realkredit) in Rom eine geringere Rolle als die Bürgschaft (Personalkredit).

1. Fiducia cum creditore contracta

Durch *mancipatio* oder *in iure cessio* übereignet der Kreditnehmer (oder ein Dritter) eine *res mancipi* dem *creditor*, der sich im **pactum fiduciae** als Fiduziar verpflichtet, die Sache bei späterer Zahlung dem Fiduzianten rückzuübereignen und sie in der Zwischenzeit weder zu beeinträchtigen noch weiterzuveräußern. Wird nicht gezahlt, so verfällt die Sache dem Kreditgeber. Dies ist für den Kreditnehmer riskant, wenn er eine vergleichsweise wertvolle Sache übereignet. Mit der Zeit werden daher Verkaufsabreden üblich: Im *pactum de distrahendo* kommen die Parteien überein, dass der Gläubiger die Sache veräußern und einen eventuellen Überschuss (*superfluum*) ausfolgen soll.

Ob der Kreditnehmer von Anfang an auch persönlich zur Rückzahlung verpflichtet war, ist unsicher. Die Kreditierung könnte auch eine bloße Sachhaftung begründet haben, wobei dem unbefriedigten *creditor* nur die ihm übereignete Sache bleibt. Spätestens mit dem Abgehen vom Verfall der Sache bei Nichterfüllung haftet der Schuldner auch persönlich (dh mit seinem gesamten Vermögen), insb wenn der Verkaufserlös geringer ist als der noch offene Kredit: vgl § 464 ABGB.

Die durch *mancipatio* oder *in iure cessio* übereignete Sache braucht dem *creditor* nicht übergeben zu werden. Dies ermöglicht, etwa bei einem Grundstück, dem Schuldner die weitere Bewirtschaftung. Allerdings verliert der nicht besitzende Gläubiger sein Sicherungseigentum, selbst wenn der Schuldner nicht zahlt, durch *usureceptio ex fiducia* binnen eines Jahres (auch bei einem Grundstück), wozu es weder einer *iusta causa* noch der *bona fides* bedarf. Um dies etwa bei längerer Kreditlaufzeit zu vermeiden, vereinbaren Gläubiger und Schuldner häufig zusätzlich einen Mietvertrag oder ein *precarium* (Gai 2,59 f).

Als Eigentümer kann der Kreditgeber wirksam über die Sache verfügen, doch darf er dies (im Verhältnis zum Fiduzianten) nur entsprechend dem Sicherungszweck tun, wenn ihm trotz Fälligkeit nicht gezahlt wird. Die Sicherungsübereignung ist ein Fall der **Treuhand**: Der *creditor* ist zwar Eigentümer, ihn trifft jedoch als Fiduziar aufgrund des *pactum fiduciae* gegenüber dem Kreditnehmer als Fiduzianten (Treugeber) bis zur Fälligkeit der gesicherten Forderung die Pflicht, mit dem ihm übertragenen Eigentum als bloßer Treuhänder zu verfahren, die Sache also nicht weiterzuveräußern oder zu belasten; besitzt er die Sache, so hat er sie vor Schaden zu bewahren. Verletzt der Fiduziar diese Pflichten, die seine nach außen uneingeschränkten Rechte als Eigentümer (nur) im Verhältnis zum Fiduzianten einschränken, so begeht er zwar kein *furtum*, haftet aber aus der *actio fiduciae*, wobei die Verurteilung Infamie nach sich zieht. Erlischt die gesicherte Forderung, wird anderweitig Sicherheit bestellt oder gerät der Fiduziar in Annahmeverzug, so kann der Fiduziant mit der *actio fiduciae* die Rückübereignung verlangen. Befriedigt sich der Fiduziar nach Fälligkeit durch Verkauf der Sache, so kann der Fiduziant mit der *actio fiduciae* einen allfälligen Überschuss (*superfluum*) herausverlangen. Andererseits hat der Fiduziant Aufwendungen zu ersetzen, die der Fiduziar auf die Sache machte; dazu erhält der Fiduziar die *actio fiduciae contraria*.

Die *fiducia* findet außer zur Sicherungsübereignung als (fremdnütziges) Treuhandgeschäft mit einem Freund (*fiducia cum amico contracta*) Anwendung, zB um diesem eine Sache für die Zeit der Abwesenheit zu übereignen und seiner Obhut zu unterstellen.

2. Pignus und hypotheca

a) Faustpfand und besitzloses Pfand

Pignus bezeichnet sowohl das Pfandrecht als auch die Pfandsache. Diese musste ursprünglich dem Gläubiger übergeben werden (*pignus datum*: Faustpfand), der dadurch Interdiktenbesitzer wird (S 118). Seit dem 3. Jh vChr wird eine Verpfändung ohne Übergabe üblich, wenn sich der Verpächter eines landwirtschaftlichen Grundstücks die vom Pächter eingebrachten Sachen (*invecta et illata*) zur Sicherung der Pachtzinsforderung und weiterer Ansprüche aus der Pacht (*locatio conductio*) verpfänden lässt (§ 1101 Abs 3 ABGB). Seit der Hochklassik gibt es auch ohne Illation (Einbringung) ein besitzloses Pfand. Das hat den Vorteil, dass der Schuldner die Sache weiter benützen kann, aber auch den großen Nachteil, dass ein Kreditgeber nicht erkennen kann, ob eine Sache des Schuldners bereits jemandem verpfändet ist oder nicht. Dieses Risiko hat zur Bevorzugung der Bürgschaft gegenüber dem Pfand als Mittel der Kreditsicherung beigetragen, zumal Generalpfänder am ganzen Vermögen möglich sind (S 149). In nachklassischer Zeit entwerten gesetzliche Generalhypotheken noch weiter den Wert des Pfandrechts. Der Begriff *hypotheca* wird häufig, aber nicht ausschließlich für das besitzlose Pfand verwendet; *pignus* bezeichnet sowohl das Besitzpfand als auch das besitzlose Pfand.

> Nach § 448 ABGB heißt das (besitzlose) Pfand an einem Grundstück Hypothek. Für bewegliche Sachen besteht heute das Faustpfandprinzip: Durch Besitzkonstitut kann daher kein Pfandrecht begründet werden (§§ 451 f ABGB).

b) Voraussetzungen

Für die rechtsgeschäftliche Begründung eines Pfandrechts (**Verpfändung**) bestehen folgende Erfordernisse:

aa) Die Pfandsache muss *in bonis* des Verpfänders stehen (vgl S 111 f). Ist er ziviler oder bonitarischer **Eigentümer**, so ist auch das Pfandrecht ein absolutes Recht. Verpfändet hingegen ein **Ersitzungsbesitzer**, der gutgläubig vom Nichteigentümer erworben hat, so wird der Pfandgläubiger nur insoweit geschützt, als dem Verpfänder (gegen schlechter Berechtigte) die *actio Publiciana* zusteht (Paul. D 20,1,18). Erwirbt der Verpfänder die Sache erst nach der Verpfändung, so erhält der Gläubiger eine der Pfandrechtsklage (*actio Serviana*) analoge dingliche *actio utilis* (Paul. D 13,7,41).

Ist der Verpfänder hingegen nicht einmal Ersitzungsbesitzer, etwa weil er eine *res furtiva* gekauft hat, so entsteht kein Pfandrecht, doch haftet der Verpfänder aus dem Pfandvertrag für den Rechtsmangel.

bb) Verpfänder und Gläubiger müssen einen **Pfandvertrag** (§ 1368 ABGB) schließen. Es ist dies ein Realkontrakt, wenn ein Besitzpfand oder ein Pfandrecht des Verpächters oder Vermieters am eingebrachten Inventar (*invecta et illata*) begründet werden soll, ansonsten genügt bloßer Konsens (Ulp. D 13,7,1pr). Die Verpfändungsvereinbarung kann nicht nur ausdrücklich, sondern auch stillschweigend geschlossen werden (zB D 20,2,7pr: Früchte des verpachteten Grundstücks; D 20,2,4pr: vom Mieter eingebrachte Sachen).

Daneben gibt es im klassischen Recht gesetzliche Pfandrechte, die sich zum Teil aus Vollstreckungsprivilegien entwickelt haben; zB zugunsten des Darlehensgläubigers, der die Errichtung eines Gebäudes finanziert; zugunsten des Mündels, wenn der Vormund etwas mit Mündelgeld gekauft hat; zugunsten des *fiscus* (Steuern, Vertragsforderungen).

Eine Pfandrechtsbegründung durch gerichtliche Exekution („Pfändung") ist dem römischen Formularverfahren wegen der Verurteilung in Geld und der konkursmäßigen Vollstreckung ins gesamte Vermögen fremd. Erst vom Kognitionsverfahren ging die Entwicklung exekutiver Pfandrechte aus.

cc) Anders als die Sicherungsübereignung ist das Pfandrecht – ebenso wie die Bürgschaft – **akzessorisch,** dh vom Bestand der zu sichernden Forderung abhängig (§ 449 ABGB). Durch deren Tilgung erlischt auch das Pfandrecht (§ 469 ABGB). Bei bloß teilweiser Tilgung besteht es nach dem Prinzip der ungeteilten Pfandhaftung an allen verpfändeten Sachen für die Restschuld weiter (D 20,1,19). Der Verpfänder (Pfandschuldner) muss freilich nicht auch zugleich der persönliche Schuldner sein. Das Akzessorietätsprinzip ist insofern abgeschwächt, als ein Pfand auch eine Naturalobligation eines Hauskindes oder Sklaven (S 237) sichern kann.

c) Gegenstand des Pfandrechts

Jede verkäufliche (verwertbare) Sache kann als Pfand dienen (§ 448 ABGB), auch ein *ususfructus*, eine Erbpacht oder eine Forderung des Verpfänders gegen einen Dritten.

Ein **Forderungspfand** (*pignus nominis*) entsteht durch formlose Vereinbarung zwischen dem Verpfänder und dem Pfandgläubiger und weist einige Besonderheiten auf: Es wird nicht durch Verkauf verwertet, sondern der Pfandgläubiger zieht die Forderung beim sog Drittschuldner ein. Zahlt dieser nicht, so klagt ihn der Pfandgläubiger mit einer *actio in personam utilis*. Erlangt der Pfandgläubiger aus der verpfändeten Forderung Geld, so wird er damit bis zur Höhe seiner eigenen Geldforderung befriedigt. Erhält er eine andere Sache, so haftet ihm diese als Sachpfand (D 13,7,18pr).

Ähnliches findet sich beim **subpignus** (*pignus pignoris*; §§ 454 ABGB: Afterpfand): Ein (erster) Pfandgläubiger verpfändet seinem Gläubiger das Pfand weiter. Da die Pfandsache nicht *in bonis* des ersten Pfandgläubigers ist, steht dem zweiten Gläubiger (Afterpfandgläubiger) eine *actio Serviana utilis* zu. Das *subpignus* hängt vom Pfandrecht (und damit von der Forderung) des ersten Pfandgläubigers ab. Zahlt der Schuldner, so erlischt auch das *subpignus*, doch kann sich der Afterpfandgläubiger dahin absichern, dass der Schuldner ihm zu zahlen habe.

Ein Pfandrecht kann man nicht nur an einzelnen Sachen, sondern – entgegen dem Spezialitätsprinzip (S 102) – auch am ganzen (gegenwärtigen und künftigen) Vermögen begründen (**Generalpfand**); zB zugunsten des *fiscus* (Steuern, Vertragsforderungen). Im nachklassischen und justinianischen Recht erfährt das Pfandrecht eine weitere Schwächung durch gesetzliche Generalhypotheken, zB für alle Ansprüche des Mündels gegen den Vormund; für den Anspruch der Frau auf Rückgabe des Heiratsguts; für Legate an den Erbschaftssachen, die der Beschwerte erlangt.

d) Inhalt des Pfandrechts

In der Zeit zwischen der Begründung des Pfandrechts und der Fälligkeit der Forderung dient das Pfandrecht der **Sicherung** des Gläubigers, danach dessen Befriedigung. Wird dem Gläubiger die Sache übergeben (Besitz-, Faustpfand), so darf er sie – nur – im Einverständnis mit dem Verpfänder gebrauchen (§ 459 ABGB) und Früchte ziehen (anders § 1372 ABGB). Die Früchte können dem *creditor* statt Zinsen zustehen oder werden auf Zinsen und Kapital angerechnet (Nutzpfand, *antichresis*). Vor Fälligkeit kann und darf der Pfandgläubiger das Pfand nicht veräußern; verkauft er eine bewegliche Pfandsache unbefugt, so begeht er ein *furtum*. Aber auch der Verpfänder ist nicht befugt, die Pfandsache zu veräußern, wobei umstritten ist, ob diese Eigentumsbeschränkung aus dem Pfandrecht oder der Vereinbarung mit dem Gläubiger folgt.

Nach Marcian D 20,6,8,14 kann der Pfandschuldner mit Zustimmung des Pfandgläubigers die Pfandsache veräußern: Der Gläubiger verzichtet damit auf sein Pfandrecht, sofern er es sich nicht besonders vorbehält (D 20,6,8,15). Verkauft der Pfandschuldner hingegen eine bewegliche Pfandsache ohne diese Zustimmung, so begeht er ein *furtum* (Paul. D 47,2,67pr), was auch den sofortigen Eigentumserwerb des Käufers verhindert. Ob die Sache ersessen werden kann, war umstritten. Verkauft der Schuldner sein verpfändetes Grundstück, so erwirbt der Käufer – wie heute – das mit dem Pfandrecht belastete Eigentum (Paul. D 13,7,18,2).

Nach Fälligkeit der Forderung dient das Pfand der **Befriedigung** des Gläubigers. Ursprünglich verfiel es ihm, wobei mit der Verpfändungsabrede eine *datio in solutum* oder ein Kauf als *iusta causa* für den Eigentumserwerb verbunden ist. Wegen der Gefahr wucherischer Ausbeutung des Verpfänders wird der Pfandverfall durch Verkaufsabreden verdrängt. Solche *pacta de vendendo* gelten in der Klassik auch ohne spezielle Vereinbarung als stillschweigend bedungen und befähigen den Gläubiger zur Übereignung (**Verfügungsermächtigung:** S 120). Der Pfandgläubiger hat den Pfandverkauf dem Schuldner anzuzeigen (vgl § 466b ABGB). Der Pfandschuldner kann das Pfand nicht gültig kaufen, da er (idR) Eigentümer ist und die ganze Forderung bezahlen soll, um die Sache pfandfrei zu machen (§ 463 ABGB). Konstantin verbietet schließlich die Verfallsabrede (*lex commissoria*), was auch im justinianischen Recht und in § 1371 ABGB beibehalten wird. Findet sich kein Käufer für die Sache, so kann dem Gläubiger durch kaiserliche Vergünstigung das Eigentum verliehen werden.

Heute erfolgt die Pfandverwertung durch gerichtliche Exekution oder außergerichtlich durch öffentliche Versteigerung durch einen dazu befugten Unternehmer.

e) Mehrfachverpfändung

Während eine mehrfache Sicherungsübereignung rechtlich unmöglich ist, wurde die wirtschaftlich bedeutsame Begründung mehrerer Pfandrechte an derselben Sache schrittweise entwickelt und durch die Möglichkeit der Bestellung eines besitzlosen *pignus* gefördert. Noch nach Africanus erwirbt der zweite Gläubiger das Pfandrecht unter der aufschiebenden Bedingung, dass das erste Pfandrecht erlischt (D 20,4,9,3). Zudem konnte man ihm den Überschuss (*superfluum*) verpfänden, sollte der erste Gläubiger das Pfand verkaufen, um sich zu befriedigen (Gai. D 20,1,15,2). Nach Marcellus erlangt auch der zweite Gläubiger – wie heute – ein unbedingtes, aber nachrangiges Pfandrecht an der Sache (D 44,2,19).

Im Verhältnis mehrerer Pfandgläubiger ist die **Priorität** der Pfandbestellung für den **Rang** entscheidend: *prior tempore, potior iure* (zeitlich früher, stärker im Recht). Auch wenn ein Pfandrecht für eine bedingte Forderung bestellt wird, kommt es für den Rang auf den Zeitpunkt des Abschlusses des Pfandvertrags an. Wird eine Sache mehreren zugleich verpfändet, so geht nach Ulpian D 20,1,10 der besitzende dem nichtbesitzenden Pfandgläubiger vor.

Erlischt das erste Pfandrecht, so rückt der zweite Pfandgläubiger in den ersten Rang (Vorrückungsprinzip; anders §469 ABGB: Prinzip der festen Pfandstellen).

Ein nachrangiger Gläubiger kann sein Pfandrecht gegenüber Dritten geltend machen. Klagt er jedoch mit der *actio Serviana* einen vorrangigen Pfandgläubiger auf Herausgabe der Sache, so kann dieser die *exceptio rei sibi ante pigneratae* beantragen. Außerdem war – anders als heute – immer nur der erste Pfandgläubiger berechtigt, die Pfandsache durch Verkauf zu verwerten. Bei der Wahl des Verkaufszeitpunkts muss er auf die nachrangigen Gläubiger keine Rücksicht nehmen. Ein nachrangiger Pfandgläubiger hat bloß das *ius offerendi et succedendi* (§462 ABGB), dh er kann dem ersten die Erfüllung seiner Forderung anbieten, um in dessen Rang zu rücken. Der Gläubiger im ersten Rang hat dies zu akzeptieren, andernfalls gerät er in Annahmeverzug und büßt das Pfandrecht ein (Gai.

D 20,4,11,4). Verkauft der Pfandgläubiger im ersten Rang bei Fälligkeit das Pfand, so erlöschen alle Pfandrechte. Die nachrangigen Gläubiger werden aus dem ihnen verpfändeten *superfluum* befriedigt.

Wird eine Forderung noviert (S 285ff), so erlischt das Pfandrecht, außer es wird für die neue Forderung neu bestellt; dabei behält es den bisherigen Rang, und zwar auch dann, wenn die Novation dem Gläubigerwechsel dient (zB zwecks Umschuldung: Der neue Gläubiger gibt dem Schuldner ein Darlehen zur Befriedigung des alten). Darüber hinaus hat man – verstärkt in nachklassischer Zeit – das Prioritätsprinzip durch die Gewährung von Rangprivilegien durchbrochen, dh einem später begründeten Pfandrecht Vorrang vor älteren Pfandrechten gewährt: zB für Forderungen wegen Aufwendungen auf die Sache; zugunsten der Steuerforderungen des *fiscus*; zugunsten des Anspruchs der Frau auf Rückgabe des Heiratsguts; für Forderungen aus öffentlichen Urkunden oder Privaturkunden mit drei Zeugen, womit Rückdatierungen vermieden werden sollen. All dies hat den Wert des Pfandrechts als Kreditsicherungsmittel weiter geschwächt.

f) Erlöschen des Pfandrechts

Außer durch Tilgung der Schuld (§469 ABGB; zB durch *solutio, novatio, acceptilatio, pactum de non petendo*) und Pfandverkauf endet das Pfandrecht im klassischen Recht bei *mora creditoris* (seit Diokletian ist dazu noch die Hinterlegung nötig). Das mit dem Eigentum vereinigte Pfandrecht erlischt (*confusio*; §1445 ABGB), etwa wenn der Gläubiger den Schuldner beerbt, doch gibt es Ausnahmen bei mehrfacher Verpfändung. Leistet der Schuldner auf andere Art Sicherheit, so endet das Pfandrecht, wenn dies vereinbart wird. Ein formloser Verzicht auf das Pfandrecht bewirkt nur, dass dem Pfandschuldner eine *exceptio pacti* oder *doli* gegenüber der *actio Serviana* des Pfandgläubigers erwächst. Durch *longi temporis praescriptio* ersitzt der redliche und rechtmäßige Erwerber eines Provinzialgrundstücks die Freiheit vom Pfandrecht.

Erlischt das Pfandrecht durch *solutio*, so hat der besitzende Gläubiger die Sache dem Verpfänder zurückzugeben, was dieser mit der *actio pigneraticia in personam* durchsetzen kann. Nach dem Pfandverkauf durch den Pfandgläubiger geht diese Klage auf Herausgabe eines Überschusses (*superfluum, hyperocha*; §464 ABGB). Den Ersatz von Aufwendungen auf die Pfandsache kann der Gläubiger mit der *actio pigneraticia contraria* beanspruchen.

Trotz Tilgung der Schuld kann der Gläubiger, der andere, durch kein Pfand gesicherte Forderungen gegen den Verpfänder hat, nach einem Reskript Gordians III. (239 nChr) die Pfandsache zurückbehalten. Dieses Retentionsrecht kann nicht durch Klage, sondern nur im Wege der *exceptio doli* gegen die *actio pigneraticia* geltend gemacht werden; es verschafft dem Gläubiger auch kein bevorzugtes Befriedigungsrecht wie das *pignus*.

g) Schutz des Pfandrechts

Bei der Verpfändung der vom Pächter eingebrachten Sachen für die Pachtzinsforderung, muss der Verpächter und Pfandgläubiger, um sich zu befriedigen, erst diese *invecta et illata* erlangen. Da der Pfandvertrag ursprünglich ein Realkontrakt war (vgl § 1368 ABGB), gab es keine auf Übergabe gerichtete *actio in personam* des Gläubigers, sondern gegen den Pächter – und seit der Hochklassik auch gegen Dritte – das *interdictum Salvianum* zur (erstmaligen) **Besitzerlangung**.

Weitergehende Rechte hat der Vermieter, dem die vom Mieter eingebrachten Sachen stillschweigend verpfändet sind (vgl § 1101 ABGB). Der Vermieter kann eigenmächtig deren Wegschaffung verhindern (**Perklusionsrecht**), so dass der Mieter gezwungen ist, den Rechtsweg zu beschreiten. Mit dem *interdictum de migrando* kann er erreichen, dass er seine Sachen wegschaffen darf, wenn er seine Verpflichtungen aus dem Mietervertrag erfüllt hat.

Um dem Verpächter den verlorenen Besitz wieder zu verschaffen, wozu das *interdictum Salvianum* ungeeignet ist und die allgemeinen Interdikte (*uti possidetis* oder *utrubi*) nicht immer ausreichen, schuf der Prätor die *actio Serviana* (auch *vindicatio pignoris, actio pigneraticia* (*in rem*) oder *actio hypothecaria* genannt). Sie entwickelt sich in der Klassik zur allgemeinen dinglichen **Pfandrechtsklage**.

Die Klagsformel lautet: Si paret inter AA et Lucium Titium convenisse, ut ea res qua de agitur AA pignori esset propter pecuniam debitam, eamque rem tunc, cum conveniebat, in bonis Lucii Titii fuisse eamque pecuniam neque solutam neque eo nomine satisfactum esse neque per AA stare quo minus solvatur, nisi ea res arbitrio iudicis restituetur, quanti ea res erit, tantam pecuniam iudex NN AA condemnato, si non paret absolvito. (Wenn es sich erweist, dass zwischen dem Kläger und Lucius Titius vereinbart wurde, dass die Sache, um die es geht, wegen geschuldeten Geldes verpfändet sei, und diese Sache damals, als man übereinkam, im Vermögen des Lucius Titius war, und dieses Geld weder gezahlt noch dafür Sicherheit geleistet wurde noch es am Kläger lag, dass nicht gezahlt ist, wenn diese Sache nicht nach dem Ermessen des Richters restituiert werden wird, soll der Richter den Beklagten gegenüber dem Kläger zu so viel Geld verurteilen, wie viel die Sache wert sein wird. Wenn es sich nicht erweist, soll er die Klage abweisen.)

Aus dem Formular der *actio Serviana* leiten sich die Voraussetzungen für die Gültigkeit des Pfandrechts (S 147 f) ab. Als *actio in rem* richtet sie sich gegen jeden Besitzer. Es herrscht Einlassungsfreiheit, doch droht dem Besitzer, der sich weder einlässt noch die Sache vorlegt, wie bei der *rei vindicatio* die *actio ad exhibendum* oder das *interdictum quem fundum* (S 133 f). Die *actio Serviana* geht auf *restituere* und folgt auch sonst den Grundsätzen der *rei vindicatio*. Verklagt der Pfandgläubiger mit der *actio Serviana* den Pfandschuldner, so erlangt er höchstens den Betrag seiner Forderung. Ein dritter Besitzer, der die Sache nicht restituiert, wird in den vollen Sachwert verurteilt, und der Pfandgläubiger muss das *superfluum* nachrangigen Pfandgläubigern bzw dem Pfandbesteller herausgeben. Der Verurteilte wird Ersitzungsbesitzer und gegen die Vindikation des Verpfänders durch eine *exceptio* geschützt.

Ob der Pfandgläubiger seine Befriedigung aus der persönlichen Forderung gegen den Schuldner oder aus dem Pfand suchen will, ist grundsätzlich seiner Wahl überlassen. Im klassischen Recht finden sich jedoch bereits Ansätze, dem Pfandbesteller, der nicht zugleich persönlicher Schuldner ist, die Einrede zu gewähren, der Gläubiger möge sich zunächst an den Schuldner halten. Daraus hat sich im justinianischen Recht das *beneficium excussionis* entwickelt.

Possessorischen Schutz genießt der Faustpfandgläubiger als Interdiktenbesitzer durch die allgemeinen Besitzschutzinterdikte.

Fünfter Teil, erste Hälfte

Schuldrecht – Besonderer Teil

§ 24. Die Stipulation

I. Abschluss

Die Stipulation ist ein förmliches mündliches Leistungsversprechen, bei dem Gläubiger G in einer Frage den Leistungsinhalt formuliert und Schuldner S mit einem korrespondierenden Verbum antwortet:

G: „**Spondesne** *mihi decem milia HS dari*?" (Versprichst du mir die Zahlung von 10.000 HS?) – S: „**Spondeo**" (Ich verspreche es).

G: „*Si navis ex Asia venerit, decem* **dabisne**?" (Wirst du 10 leisten, wenn das Schiff aus Asien ankommt?) – S: „**Dabo**" (Ich werde leisten). Vgl D 45,1,63; 129.

G: „*Domum aedificari mihi* **promittisne**?" (Versprichst du mir die Erbauung eines Hauses?) – S: „**Promitto**" (Ich verspreche es). Vgl D 45,1,14.

Der Gebrauch des Wortes *spondere* war römischen Bürgern vorbehalten, alle anderen Verba waren auch Peregrinen zugänglich; man konnte sich zB auch der griechischen Sprache bedienen. Entscheidend für das Entstehen der *obligatio* war die formale Korrespondenz von Frage und Antwort.

Zu Beweiszwecken wurde über die erfolgte Stipulation häufig eine Urkunde errichtet. In zahlreichen erhaltenen Urkunden (zB auf Papyri) findet man die sog Stipulationsklausel *stipulatus spopondit* bzw ἐπερωτηθεὶς ὡμολόγησεν (auf Befragen hat er geantwortet).

II. Rechtsschutz aus der Stipulation

Die Stipulation erzeugt als einseitiges Schuldverhältnis nur eine Leistungspflicht – nämlich von S an G -, zu deren Durchsetzung je nach versprochenem Inhalt entweder die *condictio* (dazu allg unten S 216) oder die *actio ex stipulatu* in Betracht kommt.

1) Ist der Leistungsinhalt ein *certum* (zB 10.000 HS = *certa pecunia*; eine bestimmte Sache = *certa res*), so steht dem Gläubiger die **condic-**

tio auf die geschuldete Summe (Formel S 311) bzw auf den Sachwert (*quanti ea res est*) zu. Bekanntlich kann der römische Richter immer nur auf Geld verurteilen (*condemnatio pecuniaria*; dazu unten S 313).

2) Ist der Leistungsinhalt ein *incertum* (zB der Bau eines Hauses), so hat der Gläubiger die **actio ex stipulatu**. Sie geht auf *quidquid Num Num dare facere oportet* (was auch immer der Beklagte zu übereignen und zu tun [kurz: zu leisten] verpflichtet ist). Das erlaubt dem Richter den Zuspruch des Interesses (*id quod interest actoris*).

III. Anwendungsbereich der Stipulation

Der Anwendungsbereich der Stipulation ist vielfältig. Pomponius (D 45, 1,5pr) gliedert sie einerseits in die auf Parteienautonomie beruhenden *stipulationes conventionales* und die prätorischen und richterlichen Stipulationen andererseits, die durch Musterformulare inhaltlich vorfixiert und mit einem indirekten Kontrahierungszwang (durch Nachteile bei Nichtabschluss) ausgestattet sind.

Für den weiten Anwendungsbereich der *stipulationes conventionales* ist eine Aussage des Pomponius charakteristisch: *quarum totidem genera sunt, quot paene dixerim rerum contrahendarum* (D 45,1,5pr: Davon gibt es so viele Arten wie – fast möchte ich sagen – Vertragsgegenstände). Der Typenzwang (S 245) wird dadurch gemildert: Jede mögliche und erlaubte Leistung kann zum Gegenstand einer Stipulation gemacht werden. Somit können auch Vereinbarungen, die ansonsten nicht klagbar wären, weil sie keinem anerkannten Kontraktstyp entsprechen, durch Einkleidung in eine Stipulation klagbar gemacht werden. Häufig werden auch Leistungspflichten, die einem anderen anerkannten Vertrag entspringen, noch durch eine Stipulation verstärkt (so zB die Darlehensrückzahlung) oder in eine Stipulationsschuld umgewandelt (Fall einer Novation). Die Bürgschaftsgeschäfte *sponsio*, *fidepromissio* und *fideiussio* sind Anwendungsfälle der Stipulation. Auch eine Konventionalstrafe wird idR in Stipulationsform vereinbart (*stipulatio poenae*).

IV. Kausale und abstrakte Stipulation

1) Eine Stipulation ist kausal oder tituliert, wenn sie in ihrem Wortlaut den Zweck bzw Rechtsgrund (*causa*) der Verpflichtung nennt.

G: „*Decem milia HS* **dotis causa** *mihi dari promittisne*?" (Versprichst du mir 10.000 HS **als Mitgift** zu leisten?) – S: „*Promitto*" (Ich verspreche es).

G: „*Decem milia HS, quae* **ex empto** *mihi debes, mihi dari spondesne*?" (Versprichst du mir die 10.000 HS, welche du mir **aus dem Kaufvertrag** schuldest, zu leisten?) – S: „*Spondeo*" (Ich verspreche es).

Hier handelt es sich um eine Novation, durch welche die Kaufpreisschuld des Käufers S in eine Stipulationsschuld umgewandelt wird.

Die kausale Stipulation ist in ihrer Wirkung von der genannten *causa* abhängig: Kommt zB die Ehe nicht zustande oder ist aus dem Kaufvertrag nichts geschuldet, so wird auch aus der Stipulation nichts geschuldet.

2) Wird auf die *causa* nicht Bezug genommen, ist die Stipulation abstrakt:

G: „*Decem milia HS mihi dari spondesne*?" (Versprichst du mir 10.000 HS zu leisten?) – S: „*Spondeo*" (Ich verspreche es).

Die daraus resultierende Verpflichtung ist von einem allfälligen Grundgeschäft oder dem zugrunde gelegten Zweck unabhängig (ähnlich wie heute zB die Verpflichtung aus einem Wechsel). G braucht sich bei einer Klage nur auf die Stipulation zu stützen. Will S sich damit verteidigen, dass das Grundgeschäft mangelhaft ist, oder der Zweck nicht erreicht worden ist, so können diese Umstände nur über eine *exceptio doli* – die von S beantragt und vom Prätor gewährt werden muss – prozessrelevant gemacht werden. Bei einer titulierten Stipulation bedarf es dafür keiner *exceptio doli*.

§ 25. Die Realkontrakte

Realkontrakte sind Verträge, bei denen neben der Willensübereinstimmung der Parteien die Hingabe einer Sache Wirksamkeitsvoraussetzung ist (*re contrahitur*). Allen Realkontrakten ist gemeinsam, dass sie eine Rückgabepflicht des Empfängers erzeugen.

I. Das mutuum

1. Inhalt, Zustandekommen, Rechtsschutz

Beim *mutuum* (Darlehen) wird von G dem S eine bestimmte Menge Geld oder anderer vertretbarer Sachen (zB Wein, Getreide) ins Eigentum übertragen, wobei vereinbart wird, dass S Sachen gleicher Menge und Qualität (*tantundem eiusdem generis et qualitatis*) zurückzugeben hat. Die Darlehensschuld ist eine Gattungsschuld, die Gefahr trägt also der Darlehensnehmer S.

Beachte: Für das römische Recht ist von dem (erst durch tatsächliche Auszahlung zustande kommenden) *mutuum* die Darlehenszusage durch den künftigen Darlehensgeber zu unterscheiden. Sie ist nur klagbar, wenn sie in Stipulationsform erfolgt, nicht aber als formloses *pactum de mutuo dando*.

Im ABGB ist der Darlehensvertrag (§ 983) seit 2010 nicht mehr Real-, sondern Konsensualvertrag. Er kann Geld oder vertretbare Sache erfassen und entgeltlich oder unentgeltlich sein (§ 984). Ein entgeltliches (= verzinsliches) Gelddarlehen heißt nunmehr Kreditvertrag; dazu zählt auch ein Vertrag, mit dem ein Geldbetrag zum Abruf zur Verfügung gestellt wird (§ 988).

Erforderlich für das Zustandekommen ist also neben der Willenseinigung (*conventio*) eine *datio mutui,* also eine vom Darlehensgeber G aufgrund der *causa credendi* vorgenommene Übereignung der Darlehenssumme an den Darlehensnehmer S. War G nicht Eigentümer der Münzen, so wird auch S nicht Eigentümer und es entsteht zunächst auch keine Darlehensforderung zwischen G und S; G erlangt keine *condictio* auf Rückzahlung; der Münzeigentümer E kann die Münzen bei S vindizieren. Sobald aber S die Münzen mit eigenen vermengt hat, erlangt er Eigentum, dadurch erlischt die *vindicatio* des E, und G erlangt eine Darlehens-*condictio* auf Rückzahlung; ebenso wenn S die Münzen gutgläubig verbraucht hat.

Eine Lockerung des Erfordernisses der direkten *datio* von G an S findet sich in folgenden Fällen:

Beim **Anweisungsdarlehen** weist G seinen Schuldner A an, das geschuldete Geld direkt an den Darlehensnehmer S zu zahlen. Mit der Hingabe der Münzen von A an S wird einerseits A von seiner Schuld gegenüber G befreit, andererseits entsteht eine Darlehensforderung G → S.

Umstritten ist hingegen das Vereinbarungsdarlehen: S schuldet dem G aus irgendeinem Grund (zB Abrechnung eines Mandates) Geld. G und S vereinbaren nun, dass das noch nicht abgerechnete Geld von S als Darlehen behalten werden soll. Julian lehnt es ab, durch *nuda pactio* ein Darlehen entstehen zu lassen (D 17,1,34pr), Ulpian hingegen lässt durch Analogie zum Anweisungsdarlehen auch ein Vereinbarungsdarlehen zu (D 12,1,15).

Ein sog **contractus mohatrae** liegt vor, wenn G dem S (statt Geld) einen Gegenstand übergibt, damit dieser ihn verkauft und den Erlös als Darlehen behält.

Über die erfolgte Darlehensauszahlung wird zumeist ein Schuldschein errichtet, welcher bei G verbleibt: Der Schuldschein ist Beweismittel, nicht Wirksamkeitserfordernis.

Der Anspruch des G gegen S auf Rückzahlung wird mit der strengrechtlichen **condictio** (Formel S 311) durchgesetzt: Beim Gelddarlehen heißt sie auch **actio certae creditae pecuniae**.

Da das *mutuum* am Modell des Freundschaftsdarlehens orientiert ist, ist es grundsätzlich unverzinslich. Die Ausrichtung auf ein *certum* und der strengrechtliche Charakter der Klage erlauben es auch nicht, dass bloß formlos zugesagte Zinsen eingeklagt werden können. Ab der Spätklassik begründet eine formlose Zinsabrede eine Naturalobligation, die zwar nicht eingeklagt, aber wirksam erfüllt werden kann: Wenn S aus einer formlosen Zinsabrede Zinsen gezahlt hat, kann er diese nicht als *indebitum* kondizieren.

Für das entgeltliche (dh verzinsliche) Geschäftsdarlehen wurde als rechtlicher Rahmen die Stipulation verwendet: Anlässlich der Auszahlung sagt der S dem G in Stipulationsform Rückzahlung und Zinszahlung zu.

Dem Schutz des S, der eine solche Rückzahlungsstipulation getätigt hat, dann aber von G nichts oder nicht alles ausbezahlt erhält, dient die **exceptio non numeratae pecuniae** (die Einrede der nicht ausgezahlten Geldsumme), die S der bloß auf die Stipulation gestützten Klage des G entgegensetzen kann. Damit ist eine Umkehr der Beweislast verbunden.

Nach der üblichen Beweislastverteilung müsste der Kläger den anspruchsbegründenden Sachverhalt, hier also die Stipulation, der Beklagte den einredebegründenden Sachverhalt, also den Nichterhalt des Geldes beweisen. Die Umkehr der Beweislast bewirkt, dass hier der Kläger auch die tatsächliche Auszahlung (*numeratio*) beweisen muss.

2. Das Senatusconsultum Macedonianum

Anlassfall war ein Haussohn namens Macedo, der Darlehen von vermutlich wucherischen Gläubigern aufgenommen hatte und von diesen bedrängt wurde. Er ermordete daraufhin seinen Vater, um – wohl als gewaltfreier Erbe – die Schulden zahlen zu können.

Das im 1. Jh nChr ergangene *SC Macedonianum* (Wortlaut in D 14,6,1pr) untersagte daraufhin die Darlehensgewährung an Haussöhne. Hatte G einem Haussohn S ein Darlehen gewährt, so wurde einer Rückzahlungsklage des G der Erfolg versagt, und zwar entweder durch *denegatio actionis* durch den Prätor oder durch Gewährung einer *exceptio SCi Macedoniani*, die zur Abweisung durch den Richter führte. Freiwillige Rückzahlung war wirksam (Naturalobligation). Der Schutz entfiel bei Genehmigung durch den *paterfamilias* oder durch den gewaltfrei gewordenen Haussohn.

II. Das commodatum

Beim *commodatum* (Leihvertrag: § 971 ABGB) wird dem Entlehner vom Verleiher eine (grundsätzlich unvertretbare und unverbrauchbare) Sache zum unentgeltlichen Gebrauch übergeben. Anders als beim Darlehen erlangt der Empfänger weder Eigentum noch Besitz, sondern nur die – vor allem gegen Dritte – ungeschützte Stellung eines Detentors. Gegenüber dem Verleiher trifft ihn eine Verpflichtung zur Rückgabe nach Beendigung des bedungenen Gebrauches: Zur Durchsetzung der Rückgabepflicht und eines allfälligen Schadenersatzes bei Beschädigung oder Verlust dient die **actio commodati directa.** Der Entlehner haftet dabei sehr streng über Verschulden hinaus für *custodia* (S 274), weil er aus dem Vertrag großen Nutzen zieht (Utilitätsprinzip).

Der Entlehner hat auch die gewöhnlichen Erhaltungskosten (zB Fütterung des entlehnten Tieres) zu tragen. Außerordentliche Aufwendungen muss er nicht tragen und kann sie entweder über ein Retentionsrecht – gegenüber dem Rückgabebegehren des Verleihers – oder klageweise mit der **actio commodati contraria** realisieren. Sie steht ihm auch zu, wenn ihm der Verleiher wissentlich eine schadhafte Sache überlassen hat und er dadurch einen Schaden erlitten hat (zB Leihe undichter Fässer D 13,6,18,3).

Der Verleiher kann – da das *commodatum* ein verbindlicher Vertrag ist – die Sache nicht vorzeitig zurückfordern. Anders beim sog **precarium** (Bittleihe: § 974 ABGB): Hier überlässt der *precario dans* dem Prekaristen (*precario accipiens*) eine Sache gegen jederzeitigen freien Widerruf. Interessanterweise ist der Prekarist – anders als der Kommodatar – Interdiktenbesitzer, was ihm die Mittel des Besitzschutzes gegen Dritte eröffnet; gegenüber dem *precario dans* gilt sein Besitz als fehlerhaft; der *precario dans* kann die Rückgabe jederzeit mit dem *interdictum de precario* durchsetzen.

III. Das depositum

Beim *depositum* übernimmt der Verwahrer vom Hinterleger eine Sache zur Aufbewahrung (§ 957 ABGB: zur Obsorge). Im modernen Recht kann der Verwahrungsvertrag unentgeltlich oder entgeltlich geschlossen werden (§ 969 ABGB). Das römische *depositum* ist unentgeltlich; die entgeltliche Aufbewahrung einer Sache wird der *locatio conductio operis* zugeordnet.

Der Verwahrer hat keine Gebrauchsbefugnis; unerlaubter Gebrauch ist *furtum*. Sachenrechtlich erlangt der Verwahrer die Stellung eines Detentors und genießt daher keinen Besitzschutz. Die Rückgabe setzt der Hinterleger mit der **actio depositi directa** (Formel S 312) durch, ebenso eine allfällige Schadenersatzpflicht bei Verlust und Beschädigung. Der Verwahrer – der ja für die Aufbewahrung kein Entgelt bekommt – haftet nur für *dolus*. Für Aufwendungen auf die Sache sowie für allfällige Schäden steht ihm die **actio depositi contraria** zu.

Besondere Gestaltungsformen sind

- das **depositum sequestre** (Streitverwahrung: § 968 ABGB): Eine strittige Sache (*res litigiosa*) wird für die Dauer des Prozesses einem Sequester übergeben, der sie an die obsiegende Partei herauszugeben hat. Der Sequester ist Interdiktenbesitzer und genießt daher Besitzschutz.
- das **depositum irregulare:** Hiebei werden vertretbare Sachen (zB Geld) dem Verwahrer ins Eigentum übertragen; er kann die erhaltenen Stücke frei verwenden, seine Rückgabepflicht erfasst *tantundem eiusdem generis et qualitatis*. Als Gattungsschuldner trägt der Verwahrer die Gefahr des Unterganges und Verlustes. Das *depositum irregulare* ist damit einem Darlehen sehr ähnlich, als Rechtsform der Geldüberlassung aber vorteilhafter. Mit der strengrechtlichen *condictio* aus dem *mutuum* können keine formlos vereinbarten Zinsen verlangt werden. Bei irregulärer Verwahrung erlaubt die *actio depositi directa* mit ihrer *bona-fides*-Klausel auch den Zuspruch formlos vereinbarter

Zinsen. Ein Kriterium für die Abgrenzung zwischen *mutuum* und *depositum irregulare* liegt darin, ob das Kreditbedürfnis des Empfängers oder das Verwahrungs- und Sicherheitsbedürfnis des Geldgebers im Vordergrund steht.

IV. Das pignus (Pfandrealkontrakt)

Die Pfandrechtsbegründung ist primär ein dem Sachenrecht zuzuordnendes Verfügungsgeschäft (S 174f). Beim Besitzpfand wird das Pfandobjekt vom Pfandgeber an den Pfandnehmer (Gläubiger der zu sichernden Forderung) übergeben: Insoweit liegt ein Realkontrakt vor, aus dem schuldrechtliche Beziehungen zwischen Pfandgeber und Pfandnehmer entspringen.

Mit der **actio pigneraticia** (*in personam*) **directa** begehrt der Pfandgeber in erster Linie die Rückgabe des Pfandobjekts nach Tilgung der gesicherten Forderung, allenfalls Schadenersatz bei Verlust oder Beschädigung; der Pfandnehmer haftet gemäß dem Utilitätsprinzip (das Pfandobjekt dient seiner Sicherung und potentiellen Befriedigung) über Verschulden hinaus für *custodia*. Ist es zum Pfandverkauf gekommen, geht die **actio pigneraticia directa** auf Herausgabe des *superfluum* (Differenz zwischen Verkaufserlös und gesicherter Forderung), bei pflichtwidrigem Verkauf (zB der Pfandnehmer verschleudert das Pfandobjekt, so dass kein *superfluum* erzielt wird) auf Schadenersatz.

Bei Aufwendungen auf oder Schäden durch das Pfandobjekt steht dem Pfandnehmer die **actio pigneraticia** (*in personam*) **contraria** zu.

> Unterscheide von den persönlichen Klagen zwischen Pfandgeber und Pfandnehmer die dingliche Klage des Pfandberechtigten (*actio pigneraticia in rem, vindicatio pignoris, actio Serviana*): dazu oben S 153f.

V. Die fiducia

Unter *fiducia* versteht man eine treuhänderische Eigentumsübertragung. Der fiduziarische Erwerber erlangt dabei nach außen die volle Rechtsmacht eines Eigentümers, unterliegt aber im Innenverhältnis gegenüber dem Treugeber Beschränkungen entsprechend dem Zweck der *fiducia*: Dieser konnte entweder sichere Verwahrung (*fiducia cum amico contracta*) oder Kreditsicherung (*fiducia cum creditore contracta*: heute Sicherungsübereignung) sein (S 145f).

Die treuhänderische Bindung und die Pflicht zur Rückübereignung nach Erreichen des Zwecks wurde in einer Abrede fixiert, die zumeist als *pactum fiduciae* (und nicht als *contractus*) bezeichnet wird: Die *fiducia* fehlt auch in der Aufzählung der Realkontrakte in den *res cottidianae* des Gaius (D 44,7,1,2–6). Wenn jedoch bei der fiduziarischen *mancipatio* oder *in iure cessio* auch die Sache dem Fiduziar zum Besitz übergeben wurde, hatte der Ablauf des fiduziarischen Verhältnisses eine starke Ähnlichkeit mit dem eines Realkontrakts.

Dem Rechtsschutz des Treugebers dient die **actio fiduciae directa**: Sie geht primär auf Rückübereignung (und Rückgabe). Ist es bei einer Sicherungsübereignung schließlich wegen Nichtzahlung durch den Schuldner zum Verkauf des Sicherungsobjekts gekommen, geht sie auf Herausgabe eines allfälligen *superfluum*. Auf Schadenersatz ist die *actio fiduciae directa* nicht bloß bei Schäden am Treuhandobjekt selbst, sondern vor allem auch dann gerichtet, wenn der Treuhänder das Objekt unter Missbrauch seiner Eigentümerstellung an einen Dritten weiterveräußert hat. Die Verurteilung bewirkt Infamie.

Dem Fiduziar steht (zB im Falle von Aufwendungen) die *actio fiduciae contraria* zu.

§ 26. Der Kaufvertrag (emptio venditio)

Die Definition des § 1053 ABGB folgt der Konzeption des entwickelten römischen Rechts, den Kaufvertrag als bloßes Titel- und Verpflichtungsgeschäft zu betrachten: Es entsteht eine Verpflichtung des Verkäufers V zur Leistung des Kaufobjekts sowie eine Verpflichtung des Käufers K zur Zahlung des Kaufpreises. Erst das vom Kaufvertrag getrennt zu sehende Verfügungsgeschäft der Eigentumsübertragung ändert die sachenrechtliche Zuordnung des Kaufobjekts.

Wie der Doppelname *emptio venditio* anzeigt, ist der Kaufvertrag ein vollkommen zweiseitiger Vertrag: Es entstehen zwei im Austauschverhältnis stehende Leistungspflichten; jede Partei hat daher sowohl die Stellung eines Gläubigers wie die eines Schuldners.

Abwicklungstechnisch kann man nun folgende Varianten unterscheiden:

1) Der sog **Barkauf** oder **Handkauf**, wie er im täglichen Leben häufig vorkommt, ist dadurch gekennzeichnet, dass Vertragsabschluss und Erfüllung der beiderseitigen Leistungspflichten zeitlich zusammenfallen: V übergibt sofort das Kaufobjekt an K, dieser leistet sofort den Kaufpreis.

2) Kaufverträge über bedeutende Wirtschaftsgüter (zB über ein Fahrzeug, über eine Maschine, über ein Grundstück) werden in der Regel nicht als Handkauf, sondern **zeitlich gestreckt** abgewickelt.

Der Kaufvertrag wird zB am 1.3. abgeschlossen, die Leistung des Kaufobjekts und die Zahlung des Kaufpreises erfolgen am 15.3. Diese Abwicklung macht – anders als der Barkauf – deutlich den Umstand bewusst, dass der Kaufvertrag zunächst nur obligatorische Bindungen zwischen den Parteien schafft, nämlich ein Forderungsrecht V → K auf Preiszahlung und ein Forderungsrecht K → V auf Leistung des Kaufobjekts. In der Zeit vom 1.3.–15.3. ist K noch nicht Eigentümer: Eigentum erlangt K erst durch das am 15.3. vorgenommene Verfügungsgeschäft.

3) Grundsätzlich stehen die Leistungspflichten beim Kaufvertrag in einem gegenseitigen Abhängigkeitsverhältnis (Synallagma), welches dazu führt, dass die Leistungen „Zug um Zug" abzuwickeln sind (sog funktionelles Synallagma; vgl § 1052 ABGB). In Abweichung davon kommt es bei folgenden Gestaltungen zu einer Vorleistung jeweils einer Partei, die erst später die Gegenleistung erhält:

a) Beim **Pränumerationskauf** zahlt K zunächst den (gesamten) Kaufpreis, während V erst zu einem späteren Zeitpunkt das Kaufobjekt leistet.

b) Beim **Kreditkauf** (Kauf auf Borg: § 1063 ABGB) wird die Sache übergeben, der Kaufpreis oder ein Teil des Kaufpreises erst später entrichtet, oft auch in mehreren Teilleistungen (Ratenkauf).

Die historische Entwicklung beginnt mit dem Barkauf; auch die *mancipatio* ist in ihrer ursprünglichen Form ein Barkauf (dazu oben S 121). Doch schon die XII-Tafeln kennen den Kreditkauf. Dem wirtschaftlichen Bedürfnis, Verpflichtungen auf künftige Leistungen rechtlich durchsetzbar zu machen, konnte natürlich auch mit Hilfe der formgebundenen Stipulation entsprochen werden, wobei allerdings zwei Stipulationen – nämlich eine Waren- und eine Geldstipulation – geschlossen werden mussten. Die historische Wurzel des formfreien Kaufvertrages liegt wohl im Handelsverkehr mit Peregrinen: Aus dem *ius gentium* wurde der formlose Kaufvertrag, der nach *bona fides* beurteilt wurde, dann ins *ius civile* rezipiert.

I. Abschluss, Inhalt, Rechtsschutz

1. Konsens

Als Konsensualvertrag kommt der Kaufvertrag – wie im modernen Recht – durch bloße Willensübereinstimmung zustande, egal in welcher Form sich die Einigung der Parteien manifestiert. Der Konsens muss zumindest die sog *essentialia negotii*, nämlich Kaufgegenstand und Preis umfassen. Als *accidentalia negotii* werden jene weiteren Punkte bezeichnet, die von den Parteien zusätzlich geregelt werden, zB Art der Preiszahlung (in einem oder in Raten), Modalitäten der Lieferung, Festlegung von Nebenpflichten.

Wiewohl die *emptio venditio* rechtlich durch bloßen Konsens zustande kommt, wird aus Gründen der Beweisbarkeit auch in der römischen Antike der Vertragsabschluss häufig schriftlich festgehalten. Die Gesamtheit der dabei geregelten Punkte wird als *lex venditionis* bezeichnet.

2. Die arra

Wenn K bereits bei Vertragsabschluss dem V eine bestimmte Summe übergibt, so hat dies heute zumeist nur die Funktion einer **Anzahlung**, mit der K einen Teil seiner Leistung bereits bei Vertragsabschluss erbringt. Von einem **Angeld** (*arra*) spricht man hingegen, wenn eine solche Zahlung als Zeichen der Abschließung und zur Sicherung seiner Abwicklung gegeben wird (§ 908 ABGB): Bei Nichterfüllung durch den Geber verfällt das Angeld, bei Nichterfüllung durch den Empfänger ist es in doppelter Höhe zu erstatten (*arra poenalis*). Ist dieser Mechanismus mit einem vertraglichen Rücktrittsrecht gekoppelt, so hat die *arra* die Funktion eines Reugelds (*arra poenitentialis*; § 910 ABGB).

Die *arra* kommt aus dem griechisch-hellenistischen Rechtsbereich. Da dieser weder die Figur der *obligatio* noch Konsensualverträge kannte, bedurfte es stets eines realen Elements, um die Vertragsdurchführung zu sichern. Dem klassischen römischen Recht war hingegen die obligationsbegründende Wirkung eines Konsensualvertrages geläufig. Deshalb qualifiziert Gaius die *arra* nur als ein *argumentum emptionis et venditionis contractae* (3,139). Diese sog *arra confirmatoria* wird, wenn sie in Geld besteht, auf die Leistung angerechnet; wenn sie nicht in Geld besteht (zB D 19,1,11,6: K hatte dem V einen Ring als *arra* gegeben), ist sie nach Preiszahlung zurückzustellen. Doch sind auch in den klassischen Quellen Vertragsgestaltungen überliefert, nach denen bei Zahlungsverzug des K der V unter Rücktritt vom Vertrag das Angeld behalten kann (zB Scaev. D 18,3,8).

3. Das Kaufobjekt

Entsprechend dem weiten Sachbegriff kann ein Kaufvertrag sowohl körperliche Sachen (zB Vase, Wein, Grundstück, Sklave) als auch unkörperliche Sachen (zB eine Forderung) zum Gegenstand haben. Der Verkauf einer Forderung kann freilich nicht durch Übergabe erfüllt werden, sondern dadurch, dass der Verkäufer als Altgläubiger den Käufer zum Neugläubiger macht: Dies kann durch Zession (S 295) oder Novation (S 285) erfolgen.

Die Bestimmung des Leistungsobjekts kann von den Parteien in verschiedener Weise erfolgen:

1) Ein **Stückkauf (Spezieskauf)** liegt vor, wenn das Kaufobjekt von den Parteien individuell bestimmt wird, zB der *fundus Cornelianus*, das eben ausgesuchte Kleid.

2) Ein **Gattungskauf (Genuskauf)** liegt vor, wenn das Kaufobjekt von den Parteien nach Gattungsmerkmalen bestimmt wird, zB 100 Scheffel Weizen, 100 Amphoren Wein. Die Gattungsumschreibung kann verschieden weit sein (zB 100 Amphoren Wein, 100 Amphoren Weißwein, 100 Amphoren Marsala-Wein). Der reine Gattungskauf ist in den Quellen nicht bezeugt, wohl aber der sog **beschränkte Gattungskauf** (Vorratskauf, zB 100 Amphoren Wein aus der Kellerei des Lucius).

Daraus den Schluss zu ziehen, dass die Römer gattungsmäßig umschriebene Handelsgeschäfte nur im rechtlichen Rahmen von zwei Stipulationen (Waren- und Preis-Stipulation), nicht aber im Rahmen der *emptio venditio* abgewickelt haben, ist nicht zwingend.

Bei der Abwicklung eines Gattungskaufes muss es irgendwann einmal, spätestens jedoch bei der Erfüllung, zu einer Individualisierung der konkreten

Leistungsgegenstände kommen (Konkretisierung, auch Konzentration). Dies erfolgt entweder durch Aussonderung oder Kennzeichnung, bei Wein durch Zumessung. Dieser Moment ist wichtig für den Gefahrenübergang (dazu unten S 177).

3) Beim Kauf derzeit noch nicht existierender, aber zukünftiger Sachen (zB die Ernte des nächsten Jahres, Erträgnis eines Fischzuges) hängt es vom Parteiwillen ab, ob

› dieser Kauf unter der aufschiebenden Bedingung des Entstehens der Sache geschlossen wird, dh nur dann Wirksamkeit erlangt, wenn die Sache entsteht (*emptio rei speratae*, vgl § 1275 ABGB); erfüllt sich die Erwartung hingegen nicht, ist der Kaufvertrag unwirksam und daher auch kein Preis zu bezahlen;

› dieser Kauf unbedingt geschlossen ist, dh es kommt auch dann zur Preiszahlungspflicht des Käufers, wenn sich die Erwartung nicht erfüllt: Hier ist das Kaufobjekt eine Chance (*emptio spei*, vgl § 1276 ABGB).

4. Der Kaufpreis

Von der Willenseinigung der Parteien muss neben dem Kaufobjekt auch der in Geld bestehende Kaufpreis (*pretium*) erfasst sein. Dieser soll sein:

a) ein **pretium verum**, dh eine wirkliche Gegenleistung für das Kaufobjekt, nicht etwa bloß ein Scheinpreis, zB zur Verdeckung einer Schenkung.

b) ein **pretium certum**, dh der Preis muss bestimmt oder zumindest bestimmbar sein. Nach einigen Juristen können die Parteien die Preisbestimmung einem Dritten überlassen (vgl § 1056 ABGB).

c) Die Lehre vom **pretium iustum** geht von der Vorstellung aus, dass jede Sache ihren „gerechten Preis" haben muss. Diese Lehre ist in der Klassik noch nicht verwirklicht.

In der Klassik wurde die Preisbildung einerseits dem freien Spiel von Angebot und Nachfrage überlassen und grundsätzlich auf preispolitische Interventionen verzichtet, andererseits wurde in Kauf genommen, dass eine Partei die andere übervorteilt. Von Fällen der Übervorteilung Minderjähriger abgesehen, blieben (selbst gravierende) Störungen der Äquivalenz von Leistung und Gegenleistung ohne Sanktion.

Erst in der Nachklassik begegnen punktuelle Interventionen des Gesetzgebers. Auf Kaiser Diokletian geht einerseits ein (im Wesentlichen wirkungslos gebliebenes) Höchstpreisedikt zur Bekämpfung der Inflation zurück, andererseits das Rechtsinstitut der **laesio enormis**: Nach einem Reskript von Diokletian kann der Verkäufer eines Grundstücks die Aufhebung des Vertrages verlangen, wenn der vereinbarte Preis weniger als die Hälfte des wahren Wertes beträgt. Macht der Verkäufer von seinem Aufhebungsrecht Gebrauch, so kommt es zur Rückabwicklung des Kaufvertrages. Der Käufer kann die Rückabwicklung allerdings dadurch verhindern, dass er die Differenz auf den wahren Wert nachzahlt.

Zu beachten ist, dass die *laesio enormis* im nachklassischen römischen Recht lediglich ein Rechtsbehelf zugunsten des Verkäufers, nicht aber des Käufers ist. Diese Asymmetrie erklärt sich historisch aus dem punktuellen Charakter der Intervention: Die beiden einschlägigen Reskripte (C 4,44,2 und 8) ergingen auf Anfragen von Grundstücksverkäufern. Wirtschaftspolitisch ging es Diokletian darum, die agrarisch tätige Bevölkerung zu schützen, die in der Krisensituation am Ende des 3. Jh häufig zu Notverkäufen von Grundstücken schreiten musste.

Im Gegensatz zu anderen modernen Rechtsordnungen hat das ABGB die *laesio enormis* in § 934 übernommen. Sie ist heute ein bei allen entgeltlichen Rechtsgeschäften (also nicht nur beim Kaufvertrag) anwendbarer Rechtsbehelf und schützt beide Parteien. Da die *laesio enormis* ausschließlich auf ein objektives Kriterium abstellt, bringt ihre Handhabung wenig Anwendungsprobleme.

5. Die Pflichten aus dem Kaufvertrag (Übersicht)

a) Pflichten des Käufers (vgl § 1062 ABGB)
Die Leistungspflicht des Käufers besteht im Wesentlichen in der Preiszahlung, dh in der Eigentumsverschaffung am Kaufgeld. Ab der Übergabe und im Verzugsfall ist der Kaufpreis zu verzinsen.

b) Pflichten des Verkäufers (vgl § 1061 iVm § 1047 ABGB)
aa) Primäre Hauptpflicht des Verkäufers ist die **Leistung des Kaufobjektes.**

bb) Nebenpflichten können sich aus einer besonderen Parteienvereinbarung oder aus den Umständen ergeben: So hat zB bei einem Grundstücksverkauf der Verkäufer eine Verpflichtung, die Grenzen und die Nachbarn zu zeigen; hier handelt es sich um eine Aufklärungspflicht. Wichtige Nebenpflichten sind ferner die Schutz- und Sorgfaltspflichten; insb hat der Verkäufer das verkaufte, aber noch nicht übergebene Kaufobjekt bis zur Übergabe sorgfältig zu behandeln und zu bewachen (*custodia*-Pflicht).

cc) Werden primäre Leistungspflichten durch einen vom Verkäufer zu vertretenden Umstand verletzt, so entsteht eine sekundäre Leistungspflicht und der Käufer kann Schadenersatz fordern. Er ist dabei vermögensmäßig so zu stellen, wie wenn der Vertrag ordnungsgemäß erfüllt worden wäre (positives Interesse, Erfüllungsinteresse).

dd) Daneben trifft den Verkäufer eine **Gewährleistungspflicht**: Unter Gewährleistung (vgl §§ 923 ff ABGB) versteht man das Einstehen für Rechts- und Sachmängel:

* Ein Rechtsmangel liegt vor, wenn die verkaufte Sache im Eigentum eines Dritten steht oder mit dem beschränkten dinglichen Recht eines Dritten (zB Pfandrecht, Servitut) belastet ist.

* Ein Sachmangel liegt vor, wenn das Kaufobjekt nicht die gewöhnlich im Verkehr vorausgesetzten oder die ausdrücklich bedungenen Eigenschaften aufweist.

6. Rechtsschutz

Im klassischen Recht steht dem Käufer zur Anspruchsdurchsetzung die **actio empti** (Formel und Übersetzung S 311), dem Verkäufer die **actio venditi** zur Verfügung. Beide Klagsformeln ermächtigen den Richter darauf zu verurteilen, *quidquid Num Num Ao Ao dare facere oportet ex bona fide*, und geben ihm daher einen weiten Ermessensspielraum für die inhaltliche Ausgestaltung der jeweils eingeklagten Leistungspflicht: Diese weite Formulierung und die *bona-fides*-Klausel ermöglichen es dem Richter, zB bei der *actio venditi* neben dem primär geschuldeten Kaufpreis auch Zinsen, bei der *actio empti* das Interesse des Käufers (*quod interest emptoris*) zuzusprechen. Des Weiteren erlaubt es die *bona-fides*-Klausel, geschuldete Nebenleistungen mit der Kaufvertragsklage durchzusetzen und Nebenabreden zu berücksichtigen.

In Gewährleistungsfällen (Auftreten von Rechts- oder Sachmängeln) wurde die *actio empti* (als unmittelbar aus dem Kaufvertrag erfließende *actio*) erst allmählich für den Rechtsschutz herangezogen; hiefür gab es zunächst eigene Rechtsinstitute und Klagen (*actio auctoritatis* aus der Manzipation; Klagen aus einer neben dem Kauf abgeschlossenen Garantiestipulation, *actio redhibitoria* = Wandlungsklage; *actio quanti minoris* = Minderungsklage).

II. Kauf und Eigentumsübergang

1. Eigentumsverschaffungsprinzip und Eviktionsprinzip

Üblicherweise führt ein Kaufvertrag zwischen V und K im Zuge seiner Abwicklung dazu, dass das Kaufobjekt nicht nur dem K übergeben wird (womit dieser Besitz erlangt), sondern auch rechtlich aus dem Vermögen des V in das Vermögen des K übergeht, so dass K Eigentum erlangt.

Fraglich ist allerdings, worauf die Verpflichtung des Verkäufers V geht:

a) Das sog **Eigentumsverschaffungsprinzip** sieht eine Erfüllung des Kaufvertrages nur dann als gegeben an, wenn V den K zum Eigentümer gemacht hat.

Beispiel: V hat an K die Sache übergeben; K bemerkt, dass er nicht Eigentümer geworden ist (zB weil V nicht Eigentümer war): K kann sofort gegen V vorgehen, selbst dann, wenn der wahre Berechtigte sich überhaupt nicht meldet und K ohnedies die Sache unangefochten behält.

b) Hingegen lässt das sog **Eviktionsprinzip** in einem solchen Fall ein Vorgehen des Käufers gegen den Verkäufer erst dann zu, wenn der wahre Berechtigte auf den Plan tritt und dem Käufer die Sache zB durch eine Eigentumsklage (*rei vindicatio*) erfolgreich streitig gemacht hat. Diesen Vorgang nennt man Eviktion; erst im Anschluss an eine Eviktion kann der Käufer Eviktionsregress gegen den Verkäufer nehmen.

Im römischen Recht gilt grundsätzlich das Eviktionsprinzip und nicht das Eigentumsverschaffungsprinzip, was man auch so beschreibt, dass die Verkäuferpflicht auf die **Verschaffung ungestörten Besitzes** gerichtet ist: Erhaltene Geschäftsformulare drücken das so aus, dass es *emp-*

torem uti frui habere possidere recte liceat. Dennoch gibt es Tendenzen zum Eigentumsverschaffungsprinzip, insb wird es vom Formelwortlaut der *actio empti* nicht ausgeschlossen, welche die denkbaren Verpflichtungen des Verkäufers mit der Wendung *quidquid ... dare facere oportet ex fide bona* umschreibt; *dare* bedeutet im Kernbereich Verschaffung von (zivilem) Eigentum. Und tatsächlich wird gegen den **dolosen** Verkäufer die *actio empti* auch ohne Vorliegen einer Eviktion gewährt, wenn der Käufer ein nicht bloß platonisches, sondern ein rechtliches Interesse daran hat, außer dem Besitz auch das Eigentum am Kaufobjekt erlangt zu haben.

Ein solches Interesse ist beispielsweise dann gegeben, wenn K die gekaufte Sache für eine Kreditaufnahme verpfänden will, was er wirksam nur als Eigentümer tun kann (Afr. D 19,1,30,1).

2. Kauf und Eigentumsübertragung

Der Kaufvertrag als Verpflichtungsgeschäft schafft zunächst nur einen Titel (*iusta causa*) für die Eigentumsübertragung (vgl § 1053 ABGB). Damit nach *ius civile* der Verkäufer sein Eigentum auf den Käufer überträgt, ist die Vornahme eines passenden Verfügungsgeschäftes erforderlich: Dies ist bei *res nec mancipi* die in Übereignungsabsicht vorgenommene Übergabe (*traditio*) der Sache an den Käufer, bei *res mancipi* (zB ein italisches Grundstück, ein Sklave) die *mancipatio*; weiters gibt es die bei allen Sachen anwendbare *in iure cessio*.

Zum Unterschied von kausalem und abstraktem Erwerb oben S 121 f.

3. Eigentumsübergang und Preiszahlung

Beim Barkauf oder bei einem „Zug um Zug" erfolgenden Leistungsaustausch zwischen K (Preiszahlung) und V (Kaufobjekt) entsteht für V kein Risiko.

Wenn hingegen V zuerst leistet, K aber den Preis oder Teile davon später zahlen soll, so entsteht für V eine Risikosituation: Er hat zwar den mit der *actio venditi* durchsetzbaren Anspruch auf den (restlichen) Kaufpreis und ist damit gegen bloße Zahlungsunwilligkeit des K gesichert. Allerdings ist der kreditierte Kaufpreis dann nicht voll realisierbar, wenn K zahlungsunfähig (insolvent) ist, zB weil dieser sich durch zu viele Kredite finanziell übernommen hat und nun der Konkurs über sein Vermögen eröffnet wird. Da das Vermögen von Konkursschuldnern („Gemeinschuldner") nie ausreicht, um alle Gläubiger zu befriedigen, erhalten diese nur eine Quote (zB 30 %). Auch der unbefriedigte Verkäufer ist ein solcher Gläubiger und trägt dieses Risiko. Außerdem ist das Kaufobjekt als Teil des Gemeinschuldnervermögens (das Kaufobjekt gehört ja schon dem Käufer) in den Verwertungsvorgang einbezogen.

Dieses Risiko wird heute durch den sog **Eigentumsvorbehalt** (*pactum reservati dominii*) gemildert: V übergibt zwar dem K sofort das Kaufobjekt, doch die Eigentumsübertragung (nicht: der Kaufvertrag) steht unter der aufschiebenden Bedingung der vollständigen Preiszahlung. V, der zunächst weiter Eigentümer bleibt, hat folgende Vorteile:

› Zahlt K nicht den Kaufpreis(rest), kann V nun statt des Kaufpreises unter Rücktritt vom Vertrag seine Sache mit der *rei vindicatio* verlangen.

› Da das Kaufobjekt nicht zum Vermögen des K gehört, fällt es im Konkursfall auch nicht in die Befriedigungsmasse für die Gläubiger: Der Verkäufer hat ein Aussonderungsrecht (§ 44 IO).

Der Eigentumsvorbehalt muss eigens vereinbart werden, denn § 1063 ABGB lässt auch beim Kreditkauf grundsätzlich das Eigentum sofort mit dem Verfügungsgeschäft übergehen: Das Gesetz kennt also keine Abhängigkeit des Eigentumserwerbs von der Preiszahlung.

Obwohl der Befund nicht ganz eindeutig ist, hat auch das klassische Recht den Eigentumserwerb des Käufers grundsätzlich nicht an die Preiszahlung geknüpft. Justinians Haltung ist nicht ganz klar: In I 2,1,41 macht er zunächst unter Berufung auf eine XII-Tafel-Bestimmung den Eigentumserwerb des Käufers von der Preiszahlung abhängig, stellt ihr aber andererseits Sicherstellung durch Pfand oder Schuldübernahme gleich und erklärt zum Schluss: *sed si is qui vendidit fidem emptoris secutus fuerit, dicendum est statim rem emptoris fieri* (Aber wenn der Verkäufer dem Käufer den Kaufpreis kreditiert hat, so muss man sagen, dass die Sache sofort Eigentum des Käufers wird).

Die Römer haben zwar den Eigentumsvorbehalt nicht durchgebildet, aber dessen Wirkung durch Kombination einer solchen Vereinbarung erreicht, dass K das Kaufobjekt bis zur vollständigen Bezahlung des Preises als Mieter, Pächter oder Prekarist erhalten soll. Auch die Nebenabrede der *lex commissoria* (dazu S 186) dient der Sicherung des Verkäufers. Ist sie mit einem dinglichen Rückfall verbunden, so entspricht sie funktional dem Eigentumsvorbehalt.

4. Der Verkauf fremder Sachen

Im Regelfall verkauft der Verkäufer eine eigene Sache. Aber auch wenn eine nicht dem Verkäufer gehörige Sache (*res aliena*) Gegenstand des Kaufvertrages ist, ist dieser grundsätzlich wirksam und erzeugt somit Verpflichtungen zwischen den Parteien. In der Abwicklung müssen wir folgende Situationen unterscheiden.

a) Verkauft V dem K eine Sache, die E gehört und sich auch bei E befindet – zB weil V damit rechnet, die Sache von E leicht erwerben zu können -, so ist V verpflichtet, sich diese Sache zu beschaffen (Beschaffungsschuld). Gelingt ihm dies, so kann er seinen Kaufvertrag gegenüber K ordnungsgemäß erfüllen; gelingt ihm dies nicht, so haftet er dem K mit der *actio empti* auf Schadenersatz und hat diesem das Interesse zu ersetzen.

b) Es gibt aber auch Situationen, in denen V eine Sache des E bei sich hat und diese dem K verkauft und übergibt. Auch hier ist der Kaufvertrag wirksam und insoweit abgewickelt worden, als K Besitz an der Sache erlangt hat. Abgesehen vom Fall, dass V von E mit einer Verfügungsermächtigung ausgestattet wurde (S 120), kann K hier aber kein Eigentum erlangt haben, da er vom Nichtberechtigten erworben hat. Auch hier ist festzuhalten, dass der Kaufvertrag als Verpflichtungsgeschäft wirksam ist; unwirksam ist nur das Verfügungsgeschäft, mit dem das Eigentum hätte übertragen werden sollen.

Da das römische Recht – anders als das moderne Recht (vgl §367 ABGB, §932 BGB) – einen sofortigen Eigentumserwerb aufgrund guten Glaubens nicht kennt, muss K damit rechnen, dass ihm die Sache vom Berechtigten evinziert wird. In diesem Fall wird K gegen V Eviktionsregress nehmen. Ein gutgläubiger Käufer kann allenfalls durch Ersitzung nach einem bzw zwei Jahren originär Eigentum erwerben (dazu oben S 124ff).

III. Probleme bei der Abwicklung eines Kaufvertrages

1. Übersicht

Wenn wir zunächst vom Muster einer störungsfreien Abwicklung ausgehen, dann sieht diese beim Kaufvertrag so aus, dass beide Parteien ihre Leistungspflichten ordnungsgemäß erfüllen, dh K leistet den Kaufpreis, V leistet das Kaufobjekt und dieses ist frei sowohl von Sach- wie auch von Rechtsmängeln.

Abweichungen von diesem ungestörten Ablauf sind vor allem:

› SCHULDNERVERZUG des V

Es liegt am V, dass – trotz Fälligkeit und Möglichkeit – nicht geleistet wird.

› NACHTRÄGLICHE UNMÖGLICHKEIT

V kann die Sache nicht mehr leisten, zB

- weil er sie schuldhaft zerstört oder verloren hat; HAFTUNGSFÄLLE
- weil sie ihm gestohlen worden ist;
- weil er sie inzwischen an einen anderen Interessenten verkauft und (unwiederbringlich) übergeben hat;
- weil die Sache durch höhere Gewalt untergegangen ist. GEFAHRTRAGUNGSFALL

› GLÄUBIGERVERZUG des K

V bietet das Kaufobjekt ordnungsgemäß an, K nimmt es nicht an.

› SCHULDNERVERZUG des K

K leistet trotz Fälligkeit nicht den Kaufpreis.

› GLÄUBIGERVERZUG des V

K bietet den Kaufpreis ordnungsgemäß an, V nimmt ihn nicht an.

› Fälle der GEWÄHRLEISTUNG:

V leistet an K das Kaufobjekt, aber es stellt sich heraus, dass es

- dem E gehört;
- mit einem Pfandrecht des G belastet ist; RECHTSMÄNGEL
- mit einer Servitut belastet ist;

- nicht die gewöhnlich vorausgesetzten Eigenschaften hat (zB die Weinfässer sind nicht dicht);	SACHMANGEL
- nicht die ausdrücklich bedungenen Eigenschaften aufweist (zB V hatte ein Fassungsvermögen von 800 zugesichert, tatsächlich fassen die Fässer nur 650).	SACHMANGEL

Zu beachten ist, dass im Verzugsfall oft zwei Tatbestände gleichzeitig verwirklicht sein können. War zB im Kaufvertrag vereinbart, dass Übergabe des Kaufobjekts und Preiszahlung an einem bestimmten Tag erfolgen sollen und unterlässt dann V trotz ordnungsgemäßen Preiszahlungsanbots des K die Mitwirkung an der Abwicklung, so gerät V einerseits, nämlich hinsichtlich des Kaufpreises, in Gläubigerverzug, andererseits, nämlich hinsichtlich der Leistung des Kaufobjekts, in Schuldnerverzug.

2. Verzug des Verkäufers

Wenn V trotz Fälligkeit und Einforderung durch K das Kaufobjekt nicht übergibt, kann K mit der *actio empti* auf Erfüllung klagen, wenn er seinerseits bereit ist, bei Zug-um-Zug-Abwicklung den Preis zu leisten.

Aus Gründen des Prozessrechts mit seiner Maxime der *condemnatio pecuniaria* (S 313) kann der Richter den beklagten Verkäufer jedoch nicht zur Sachleistung, sondern immer nur auf Geld verurteilen. Die Geldverurteilung geht auf das sog positive Interesse, dh der Käufer ist durch den zugesprochenen Geldbetrag so zu stellen, wie dies der gedachten ordnungsgemäßen Erfüllung entspricht: Man spricht auch von Erfüllungsinteresse oder Ersatz des Nichterfüllungsschadens: Dieses Interesse ist oft höher als der Kaufpreis, so zB, wenn K die Sache günstig gekauft hat. Er erhält hier den vollen Sachwert zugesprochen, manchmal sogar mehr (Ulp. D 19,1,1pr), etwa wenn er nun seinerseits einen bereits eingegangenen Weiterverkauf nicht erfüllen kann und deswegen einer Konventionalstrafe unterliegt. Nicht zu ersetzen sind Schäden, die entstanden sind, weil der Käufer seiner Obliegenheit zur Schadensminimierung nicht nachgekommen ist:

Paul. D 19,1,21,3: K hat von V Getreide gekauft; V liefert nicht, wodurch Sklaven des K verhungern. K kann nicht den Wert der verhungerten Sklaven verlangen. Hier hätte K durch einen sog **Deckungskauf** den Schaden abwenden können und dann den dadurch bedingten Mehraufwand auf den Verkäufer überwälzen können.

Geht nach Eintritt des Verzugs das Kaufobjekt durch Zufall unter, so belastet dieser Umstand den Verkäufer, nicht den Käufer (C 4,48,4 und 6).

Leistet der Verkäufer verspätet, so wird dadurch der Verzug beendet (*purgatio morae*), der Käufer kann aber im Rahmen der *actio empti* den Verspätungsschaden geltend machen.

3. Nachträgliche Unmöglichkeit: Haftungsfall und Gefahrtragungsfall

Wird die Leistung des Kaufobjekts im Nachhinein unmöglich, so ist für die Rechtsfolgen grundsätzlich danach zu unterscheiden, ob die Unmöglichkeit von V zu vertreten ist (Haftungsfall) oder nicht (Gefahrtragungsfall).

Die Vertretungspflicht des Verkäufers umfasst mit *dolus* (Vorsatz bzw bewusster Verstoß gegen die *bona fides*) und *culpa* (Fahrlässigkeit) nicht bloß schuldhafte Verhaltensweisen des Verkäufers, sondern mit der sog *custodia*-Haftung auch eine verschuldensunabhängige Einstandspflicht für den Bewachungserfolg: In die *custodia*-Haftung fallen insb Diebstähle von dritter Seite. Paulus vergleicht bezüglich der Haftung den Verkäufer, der die Sache noch bei sich hat, mit einem Entlehner (D 18,6,3).

Außerhalb der Vertretungspflicht des Verkäufers liegen vor allem Fälle der höheren Gewalt (*vis maior*), zB Naturkatastrophen, bei Sklaven der natürliche Tod.

Bei nachträglicher Unmöglichkeit fällt die primäre Leistungspflicht des Verkäufers (Leistung des Kaufobjekts) weg.

a) Im Haftungsfall entsteht jedoch eine **sekundäre Leistungspflicht** des V auf **Schadenersatz**, der im Rahmen der *actio empti* geltend gemacht werden kann.

b) Im Gefahrtragungsfall entsteht keine sekundäre Leistungspflicht des V auf Schadenersatz.

Da K somit weder die Sache noch Ersatz erhält – oder anders ausgedrückt V vollkommen frei wird – sagen wir auch: K trägt die **Leistungsgefahr** (das ist die Gefahr, trotz Vertrages keine Leistung zu erhalten).

Weiters muss K den Kaufpreis bezahlen.

Da K somit seine Leistung (den Preis) erbringen muss, ohne eine Gegenleistung zu erhalten, sagen wir auch: Er trägt die **Preisgefahr**.

4. Gefahrenübergang durch Perfektion

Die römischen Juristen befassen sich mit der Preisgefahr und erörtern die Frage, wann diese von V auf K übergeht. Dabei geht es nicht nur um Fälle des zufälligen totalen Unterganges der Sache, sondern auch um Fälle der zufälligen Verschlechterung (zB Sturmschäden auf einem Grundstück; Sauerwerden des Weines). Dazu sagt der spätklassische Jurist Paulus in D 18,6,8pr:

Perfecta emptione periculum ad emptorem respiciet (Mit der Perfektion des Kaufes wird die Gefahr den Käufer treffen).

Eine *emptio perfecta* liegt nach Paulus dann vor, *si id quod venierit appareat quid quale quantum sit, sit et pretium, et pure venit* (wenn vom Kaufobjekt feststeht, was, wie beschaffen und wie viel es ist, wenn der Preis festgelegt ist und ohne Bedingung verkauft worden ist).

Demnach kommt es zB zur Perfektion

- beim unbedingten Spezieskauf: mit Vertragsabschluss;
- beim (aufschiebend) bedingten Kauf: mit Bedingungseintritt;
- beim Genuskauf: mit der Individualisierung der letztlich zur Leistung bestimmten Stücke (Konkretisierung, Konzentration);

zB D 18,1,35,7: V hat mit K einen Kaufvertrag über 100 Amphoren Wein aus der Kellerei des V geschlossen: Die Gefahr geht mit der Zumessung von V an K über.

- bei Abhängigkeit des Preises von einer Menge erst dann, wenn diese durch Zählen, Wägen, Abmessen oÄ ermittelt ist, und damit der Gesamtpreis feststeht.

D 18,1,35,5: V verkauft an K seinen gesamten Getreidevorrat, wobei ein Preis pro Scheffel festgelegt wird. Der Kauf wird erst durch Zumessung perfekt, da vorher zwar das Kaufobjekt, aber nicht der Preis feststeht. Wird hingegen der Vorrat *uno pretio* verkauft, so ist der Vertrag sofort perfekt.

Diese für den Käufer uU sehr harte Regelung, die auch mit der Parömie **periculum est emptoris** wiedergegeben wird, lässt sich historisch als Nachwirkung des Barkaufgedankens verstehen, dogmatisch auch damit erklären, dass die verkaufte, aber noch nicht übergebene Sache zwar sachenrechtlich noch Eigentum des V ist, im Verhältnis zwischen den Parteien aber schon dem Vermögen des K zugerechnet wird, weswegen zufälliger Untergang und zufällige Verschlechterung schon den K und nicht mehr den V belasten. In aktionenrechtlicher Sichtweise kann der Satz auch als Verwirklichung eines besonderen Prozessrisikos (zu Lasten des K) gesehen werden: Bei zufälligem Sachuntergang kann er selbst nicht mehr mit der *actio empti* klagen, ist aber nach wie vor der *actio venditi* des V ausgesetzt.

Etwas entschärft ist das *periculum emptoris* freilich dadurch, dass den Verkäufer bis zur Übergabe eine *custodia*-Haftung trifft.

§ 1064 iVm §§ 1048, 1049 und 1051 ABGB lässt beim Stückkauf die Gefahr erst mit dem Zeitpunkt der Übergabe auf den Käufer übergehen.

5. Gläubigerverzug des Käufers

Gelegentlich scheitert die geplante Abwicklung eines Kaufvertrages auch daran, dass der Käufer ein ordnungsgemäß erfolgtes Leistungsanbot des Verkäufers nicht annimmt.

a) Als typische Rechtsfolge des Gläubigerverzuges tritt eine Haftungserleichterung für den Verkäufer als Schuldner ein: Er haftet nur mehr für *dolus*; die Haftung für *culpa* und *custodia* entfällt (D 18,6,18); dementsprechend erweitert sich der Risikobereich des Käufers. Sollte sich zB die Sache nach Eintritt des Gläubigerverzuges etwa infolge leichter Fahrlässigkeit des V verschlechtern oder von einem Dritten gestohlen werden, so erhält der Käufer keinen Schadenersatz, muss aber den Preis zahlen.

b) Überliefert ist in einigen Fällen auch der Ersatz jener Aufwendungen und Schäden, die den Verkäufer wegen der Nichtannahme treffen:

D 19,1,38,1: K nimmt den verkauften Sklaven nicht an; V muss weiterhin für seine Ernährung aufkommen.

D 18,6,1,3: K hat die vereinbarte Frist für die Zumessung des verkauften Weins nicht eingehalten, danach hat V dem K vor Zeugen eine Nachfrist mit der Androhung des Wegschüttens (dies war zulässig) gesetzt; K lässt die Nachfrist verstreichen, V schüttet den Wein jedoch nicht weg. Weil seine Fässer nicht frei werden, können ihm Mieteinnahmen für Leerfässer entgehen oder Mietaufwendungen für benötigte Leerfässer entstehen. Diesbezüglich kann er von K Ersatz begehren.

Über Annahmeverzug hinaus geht auch der Fall D 19,1,9: K will die gekauften Gesteinsmaterialien nicht vom Grundstück des V wegschaffen. Pomponius gewährt V die *actio venditi, ut eos tollat* (dass er sie entfernt). Das deutet darauf hin, dass der Abtransport zu den Vertragspflichten des K gehörte, weswegen seine Weigerung als Schuldnerverzug zu sehen ist.

6. Verzugsfälle hinsichtlich der Leistung des Preises

a) Bei Zahlungsverzug des Käufers (Schuldnerverzug) kann der Verkäufer als pauschalierten Schadenersatz Verzugszinsen in ortsüblicher Höhe (*ex more regionis*) verlangen und diese gemeinsam mit dem Kaufpreis mit der *actio venditi* einklagen.

Ein Rücktrittsrecht steht dem Verkäufer nur dann zu, wenn der Kaufvertrag als Nebenabrede eine *lex commissoria* (unten S 186) enthält.

b) Bei Annahmeverzug des Verkäufers (Gläubigerverzug) kann der Käufer die Kaufsumme an einer öffentlichen Stelle hinterlegen (*depositio*, dazu unten S 279; vgl § 1425 ABGB).

IV. Die Gewährleistung für Rechtsmängel

Die Gewährleistung beruht im römischen Recht auf verschiedenen Anspruchsgrundlagen, die ursprünglich außerhalb des Kaufvertrages lagen. Erst allmählich erfolgt der Einbau in die *actio empti* und damit die Ableitung der Gewährleistung aus dem Kaufvertrag selbst.

1. Die Auktoritätshaftung des Manzipanten

Sie greift bei Verkäufen ein, die durch *mancipatio* vollzogen werden: Daraus ist der Veräußerer verpflichtet, dem Erwerber in einem Prozess, der von dritter Seite gegen den Erwerber der Sache angestrengt wird, Beistand zu leisten. Erhebt zB E gegen den Manzipationskäufer K die Eigentumsklage (*rei vindicatio*), so soll K den Verkäufer V davon verständigen (*litis denuntiatio* = Streitverkündigung) und ihn auffordern, ihm als Gewährsmann (*auctor*) Beistand zu leisten:

› Wenn V seiner Beistandspflicht nachkommt und dadurch die Klage des Dritten abgewehrt werden kann, so ist K zufrieden gestellt.

› Wenn aber V diesen Beistand verweigert oder zwar Beistand leistet, aber dieser Beistand erfolglos bleibt und der Prozess verloren geht, so steht dem K nun die **actio auctoritatis** auf das *duplum* des gezahlten Kaufpreises zu.

Die Auktoritätshaftung setzt voraus, dass der Kaufpreis bezahlt oder zumindest sichergestellt ist.

2. Rechtsmängelgewährleistung durch Stipulationen

Wo keine *mancipatio* vorgenommen wurde oder werden konnte (zB bei *res nec mancipi*, im Verkehr mit Peregrinen), gab es natürlich auch keine Auktoritätshaftung. Es entstand auch bei solchen Käufen ein Bedürfnis nach Sicherung des Käufers gegen Eviktionsfälle. Hiefür wurden im Geschäftsverkehr zwei Stipulationen entwickelt, die neben dem Kaufvertrag abgeschlossen wurden:

a) Bei der **stipulatio duplae** (*pecuniae*) handelt es sich um die Vereinbarung einer Konventionalstrafe, die dann fällig wird, wenn dem Käufer infolge Eviktion der ungestörte Besitz an der Sache entzogen wird:

> K: „Si quis eam rem partemve quam ex ea evicerit, quominus mihi eive ad quem ea res pertinebit uti frui habere possidere recte liceat, tum quanti ea res empta est, tantam pecuniam et alterum tantum dari promittisne?" (Wenn jemand diese Sache oder einen Teil von ihr evinziert, so dass mir oder demjenigen, auf den sich die Angelegenheit beziehen wird [= oder meinem Rechtsnachfolger] es nicht freisteht, die Sache rechtmäßig zu gebrauchen, zu nutzen, zu haben und zu besitzen, versprichst du mir so viel Geld zu geben, um wie viel die Sache gekauft worden ist und noch einmal so viel?") – V: „Promitto" (Ich verspreche es).

Neben der Fixierung des *duplum* als Konventionalstrafe begegnen in der Urkundenpraxis auch das *triplum*, *quadruplum* oder gelegentlich nur das *simplum*; neben der Bemessungsgrundlage Kaufpreis kommt als Bemessungsgrundlage auch der Sachwert selbst vor.

b) In der **stipulatio habere licere** sichert V dem K in Stipulationsform den ungestörten Besitz (*habere licere* = das Haben dürfen) zu: Die dem K daraus erwachsende Klage ging auf das Interesse am ungestörten Besitz.

3. Rechtsmängelgewährleistung aufgrund der actio empti

a) Dolus oder dictum des V

Dass in Fällen von *dolus* oder *dictum* die *actio empti* gewährt wird, erklärt sich aus dem Verstoß gegen die der Klage zugrunde liegende *bona fides.*

D 19,1,1,1: V verschweigt dem K beim Grundstücksverkauf eine Servitut.

D 19,1,30,1: V verkauft dem K wissentlich eine dem E gehörige Sache.

Die Klage des enttäuschten Käufers geht auf das Interesse, dies allenfalls schon vor Geltendmachung der Servitut oder Eviktion. Haftungsauslösend ist hier nicht – wie bei der *actio auctoritatis* und der *stipulatio duplae* – die Eviktion, sondern der *dolus* bzw das nichtzutreffende *dictum.*

b) Erfolgte Eviktion

Unabhängig von *dolus* oder *dictum* kann seit Julian (D 21,2,8) nach erfolgter Eviktion auf das Interesse geklagt werden.

c) Unterbliebene Garantiestipulation

Beim Kauf von wertvolleren Sachen (zB Perlen: D 21,2,37,1) kann auf Nachholung der *stipulatio duplae*, beim Grundstückskauf auf Nachholung der ortsüblichen Garantiestipulation (Gai. D 21,2,6) geklagt werden; ist es bereits zur Eviktion gekommen, geht die Klage auf das, was aus der unterbliebenen Stipulation zu leisten gewesen wäre (PS 2,17,2).

V. Gewährleistung für Sachmängel

Ein Sachmangel liegt vor, wenn die Istbeschaffenheit der geleisteten Sache von der Sollbeschaffenheit abweicht, und zwar dadurch, dass die Sache nicht die im Verkehr gewöhnlich vorausgesetzten oder die ausdrücklich bedungenen Eigenschaften aufweist (vgl § 922 ABGB).

Verbindliche Zusicherungen von Eigenschaften (bzw über das Nichtvorhandensein von Fehlern) sind die sog *dicta et promissa*:

Ein *dictum* ist eine ausdrückliche Zusicherung des Verkäufers, ein *promissum* liegt vor, wenn eine solche Zusicherung in Stipulationsform erfolgt. Trifft ein *dictum* nicht zu, so kann der Käufer mit der *actio empti* vorgehen; im Fall eines nichtzutreffenden *promissum* steht dem Käufer die *actio ex stipulatu* zu.

Von den verbindlichen *dicta* und *promissa* sind die unverbindlichen Reklameanpreisungen („*quae commendandi causa dicuntur*") zu unterscheiden.

Ähnlich wie bei den Rechtsmängeln beruhte auch die Gewährleistung für Sachmängel noch sehr stark auf Rechtsinstituten außerhalb des Kaufvertrages. Der Einbau der Gewährleistung in die *actio empti* – und damit die Ableitung der Einstandspflicht aus dem Kaufvertrag selbst – setzt sich nur allmählich durch.

1. Die actio de modo agri

Wird mit der *mancipatio* eines Grundstückes eine ausdrückliche Zusage (*dictum in mancipio*) über ein bestimmtes Ausmaß gegeben (zB 50 Joch) und stellt sich dann heraus, dass das Ausmaß geringer ist (zB 45 Joch), so kann der Käufer das Doppelte des zu viel gezahlten Preises (zB bei einem Preis von 10 HS pro Joch: 5 x 10 = 50 HS), somit 100 HS mittels der *actio de modo* geltend machen.

2. Gewährleistung aufgrund von Stipulationen (promissa)

Neben dem Kaufvertrag konnten Stipulationen abgeschlossen werden, in denen V dem K die Abwesenheit von Fehlern oder das Vorhandensein bestimmter Eigenschaften zusagte.

ZB ist beim Verkauf von Fässern folgende Stipulation denkbar:

> K: „*Haec dolia integra esse praestari promittisne*?" (Versprichst du dafür einzustehen, dass diese Fässer dicht sind?) – V: „*Promitto*" (Ich verspreche es).

Beim Verkauf eines Sklaven ist folgende Stipulation überliefert:

K: „*Eum puerum sanum traditum esse, furtis noxaque solutum, erronem fugitivum caducum non esse praestari promittisne?*" (Versprichst du dafür einzustehen, dass dieser Knabe gesund übergeben, frei von Diebstahl und Noxalhaftung, kein Herumstreuner ist, nicht zum Entlaufen neigt und nicht epileptisch ist?) – V: „*Promitto*" (Ich verspreche es).

Bei Nichtzutreffen stand dem K die *actio ex stipulatu* auf das Interesse zu.

3. Die ädilizischen Klagen

Den kurulischen Ädilen oblag in Rom die Marktgerichtsbarkeit. In diesem Zusammenhang erließen sie je ein Edikt über die Verkäufe von Sklaven (*edictum de mancipiis*) und Zugtieren (*edictum de iumentis*). Es handelt sich bei dieser Rechtsmaterie – ebenso wie bei den Rechtsschutzverheißungen im prätorischen Edikt – um Amtsrecht (*ius honorarium*).

Beide Edikte statuierten eine **Kundmachungspflicht** für bestimmte **Mängel**:

Bei Sklaven: Körperliche Gebrechen, Krankheiten, Fehler wie zB Neigung zum Entlaufen und Herumstreunen; schließlich die Belastung mit einer Noxalhaftung (dazu unten S 232).

Bei Zugtieren: Krankheiten und Gebrechen.

Wurden solche Mängel von V nicht kundgemacht oder trafen *dicta et promissa* (zB *litteratum esse*, *artificem esse* = dass er gebildet ist, dass er in einem Handwerk ausgebildet ist) nicht zu, so sah das Edikt zwei Klagen vor:

a) Die **actio redhibitoria** (Wandlungsklage) auf Rückabwicklung des Kaufes: Gegen Rückgabe des Kaufobjekts konnte K von V die Erstattung des Preises verlangen.

b) Die **actio quanti minoris** (Minderungsklage) auf eine dem Mangel entsprechende Minderung des Kaufpreises.

Beide Klagen standen dem K zur Wahl. Allerdings war die *actio redhibitoria* mit 6 Monaten, die *actio quanti minoris* mit einem Jahr befristet. Im Fall eines *dictum* konkurrierten die ädilizischen Klagen mit der *actio empti*, im Fall eines *promissum* mit der *actio ex stipulatu* (Ulp. D 21,1,19,2).

Das Edikt enthielt auch ein (mit der *stipulatio duplae* kombiniertes) Musterformular für eine Garantiestipulation betreffend das Nichtvorhandensein von Mängeln. Umstritten ist die Frage, ob es einen ädilizischen Zwang zum Abschluss einer solchen Garantiestipulation gab: In Gai. D 21,1,28 werden ädilizische Klagen mit Fristen von 2 Monaten (auf Redhibition) und 6 Monaten (auf das Interesse) für den Fall erwähnt, *si venditor de his quae edicto aedilium curulium continentur non caveat* (wenn der Verkäufer bezüglich dessen, was im Edikt der kurulischen Ädilen enthalten ist, nicht durch Stipulation Sicherheit leistet). Die hL deutet dies – vor dem Hintergrund eines ädilizischen Zwanges zum Abschluss von Garantiestipulationen – als Sanktion auf die Weigerung des V. Überzeugender ist die Erklärung, D 21,1,28 so zu verstehen, dass bei einem Verkauf ohne Garantiestipulation (bei dem auch der erzielte Preis geringer sein wird) die Gewährleistungsfristen kürzer sind.

Keine Anwendung fanden die ädilizischen Klagen, wenn die Mängel leicht erkennbar waren (offenkundige Mängel vgl § 928 ABGB).

Die ädilizischen Klagen wurden von Justinian auf alle Käufe erstreckt. Das ABGB sieht in § 932 bei Sachmängeln zunächst als primäre Gewährleistungsbehelfe Verbesserung, Nachtrag des Fehlenden und den Austausch der Sache vor, erst sekundär die ädilizischen Behelfe Preisminderung und Wandlung.

4. Sachmängelgewährleistung aufgrund der actio empti

a) Ursprünglich war die *actio empti* nur dann anwendbar, wenn der Verkäufer Zusicherungen in einem *dictum* abgegeben hatte oder dolos gehandelt hatte, zB wissentlich eine mangelhafte Sache verkauft hatte, ohne den Käufer aufzuklären.

b) Der Durchbruch ist dem Frühklassiker Labeo zu verdanken, der bei verkauften Fässern davon ausgeht, dass – auch ohne besondere Abrede – der Verkäufer grundsätzlich für deren Dichtheit einzustehen hat (D 19,1,6,4).

Mit der *actio empti* erlangt der Käufer das Interesse (*quod eius interest*). Bereits die klassischen Juristen leiten daraus ab, dass er damit die Rückzahlung jenes Betrages verlangen kann, um den er bei Kenntnis des Mangels weniger gezahlt hätte (Minderung). Hätte er bei Kenntnis des Mangels überhaupt nicht gekauft, so kommt auch Redhibition in

Betracht. Damit erreicht die – für alle Käufe anwendbare – *actio empti* die gleichen Ziele wie die (in ihrem sachlichen Anwendungsbereich sehr eingeschränkten) ädilizischen Klagen.

Die Interessebetrachtung bei der *actio empti* erlaubt auch die Berücksichtigung von **Mangelfolgeschäden**. Der Hochklassiker Julian bringt folgende Beispiele (D 19,1,13pr):

(1. Fall) V verkauft an K krankhaftes Vieh. Dadurch wird gesundes Vieh des K angesteckt und verendet.

(2. Fall) V verkauft an K schadhafte Balken. K verwendet diese Balken beim Bau eines Hauses; dieses stürzt ein.

Julian entwickelt folgende Differenzierung: Gegen einen *venditor ignorans* kann K nur Minderung oder Wandlung geltend machen, vom *venditor sciens* kann K den Ersatz des (oft wesentlich höheren) Mangelfolgeschadens verlangen (vgl dazu die ähnliche Haltung des § 933 a ABGB, der eine Schadenersatzpflicht nur gegen den schuldhaft agierenden Verkäufer vorsieht).

VI. Nebenabreden beim Kaufvertrag

Da der Kaufvertrag zu den *bona-fides*-Kontrakten zählt, sind Nebenabreden (*pacta adiecta*) ohne weiteres im Rahmen der jeweiligen Klage (*actio empti, actio venditi*) durchsetzbar. Entsprechend der Gestaltungsfreiheit sind Nebenabreden verschiedensten Inhalts denkbar und auch überliefert:

1) Haftungsausschlüsse (Freizeichnungsklauseln) und Haftungserweiterungen; von der gesetzlichen Regelung abweichende Gefahrverteilungen.

2) Gewährleistungsausschlüsse, zB die Abrede, für Eviktion nicht einzustehen (*pactum de non praestanda evictione*, üblich beim Pfandverkauf).

Die Berufung auf einen Haftungs- oder Gewährleistungsausschluss wird dem V allerdings dann versagt, wenn er den Mangel kannte.

3) Statuierung von Nebenpflichten, zB die Pflicht des Verkäufers, bis

zum nächsten Zensus-Termin noch die Grundsteuer weiter zu bezahlen (*pactum de tributis agnoscendis*).

4) Sehr wichtig sind die so genannten Rücktrittsvorbehalte:

› Die **lex commissoria** (Verwirkungsabrede) gibt dem Verkäufer ein Rücktrittsrecht, wenn der Kaufpreis nicht bis zu einem bestimmten Termin bezahlt ist.

Lex bedeutet in diesem Zusammenhang nicht „Gesetz", sondern „Vertrags-bestimmung". Ein Beispiel für eine Formulierung findet sich in Pomp. D 18,3,2: *„si ad diem pecunia soluta non sit, ut fundus inemptus sit"* (Wenn bis zu dem Termin die Kaufsumme nicht gezahlt ist, soll das Grundstück nicht gekauft sein).

› Die **addictio in diem** (§ 1083 ABGB: „Verkauf mit Vorbehalt eines besseren Käufers") gibt dem Verkäufer ein Rücktrittsrecht, wenn er innerhalb einer bestimmten Frist ein besseres Anbot erhält.

Beispiel in Paul. D 18,2,1: „ille fundus centum esto tibi emptus, nisi si quis intra kalendas Ianuarias proximas meliorem condicionem fecerit, quo res a domino abeat" (Jenes Grundstück soll für dich um 100 gekauft sein, außer wenn jemand bis zum nächsten 1. Jänner ein besseres Angebot macht, wodurch die Sache vom Eigentümer weggehen soll).

› Das **pactum displicentiae** (Kauf auf Probe; § 1080 ABGB): Bei dieser Abrede behält sich K die Möglichkeit vor, innerhalb einer bestimmten Frist die Ware zu prüfen und bei Missfallen zurückzutreten.

Vgl Paul. D 41,4,2,5: *„ ... si displicuerit intra diem certum, inempta sit"* (wenn [die Sache] nicht bis zum bestimmten Termin gefallen wird, soll sie nicht gekauft sein).

Überwiegend gehen die Klassiker dabei von der Vorstellung aus, dass der Kaufvertrag *pure* (dh nicht aufschiebend bedingt) geschlossen wird, aber unter Bedingung aufgelöst wird (zB Ulp. D 18,1,3 für das *pactum displicentiae*). Bei dieser Auffassung ist der Vertrag sofort perfekt und lässt die Gefahr auf K übergehen; weiters liegt bereits eine taugliche *causa* für den Eigentumserwerb vor, wenn die Sache zugleich dem K übergeben wird. Kommt es dann zum Bedingungseintritt (zB Nichtzahlung durch K und Rücktritt durch V bei einer *lex commissoria*), so fragt sich, ob damit auch das Eigentum wieder automatisch zu V zurückkehrt (sog dinglicher Rückfall) oder erst zurückübertragen werden muss. Bei dinglichem Rückfall kann V von K zwecks Rückabwicklung die Sache vindizieren (C 4,54,4); ansonsten steht ihm die *actio venditi* auf Rückgewähr des Kaufobjekts zu; ebenso kann K mit der *actio empti* die Rückzahlung des Preises verlangen.

Wenn der Kauf aufschiebend bedingt ist, ist er zunächst keine taugliche *causa* für eine Eigentumsübertragung durch *traditio.* Daher bleibt V Eigentümer und behält die *rei vindicatio*.

5) Noch nicht voll durchgebildet waren weitere Nebenabreden, die einer Partei ein Gestaltungsrecht gaben: Beim *pactum de retroemendo* (**Wiederkaufsrecht**, § 1068 ABGB) wird dem V das Recht eingeräumt, von K die Sache zurückzuerwerben. Umgekehrt gibt das *pactum de retrovendendo* (**Wiederverkaufsrecht**, § 1071 ABGB) dem K das Recht, dem V die Sache zurückzuverkaufen. Die Einräumung eines *ius protimiseos* (**Vorkaufsrecht**, § 1072 ABGB) verpflichtet den Käufer, wenn er in Zukunft verkaufen will (und mit einem Dritten bereits einen Kaufvertrag abgeschlossen oder von diesem ein bindendes Offert hat: Vorkaufsfall), das Kaufobjekt dem V zur Einlösung anzubieten.

§ 27. Die locatio conductio

Als *locatio conductio* werden folgende Verträge bezeichnet

1) *locatio conductio rei* = Miet- und Pachtvertrag: Das ABGB fasst Miete und Pacht unter dem Begriff Bestandvertrag zusammen (§ 1090)

2) *locatio conductio operarum* = Dienstvertrag

3) *locatio conductio operis* = Werkvertrag

Locare bedeutet wörtl hinstellen, *conducere* bedeutet mitnehmen.

ad 1: Beim Bestandvertrag stellt der Bestandgeber (*locator*) das Objekt hin (*locat rem*), der Bestandnehmer (*conductor*) nimmt es mit, bzw übernimmt es.

ad 2: Beim Dienstvertrag stellt der Dienstnehmer (*locator*) sich hin (*locat se*:

wie man es heute noch beim sog „Arbeitsstrich" beobachten kann) bzw seine Arbeitskraft zur Verfügung (*locat operas suas*), der Dienstgeber (*conductor*) nimmt ihn mit bzw nimmt die Arbeitskraft in Anspruch.

ad 3: Beim Werkvertrag stellt der Besteller (*locator*) häufig eine Sache zur Bearbeitung hin oder vergibt ein auszuführendes Werk (*locat opus faciendum*), der Unternehmer (*conductor*) übernimmt die Sache bzw das auszuführende Werk.

Die *locatio conductio* ist ein der *bona fides* unterliegender synallagmatischer Vertrag. Als Konsensualkontrakt kommt er durch Einigung über Leistung und Entgelt zustande. Dieses heißt *merces* (Zins beim Bestandvertrag; Lohn beim Dienstvertrag; Werklohn beim Werkvertrag).

I. Abgrenzungsfragen

1) Miete und Pacht unterscheiden sich dadurch, dass bei der Miete eine Sache (zB ein Fahrzeug, eine Wohnung) gegen Entgelt zum Gebrauch überlassen wird, bei der Pacht hingegen zu Gebrauch und Fruchtziehung (zB ein landwirtschaftliches Grundstück, ein Bergwerk).

2) Miete ist entgeltliche, Leihe hingegen unentgeltliche Gebrauchsüberlassung.

3) Bei der Gebrauchs- und Nutzungsüberlassung von Grundstücken bringt die hier zu behandelnde *locatio conductio* als schuldrechtliches Vertragsverhältnis nur Forderungsrechte zwischen den Parteien hervor, verschafft aber dem Pächter keine dingliche Position. Hingegen führt die sog Erbpacht (Emphyteuse, dazu oben S 144) zu einem beschränkten dinglichen Recht. Der in der Nachklassik begegnende Kolonat ist dadurch gekennzeichnet, dass der wirtschaftlich unterlegene *colonus* dem mächtigen Grundherrn nicht mehr als gleichberechtigter Vertragspartner gegenübersteht, sondern in ein Verhältnis personenrechtlicher Abhängigkeit geraten ist.

4) Für die Abgrenzung zwischen Dienst- und Werkvertrag kommt es darauf an, ob seitens des Verpflichteten lediglich die Arbeitsleistung als Bemühung (zB Tätigkeit als Bergwerksarbeiter) oder ein bestimmter Erfolg (zB Herstellung eines Anzuges aus einem Stoff) geschuldet ist. Mit dem Dienstvertrag ist eine Eingliederung in die Organisation des Leistungsempfängers verbunden, mit dem Werkvertrag nicht; grund-

sätzlich ist der Dienstvertrag ein Dauerschuldverhältnis, der Werkvertrag hingegen ein Zielschuldverhältnis.

5) Wenn der Werkunternehmer aus dem Material des Bestellers eine Sache herzustellen hat (zB Anfertigung eines Ringes aus Gold), liegt ein Werkvertrag vor. Hat hingegen der Unternehmer das Material beizustellen und daraus eine Sache herzustellen, so spricht man heute von einem so genannten **Werklieferungsvertrag**. Der Frühklassiker Cassius zerlegte diesen einerseits in Kauf des Materials und *locatio conductio* hinsichtlich der Arbeitsleistung; die herrschende Auffassung in der Klassik nahm hier nur einen Vertrag, nämlich Kauf, an (Gai 3,147; vgl § 1166 ABGB).

II. Miete und Pacht

1. Pflichten aus dem Bestandvertrag

a) Hauptpflicht des Bestandgebers ist die Gewährung des bedungenen *frui licere* an den Bestandnehmer, dh die Gebrauchsüberlassung für die gesamte Vertragsdauer, die Erhaltung des Bestandobjekts in gebrauchsfähigem Zustand (vgl § 1096 ABGB) sowie die Erhaltung der Gebrauchsmöglichkeit; darin ist auch eine Gewährleistungspflicht für Rechts- und Sachmängel enthalten. Zur Durchsetzung all dieser Pflichten steht dem Mieter bzw Pächter die **actio conducti** zu.

b) Der Bestandnehmer ist zur Bezahlung des vereinbarten Zinses und bei Beendigung des Bestandverhältnisses zur Rückgabe des Bestandobjekts verpflichtet. Zur Durchsetzung steht dem Bestandgeber die **actio locati** zu.

2. Dauer des Bestandverhältnisses

Miet- und Pachtverträge gehören zu den sog Dauerschuldverhältnissen: Bei ihnen ist der Umfang der Leistungspflichten von der Dauer der Beziehung abhängig. Grundsätzlich ist es Sache der Parteien, bei Vertragsabschluss die Dauer zu bestimmen:

a) Bei **befristeten** Bestandverhältnissen werden die Verträge auf eine bestimmte Dauer abgeschlossen (zB 1 Jahr; bei Pachtverträgen war ein *lustrum* = 5 Jahre üblich). Der Bestandvertrag erlischt hiebei grundsätzlich erst durch Zeitablauf.

Setzt der Bestandnehmer nach Ablauf der bedungenen Zeit die Benutzung der Sache fort und nimmt der Bestandgeber weiterhin den Zins entgegen, so liegt eine sog *relocatio tacita* (stillschweigende Verlängerung, vgl § 1114 ABGB) vor.

Eine vorzeitige Beendigung ist bei befristeten Verträgen nur aus wichtigen Gründen möglich. Wichtige Gründe für den Vermieter sind zB Eigenbedarf; vertragswidriger Gebrauch durch den Mieter; Reparaturnotwendigkeit; beharrliche Nichtzahlung des Zinses. Ein wichtiger Grund für den Mieter ist zB die wesentliche Beeinträchtigung des vertragsmäßigen Gebrauchs.

b) Bei **unbefristeten** Bestandverhältnissen wird der Vertrag auf unbestimmte Dauer abgeschlossen. Hier kann jede Vertragspartei das Verhältnis frei beenden.

Die einseitige Beendigung eines Dauerschuldverhältnisses ist heute ein einseitiges Rechtsgeschäft (Kündigung, Aufkündigung des Vertrages) mit rechtsgestaltender Wirkung. Die Römer hingegen sehen in der einseitigen Beendigung des Mietverhältnisses nicht eine rechtsgeschäftliche Erklärung, sondern ein faktisches Verhalten, das sie beim Mieter als *migrare*, *relinquere* (Ausziehen), beim Vermieter als *repellere* (Vertreiben) bezeichnen.

Das römische Recht kennt noch keinen Kündigungsschutz.

3. Pflichtverletzungen durch den Bestandnehmer

a) **Zahlungsverzug** berechtigt den Bestandgeber nicht bloß zur Erhebung der *actio locati* auf die rückständigen Zahlungen, sondern bei beharrlichem Verzug (D 19,2,54,1; 56: zwei Jahre) zur vorzeitigen Beendigung des Bestandverhältnisses.

b) **Verlust** und **Beschädigung des Bestandobjekts** führen in Haftungsfällen zu einem Schadenersatzanspruch, den der Bestandgeber mit der *actio locati* geltend machen kann. Der *conductor* haftet dabei für *dolus* und *culpa*, bei der Miete auch für *custodia*. Bei *vis maior* liegt ein Gefahrtragungsfall vor, in dem der Bestandgeber keinen Ersatzanspruch hat. Als Eigentümer trägt er die allgemeine Sachgefahr (*casus sentit dominus*).

In Verträgen wurde sehr häufig die Reichweite der Haftung von den Parteien ausdrücklich geregelt. So wurde im Fall von Alf. D 19,2,30,4 vereinbart, *ut colonus villam incorruptam redderet praeter vim et vetustatem* (dass der Pächter das Landhaus unversehrt – abgesehen von Gewalt und Alter – zurückgeben soll).

4. Beeinträchtigungen der Gebrauchsmöglichkeit des Bestandnehmers

Die Quellen zeigen – dem kasuistischen Charakter des römischen Rechts entsprechend – kein einheitliches Bild.

a) **Beeinträchtigungen** des **bedungenen Gebrauchs** geben dem Bestandnehmer ein Recht zur

› vorzeitigen Beendigung oder
› Zinsreduktion.

D 19,2,25,2 1. Fall: V hat an M eine Wohnung vermietet. Nachbar N baut ein Haus, so dass der Lichteinfall stark beeinträchtigt wird.

2. Fall: V lässt reparaturbedürftige Türstöcke und Fenster nicht herrichten.

b) In **Gewährleistungsfällen** und **Haftungsfällen** schwanken die Entscheidungen außerdem zwischen

› einem bloßen Verlust des Zinsanspruches und
› einer Interessehaftung des Bestandgebers (die durch Stellung eines gleichwertigen Ersatzobjekts abgewandt werden kann).

D 19,2,9pr: V vermietet an M eine Wohnung des E (Rechtsmangel); E lässt den M nicht wohnen: Stellung einer Ersatzwohnung oder Interesseersatz.

D 19,2,19,1 1. Fall: V vermietet an M schadhafte Fässer (Sachmangel); der von M eingefüllte Wein rinnt aus. M kann von V das Interesse (insb den Mangelfolgeschaden) fordern, auch wenn V vom Mangel nichts wusste.

Eine Differenzierung hingegen erfolgt im 2. Fall: V verpachtet an P eine Weide, auf der sich giftige Pflanzen befinden (Sachmangel). Vieh des P verendet deswegen. Der *locator sciens* haftet auf das Interesse (dh Ersatz des Mangelfolgeschadens), der *locator ignorans* verliert den Zinsanspruch.

Die Frage, ob V nur den Zinsanspruch verliert (bzw gezahlten Zins rückerstatten muss) oder auf das Interesse haftet, liegt auch folgender Kontroverse zugrunde:

D 19,2,33: V hat an P ein Grundstück auf bestimmte Zeit verpachtet. Das

Grundstück wird enteignet. Julian gibt P die *actio conducti* auf das Interesse, Afrikan nur auf Zinserstattung.

c) **Gefahrtragungsfälle** liegen vor, wenn ein nicht zu vertretender Umstand die Abwicklung stört. In Fällen höherer Gewalt (zB Erdbeben, Überschwemmungen, Feindeseinfall) trägt der Bestandgeber die **Zinsgefahr** (*periculum est locatoris*), so dass er seinen Zinsanspruch verliert oder eine Minderung hinnehmen muss. Liegt das hinderliche Ereignis in der Sphäre des *conductor*, bleibt er zur Zinszahlung verpflichtet.

5. Besonderheiten bei der landwirtschaftlichen Pacht

1) Beim Pachtvertrag entwickelte sich eine **Kulturpflicht des Pächters**, dh er ist zum Gebrauch und zur Bewirtschaftung des Pachtgrundstückes nicht bloß berechtigt, sondern verpflichtet.

2) Zum Fruchterwerb des Pächters oben S 192.

3) Ab der Spätklassik finden wir das Institut der **remissio mercedis**: Kommt es in einem Jahr zu einer außerordentlichen Missernte, so kann der Pächter Zinserlass oder Zinsherabsetzung verlangen, ist aber verpflichtet, in guten Erntejahren eine entsprechende Nachzahlung vorzunehmen.

4) Üblicherweise ist das Pachtentgelt in **Geld** zu leisten (Pachtzins). Es kann aber auch ein Pachtentgelt in **Naturalien** vereinbart werden.

Für das wirtschaftliche Risiko ist zu beachten:

› Ist dem Verpächter für eine Abrechnungsperiode eine bestimmte Summe Geld (zB 1.000 HS) oder eine bestimmte Menge von den gezogenen Früchten (zB 100 Scheffel Weizen) zu entrichten, so liegt das wirtschaftliche Risiko einzig und allein beim Pächter.

› Ist dem Verpächter hingegen eine Quote der gezogenen Früchte (zB 1/10 des Ernteertrages) zu leisten, so ist der Verpächter an Erfolg und Misserfolg des Pächters beteiligt; das Entgelt ist geringer, wenn der Ertrag geringer ist. Eine solche Pacht heißt **colonia partiaria (Teilpacht).** Sie ist einem Gesellschaftsverhältnis ähnlich (dessen typisches Merkmal eben die gemeinsame Tragung des Risikos ist), wird aber im römischen Recht nicht der *societas*, sondern der *locatio conductio* zugeordnet.

6. Die Stellung des Bestandnehmers

Im römischen Recht hatte der *conductor*, der bei der Wohnungsmiete auch *inquilinus*, bei der landwirtschaftlichen Pacht *colonus* genannt wird, eine sehr schwache rechtliche Stellung:

a) Mieter und Pächter sind bloße Detentoren und genießen daher keinen Besitzschutz: Als (mittelbarer) Besitzer gilt der Vermieter bzw Verpächter.

Wird der Bestandnehmer von einem Dritten gestört oder von einem Dritten vertrieben, so ist er dem Dritten gegenüber schutzlos. Er kann sich nur aus dem Vertrag heraus mit der *actio conducti* an den Bestandgeber halten: Dieser hat die Möglichkeit, mit Mitteln des Besitzschutzes, petitorisch oder negatorisch gegen den Dritten vorzugehen.

Das moderne Recht hat in dieser Hinsicht die Stellung des Bestandnehmers verbessert: Er ist Rechtsbesitzer und genießt daher Besitzschutz. Desgleichen steht ihm die *actio Publiciana* und (seit einer Wende in der Judikatur) auch negatorischer Schutz gegen Dritte zu.

b) Als obligatorisches Verhältnis gibt der Bestandvertrag dem Mieter bzw Pächter nur ein Forderungsrecht gegen den Vermieter bzw Verpächter; der Vertrag hat aber keine dingliche Wirkung.

Veräußert der Bestandgeber während der Vertragsdauer das Bestandobjekt (zB Vermieter V hat ein Haus oder eine Wohnung für 5 Jahre an Mieter M vermietet und veräußert nach 3 Jahren das Haus an den Erwerber K),

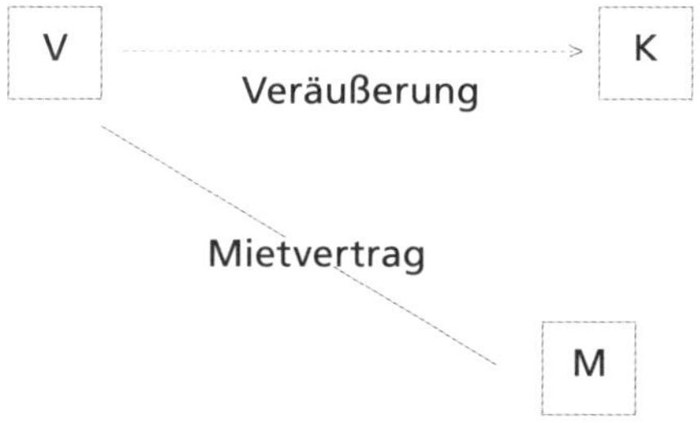

so ist der Erwerber K an den zwischen V und M bestehenden Vertrag nicht gebunden und kann den M vertreiben. Dies wird etwas unscharf mit dem Satz umschrieben: **Kauf bricht Miete.**

Unscharf ist vor allem das Wort Kauf: Beeinträchtigt wird die Stellung des M nämlich nicht durch das obligatorische Verpflichtungsgeschäft zwischen V und K, den Kaufvertrag, sondern erst durch das sachenrechtliche Verfügungsgeschäft zwischen V und K, also durch die Eigentumsübertragung.

Durch die ohne Vorbehalt für M erfolgte Veräußerung hat V freilich seine Vertragspflicht schuldhaft verletzt. M hat daher gegen V einen sekundären Anspruch auf das Interesse, das er mit der *actio conducti* geltend machen kann.

Daher wird ein gewissenhafter V schon beim Verkauf an K dafür Vorsorge treffen, dass dem Mieter (oder bei Verkauf einer *insula* = Zinskaserne: den Mietern) das Weiterwohnen möglich ist.

Dokumentiert in den Quellen ist folgende Vorgangsweise: Zwischen V und K wird in einer Nebenabrede (*pactum adiectum*) zum Kaufvertrag festgelegt, dass K dem M das Wohnen weiterhin gestattet. Allerdings hat diese Vorgangsweise den Nachteil, dass sich auf diese Abrede nur der V (als Vertragspartner des K), nicht aber der M berufen kann: Dies hängt damit zusammen, dass das klassische römische Recht den echten Vertrag zugunsten Dritter nicht kennt, sondern nur den unechten.

Das moderne Mietrecht sieht hingegen den Eintritt der Rechtsnachfolger des Eigentümers in den bestehenden Mietvertrag vor (vgl § 1120 ABGB; § 2 Abs 1 MRG).

III. Der Dienstvertrag

Im Gegensatz zum heutigen Wirtschaftsleben spielt in der römischen Antike der Dienstvertrag keine bedeutende Rolle. Dies liegt hauptsächlich daran, dass der Großteil der Arbeitsleistungen im institutionellen Rahmen der Sklaverei erbracht wurde. Zwingende Schutzbestimmungen zugunsten des wirtschaftlich schwächeren Dienstnehmers kennt das römische Recht nicht. Ein Beispiel für das Arbeitsrecht in der Praxis geben die sog Siebenbürgischen Wachstäfelchen, die man in einem aufgelassenen Bergwerk gefunden hat: Darunter finden sich auch Dienstverträge von Bergwerksarbeitern.

Der Dienstgeber hat die *actio conducti* auf die bedungenen Dienste, der Dienstnehmer die *actio locati* auf Lohnzahlung. Können durch einen nicht zu vertretenden Umstand die Dienste nicht erbracht werden, so stellt sich das Problem der Lohngefahr: Ist der Lohn zu zahlen oder nicht? Paulus lässt dem Dienstnehmer dann den Lohnanspruch, *si per eum non stetit, quo minus operas praestaret* (wenn es nicht an ihm gelegen ist, dass die Dienste nicht erbracht werden können: D 19,2,38). Diese Formulierung entspricht der sog Sphärentheorie, wonach diejenige Vertragspartei die Lohngefahr zu tragen hat, in deren Sphäre sich der hindernde Umstand ereignet: Demnach geht zB ein Arbeitsausfall infolge Krankheit zu Lasten des Dienstnehmers (Verlust des Lohnanspruchs), ein Arbeitsausfall wegen Unbenützbarkeit des Arbeitsplatzes zu Lasten des Dienstgebers (Lohnanspruch bleibt aufrecht). Die Parteien konnten vertraglich eine davon abweichende Gefahrenverteilung vereinbaren (so zB in den Siebenbürgischen Wachstäfelchen). Heute sehen arbeits- und sozialrechtliche Vorschriften eine Lohnfortzahlung im Krankheitsfall vor.

IV. Der Werkvertrag

1. Pflichten der Parteien

Der Werkunternehmer (*conductor*) ist verpflichtet, den vereinbarten Erfolg herbeizuführen bzw das Werk ordnungsgemäß auszuführen. Nebenpflichten können sich aus Parteienvereinbarung oder aus der *bona fides* ergeben (zB Schutz- und Sorgfaltspflichten hinsichtlich des übernommenen Materials).

Der *conductor* haftet bei Pflichtverletzungen für *dolus* und *culpa*; zur *culpa* zählt auch die *imperitia*, das Fehlen der notwendigen Fachkenntnisse (vgl § 1299 ABGB). Weiters haftet er nicht bloß für eigenes Verschulden, sondern auch für das seiner Gehilfen (Gai. D 19,2,25,7; vgl § 1313 a ABGB, § 278 BGB).

Bei bestimmten Werkunternehmern ist in den Quellen eine *custodia*-Haftung überliefert, so zB beim *fullo* (Kleiderreiniger, Walker) und beim *sarcinator* (Flickschneider).

Durch Freizeichnungsklauseln kann die Haftung gemildert, durch Garantieübernahmen erweitert werden.

Der Werkbesteller (*locator*) ist zur Bezahlung des Werklohns (*merces*) verpflichtet.

2. Die Gefahrtragung beim Werkvertrag

Beispiele aus den Quellen:

(1) Bauunternehmer U baut für Besteller B ein Wohnhaus. Nachdem ein Teil des Gebäudes fertig gestellt ist, stürzt dieser ein (D 19,2,59).

(2) U hebt für B einen Graben aus. Noch bevor es zur Abnahme des Werkes (*approbatio*) kommt, stürzt dieser durch einen Erdrutsch ein (D 19,2,62).

(3) U befördert für B eine Säule auf einem Schiff. Sie wird mit aller erdenklichen Sorgfalt behandelt. Trotzdem zerbricht sie (D 19,2,25,7).

(4) U befördert für B dessen Sklaven auf einem Schiff, wobei ein bestimmter Lohn pro Passagier festgesetzt ist. Während der Reise sterben zwei Sklaven (D 14,2,10pr).

Zunächst trägt B als Eigentümer die **allg Sachgefahr** (*casus sentit dominus*), dh er verliert in Beispiel 3 die Säule, in Beispiel 4 die Sklaven, ohne dafür Ersatz zu erhalten. Das ist jedoch nicht das zentrale Problem beim Werkvertrag; dieses liegt vielmehr in der **Lohngefahr**: Bleibt der Entgeltsanspruch des *conductor* U aufrecht oder nicht, wenn das Werk durch Zufall unausführbar wird oder vor der Abnahme (*approbatio*) durch Zufall zerstört wird?

Noch Labeo lässt in diesen Fällen den *conductor* die Gefahr tragen: So erhält er in Fall 2 keinen Werklohn, in Beispiel 4 keinen Fuhrlohn für die gestorbenen Passagiere. Später entwickelt sich eine Differenzierung im Sinne der Sphärentheorie: Demnach gehen Umstände, die der Sphäre des Bestellers B zuzurechnen sind (zB *vitium soli* in Beispiel 2) sowie Fälle höherer Gewalt (zB das Erdbeben in Beispiel 1) zu Lasten des Bestellers: Er muss den Werklohn zahlen.

3. Die locatio conductio irregularis

Werden vertretbare Sachen in der Weise zum Gegenstand eines Werkvertrages gemacht, dass der Erfolg nicht an den vom Besteller hingegebenen Stücken, sondern an Sachen gleicher Menge und Qualität zu bewirken ist (zB Beförderung von offenem Geld, Sammeltransport von

Getreide), so wird der Unternehmer Eigentümer der erhaltenen Stücke und trägt daher auch die Gefahr des zufälligen Verlustes oder Unterganges.

4. Die lex Rhodia de iactu

Beispiel: Schiffsunternehmer U befördert Waren der Befrachter A, B, C und D. Infolge Seenot wirft U die Waren des B über Bord; dadurch werden das Schiff und die restliche Ladung gerettet.

Aus dem Recht der Insel Rhodos rezipierten die Römer den Gedanken der Gefahrengemeinschaft: Die Eigentümer der geretteten Waren sind dem Eigentümer der geopferten Waren zu einem Ausgleich verpflichtet. Da zwischen A, B, C und D kein Vertrag besteht, wird dies so abgewickelt, dass zunächst B mit der *actio locati* gegen U vorgeht, der dann seinerseits die jeweiligen Anteile mittels *actio conducti* auf A, C und D überwälzt.

Der Gedanke eines Ausgleichsanspruchs bei Aufopferung eines eigenen Gutes in einer Gefahrengemeinschaft liegt heute dem § 1043 ABGB zugrunde.

§ 28. Mandatum und negotiorum gestio

I. Das mandatum

1. Vertragsgegenstand und Inhalt

Beim *mandatum* verpflichtet sich der Beauftragte (Mandatar) B gegenüber dem Auftraggeber (Mandanten) A zur unentgeltlichen Besorgung eines Geschäftes. B ist verpflichtet, das übernommene Geschäft auszuführen, Rechnung zu legen sowie das Erlangte herauszugeben. Bei Pflichtverletzungen infolge *dolus* und zumindest *culpa lata* wird B schadenersatzpflichtig. Diese Ansprüche setzt A gegen B mit der **actio mandati directa** durch. Die Verurteilung wirkt infamierend.

Der Auftraggeber A ist dem Beauftragten zum Ersatz von Aufwendungen (nicht: zu einem Entgelt) verpflichtet: Dafür steht dem B die **actio mandati contraria** zu.

Die Klagen aus dem *mandatum* sind *bona-fides*-Klagen.

Die **Tätigkeit,** zu der sich B verpflichtet, kann sowohl **rechtlicher** (zB Kauf einer Sache für A; Führung eines Prozesses für A) als auch **faktischer** Art (zB Betreuung der leer stehenden Wohnung während der Abwesenheit des A) sein. Das *mandatum* ist historisch als ein Gefälligkeitsverhältnis zu sehen, weswegen es – anders als heute – **Unentgeltlichkeit** als Tatbestandselement voraussetzt. Bei Entgeltlichkeit liegt *locatio conductio* vor.

Von Interesse sind in diesem Zusammenhang die sog *artes liberales*: Dazu zählen zB die Tätigkeiten der Advokaten, Ärzte, Architekten, Privatlehrer (vgl heute die sog „freien Berufe"). Der standesbewusste Römer lehnt es ab, sich als Lohnarbeiter gegen Entgelt zu verdingen. Für solche Dienstleistungen wird daher als rechtlicher Rahmen nicht die *locatio conductio*, sondern das (unentgeltliche) *mandatum* verwendet. Dennoch wurde dabei auch „ehrenhalber" ein Entgelt erwartet und bezahlt, welches *honorarium* (von *honos* = Ehre) oder *salarium* hieß. Zur Zahlung des Honorars bestand vor allem eine sittliche Pflicht; rechtlich durchsetzbar wurden Honorarforderungen erst im Laufe der Klassik, wobei dafür nicht der ordentliche Prozess, sondern die *extraordinaria cognitio* zur Verfügung stand.

Ein wichtiges Tatbestandselement des *mandatum* ist das **fremde Interesse**: Fremd für B ist das Geschäft, wenn es im Interesse des Mandanten A oder eines Dritten liegt. Verfolgt der Beauftragte B neben dem Fremdinteresse auch ein eigenes Interesse (gemischtes Interesse), liegt noch *mandatum* vor. Übernimmt hingegen auf Initiative des A der B ein Geschäft, das ausschließlich seinem eigenen Interesse dient, so liegt kein *mandatum* vor, sondern ein unverbindlicher Ratschlag (sog *mandatum tua gratia*): Dieser kann daher weder eine Pflicht des B zur Befolgung noch eine Pflicht des A zum Ersatz allfälliger Aufwendungen schaffen.

2. Rat zur Geldveranlagung und mandatum qualificatum

Wenn B, der über liquide Geldmittel verfügt, diese auf Anraten des A in einer bestimmten Weise anlegt und dabei Ausfälle erleidet, so kann sich B deswegen in der Regel nicht an A halten: Wegen des alleinigen Interesses des B liegt ein unverbindliches *mandatum tua gratia* vor (bei arglistigem Verhalten des A ist eine Haftung aus dem Deliktstatbestand *dolus* gegeben).

Wenn hingegen nicht ausschließlich das Veranlagungsinteresse des B im Spiel ist, sondern etwa ein Kreditinteresse des Geldempfängers S, so wurde (nach ursprünglicher Ablehnung durch Servius) noch in der Frühklassik von Sabinus die Figur des verbindlichen Kreditauftrages (*mandatum qualificatum*) anerkannt (Gai 3,156):

Dabei kommt zwischen A und B ein *mandatum* mit dem Inhalt zustande, dass B dem S ein Darlehen gewährt. Ausfälle, die B dabei erleidet, kann er über die *actio mandati contraria* bei A liquidieren. Damit ist das *mandatum qualificatum* ein bürgschaftsähnliches Geschäft; A hat eine bürgenähnliche Stellung. Gegenüber den eigentlichen Bürgschaftsgeschäften hat der Kreditauftrag in klassischer Zeit den Vorteil, dass B gegen S und A verschiedene Klagen (nämlich gegen S die *condictio*, gegen A die *actio mandati contraria*) zustehen und dadurch die Klagenkonsumption vermieden wird (S 229).

3. Das römische Mandat als reines Innenverhältnis

Wenn B im Interesse des A rechtsgeschäftlich tätig wird, zB mit Partner P einen Vertrag abschließt,

so bezeichnen wir das Verhältnis zwischen A und B als Innenverhältnis, das Verhältnis zu P als Außenverhältnis. Aus der Sicht des modernen Rechts werden dabei drei Rechtsinstitute unterschieden:

(1) Die **Ermächtigung** ist eine einseitige Willenserklärung des A, durch die B die Befugnis erhält, auf Rechnung des A tätig zu werden. Für B wird dadurch im Innenverhältnis ein rechtliches **Dürfen** geschaffen.

(2) Der **Auftrag** ist ein Vertrag zwischen A und B, der Verpflichtungen im Innenverhältnis bewirkt. Für B wird damit ein rechtliches **Sollen** geschaffen.

(3) Die **Vollmacht** ist eine einseitige Willenserklärung des A, durch die für den B Vertretungsmacht im Außenverhältnis und damit ein rechtliches **Können** geschaffen wird. B erhält die Befugnis, gegenüber P im

Namen des A aufzutreten, so dass die Rechtswirkungen aus dem mit P geschlossenen Rechtsgeschäft unmittelbar bei A eintreten (direkte Stellvertretung).

Unterscheide:

Direkte (unmittelbare) Stellvertretung ist rechtsgeschäftliches Handeln auf fremde Rechnung und **im fremden Namen**. Die Wirkungen des Geschäfts treten unmittelbar beim Vertretenen ein.	Indirekte (mittelbare) Stellvertretung ist rechtsgeschäftliches Handeln auf fremde Rechnung, aber **im eigenen Namen**. Die Wirkungen des Geschäfts treten zunächst beim Vertreter ein. Es bedarf eines weiteren Aktes, um die erlangten Positionen auf den Vertretenen zu übertragen.

Das römische Recht kennt nur Auftrag und Ermächtigung, aber grundsätzlich keine direkte Stellvertretung und keine Vollmacht. Das *mandatum* ist ein reines Innenverhältnis, mit dem keine Vertretungsmacht nach außen verbunden ist. Der Mandatar handelt nach außen als indirekter Stellvertreter im eigenen Namen.

(4) Von der (im römischen Recht bis auf wenige Ausnahmen abgelehnten) direkten Stellvertretung ist die **Botenschaft** zu unterscheiden: Während ein Stellvertreter eine Willenserklärung abgibt und dabei eine gewisse eigene Dispositionsmacht hat, **transportiert** der Bote eine Willenserklärung. Wird er für den Erklärenden tätig, so handelt es sich um einen Erklärungsboten, wird er für den Erklärungsempfänger tätig, um einen Empfangsboten. Ein Bote wird – soweit er nicht Sklave ist – aufgrund eines *mandatum*, bei Entgeltlichkeit aufgrund einer *locatio conductio* tätig.

4. Zustandekommen und Erlöschen des Mandats

Als Konsensualkontrakt kommt das Mandat durch bloße Willenseinigung über das von B zu führende Geschäft zustande. Fehlt es an einer Willensübereinstimmung und wird B aus eigener Initiative im Interesse des A tätig, so liegt eine *negotiorum gestio* (Geschäftsführung ohne Auftrag) vor, die den Quasikontrakten zugerechnet wird.

Das Mandat kann, solange mit der Ausführung noch nicht begonnen worden ist oder keine Dispositionen getroffen sind (*re adhuc integra*), sowohl vom Mandanten (*revocatio*) wie auch vom Mandatar (*renuntiatio*) einseitig gelöst werden. Ferner erlischt das Mandat durch den Tod einer Vertragspartei; bereits entstandene Forderungen sind mit den Erben abzurechnen. Führt der Mandatar in Unkenntnis des Todes des Mandanten die Geschäfte weiter, steht ihm der Auslagenersatz gegen die Erben zu.

II. Die negotiorum gestio

1. Begriff

a) Das moderne Recht versteht unter Geschäftsführung ohne Auftrag (kurz: GoA, *negotiorum gestio*) die eigenmächtige Besorgung fremder Geschäfte (vgl § 1035 ff ABGB). Die Parteien dieses gesetzlichen Schuldverhältnisses heißen Geschäftsführer (*negotiorum gestor*) und Geschäftsherr (*dominus negotii*). Rechtspolitisch ist bei der Frage des Aufwandersatzes für den Geschäftsführer und bei der Ausgestaltung seiner Haftung folgendes abzuwägen: Einerseits muss ein Schutz vor Besserwissern und Wichtigtuern geboten werden, andererseits darf die Initiative zum Tätigwerden für andere (etwa Notmaßnahmen) nicht ganz unterbunden werden. Das ABGB unterscheidet daher Geschäftsführung im Notfalle, zum Nutzen des anderen und gegen den Willen des anderen.

b) Das römische Recht erfasst mit der Rechtsfigur der *negotia gesta* und den dazugehörigen Klagen nicht bloß die Tatbestände der modernen GoA, sondern alle Geschäftsbesorgungen außerhalb besonders geregelter Verhältnisse, wie zB *mandatum* oder *tutela*. Insb werden auch die Geschäftsführungen durch einen *curator* oder einen abhängigen *procurator* (Vermögensverwalter, zumeist ein Freigelassener des Vermögensträgers) der *negotiorum gestio* zugeordnet. Der unabhängige *procurator* wird in der Rechtsform des *mandatum* tätig.

c) Das besorgte Geschäft kann – wie beim *mandatum* – rechtlicher (zB Führung eines Prozesses für einen Abwesenden, Bürgschaft, Kauf, Verkauf, Zahlung von Schulden, Einziehung von Forderungen) oder faktischer Natur sein (zB Reparatur eines einsturzgefährdeten Hauses, Behandlung eines kranken Sklaven).

d) Der Geschäftsführer muss ein **fremdes** Geschäft führen: Dieses muss **objektiv** ganz (zB Bezahlung einer fremden Schuld) oder teilweise im Interesse des Geschäftsherrn liegen. Zudem muss der Geschäftsführer **subjektiv** den Fremdgeschäftsführungswillen (*animus negotii alieni gerendi*) haben.

Der Fremdgeschäftsführungswille fehlt, wenn jemand ein fremdes Geschäft irrtümlich oder bewusst als eigenes führt. In einigen – wohl atypischen – Fällen geben die Quellen dem „Geschäftsherrn" dennoch eine *actio negotiorum gestorum directa*, zB Afr. D 3,5,48: V hält die Sache des E irrtümlich für seine eigene und verkauft sie an K. Geht sie bei diesem unter, so dass sie nicht mehr vindiziert werden kann, so kann E von V den Kaufpreis verlangen.

2. Ansprüche und Klagen

Der Prätor verhieß zunächst eine *actio in factum*. Später gab es zivile Klagen mit *bona-fides*-Klausel. Inhaltlich sind die entstehenden Pflichten ähnlich wie jene aus *mandatum*. Weil aber der für das *mandatum* wesentliche Konsens fehlt, wird die GoA den Quasikontrakten (vertragsähnliche Tatbestände) zugerechnet.

a) Die **actio negotiorum gestorum directa** des Geschäftsherrn gegen den Geschäftsführer (*negotiorum gestor*) geht auf ordnungsgemäße Fortführung des übernommenen Geschäfts, Herausgabe des Erlangten sowie auf Schadenersatz, wobei der Geschäftsführer grundsätzlich für *dolus* und *culpa* haftet. Bei Notgeschäftsführung (Ulp. D 3,5,3,9: Abwendung eines drohenden Konkurses für einen Freund) wird nur für *dolus* gehaftet. Bei Geschäften, die der Geschäftsherr, nach seinem bisherigen Verhalten zu schließen, selbst nicht vorgenommen hätte, haftet der Geschäftsführer auch für *casus* (Pomp.-Proc. D 3,5,10).

b) Die **actio negotiorum gestorum contraria** des Geschäftsführers geht auf Ersatz von Aufwendungen. Voraussetzung ist, dass das Geschäft für den Geschäftsherrn nützlich ist. Dabei reicht es aus, wenn es *utiliter coeptum* (nützlich begonnen) ist, auch wenn es letztlich keinen Erfolg gebracht hat. Das Erfolgsrisiko trägt somit der *dominus negotii.*

ZB Ulp. D 3,5,9,1: Ein erkrankter fremder Sklave wird behandelt, stirbt dann aber.

§ 29. Societas und communio

Der Zusammenschluss mehrerer Personen zur Erreichung eines gemeinsamen Zweckes kann rechtlich in verschiedener Intensität erfolgen: Bei einem Verein (*collegium*) oder einer Körperschaft (*corpus*) entsteht eine rechtlich selbständige Einheit, der Rechte und Pflichten zugeordnet werden und die unabhängig vom Tod, Ausscheiden und Wechsel der Mitglieder ist. Nach außen handelt sie durch Organe (zB durch einen Vorstand). Vereine und Körperschaften sind heute juristische Personen. Hingegen ist die *societas* (Gesellschaft) keine juristische Person, sondern stellt nur ein vertragliches Dauerschuldverhältnis zwischen den *socii* dar, die verpflichtet sind, an der Erreichung des Gesellschaftszweckes mitzuwirken.

I. Die societas

1. Historische Entwicklung

a) Das consortium
Als Vorbild diente die alte Erbengemeinschaft (*consortium, societas ercto non cito*, S 87): Waren nach dem Tod des Hausvaters mehrere Hauserben vorhanden, so setzten sie (bis zur Erbteilung) den Hausverband in genossenschaftlicher Organisation fort; an den Vermögensstücken bestand Gesamthandeigentum. Ein solches *consortium* konnte auch durch förmliches Rechtsgeschäft geschaffen werden: Das führte zu einer Vermögensgemeinschaft mit Gesamthandeigentum und zu einer gewissen Verbrüderung.

b) Die societas
Die formlos eingegangene und auf dem Prinzip der *bona fides* fußende *societas* entsprang den Erfordernissen des Handelsverkehrs und Wirtschaftslebens und wurde aus dem *ius gentium* ins *ius civile* rezipiert.

2. Zustandekommen und Inhalt des Gesellschaftsvertrages

Die *societas* kommt durch bloßen Konsens der *socii* zustande. Der Gesellschaftsvertrag regelt zumeist

› den Gegenstand der Gesellschaft;

› die Mitwirkungspflichten, die entweder in Sacheinlagen oder Dienstleistungen (durch den sog Arbeitsgesellschafter) bestehen;

› die Anteile der *socii* an Gewinn und Verlust.

Nichtig ist die sog *societas leonina*, bei der ein Gesellschafter nur am Verlust, nicht aber am Gewinn beteiligt sein soll. Der Name erklärt sich aus einer Fabel des Aesop: Ein Löwe verband sich mit anderen Tieren zum gemeinsamen Beutemachen, behielt aber die ganze Beute für sich.

Fehlt eine Vereinbarung über Gewinn- und Verlustbeteiligung, so sind die *socii* zu gleichen Teilen beteiligt.

Schulmäßig findet sich folgende Einteilung:

› Bei der *societas omnium bonorum* haben die *socii* ihr gesamtes gegenwärtiges und zukünftiges Vermögen einzubringen.

› Hingegen wird bei der *societas quaestus* nur das auf Erwerbstätigkeit beruhende zukünftige Vermögen erfasst.

› Im Wirtschaftsleben sehr bedeutend ist die *societas negotiationis*, bei der Gesellschaftszweck die gemeinsame Ausübung eines Handels oder einer gewerblichen Tätigkeit ist.

› Zweck der sog *societas unius rei* ist die gemeinsame Abwicklung eines einzelnen Geschäfts (zB die gemeinsame Anschaffung einer Sache).

3. Fortbestand und Beendigung der societas

Die *societas* beruht nicht auf dem Prinzip des Initiativ-, sondern des Dauerkonsenses, dh sie besteht nur so lange, als alle *socii* an ihr festhalten wollen.

Grundsätzlich kann daher jeder einzelne durch Kündigung (*renuntiatio*) die ganze Gesellschaft auflösen; auch die Erhebung der *actio pro socio* durch einen Gesellschafter hat denselben auflösenden Effekt. Eine erhöhte Stabilität konnte mit einer auf bestimmte Zeit eingegangenen *societas* erreicht werden: Sie endet durch Zeitablauf, eine vorherige Kündigung ist nur aus einem schwerwiegenden Grund (*necessitas*) möglich. Die *societas unius rei* endet mit Erreichung des Zweckes.

Weitere Endigungsgründe sind Tod, *capitis deminutio*, Konkurs eines Mitgliedes. Hiedurch wird die gesamte *societas* aufgelöst; freilich können die übrigen Personen wieder einen neuen Gesellschaftsvertrag schließen.

4. Rechtsschutz

a) In klassischer Zeit ist die **actio pro socio** eine Klage auf Abrechnung bei oder unter gleichzeitiger Beendigung der *societas*. Sie ist eine *bona-fides*-Klage und geht auf noch offene Beiträge, Gewinnaufteilung bzw Verlustabdeckung, allenfalls auf Schadenersatz. Die *socii* haften untereinander für *dolus* und *culpa*.

Eine Erhebung der *actio pro socio* unter Aufrechterhaltung der Gesellschaft (*manente societate*) ist in klassischer Zeit nicht möglich.

Die Verurteilung aus der *actio pro socio* wirkt infamierend, geht andererseits nur *in id quod facere potest*: Dem Verurteilten bleibt somit ein Existenzminimum. Hier wirkt das alte Verbrüderungsprinzip nach (Ulp. D 17,2,63pr: *societas ius quodammodo fraternitatis in se habeat*); diesem würde es widersprechen, den Partner völlig in den Ruin zu treiben.

b) Im justinianischen Recht gibt es zwei wichtige Änderungen: Zum einen kann die *actio pro socio* auch zur Durchsetzung einzelner Ansprüche unter Aufrechterhaltung der Gesellschaft erhoben werden, zum anderen orientiert sich die Haftung der *socii* untereinander an der sog *diligentia quam in suis* (*rebus adhibere solet*), also jener Sorgfalt, die er in eigenen Angelegenheiten anzuwenden pflegt. Das führt – konsequent angewandt – zu einer Privilegierung des Schlamprians.

II. Schuldrechtliche Aspekte bei der communio

In klassischer Zeit können Ansprüche auf Abrechnung unter Miteigentümern nicht selbständig geltend gemacht, sondern nur bei der jeweiligen Teilungsklage (*actio communi dividundo, actio familiae erciscundae*) mitberücksichtigt werden; anders das justinianische Recht, welches – ähnlich wie bei der *societas* – diese Klagen auch zur Durchsetzung einzelner Ansprüche unter Aufrechterhaltung der Gemeinschaft zulässt. Justinian versteht die nicht durch den Willen der Beteiligten zustande gekommene

Eigentumsgemeinschaft (zB zwei Legatare erhalten ein Grundstück vermacht) als Quasikontrakt (S 236 f).

§ 30. Die Innominatkontrakte

Innominatkontrakte sind Austauschverträge außerhalb des Schemas der zivilen Kontrakte. Der Rechtsschutz ist davon abhängig, dass eine Partei ihre Leistung erbracht hat. Wegen der Vorleistung einer Partei werden diese Verträge auch als Innominatrealkontrakte bezeichnet. Die vorleistende Partei konnte bei Ausbleiben der erwarteten Gegenleistung ursprünglich nur die erbrachte Leistung mit einer *condictio causa data causa non secuta* zurückverlangen. Im Zuge der weiteren Entwicklung gewährt dann der Prätor eine *actio in factum* auf Erbringung der Gegenleistung: Da bei diesen *actiones in factum* der anspruchsbegründende Sachverhalt in der Formel vorangeschrieben wird, heißen die Klagen aus den Innominatrealkontrakten **actiones praescriptis verbis.**

Wenn noch keine Partei geleistet hat, gibt es keinen Rechtsschutz. In einem solchen Fall liegt eben ein *pactum nudum*, eine nicht klagbare formlose Vereinbarung vor.

I. Klassische Anwendungsfälle

1) In der Klassik bedient man sich dieser *actiones in factum* zunächst bei Subsumtionsschwierigkeiten, wenn eine eindeutige Zuordnung zu einem der anerkannten Verträge wie zB *emptio venditio* oder *locatio conductio* nicht möglich ist.

Hat zB A dem B ein Haus mit der Abrede übereignet, dass B als Gegenleistung ein anderes Haus des A instand setzt (*refectio*), so enthält diese Vereinbarung sowohl Elemente eines Kaufes (Leistung des A) als auch eines Werkvertrages (*refectio* = erwartete Leistung des B). *Emptio venditio* oder *locatio conductio* liegt aber nicht vor, weil das jeweilige Entgelt nicht in Geld besteht (Ner. D 19,5,6).

Ist hingegen die Instandsetzung eines Hauses (*refectio*) nur ein Teil der erwarteten Gegenleistung des B neben der Zahlung eines Kaufpreises (*pre-*

tium), so wird diese Vereinbarung noch als Kaufvertrag gesehen. A hat die *actio venditi* (nicht bloß auf Preiszahlung, sondern auch) auf die *refectio* (Pomp. D 19,1,6,1).

2) Die Sabinianer unterstellten den **Tausch** (§ 1045 ABGB) dem Kauf. Die durchgedrungene Meinung der Prokulianer sah darin einen selbständigen Vertrag (*permutatio*): Dementsprechend wurde der vorleistenden Partei eine *actio in factum* (und nicht die Klage aus dem Kaufvertrag) gewährt.

3) Beim sog **Trödelvertrag** (*aestimatum*; § 1086 ABGB) übergibt A dem B eine Sache zum Weiterverkauf, wobei B bei Gelingen des Verkaufs den vorher vereinbarten Schätzwert an A zu leisten hat (so dass B bei höherem Verkaufserlös die Differenz als Gewinn verbleibt), ansonsten die Sache zurückzustellen hat.

II. Nachklassische Verallgemeinerungen

Die Nachklassik verallgemeinert den Gedanken, dass bei atypischen Austauschvereinbarungen die vorleistende Partei mit einer *actio praescriptis verbis* die Gegenleistung einklagen kann, und entwickelt dafür folgendes Schema:

Do, ut des	Sachleistung gegen Sachleistung
Do, ut facias	Sachleistung gegen Dienstleistung
Facio, ut des	Dienstleistung gegen Sachleistung
Facio, ut facias	Dienstleistung gegen Dienstleistung

§ 31. Pacta praetoria

Dies sind formlose schuldbegründende Vereinbarungen, die nach prätorischem Recht klagbar sind. Sie gliedern sich in das *constitutum debiti* und in mehrere *recepta.*

I. Das constitutum debiti

Das *constitutum debiti* setzt eine bestehende Verpflichtung auf Geld oder vertretbare Sachen voraus. Durch das *constitutum debiti* wird dem Gläubiger G die Erfüllung dieser Verpflichtung für einen bestimmten Tag zugesagt. Sagt dies der Schuldner S selbst zu (*constitutum debiti proprii*), so liegt der Vorteil für G in der zeitlichen Fixierung. Sagt dies ein Dritter zu (*constitutum debiti alieni*), so hat dies bürgschaftsähnliche Wirkung. G kann sich aus dem bestehenden Schuldverhältnis an S wie auch aus dem *constitutum* an den Dritten halten: Dafür steht die *actio de pecunia constituta* zur Verfügung.

II. Das receptum argentarii

Dieses ist eine formlose Zahlungsgarantie durch einen Bankier (*argentarius*) B für einen anderen (*pro alio*). B sagt dem G zu (*recipit* = übernimmt es), dass dem G auf Rechnung des *alius* – der seinerseits ein Guthaben oder einen Kreditrahmen bei B hat (Deckungsverhältnis) – eine Summe gezahlt werden wird: Wirtschaftlich steht zumeist eine Forderung des G gegen den *alius* dahinter, die durch eine Bankgarantie gesichert werden soll. Diese Garantie ist abstrakt und daher auch dann wirksam, wenn die Forderung des G gegen den *alius* gar nicht besteht. Dem G steht gegen B die *actio recepticia* zu.

III. Das receptum arbitri

Das *receptum arbitri* steht im Zusammenhang mit der schiedsrichterlichen Abwicklung eines Streitfalles. Durch den Schiedsvertrag (*compromissum*; vgl § 577 ZPO) verpflichten sich die Parteien untereinander, einen Streitfall einem *arbiter* (Schiedsrichter) – und nicht der staatlichen Rechtspflege – zu unterbreiten und sich dem Schiedsspruch zu unterwerfen. Durch das *receptum arbitri* verpflichtet sich der *arbiter* gegenüber den Parteien zur Übernahme der schiedsrichterlichen Funktion und Fällung des Schiedsspruches.

IV. Das receptum nautarum, cauponum et stabulariorum

Wenn *nautae* (Schiffer), *caupones* (Herbergswirte) oder *stabularii* (Stallwirte) formlos die Haftung für die eingebrachten Sachen der Gäste übernehmen (*res salvas fore recipere* = es übernehmen, dass die Sachen unversehrt sein werden), gewährt der Prätor daraus bei Verlust oder Beschädigung die *actio de recepto*. Dies führt zu einer verschuldensunabhängigen Haftung. Labeo (D 4,9,3,1) gewährt allerdings eine *exceptio* im Falle höherer Gewalt wie zB bei Schiffbruch oder Piratenüberfall.

Nach dem Wortlaut des Edikts ist die Grundlage der strengen Haftung das *recipere*, also die ausdrückliche Übernahme der Garantie. Da der prätorische Rechtsschutz an diese formlose Vereinbarung anknüpft, zählt sie zu den *pacta praetoria*.

Später wird in Abweichung vom Ediktswortlaut das *recipere* nicht auf das Übernehmen der Garantie, sondern auf das Übernehmen der Sachen bezogen, so dass die strenge Haftung auch ohne ausdrückliche Abrede durch die Einbringung der Sachen eintritt.

In dieser Form ist das *receptum cauponum et stabulariorum* auch in die §§ 970 ff ABGB eingegangen; einbezogen sind auch die Besitzer von Badeanstalten; teilweise sind Haftungshöchstbeträge vorgesehen.

§ 32. Die adjektizischen Klagen

I. Allgemeines und Übersicht

K (= GU: Haussohn, Haustochter, *uxor in manu*, Sklave) schließt mit V einen Kaufvertrag, zahlt aber nicht den Preis.

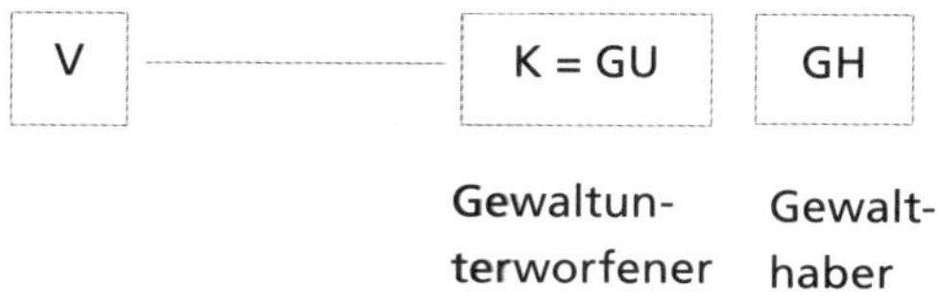

Die Bezeichnung Hauskind (Haussohn, Haustochter) sagt nichts über das Alter aus, sondern zeigt nur den *status familiae* an. „Hauskinder" sind sehr häufig erwachsene Menschen. Daran – und nicht an das Problem der Geschäfte Unmündiger (S 43) – ist bei den adjektizischen Klagen gedacht.

Gegen K (= GU) vorzugehen, ist entweder ausgeschlossen (Sklave, Haustochter) oder nicht zielführend (Haussohn: Dieser könnte zwar verurteilt werden, aber eine Personalvollstreckung kann der *paterfamilias* verhindern). Ein Vermögen, in das vollstreckt werden könnte, ist bei GU wegen der fehlenden Vermögensfähigkeit nicht vorhanden.

Damit wäre es für jeden Geschäftspartner riskant, mit gewaltunterworfenen Personen Geschäfte abzuschließen. Dasselbe Risiko besteht, wenn ein Geschäft mit einem zwar gewaltfreien, aber nicht besonders vermögenden Angestellten, etwa einem Filialleiter (*institor*) abgeschlossen wird. Der Prätor hilft hier mit den sog adjektizischen Klagen gegen den GH. Die Bezeichnung rührt daher, dass die Haftung des GH zu der Verpflichtung des GU gewissermaßen hinzutritt:

Die Tatbestände sind:

1.	Ermächtigung des GU durch GH	*actio quod iussu*
2.	a. Einräumung eines *peculium* durch GH an GU	*actio de peculio*
	b. oder Bereicherung des GH aus dem Geschäft des GU	*vel de in rem verso*
3.	Geschäftsabschluss durch einen (Leiter eines Ladens)	*actio institoria* gegen den Unternehmer
4.	Geschäftsabschluss durch einen *magister navis* (Kapitän)	*actio exercitoria* gegen den Reeder (*exercitor*)

Im Fall des *institor* (Leiter einer *taberna* = Filialleiter) oder des *magister navis* (Kapitän) muss es sich nicht um Personen handeln, die Gewaltunterworfene des Unternehmers bzw Reeders sind; letztere werden auch aus Geschäften Gewaltfreier verpflichtet. Die *actio institoria* wurde von Papinian durch Analogie auf den *procurator* (Vermögensverwalter) ausgedehnt: *actio quasi-institoria.*

Formeltechnisch sind die adjektizischen Klagen keine selbständigen Klagen, sondern Abwandlungen der jeweiligen Vertragsklage. In unserem einführenden Beispiel wird dem V die *actio venditi* zB als *actio de peculio* gewährt, wenn der GH dem K (= GU) ein *peculium* eingeräumt hat; als *actio institoria*, wenn K als *institor* ein zum Betrieb der *taberna* gehöriges Geschäft abgeschlossen hat. Die Klagsformel ist dabei – wie bei den Noxalklagen – so gestaltet, dass als Verpflichteter der K, als zu Verurteilender der GH (bzw der Unternehmer, Reeder) genannt wird: Formel mit Umstellung der Subjekte.

II. Die actio quod iussu

Aus Geschäften, zu denen der GH den GU durch *iussum* ermächtigt hat, oder die er nachträglich genehmigte (*rati habitio*: Ulp. D 15,4,1,6), wurde die *actio quod iussu* gewährt. Das *iussum* muss dem Partner gegenüber erklärt werden. Eine Haftungsbeschränkung wie bei der *actio de peculio* oder der *actio de in rem verso* gibt es hier nicht: GH haftet *in solidum*.

III. Die actio de peculio vel de in rem verso

Auch ohne *iussum* haftete der GH. Im Edikt sind in einer einheitlichen Formel die beiden Tatbestände Einräumung eines *peculium* und *versio in rem* enthalten.

1) Die **actio de peculio** greift ein, wenn der GH dem GU ein *peculium* (dazu S 39 f) eingeräumt hat; der GH haftet dann aus allen Geschäften – auch solchen, die funktional mit dem *peculium* nichts zu tun haben. Die Haftung hat folgende Besonderheiten:

a) Sie ist **rechnerisch** auf die Höhe des *peculium* **beschränkt**.

Man bezeichnet eine solche rechnerische Beschränkung im Zusammenhang mit einem Sondervermögen als Haftung *pro viribus*. Würde die Haftung gegenständlich auf die Stücke eines Sondervermögens beschränkt sein, so spricht man von einer Haftung *cum viribus*.

b) Bei der Ermittlung der Höhe des *peculium* werden „Forderungen" des GH an den GU abgezogen, „Schulden" des GH an den GU (zB der tüchtige Sklave hat aus dem florierenden *peculium* seinem Herrn einen Kredit gewährt) hinzugerechnet.

Beachte: Rechtlich kann es zwischen GH und GU keine Forderungen und Schulden geben, wohl aber als Rechenposten.

c) Wenn GU gegenüber mehreren Geschäftspartnern Verpflichtungen eingegangen ist, gilt das **Prioritätsprinzip**: Die Forderungen werden in der Reihenfolge der Geltendmachung (durch Erwirkung eines Urteils) befriedigt; zu spät kommende Gläubiger können uU leer ausgehen.

Hingegen kommt bei Überschuldung eines Handels- oder Gewerbepekuliums (*merx peculiaris*) das Proportionalitätsprinzip (quotenmäßige Befriedigung aller Gläubiger) zum Tragen: Der GH hat über diese sog *merx peculiaris* einen Sonderkonkurs abzuwickeln und dabei alle Gläubiger quotenmäßig zu befriedigen. Wenn er dabei einen Gläubiger benachteiligt (zB weniger als die Quote zuteilt), kann dieser von GH mit der *actio tributoria* Ausgleich verlangen.

2) Die **actio de in rem verso** erfasst jene Fälle, in denen der GU das, was er aus dem Geschäft mit dem Partner erlangt hat, dem Vermögen des GH zuwendet (*versio in rem*), wodurch dieser bereichert wird. Die Bereicherung, die auch in der Ersparnis von Aufwendungen liegen kann, bildet die rechnerische Grenze der Haftung:

Gai. D 15,3,12: Der GU kauft für den GH von V ein Grundstück im Wert von 100 um den Preis von a) 110; b) 90: Mit der *actio de in rem verso* kann V im Fall a) 100 (das ist die Bereicherung des GH), im Fall b) 90 verlangen (die Bereicherung des GH ist zwar 100, eingeklagt wird aber die Kaufpreisforderung!).

Weitere Fälle sind Darlehensaufnahmen durch Sklaven, womit Schulden des GH bezahlt oder Lebensmittel für die Familie des GH angeschafft werden (D 15,3,3,1). Auch wenn ein Sklave mit dem Darlehenserlös für sich die üblichen Kleider kauft, ist der GH um die ersparten Aufwendungen bereichert (D 15,3,3,3).

§ 33. Die Schenkung

I. Begriff

1) Das römische Recht hat die Schenkung bis einschließlich in die klassische Zeit nicht als selbständigen Vertragstyp erfasst. Die Schenkung bildete nur eine *causa* für Rechtsgeschäfte wie zB *traditio*, *mancipatio*, *stipulatio*, Schulderlass, Schuldübernahme, Zahlung fremder Schulden. Erst die Nachklassik sieht die Schenkung als eigenen Vertragstypus. Dem folgt § 938 ABGB.

2) Für die Schenkung sind die Unentgeltlichkeit und Freiwilligkeit der Zuwendung wesentlich. Einseitige Zuwendungen in Erfüllung einer Rechtspflicht (zB Gewährung von gesetzlichem Unterhalt) sind keine Schenkung.

Die Schenkung ist zwar der wichtigste, aber keineswegs der einzige unentgeltliche Geschäftstypus. Unentgeltlich sind zB auch das *commodatum* (Leihe), das unverzinsliche *mutuum* (Darlehen) und im römischen Recht das *mandatum* (Auftrag).

3) Wenn die Schenkung sofort vollzogen wird, liegt eine sog Bar- oder Handschenkung vor. Davon ist das Schenkungsversprechen zu unterscheiden, das erst später tatsächlich vollzogen wird.

II. Form der Schenkung

In der Klassik kam es auf das jeweilige Rechtsgeschäft an, welches *donationis causa* vorgenommen wurde: Barschenkungen von körperlichen Sachen erfolgten daher durch *mancipatio* oder *traditio*; ein Schenkungsversprechen bedurfte der Stipulationsform.

Kaiser Konstantin führte für den nun selbständigen Vertragstypus der Schenkung eine Formvorschrift ein (frag vat 249): Zur Wirksamkeit der *donatio* ist die Errichtung einer Urkunde (*instrumentum*), die Übergabe in Gegenwart von Zeugen sowie die behördliche Registrierung (*insinuatio*) erforderlich. Konstantin geht offensichtlich – wie das Erfordernis der Übergabe zeigt – von der Barschenkung aus. Justinian erkennt auch das nicht in Stipulationsform gegebene Schenkungsversprechen als klagbares *pactum legitimum* an; für die Insinuationspflicht wird eine Wertgrenze festgelegt.

Im österreichischen Recht erfordert die „Schenkung ohne wirkliche Übergabe" – also das Schenkungsversprechen – für die Durchsetzbarkeit die Form des Notariatsaktes (§ 1 Abs 1 lit d NZwG). Wird ein nicht in dieser Form gegebenes Schenkungsversprechen freiwillig erfüllt, so heilt die Erfüllung den Formmangel. Das Geleistete kann nicht kondiziert werden (§ 1432 ABGB).

III. Einschränkungen der Schenkung

1) Eine Rechtsordnung kann aus verschiedenen Motiven heraus Schenkungen mit einer gewissen Reserviertheit betrachten und daher beschränken. Dem Übereilungsschutz dienen vor allem Formvorschriften, dem Schutz von Gläubigern (deren potentieller Befriedigungsfonds durch Schenkungen ihres Schuldners an Dritte verringert wird) dient

der Anfechtungstatbestand der Unentgeltlichkeit (vgl §29 KO; §3 AnfO), dem Schutz des Unterhalts des Schenkers (vgl §947 ABGB) oder seiner Angehörigen (§950 ABGB) sowie dem Schutz des Pflichtteils von Erben (§951 ABGB) dienen Widerrufsmöglichkeiten. Der wichtigste Widerrufsgrund ist grober Undank des Beschenkten (§948 ABGB).

2) Diese Motive finden sich – mit Ausnahme des Übereilungsschutzes – auch im römischen Recht. Darüber hinaus gab es weitere (uns heute nicht mehr geläufige) Motive zur Einschränkung von Schenkungen. Hinter dem Schenkungsverbot der *lex Cincia de donis et muneribus* (204 vChr) wird einerseits Luxusbekämpfung, andererseits Schutz der sozialen Unterschicht (deren Angehörige häufig Geschenke an Schutzherrn machten) als Motiv vermutet: Verboten waren Schenkungen über einen bestimmten Betrag; ausgenommen waren Schenkungen unter nahen Angehörigen (*personae exceptae*). Das Schenkungsverbot unter Ehegatten (das nichts mit der *lex Cincia* zu tun hat) soll verhindern, dass die Ehe zu Vermögensverschiebungen führt (dazu S 60). Die *lex Cincia* wird in der Nachklassik nicht mehr beachtet, das Schenkungsverbot unter Ehegatten bleibt aber aufrecht und wurde sogar in manche moderne Rechtsordnungen rezipiert.

3) Die technischen Mittel, welche die römische Rechtsordnung zur Beschränkung verwendet, sind verschieden:

a) **Nichtigkeit** nach *ius civile* begegnet vor allem bei der verbotswidrigen **Schenkung unter Ehegatten** (S 60).

b) Die **lex Cincia** selbst enthält für den Fall einer verbotswidrigen Schenkung **keine Sanktion** (*lex imperfecta*). Der Prätor gewährt aber bei einer noch nicht abgewickelten Schenkung gegen die Klage des Beschenkten eine *exceptio legis Cinciae.* Diese *exceptio* kann nur der Schenker selbst geltend machen, nicht mehr seine Erben (*morte Cincia removetur*).

Nach frag vat 266 ist nach vollzogener Schenkung die Rückabwicklung über die *condictio* möglich.

c) Mit Hilfe des *beneficium competentiae* (Rechtswohltat des Notbedarfs) trug man dem Motiv der Unterhaltssicherung des Schenkers Rechnung: Die Klage und Verurteilung aus einem Schenkungsversprechen ging nur auf das, was der Verpflichtete leisten kann (Pomp. D 42,1,30: *in id quod facere possit*).

d) In der Nachklassik wird zunächst bei Schenkungen des Patrons an den Freigelassenen und unter Angehörigen, unter Justinian bei allen Schenkungen ein **Widerruf** wegen **groben Undanks** eingeführt.

§ 34. Kondiktionen und ungerechtfertigte Bereicherung

I. Zum Begriff condictio

1) Im modernen Recht zählen Kondiktionen zu den Ansprüchen aus ungerechtfertigter Bereicherung: Die Parteien dieses gesetzlichen Schuldverhältnisses sind der Entreicherte/Verkürzte als Kondiktionsgläubiger (KG) und der Bereicherte als Kondiktionsschuldner (KS).

KG ist der Meinung, dem KS noch 1.000 als Kaufpreis zu schulden und zahlt an KS diesen Betrag. Später findet er eine Quittung, aus der hervorgeht, dass der Kaufpreis schon vorher bezahlt worden war. Die Kaufpreisschuld war daher bereits erloschen.

KG hat somit irrtümlich eine Nichtschuld bezahlt (*indebitum solutum*); für die Leistung fehlt der Rechtsgrund. KS ist daher ungerechtfertigt bereichert. KG kann von KS das Geleistete kondizieren (§ 1431 ABGB: *condictio indebiti*).

Die *condictio indebiti* zählt zu den sog **Leistungskondiktionen**. Bei ihnen beruht die Bereicherung des KS auf einer Leistung des KG. Das moderne Recht versteht unter Leistung jede bewusste Mehrung fremden Vermögens. Leistungsobjekt kann sowohl eine Sache als auch eine Handlung sein. Etwas enger ist der römische Begriff der **datio**: Darunter wird die Verschaffung von Eigentum verstanden.

Eine Bereicherung kann auch **in anderer Weise** als durch Leistung des KG eintreten: ZB dadurch, dass eine Sache des KG zum Nutzen des KS verwendet wurde (vgl § 1041 ABGB), insbesondere durch einen Eingriff des KS in ein Recht des KG („Eingriffskondiktion").

Das ABGB hat, anders als das BGB (§§ 812 ff), das Bereicherungsrecht nicht einheitlich erfasst, sondern an verschiedenen Stellen einzelne Bereicherungstatbestände aufgenommen (zB §§ 877; 1174; 1431 ff: Leistungskondiktionen; § 1041: Verwendungsanspruch).

2) Im römischen Recht hat *condictio* folgende Bedeutungen:

a) Historischer Ausgangspunkt ist die *legis actio per condictionem*: Bei dieser besonderen Verfahrensart im Rahmen des alten Legisaktionenprozesses kommt es zu einer Ansage (*condicere* = ansagen) auf den 30. Tag zwecks Richterbestellung (S 307f). Dieses Verfahren wurde angewandt, wenn der Kläger ein *dare oportere* des Beklagten auf *certa pecunia* oder *certa res* behauptete.

b) Im klassischen Recht ist die *condictio* eine strengrechtliche *actio in personam*, mit der – wie bei der alten *legis actio* – ein *dare oportere* (dh eine Verpflichtung nach *ius civile* zur Eigentumsverschaffung) einer *certa pecunia* oder *certa res* geltend gemacht wird. Die *condictio* nennt in ihrer abstrakten Formel den konkreten Verpflichtungsgrund nicht. Sie wird einerseits bei vertraglichen Verpflichtungen wie Darlehensrückzahlung, Stipulationen auf *certa res* oder *certa pecunia* verwendet, andererseits als bereicherungsrechtliche Leistungskondiktion und als *condictio furtiva* beim Diebstahl.

Für Gaius (Gai 3,91) sind Darlehensgewährung und irrtümliche Zahlung einer Nichtschuld insofern ähnlich, als in beiden Fällen zufolge der Leistung des Gebers (*datio*) der Empfänger zur Rückzahlung und damit zum *dare oportere* der erhaltenen *certa pecunia* verpflichtet wird: Die Rückforderung erfolgt daher mit der *condictio*.

II. Die Leistungskondiktionen

1. Allgemeiner Tatbestandsaufbau

Der Bereicherungstatbestand im Sinne der *condictio* ist allgemein dann gegeben, wenn

› eine *datio* des KG an den KS erfolgt ist. *Datio* ist – enger als der moderne Begriff der Leistung – Eigentumsübertragung;

› eine geeignete *causa* für diese *datio* fehlt oder später wegfällt, bzw der mit der *datio* verbundene Zweck nicht erreicht wird oder unerlaubt ist.

Beachte: *causa* kann sowohl Rechtsgrund als auch Zweck heißen.

Ist eine *causa* als Rechtsgrund vorhanden (zB ein wirksamer Kaufvertrag), so sind die darauf gegründeten Leistungen bereicherungsfest und können nicht zurückverlangt werden. Auch wenn ein Kaufvertrag für eine Partei ungünstig ist (zB infolge überhöhten Kaufpreises), und sich in wirtschaftlicher Hinsicht eine Partei auf Kosten der anderen bereichert hat (etwa der Verkäufer auf Kosten des Käufers), so fällt dies rechtlich nicht unter den Tatbestand der ungerechtfertigten Bereicherung. Durch den – wenn auch ungünstigen – Kaufvertrag lag jedenfalls eine *causa* für die erfolgten Leistungen vor; für eine Kondiktion ist kein Platz. In bestimmten Konstellationen können allerdings als Korrektive der Gedanke des Minderjährigenschutzes oder die *laesio enormis* herangezogen werden.

Im Einzelnen begegnen im römischen Recht folgende Leistungskondiktionen:

2. Die condictio indebiti

Was aus Irrtum ungeschuldet geleistet worden ist, kann zurückgefordert werden (*indebitum solutum* = Zahlung einer Nichtschuld, vgl § 1431 ABGB).

Als Nichtschuld gilt auch eine mit einer dauernden Einrede (*exceptio perpetua*) behaftete Forderung. Was hingegen auf eine *obligatio naturalis* (zB formlos vereinbarte Darlehenszinsen) hin geleistet wird, ist geschuldet und kann nicht kondiziert werden.

Eine befristete Schuld ist keine Nichtschuld, daher kann eine irrtümlich vor dem Fälligkeitstermin erfolgte Leistung nicht mehr kondiziert werden (D 12,6,10); anders bei irrtümlicher Leistung auf eine aufschiebend bedingte Schuld während der Pendenz, wo die *condictio* möglich ist, solange die Bedingung noch nicht eingetreten ist (D 12,6,16 pr). Vgl § 1434 ABGB.

Wenn der Empfänger bewusst (in Ausnutzung des Irrtums des Gebers) etwas nicht Geschuldetes annimmt, begeht er ein *furtum*. Gegen den Empfänger steht dann die *condictio furtiva* auf Rückgabe und die *actio furti* auf Buße zu.

Leistet der Geber bewusst etwas nicht Geschuldetes, ist die *condictio indebiti* ausgeschlossen (vgl § 1432 ABGB).

3. Die condictio ob causam datorum (condictio causa data causa non secuta)

Was zu einem bestimmten Zweck gegeben wird (sog *datio ob rem, datio ob causam*), kann bei Zweckverfehlung zurückgefordert werden.

D 12,4,9pr: Nach *dos*-Hingabe bleibt die erwartete Eheschließung aus.

D 12,4,12: KG schenkt dem KS in Todesgefahr eine Sache (*donatio mortis causa,* S 100 f). KG überlebt.

4. Die condictio ob turpem vel iniustam causam

a) Was zu einem sittenwidrigen Zweck geleistet wurde, kann – egal ob der Zweck erreicht wird oder nicht – mit der *condictio ob turpem causam* zurückverlangt werden.

D 12,5,2pr: KG gibt KS eine Geldsumme, damit KS ein geplantes Verbrechen nicht begeht.

D 12,5,2,1; D 12,5,9: KG gibt KS eine Geldsumme, damit KS eine ihn ohnedies treffende Pflicht erfüllt (zB eine geliehene oder verwahrte Sache zurückgibt).

Wie die Beispiele zeigen, kommt es darauf an, dass die Sittenwidrigkeit dem Empfänger (und nicht dem Geber) vorzuwerfen ist.

Ist beiden Sittenwidrigkeit vorzuwerfen – zB bei Hingabe eines Be-stechungsgeldes – wird dem Geber die *condictio* verweigert, dh der Empfänger kann das Erhaltene behalten (*In pari turpitudine melior est causa possidentis*: Bei gleicher Verwerflichkeit ist die Lage des Besitzenden besser). Heute ist hiefür die Einziehung zum Fiskus vorgesehen (vgl § 1174 ABGB, § 20 StGB).

Ein gezahlter Prostituiertenlohn kann nicht zurückgefordert werden: Ursprünglich sah man darin einen Fall beiderseitiger *turpitudo* und begründete daraus das Behalten des Lohns durch die Prostituierte. Eine spätere Auffassung sah in der Zahlung des Prostituiertenlohns nur eine *turpitudo* des Gebers, nicht aber der Prostituierten: Für diese ist nur die Ausübung der Prostitution *turpiter*, nicht aber die Annahme des Geldes (D 12,5,4,3).

b) Die *condictio ob iniustam causam* greift ein, wenn entgegen einem Zuwendungsverbot geleistet wurde: Hauptanwendungsfall ist das Schenkungsverbot unter Ehegatten.

5. Weitere Typisierungen

Von Justinian und vom gemeinen Recht wurden weitere Kategorien gebildet. Eine *condictio sine causa* erfasst als Sammeltatbestand alle Fälle, in denen eine Leistung rechtsgrundlos erfolgt ist. Die *condictio causa finita* erfasst Fälle, in denen zunächst ein Rechtsgrund für die Leistung bestand, der später wegfällt (vgl § 1435 ABGB), zB wenn eine Schenkung wegen Undanks widerrufen wird.

III. Zum Inhalt der Leistungskondiktionen

1) Die Leistungskondiktionen des römischen Rechts gehen auf Rückgewähr der empfangenen Leistung (*certa res* oder *certa pecunia*). Der im modernen Recht entwickelte Gedanke, einen späteren Wegfall der Bereicherung zugunsten des Kondiktionsschuldners zu berücksichtigen (so vor allem § 818 Abs 3 BGB; anders § 1041 ABGB), ist dem römischen Recht grundsätzlich fremd; er findet sich lediglich bei der Rückabwicklung verbotener Ehegattenschenkungen.

Weiters ist nach der Formel der *condictio* der Kondiktionsschuldner verpflichtet, dem Kondiktionsgläubiger das Eigentum (wieder) zu verschaffen: *dare oportere*. Daraus ergibt sich, dass auch die Leistung, welche den Kondiktionsschuldner bereichert hat und nun rückgängig gemacht werden soll, Eigentum verschafft haben muss: Daraus resultiert das sehr eng verstandene Tatbestandselement der *datio*.

2) Zu einer Erweiterung kommt es durch die – in der zeitlichen Zuordnung (Klassik, Nachklassik oder Justinian?) allerdings umstrittene – *condictio incerti*: Sie verwendet in ihrer Formel die Wendung *quidquid Num Num dare facere oportet* (was auch immer der Beklagte zu übereignen und zu tun verpflichtet ist). Mit ihr können daher auch Leistungen rückabgewickelt werden, bei denen die Bereicherung des Kondiktionsschuldners nicht in rechtsgrundlos erlangtem Eigentum, sondern in der Erlangung anderer Vermögenspositionen, wie zB des Besitzes oder einer Forderung, besteht: Hier geht die *condictio* auf die Rückübertragung des Besitzes (*condictio possessionis*) oder auf die Befreiung von der Verpflichtung (*condictio liberationis*).

IV. Zur condictio pretii

Das römische Recht kennt keinen allgemeinen Tatbestand der Eingriffskondiktion, ein Ansatz findet sich bei der sog *condictio pretii* (D 12,1,23): Ein Erblasser vermacht einen Sklaven als Vindikationslegat an Tu. Ego hält sich irrtümlich für den Legatar und veräußert den (aufgrund des Vindikationslegats dem Tu gehörigen) Sklaven an K. Wenn der Sklave dann bei K stirbt, ist eine *vindicatio* des Tu gegen K nicht mehr möglich. Tu kann nun von Ego die Herausgabe des Kauferlöses (das *pretium* als Surrogat für die Sache) verlangen: Ego ist um den bei ihm befindlichen Kauferlös bereichert.

V. Prätorische Bereicherungsklagen

Außerhalb der *condictiones* stehen die sog prätorischen Bereicherungsklagen: Bei Pönalklagen, die durch Tod oder Fristablauf erlöschen, wird danach eine *actio in factum* auf Herausgabe der durch das Delikt erlangten Vermögensvorteile (*in id quod ad eos pervenit* = auf das, was ihnen zugekommen ist) gewährt. Aus dem Geschäft, das ein Unmündiger ohne *auctoritas tutoris* getätigt hat, kann der Partner nicht Erfüllung verlangen, hat aber seit dem *rescriptum divi Pii* (S 44) eine *actio in quantum locupletior factus est* (um wie viel das Mündel bereichert worden ist).

§ 35. Delikte und Quasidelikte

Delikte sind unerlaubte Handlungen. Nach der Rechtsgrundlage unterscheiden wir zivile und prätorische Delikte. Zu den zivilen Delikten gehören *furtum* (Diebstahl und verwandte Tatbestände), *rapina* (Raub), *damnum iniuria datum* (unrechtmäßige Schadenszufügung) und *iniuria* (Persönlichkeitsverletzung). Die prätorischen Delikte sind nicht erschöpfend aufzählbar; besonders wichtig sind vor allem *dolus* (Arglist, Betrug, bewusste Schädigung eines anderen) und *metus* (Zwang, Erpressung).

I. Das furtum

1. Tatbestand

a) Nach § 127 StGB begeht einen Diebstahl, wer eine fremde bewegliche Sache einem anderen mit dem Vorsatz wegnimmt, sich oder einen

Dritten durch deren Zueignung unrechtmäßig zu bereichern.

b) Der römische *furtum*-Begriff ist wesentlich weiter als der moderne Diebstahlstatbestand: Nach Gai 3,195 fällt darunter nicht bloß das Beiseiteschaffen, sondern jedes Sich-Vergreifen (*contrectare*) an einer Sache gegen den Willen des Eigentümers: Also auch Hehlerei, Unterschlagung und Veruntreuung, wissentliche Annahme einer nicht geschuldeten Leistung, ebenso der unbefugte Gebrauch einer Sache durch den Verwahrer, der abredewidrige Gebrauch einer Sache durch den Entlehner, der wissentliche Verkauf einer fremden Sache. Paulus (D 47,2,1,3) unterscheidet *furtum rei* (Sachdiebstahl), *furtum usus* (Gebrauchsdiebstahl; vgl § 136 StGB: unbefugter Gebrauch von Fahrzeugen) und *furtum possessionis* (Besitzdiebstahl): Dieses liegt zB vor, wenn E seine Sache an G als Pfand gegeben hat und dem G entwendet. Hier stiehlt E die eigene Sache (*furtum rei suae*).

Einige der Vorklassiker anerkennen sogar ein *furtum fundi* (Diebstahl an einem Grundstück); in der Klassik ist ein *furtum* nur an beweglichen Sachen möglich.

Der weite *furtum*-Begriff ist nicht bloß für die *actio furti*, sondern auch für den Ersitzungssausschluss wegen Furtivität (S 125) von Bedeutung.

2. Rechtsschutz

a) Die pönale **actio furti** dient der **Buße**. Sie geht bei gewöhnlichem Diebstahl (*furtum nec manifestum*) auf das *duplum* des Sachwerts; wird der Dieb auf frischer Tat ertappt (*furtum manifestum*), geht sie auf das *quadruplum*. Aktivlegitimiert ist in erster Linie der Eigentümer. Wenn jedoch das Diebstahlsrisiko nicht der Eigentümer, sondern über die *custodia*-Haftung ein anderer zu tragen hat (wie zB der Kleiderreiniger im Rahmen des Werkvertrages) und dieser daher ein Interesse hat *rem salvam esse* (Gai 3,203), steht diesem – und nicht dem Eigentümer – die *actio furti* zu. Passivlegitimiert ist nicht nur der unmittelbare Täter, sondern auch der Anstifter und Beihelfer: Insofern ist das im modernen Strafrecht herrschende Prinzip der Einheitstäterschaft (§ 12 StGB) in der Formel der *actio furti* bereits vorweggenommen.

b) Zur **Wiedererlangung** der **Sache** bzw des Sachwerts stehen dem Bestohlenen zu:

› aus dem Diebstahl selbst: die *condictio furtiva*; daneben

› als petitorische Klage die *rei vindicatio* (Eigentumsklage) bzw die *actio Publiciana* (S 135f) und weiters

› als possessorischer Rechtsbehelf das *interdictum utrubi* (S 138)

Die *condictio furtiva* steht dem Eigentümer zu und ist der einzige Fall, in dem eine *condictio* auf eine eigene Sache gehen kann (Ulp. D 7,9,12). Der Dieb ist aus Delikt zur Rückgabe verpflichtet. Er ist sofort im Schuldnerverzug (*fur semper in mora est*) und haftet damit auch für *casus*. Im Fall des Unterganges der gestohlenen Sache kommt die Figur der *perpetuatio obligationis* (S 278) zum Tragen: Es wird fingiert, dass die Sache zum Zeitpunkt der *litis contestatio* (Prozessbegründung) noch existiert.

Zwischen *rei vindicatio* bzw *actio Publiciana* und *condictio* herrscht wegen der identischen Klagsziele (Vermögensausgleich) elektive Konkurrenz.

Die *actio furti* hingegen, die das Klagsziel Buße hat, kann mit jeder dieser Klagen gehäuft werden (kumulative Konkurrenz). Der Bestohlene erhält also die Sache bzw den Sachwert und zusätzlich die Buße.

3. Zur Geschichte der privaten Diebstahlsverfolgung

a) Schon in den XII-Tafeln wird zwischen *furtum nec manifestum* (gewöhnlicher Diebstahl) und *furtum manifestum* (handhafter = offenkundiger Diebstahl) unterschieden. Für den gewöhnlichen Diebstahl sahen sie die *poena dupli* vor; beim *furtum manifestum* wurde weiter differenziert: Der nächtliche oder bewaffnete *fur manifestus* konnte im Wege privater Selbsthilfe vom Bestohlenen unter Herbeirufung der Nachbarn (*endoplorare*) getötet werden; ansonsten wurde er nach Auspeitschung vom Gerichtsmagistrat dem Bestohlenen zugesprochen (*addictio*). Nicht geklärt ist, ob der zugesprochene *fur manifestus* Sklave des Bestohlenen wurde oder bloß in Schuldknechtschaft geriet. Diese Sanktionen wurden wegen ihrer Härte (*asperitas*) später vom Prätor durch die *poena quadrupli* ersetzt.

b) Nach den XII-Tafeln galt auch der als *fur manifestus*, in dessen Haus bei einer förmlichen Durchsuchung Diebsgut gefunden wurde. Diese musste der Durchsuchende nackt und lediglich mit einer Schüssel und einem Schurz ausgerüstet vornehmen (*quaestio lance licioque*). Dieses Kuriosum wird einerseits funktional (Vermeidung von Unterschiebungen), andererseits als magisch-rituelle Form gesehen. Daneben gab es eine bloß vor Zeugen durchgeführte Durchsuchung, die bei Erfolg zur *poena tripli* wegen *furtum conceptum* führte, doch konnte bei Unterschiebung gegen den Unterschiebenden Regress wegen *furtum oblatum* genommen werden. Wird die Hausdurchsuchung verweigert (*furtum prohibitum*), so löste dies als Verdachtsstrafe die *poena quadrupli* aus.

II. Rapina

Der Raub – die gewaltsame Entziehung von Sachen – ging ursprünglich im *furtum*-Begriff auf und wurde daher pönal mit der *actio furti* geahndet. Später sahen die Prätoren eine eigene pönale Klage, nämlich die *actio vi bonorum raptorum* auf das *quadruplum,* vor: Sie konnte mit einer sachverfolgenden Klage (*condictio furtiva, rei vindicatio*) gehäuft werden.

III. Damnum iniuria datum

1. Die lex Aquilia

Die *lex Aquilia*, ein Plebiszit aus dem 3. Jh vChr, ist in drei Kapitel gegliedert. Das erste Kapitel erfasst die Tötung von fremden Sklaven und vierfüßigen Herdentieren (*quadrupedes pecudes*) durch *occidere*, das dritte alle sonstigen Schadenszufügungen durch *urere, frangere, rumpere* (Verbrennen, Zerbrechen, Verderben): Erfasst werden hier also Verletzungen von Sklaven und vierfüßigen Herdentieren, Tötungen anderer Tiere sowie alle Beschädigungen lebloser Objekte. Diese Deliktstatbestände des *damnum iniuria datum* (unrechtmäßige Schadenszufügung) werden als Vermögensdelikte gegenüber dem Eigentümer des Sklaven, Tieres oder sonstigen Objekts aufgefasst.

Das zweite Kapitel der *lex Aquilia* statuiert eine Haftung des Nebengläubigers (*adstipulator*), der zum Nachteil des Hauptgläubigers die Schuld erlassen hat.

2. Haftungsvoraussetzungen nach der lex Aquilia

Für einen Anspruch des Geschädigten G gegen den Schädiger S müssen folgende Voraussetzungen gegeben sein:

(1) Ein **Schaden**

(2) Eine schädigende **Handlung des S**, welche
   (a) **kausal** für den Schaden ist,
   (b) in einer **unmittelbaren** Einwirkung des S auf das beschädigte Objekt (*damnum corpore corpori datum*) durch **positives Tun** besteht und
   (c) **typisch** ist, dh dem im Gesetz umschriebenen Handlungstyp (*occidere* im 1. Kapitel; *urere frangere rumpere* im 3. Kapitel) entspricht.

(3) **Rechtswidrigkeit**
(4) **Verschulden**
Beide Aspekte werden mit dem Begriff **iniuria** erfasst.

ad 2a: Die Ursächlichkeit der Handlung für den Schaden kann nach der sog Äquivalenztheorie (welche alle Ursachen als gleichwertig betrachtet) mit der Formel von der *condicio sine qua non* geprüft werden: Demnach ist eine Handlung dann kausal, wenn bei Hinwegdenken der Handlung auch der Schaden entfällt.

ad 2b und c: Die Voraussetzungen der Unmittelbarkeit (*damnum corpore corpori datum*), Positivität und Typizität der Handlung des S engen die Anwendbarkeit der *lex Aquilia* stark ein.

Das *occidere* des 1. Kapitels wird restriktiv ausgelegt: Darunter werden nur Tötungen durch (gewaltsames) Handanlegen verstanden. Was nicht unter *occidere* fällt wie etwa Tötung durch Unterlassung (zB Einsperren und Verhungernlassen eines fremden Sklaven) oder durch mittelbare Einwirkung (zB Hinstellen von Gift), wird als *mortis causam praestare* (Setzen einer Todesursache) bezeichnet.

Die Handlungstypen des 3. Kapitels sind *urere* (Verbrennen), *frangere* (Zerbrechen) und *rumpere* (wörtl: Verstümmeln). Doch wird von den Juristen *rumpere* extensiv ausgelegt und im Sinne von *corrumpere* (Verderben, jedes Schlechtermachen einer Sache) verstanden.

Die Lücken, welche die (zum *ius civile* zählende) *lex Aquilia* offen lässt, werden von den Prätoren durch Gewährung ergänzenden Rechtsschutzes geschlossen. Der Geschädigte erhält entweder eine *actio utilis* oder eine *actio in factum*, die sich an das *exemplum* der *lex Aquilia* anlehnen. Methodisch handelt es sich dabei um eine analoge Anwendung der *lex Aquilia*.

ad 3 und 4: Heute werden Rechtswidrigkeit (Verstoß gegen die Ge- und Verbote der Rechtsordnung) und Verschulden (individuelle Vorwerfbarkeit des Verhaltens) dogmatisch getrennt, die Römer erfassen beides unter dem Begriff *iniuria*.

Die Rechtswidrigkeit ist bei deliktischen Schädigungen grundsätzlich gegeben. In bestimmten Ausnahmefällen, die wir als Rechtfertigungsgründe bezeichnen, kann eine Schadenszufügung nicht rechtswidrig sein: Dazu gehören etwa Notwehr oder die Einwilligung des Geschädigten.

Die Verantwortlichkeit nach der *lex Aquilia* wird schon sehr früh als Verschuldenshaftung gesehen. Das Gegenstück dazu wäre die sog Erfolgshaftung („Die Tat tötet den Mann"), wie wir sie in archaischen Rechtsordnungen und auch in der Frühzeit des römischen Rechts beobachten können. Als Verschulden (*culpa* iwS) nach der *lex Aquilia* kommen sowohl Vorsatz (*dolus*) als auch Fahrlässigkeit (*culpa* ieS) in Betracht.

3. Die actio legis Aquiliae

a) Inhalt des Anspruchs
Nach dem ersten Kapitel gebührt dem Geschädigten der Höchstwert, den der Sklave oder das Herdentier im Jahr vor der Tötung gehabt hat; nach dem dritten Kapitel ist der Berechnung eine 30-Tage-Frist zugrunde zu legen. Unsicherheiten bei der Überlieferung des Gesetzeswortlauts lassen offen, ob die 30 Tage von der Tat zurückgerechnet werden (wie im ersten Kapitel) oder auf die Zukunft bezogen sind. Bei Rückrechnung wäre der höhere Wert vor der Tat zu ersetzen, bei Berechnung nach vorne hätte die Frist den Sinn, das Schadensausmaß absehen zu können. Das passt vor allem zu Verletzungen von Sklaven und Tieren.

b) Litiskreszenz (Anwachsung des Streitwerts)
Gibt der Beklagte die Tat zu, so geht es im Prozess nicht um den Grund, sondern nur um die Höhe des Anspruchs (sog *actio legis Aquiliae confessoria*). Bestreitet hingegen der Beklagte fälschlicherweise die Tat, so wird er auf den doppelten Betrag verurteilt.

c) Aktivlegitimation
Nach dem Wortlaut des Gesetzes steht der Ersatzanspruch dem Eigentümer zu. Dieser wird in der Regel auch vom Schaden betroffen sein. Doch kann es Situationen geben, in denen auch oder hauptsächlich andere Personen betroffen sind, zB ein Usufruktuar, ein Pfandgläubiger, ein Pächter, Mieter etc. Ihnen steht die *actio legis Aquiliae* nicht zu, doch gewährt der Prätor beschränkt dinglich Berechtigten (zB dem Usufruktuar oder Pfandgläubiger) eine *actio utilis* bzw eine *actio in factum*; obligatorisch Berechtigten wohl nur ausnahmsweise.

IV. Iniuria

Der Ausdruck *iniuria* ist mehrdeutig. Im Bereich der *lex Aquilia* meint er die Rechtswidrigkeit und das Verschulden. Daneben gibt es einen selbständigen Tatbestand der *iniuria*, unter den alle vorsätzlichen Verletzungen und Missachtungen fremder Personen fallen.

Die XII-Tafeln kennen bei *membrum ruptum* (Verstümmelung eines Körperglieds) noch die Talion („Aug um Aug, Zahn um Zahn"), sehen aber deren Ablösung durch einen Sühnevergleich vor, mit dem sich der Verletzte sein Racherecht durch Bezahlung einer Geldsumme ablösen lässt. (Dieser Sühnevergleich ist die historisch älteste Bedeutung von *pactum*. Dazu unten S 243).

Für *os fractum* (Knochenbruch) an einem Freien war eine feste Buße von 300 As, an einem Sklaven von 150 As vorgesehen. Sonstige Fälle von *iniuria* lösten eine Buße von 25 As aus.

Durch die Geldentwertung konnte es sich ein gewisser L. Veratius leisten, durch die Straßen zu gehen und jedem Passanten eine Ohrfeige zu geben und sofort durch Zahlung der Buße zu befriedigen.

Die XII-Tafel-Regelung wurde durch prätorische Edikte modifiziert. Es gab neben mehreren speziellen Edikten, wie zB gegen *convicium* (laute Beschimpfung durch mehrere) oder unsittliche Nachstellungen gegenüber Frauen, ein *edictum generale*. Der Prätor ging vom System der festen Bußsätze ab und gewährte die **actio iniuriarum (aestimatoria)**, bei welcher der

Kläger zunächst selbst die erlittene Unbill schätzte. Diese Summe wurde in die Klagsformel als *taxatio* (Höchstgrenze) aufgenommen; der Richter bestimmte innerhalb dieses Rahmens die Urteilssumme nach billigem Ermessen (*quantum ob eam rem iudici aequum videbitur*).

V. Prätorische Delikte und Quasidelikte

Nach Gaius kennt das *ius civile* nur die vier eben beschriebenen Delikte *furtum, rapina, damnum iniuria datum* und *iniuria*. Auch in diesem Bereich hatte die prätorische Rechtsfortbildung teils Erweiterungen (so im Zusammenhang mit der *lex Aquilia*), teils Modifikationen (so zB bei der *iniuria*, bei der Herauslösung der *rapina* aus der *actio furti*) gebracht.

Darüber hinaus hat das prätorische Recht auch zahlreiche selbständige Deliktstatbestände geschaffen. Die beiden wichtigsten sind *dolus* und *metus*.

1. Dolus

a) Begriffsübersicht

Der Ausdruck *dolus* ist mehrdeutig: Er meint einerseits den Verschuldensgrad Vorsatz im Gegensatz zur Fahrlässigkeit (*culpa*); andererseits ein treuwidriges Verhalten im Sinne eines bewussten Verstoßes gegen die *bona fides*; und schließlich wird damit der hier darzustellende Deliktstatbestand umschrieben. In diesem Sinn meint *dolus* die arglistige Täuschung bzw die bewusste Schädigung eines anderen.

b) Die actio doli

Den Deliktstatbestand *dolus* hat der Prätor G. Aquilius Gallus (68 vChr) eingeführt. Die Formel der *actio doli* geht auf den einfachen Schadensbetrag und enthält die sog Arbiträrklausel: Ihr zufolge kann der Beklagte der Verurteilung dadurch entgehen, dass er noch während des Prozesses restituiert.

Ein wichtiges Charakteristikum der *actio doli* ist ihre Subsidiarität, dh sie greift dann ein, wenn dem Geschädigten keine andere *actio* zusteht.

c) Die exceptio doli

Sie ist ein defensives Rechtsschutzmittel und hat zwei Spielarten: Mit der *exceptio doli specialis* (oder: *praeteriti*) kann arglistiges Verhalten des Klägers in der Vergangenheit (dh vor dem Prozess) geltend gemacht werden, zB wenn eine Stipulation durch arglistige Täuschung herbeigeführt worden ist. Mit der *exceptio doli generalis* (oder: *praesentis*) wird ein *dolus* geltend gemacht, der in der Klagseinbringung selbst liegt.

ZB Eigentümer E erhebt gegen Besitzer B die *rei vindicatio*, ohne dem B gewisse Aufwendungen auf das Klagsobjekt ersetzt zu haben: Materieller Reflex der *exceptio doli* ist hier ein Zurückbehaltungsrecht des B (oben S 135).

Dolus generalis geht somit weit über den Deliktstatbestand hinaus und hat einen vielfältigen Anwendungsbereich; dazu gehören auch die Fälle, in denen sich der Kläger durch die Klage in Widerspruch zu seinem früheren Verhalten setzt (*venire contra proprium factum*).

2. Metus

Im Zusammenhang mit dem Tatbestand *metus* (Zwang, Drohung, Erpressung) ist der prätorische Rechtsschutz wie folgt gestaltet:

a) Es gibt eine allgemeine Ankündigung des Prätors, unter Zwang getätigte Rechtshandlungen nicht als gültig zu betrachten (*quod metus causa gestum erit, ratum non habebo*). Der Rückabwicklung dient die *restitutio in integrum*: Dem Geschädigten wird eine Klage aus seiner ursprünglichen Rechtsposition mit der Fiktion gewährt, die unter Zwang getätigte Rechtshandlung sei nicht erfolgt.

b) Weiters wird als Strafklage die *actio quod metus causa* verheißen. Sie geht auf das *quadruplum*, nach einem Jahr nur mehr auf den einfachen Betrag und kann nicht bloß gegen den Erpresser, sondern auch gegen Dritte gerichtet werden, die daraus Vorteile gezogen haben. Sie enthält ebenfalls die Arbiträrklausel.

c) Dem defensiven Rechtsschutz dient die *exceptio quod metus causa*: Mit ihr konnte der Beklagte, der aus einem noch nicht abgewickelten Geschäft in Anspruch genommen wurde, Zwang beim Geschäftsabschluss geltend machen; dabei kam es (anders als bei der *exceptio doli specialis*) nicht darauf an, dass der Zwang gerade vom Kläger ausgegangen war.

3. Quasidelikte

Die nicht sehr homogene Gruppe der Quasidelikte wurde erst von Justinian gebildet. Die einzelnen Tatbestände gehören dem prätorischen Recht der Klassik an:

a) Der Fall des *iudex qui litem suam fecit* (der Richter, der den Prozess zum seinigen gemacht hat) liegt vor, wenn ein Richter durch Rechtsbeugung oder auch durch mangelhafte Rechtskenntnisse (*imprudentia*) eine Partei benachteiligt: Diese kann mit einer *actio in factum* gegen den Richter vorgehen. Hier handelt es sich um Verschuldenshaftung.

b) Hingegen kommt es bei der *actio de deiectis vel effusis* gegen den Wohnungsinhaber, aus dessen Wohnung etwas in schädigender Weise geworfen oder geschüttet worden war, nicht auf das Verschulden des Wohnungsinhabers an (vgl § 1318 ABGB). Die *actio de posito vel suspenso* gegen denjenigen, der in einer begangenen Straße etwas gefährlich aufgestellt hatte oder herabhängen ließ, wurde auch ohne Schadenseintritt (anders § 1318 ABGB) aufgrund der bloßen Gefährdung gewährt: Als sog *actio popularis* (Popularklage) auf einen fixen Betrag konnte sie von jedermann erhoben werden, der Prätor gab sie jedoch unter mehreren Prätendenten demjenigen, der das größte Interesse hatte.

c) Auch die Haftung der *nautae, caupones et stabulariorum* für Sachbeschädigungen und Diebstähle ihrer Gehilfen wurde dem quasideliktischen Bereich zugeordnet.

VI. Allgemeine Probleme bei Deliktsklagen

Zumeist haben die Deliktsklagen das Klagsziel Buße, sind also *actiones poenales* (zB *actio furti, actio iniuriarum*), manche bezwecken auch gleichzeitig Vermögensausgleich (zB die *actio legis Aquiliae*) und sind daher *actiones mixtae*. Rein sachverfolgend ist die *condictio furtiva*.

1. Das Konkurrenzproblem

a) Personenkonkurrenz liegt vor, wenn ein Delikt von mehreren Personen begangen wird. Da das Klagsziel Buße bei jedem Mittäter verwirklicht werden kann, kommt es zur Häufung (kumulative Konkurrenz). Wurde zB ein Diebstahl durch eine mehrköpfige Bande verübt, so wird die *actio furti* gegen jeden gegeben; materiellrechtlich entstehen gehäufte Obligationen.

Hingegen kann das Klagsziel Vermögensausgleich nur einmal verwirklicht werden; daraus folgt, dass sachverfolgende Klagen wie zB die *condictio furtiva* gegen mehrere Mittäter in elektiver Konkurrenz stehen. Materiellrechtlich führt dies zu einer Gesamt- oder Solidarschuld: Jeder Mittäter haftet zwar in voller Höhe auf Vermögensausgleich, der Geschädigte soll diesen aber nur einmal erhalten.

b) Aktionenkonkurrenz liegt vor, wenn aus demselben Sachverhalt mehrere *actiones* entspringen: *actiones poenales* können mit einer sachverfolgenden Klage gehäuft werden, zB die *actio furti* mit der *condictio furtiva* oder der *rei vindicatio*. Hingegen lässt eine *actio mixta* keine Häufung mit einer sachverfolgenden Klage zu: So schließen sich zB die *actio legis Aquiliae* und eine allenfalls konkurrierende Vertragsklage gegenseitig aus (elektive Konkurrenz).

2. Zur Frage der Befristung

a) Die zivilen Klagen sind unbefristet (*actiones perpetuae*).

Beachte, dass das römische Recht bis in die Nachklassik keine allgemeine Verjährung kennt. Diese wird erst 424 nChr unter Theodosius II mit einer Frist von 30 Jahren eingeführt.

b) Die prätorischen Strafklagen sind in der Weise auf ein Jahr befristet,

› dass Klagen auf das *simplum* (zB die *actio doli*) nach Jahresfrist erlöschen (der Prätor gewährt danach allerdings eine Klage auf Herausgabe der Bereicherung).

› dass Klagen auf ein Mehrfaches (zB *actio quod metus causa, actio vi bonorum raptorum*) nach Jahresfrist nur auf das Einfache gehen.

3. Zur Frage der Vererblichkeit von Strafklagen

a) Tod des Geschädigten oder des Täters **vor** dem Prozess:
Dabei geht es um die Frage, ob eine Strafklage noch von den Erben des Betroffenen (aktive Vererblichkeit) oder gegen die Erben des Täters (passive Vererblichkeit) erhoben werden kann.

› Da an den Unrechtsfolgen – vor allem bei Vermögensdelikten – auch noch die Erben mitleiden, und der Bußzweck auch noch nach dem Tod des Geschädigten verwirklicht werden kann, sind *actiones poenales* **aktiv vererblich**.

Ausgenommen davon ist die höchstpersönliche *actio iniuriarum*, die nur dem Verletzten selbst zusteht und nicht auf die Erben übergeht (die an der Verletzung oder Beleidigung des Erblassers nicht mitleiden). Hat der Verletzte aber die Klage bei Tod schon erhoben, so geht sie auf die Erben über (dazu unten b).

› Da der Bußzweck nur beim Täter selbst verwirklicht werden kann, sind alle Strafklagen **passiv unvererblich**. Der Prätor gewährt aber eine Bereicherungsklage *in id quod ad eos pervenit* (auf das, was ihnen zugekommen ist).

b) Tod des Täters oder Geschädigten **nach** Prozessbegründung oder Urteil: Durch die Prozessbegründung (*litis contestatio*) und weiters durch das Urteil kommt es jeweils zu einer Novation, welche den ursprünglichen Strafanspruch durch eine Prozessobligation und dann durch eine Judikatsobligation ersetzt; diese sind beide aktiv wie passiv vererblich. Vereinfacht lässt sich dies so ausdrücken, dass Strafklagen durch Prozessbegründung vererblich werden.

Im öffentlichen Strafrecht kam dieses (formale) Prinzip nicht zum Tragen. Der Strafzweck, der nur beim Täter selbst verwirklicht werden kann, verbot es auch, den Erben mit einer bereits rechtskräftig verhängten Geldstrafe zu belasten (Paul. D 48,19,20). Die entgegengesetzte, fiskalistisch motivierte Auffassung in § 548 S 2 ABGB beruht auf einer Missdeutung der römischen Quellen im gemeinen Recht. Das Verwaltungsstrafrecht hingegen lässt mit dem Tod die Vollziehbarkeit der bereits verhängten Geldstrafe erlöschen (§ 14 VStG).

VII. Die Noxalhaftung

Aus Delikten Gewaltunterworfener (Sklave, Hauskind) wurde gegen den Gewalthaber die jeweilige Klage (zB die *actio furti*, die *actio legis Aquiliae*) als Noxalklage gewährt: Dabei hatte der Gewalthaber die Wahl, entweder die Buße zu leisten (*noxam sarcire*), oder den Täter an den Geschädigten – in klassischer Zeit nur mehr zwecks Abarbeitung der Schuld – auszuliefern (*noxae deditio*):

Formeltechnisch erfolgt dies durch die sog Umstellung der Subjekte: In der *intentio* wird als Deliktsverpflichteter der Täter, in der *condemnatio* wird als zu Verurteilender der Gewalthaber genannt.

Das Prinzip *noxa caput sequitur* bringt zum Ausdruck, dass die Noxalhaftung gleichsam am Täter klebt: Demnach erlischt sie mit seinem Tod; wird der Täter freigelassen, haftet er nun selbst. Wenn nach dem von einem Sklaven begangenen Delikt dieser veräußert wird, trifft die Noxalhaftung den jeweiligen Gewalthaber, der somit für noch offene „Altlasten" einzustehen hat; daher zählt beim Sklavenverkauf die noxale Belastung zu den kundmachungspflichtigen Sachmängeln (S 183).

VIII. Die Haftung für Tiere

Der Noxalhaftung ähnlich ist die schon auf die XII-Tafeln zurückgehende Haftung des Tiereigentümers: Hat ein Nutztier einen Schaden angerichtet, so löst dies die *actio de pauperie* gegen den Eigentümer aus. Er hat entweder das Tier auszuliefern oder Schadenersatz zu leisten.

Liegt Verschulden vor (zB durch unsachgemäßen Umgang scheuen Maultiere oder Pferde: Gai. D 9,2,8,1), führt dies hingegen zu einer aquilischen (oder daran angelehnten) Haftung des Treibers oder Reiters (das muss nicht der Eigentümer sein).

Eine ähnliche Zweigleisigkeit findet sich in § 1320 ABGB, welcher einerseits eine Verschuldenshaftung desjenigen statuiert, der das Tier angetrieben, gereizt oder zu verwahren vernachlässigt hat, andererseits eine Haftung des Tierhalters mit Umkehr der Beweislast vorsieht (S 2).

FÜNFTER TEIL, ZWEITE HÄLFTE

Schuldrecht – Allgemeiner Teil

§ 36. Die obligatio

I. Begriff

I 3,13pr bezeichnet die *obligatio* als *vinculum* (wörtl: Band, Fessel) *iuris, quo necessitate adstringimur alicuius solvendae rei secundum nostrae civitatis iura* (wodurch wir gemäß der Rechtsordnung unseres Staates durch die Notwendigkeit gebunden [= verpflichtet] werden, eine Sache zu leisten): Gläubiger G erlangt gegenüber Schuldner S ein Forderungsrecht (§ 859 ABGB: „Persönliches Sachenrecht").

Begrifflich ist zu unterscheiden zwischen der *obligatio* iwS, womit die Beziehung zwischen Schuldner S und Gläubiger G in ihrer Gesamtheit gemeint ist (Schuldverhältnis) und der aus dieser Beziehung entspringenden *obligatio* ieS (Forderung [von der Seite des G]; Schuld, Verbindlichkeit [von der Seite des S]).

Die Parteien des Schuldverhältnisses heißen *creditor* (Gläubiger) und *debitor* (Schuldner). Beachte, dass diese Begriffe nicht auf Geldforderungen beschränkt sind. Auch wer eine Sache zu fordern bzw zu leisten hat, heißt Gläubiger bzw Schuldner.

Forderungsrechte sind relative Rechte: Sie richten sich stets nur gegen die jeweilige Partei des Schuldverhältnisses. Im Gegensatz dazu sind die dinglichen Rechte absolute Rechte; sie richten sich gegen jedermann. Forderungen werden mit *actiones in personam* durchgesetzt, dingliche Rechte mit *actiones in rem*.

II. Schuld und Haftung

Hinter der Schuld (Verpflichtet-Sein, Leisten-Sollen) steht heute die Haftung. G hat für den Fall des Ausbleibens der Leistung letztendlich (dh idR nach einem Verfahren und Urteil) eine Zugriffsmöglichkeit auf das Schuldnervermögen im Wege der Vollstreckung.

Beachte, dass das Wort Haftung in der Rechtssprache in mehreren Bedeutungen verwendet wird:

- In dem eben besprochenen Sinn ist mit der Haftung eine **Zugriffsgewalt** des Gläubigers G angesprochen, welcher S oder dessen Vermögen potentiell unterworfen ist.
- Mit Haftung kann aber auch die **Verantwortlichkeit** für bestimmte Umstände, die **Vertretungspflicht** des S angesprochen sein: zB Verschuldenshaftung (Haftung für *dolus* und *culpa*). Dazu unten § 39.

Die römischen Quellen verwenden dafür häufig den Ausdruck „*praestare*": *culpam praestare* = für Verschulden einstehen; *casus a nullo praestantur* = für Zufälle wird von niemandem gehaftet.

- Daneben gibt es einen untechnischen Gebrauch des Wortes „haften", der gleichbedeutend mit „schulden, verpflichtet sein" ist, so zB wenn man sagt, jemand haftet aus dem Kaufvertrag auf Preiszahlung. Die Quellen verwenden dafür häufig den Ausdruck „*teneri*".

1. Entwicklungsgeschichte

a) Bei der ursprünglichen Konzeption der *obligatio* (wörtl: Anbindung, Festbindung) steht die Haftung im Vordergrund: Eine *obligatio* begründet eine Zugriffsgewalt des G, noch keine Verpflichtung des S. Diese **Zugriffsgewalt** entsteht entweder durch ein **Delikt** des S oder durch ein **Haftungsgeschäft**.

Ein solches ist das zu Darlehenszwecken verwendete **nexum**: Vor 5 Zeugen und dem Waagehalter wägt G dem S eine Summe zu und erhält damit ein Zugriffsrecht auf die Person des S, das allenfalls zur Schuldknechtschaft führt. Zur Haftungslösung dient ein in derselben Form abgewickeltes Gegengeschäft, nämlich die *solutio per aes et libram* (oder **nexi liberatio**).

b) Die jüngere Konzeption der *obligatio* – sie ist im klassischen Recht längst gefestigt – stellt den Gedanken der Verpflichtung des S in den Vordergrund. Die Haftung als mögliche Zugriffsgewalt steht im Hintergrund und dient nur mehr der Durchsetzung der Verpflichtung.

In klassischer Zeit ist potentielles Zugriffsobjekt nicht mehr die Person des S, sondern dessen **gesamtes Vermögen**: Wir sprechen von persönlicher Vermögenshaftung oder kurz von persönlicher Haftung.

Ein Existenzminimum *(beneficium competentiae)* wurde dem S nur bei einigen Klagen (zB der *actio pro socio*) belassen.

2. Gläubigerrisken und ihre rechtliche Bewältigung

a) Das Vermögen des S ist der potentielle Befriedigungsfonds für G. Diese persönliche Vermögenshaftung des S ist für G dann unzureichend, wenn G nicht der einzige Gläubiger ist: Ist S zahlungsunfähig (insolvent), kommt es zum Konkurs, in welchem das vorhandene (zu geringe) Vermögen zur quotenmäßigen Befriedigung aller Gläubiger verwendet wird. Ein weiteres Risiko für Gläubiger besteht darin, dass S schon vor dem Zugriff sein Vermögen und dadurch den Befriedigungsfonds verringert.

b) Diese Risken lassen sich durch Pfandbestellung (**Realsicherung**) oder durch Stellung von Bürgen oder Mitschuldnern (**Personalsicherung**) verringern. Durch das Pfandrecht (S 147ff) erlangt G die Möglichkeit, sich aus dem Pfandobjekt vorzugsweise zu befriedigen. Das Pfand kann nicht bloß von S, sondern auch von einem Dritten bestellt werden: Der Dritte haftet dann nicht persönlich, wohl aber mit dem Pfand (Sachhaftung).

Bei der Bürgschaft gewinnt G einen zusätzlichen Nebenschuldner, bei der Stellung eines Mitschuldners einen weiteren gleichrangigen Schuldner: Da diese persönlich haften, erweitert sich der potentielle Befriedigungsfonds für G.

c) Gegen die Verringerung des Befriedigungsfonds durch Vermögensverschiebungen des S hat der Prätor durch Schaffung des Tatbestandes **fraus creditorum** (Gläubigerbenachteiligung) Abhilfe geschaffen:

Beispiel: Dem S droht Zahlungsunfähigkeit. Er veräußert ein Grundstück an seinen Freund F, der die wirtschaftliche Lage des S genau kennt; den Kauferlös bringt S auf einer Luxusreise durch. Weiters verschenkt S an Empfänger E eine wertvolle Münzsammlung. Bald darauf kommt es zum Konkurs: Die Gläubiger G_1, G_2, G_3, ... und der Masseverwalter M müssen feststellen, dass das Vermögen des S äußerst dürftig ist.

Die vom Prätor gewährten Rechtsbehelfe, nämlich eine *restitutio in integrum* und das *interdictum fraudatorium* wurden unter Justinian zur sog *actio Pauliana* verschmolzen: Sie steht dem Masseverwalter wie auch jedem Konkursgläubiger zu und richtet sich nicht nur gegen den fraudulösen Gemeinschuldner S (was wenig Bedeutung hat, da bei ihm ohnedies „nichts zu holen ist"), sondern auch gegen die Erwerber; dies dann, wenn sie – wie F – in Kenntnis der fraudulösen Absicht des S (*conscientia fraudis*) oder – wie E – unentgeltlich erworben haben. Ziel der Klage ist die Einbeziehung der erworbenen Sachen in den Befriedigungsfonds.

Die *actio Pauliana* ist das Vorbild für die moderne Gläubigeranfechtung, die sowohl im Konkurs (§§ 28 ff IO) als auch außerhalb desselben (AnfO) möglich ist.

III. Einteilung der Obligationen

1. Einteilung nach den Entstehungsgründen

Nach § 859 ABGB gründen sich Obligationen unmittelbar auf Gesetz, auf ein Rechtsgeschäft oder auf eine erlittene Beschädigung. Ein Grundgedanke dieser Gliederung, nämlich die Einteilung in *obligationes ex contractu* (zB Kaufvertrag, Mietvertrag) und *obligationes ex delicto* (zB Sachbeschädigung) geht schon auf Gaius zurück. Später kamen die weder unter Kontrakt noch unter Delikt fallenden *variae causarum figurae* hinzu. Justinian unterteilte diese in Quasikontrakte (vertragsähnliche Tatbestände, zB Geschäftsführung ohne Auftrag) und Quasidelikte.

a) Im System der **Verträge** herrscht – anders als heute – **Typenzwang**, dh das *ius civile* stattet nur eine beschränkte Anzahl von Vertragstypen mit Klagbarkeit aus: Diese Verträge heißen **contractus** und werden schulmäßig in Real-, Verbal-, Litteral- und Konsensualkontrakte eingeteilt (S 241). Außerhalb dieses Schemas liegende Vereinbarungen sind keine Kontrakte, sondern *pacta*, mit denen idR kein Klagsschutz verbunden ist.

Zu einer Erweiterung kommt es durch die sog Innominatkontrakte und die Ausstattung mancher *pacta* mit Klagsschutz (*pacta praetoria, pacta legitima*).

b) **Quasikontrakte** sind vertragsähnliche Tatbestände. Vom Vertrag unterscheidet sich der Quasikontrakt dadurch, dass eine (auf Verpflichtungsbegründung gerichtete) Willensübereinstimmung der Parteien gerade fehlt.

Quasikontrakte sind im römischen Recht die *negotiorum gestio* (Geschäftsführung ohne Auftrag), die ungerechtfertigte Bereicherung, die *tutela* (Vormundschaft), das Damnationslegat (schuldrechtlich wirkendes Vermächtnis) und die *communio incidens* (Eigentumsgemeinschaft, die ohne Willen der Beteiligten entsteht).

c) **Delikte** sind unerlaubte Handlungen. Die daraus entstehenden Verpflichtungen können einerseits in Buße, andererseits im Vermögensausgleich bestehen. Das *ius civile* kennt nur vier Delikte (*furtum, rapina, damnum iniuria datum, iniuria*); das prätorische Recht hat weitere Deliktstatbestände geschaffen, zB *dolus* und *metus.*

d) Die Quasidelikte sind eine inhomogene Kategorie von unerlaubten Handlungen, bei denen zum Teil eine verschuldensunabhängige Haftung auftritt.

2. Weitere Einteilungen

a) Nach der **Rechtsgrundlage** unterscheiden wir **zivile** und **prätorische** Obligationen. In den Klagsformeln wird die Verpflichtung nach *ius civile* mit dem technischen Begriff *oportere* umschrieben. Zivile Obligationen sind zB diejenigen aus den anerkannten Kontrakten oder aus den zivilen Delikten.

b) Nach der **Durchsetzbarkeit** unterscheiden wir **klag- und vollstreckbare Obligationen** (das ist der Regelfall) und sog **Naturalobligationen:** Diese sind „zahlbar, aber nicht klagbar" (oder nicht vollstreckbar).

Dazu gehören zB Verpflichtungen von Hauskindern oder formlos vereinbarte Darlehenszinsen.

c) Nach dem **Ermessensspielraum**, welcher dem Richter von der Klagsformel eingeräumt wird, unterscheiden wir

› zunächst einmal Obligationen auf ein **certum** (zB auf 10.000 HS) und solche auf ein **incertum** (zB Bau eines Hauses). Bei letzteren überträgt die Formel mit der Wendung *quidquid Num Num dare facere oportet* (was auch immer der NN zu übereignen und zu tun [kurz: zu leisten] verpflichtet ist) die konkrete Bestimmung des Leistungsumfanges dem Richter.

› vor allem aber **strengrechtliche** und **bona-fides**-Obligationen.

Strengrechtlich sind zB Stipulation, *mutuum*, Damnationslegat; eine strengrechtliche Klage ist va die *condictio*. Zu den Obligationen, die vom Grundsatz der *bona fides* (Treu und Glauben) beherrscht sind, zählen zB *emptio venditio*, *locatio conductio*, *mandatum*, *negotiorum gestio*, *societas*, *depositum*, *fiducia*.

Die *bonae fidei iudicia* verwenden die obige *incertum*-Formel mit dem Zusatz *ex fide bona*, dh der Richter hat bei der Beurteilung des Rechtsverhältnisses den Maßstab von Treu und Glauben anzulegen. Der dadurch – im Verhältnis zu den strengrechtlichen Klagen – erweiterte Ermessensspielraum des Richters betrifft sowohl den Grund wie auch die Höhe der Verpflichtung. Das führt dazu, dass er zB formlose Nebenabreden (*pacta adiecta*) berücksichtigen kann, Nebenpflichten mit der Vertragsklage durchsetzbar sind und ein doloses Verhalten des Klägers auch ohne *exceptio doli* als Abweisungsgrund zu würdigen ist (sog Inhärenz der *exceptio doli*).

d) Nach dem **Inhalt** unterscheiden wir Obligationen auf *dare* (Verschaffung von Eigentum), *facere* (jedes Tun oder Unterlassen) und *praestare* (Leisten, Gewährleisten). Dazu unten S 265.

§ 37. Verträge und Rechtsgeschäfte

I. Zum Begriff Rechtsgeschäft

Unter einem Rechtsgeschäft versteht man eine oder mehrere Willenserklärungen, gerichtet auf die Herbeiführung von Rechtsfolgen.

Beispiele

1. a) V und K schließen einen Kaufvertrag
   b) G und S schließen eine Stipulation
   c) V und M schließen einen Mietvertrag

   Hier besteht die gewollte Rechtsfolge darin, dass schuldrechtliche Verpflichtungen entstehen.

2. E manzipiert sein Grundstück an B. Die gewollte Rechtsfolge ist Eigentumsübertragung von E an B.

3. V adoptiert den S. Die gewollte Rechtsfolge ist das Entstehen der *patria potestas* zwischen V und S.

4. Erbl setzt in seinem Testament den A zum Erben ein. Die gewollte Rechtsfolge ist die Berufung des A zum Erben.

Wie die Beispiele zeigen, tritt das Rechtsgeschäft (*negotium*) in vielfältigen Erscheinungsformen in allen Bereichen des Privatrechts als Mittel der Selbstbestimmung (Privatautonomie) auf. Historisch hat sich die Rechtsgeschäftslehre vor allem anhand der schuldrechtlichen Verträge ausgebildet; das wirkt noch ins ABGB nach, welches die Rechtsgeschäftslehre im 17. Hauptstück („Von Verträgen und Rechtsgeschäften überhaupt" §§ 859–937) an den Beginn des Schuldrechts gestellt hat.

Die dem Rechtsgeschäft zugrunde liegende Willenserklärung kann ausdrücklich oder konkludent durch schlüssige Handlungen vorgenommen werden (vgl § 863 ABGB).

Ein Beispiel für eine konkludente Willenserklärung ist die *relocatio tacita* (Fortsetzung eines Bestandverhältnisses nach Fristablauf durch beide Teile, vgl § 1114 ABGB).

II. Arten und Einteilungen der Rechtsgeschäfte

1. Ein- und mehrseitige Rechtsgeschäfte

a) Beim einseitigen Rechtsgeschäft liegt nur eine Willenserklärung vor.

Einseitige Rechtsgeschäfte sind zB das Testament bzw die darin enthaltenen Verfügungen, die *auctoritas tutoris*, Verfügungen in Grabinschriften.

b) Ein zweiseitiges Rechtsgeschäft ist der **Vertrag**: Bei ihm liegen zwei aufeinander bezogene übereinstimmende Willenserklärungen vor.

c) Ein Vertrag, an dem mehr als zwei Parteien beteiligt sind, ist zB die *societas*. Sie ist ein Beispiel für ein mehrseitiges Rechtsgeschäft.

2. Verpflichtungs- und Verfügungsgeschäfte

Verpflichtungsgeschäfte (zB Stipulation, Kaufvertrag, Mietvertrag) sind solche, die Forderungsrechte (*obligationes*) auf eine Leistung entstehen lassen. Hingegen sind **Verfügungsgeschäfte** (zB Eigentumsübertragung durch *traditio ex iusta causa* oder *mancipatio*, Verpfändung, Freilassung", Schulderlass, Zession) solche, durch die Rechte unmittelbar übertragen, belastet, verändert oder aufgegeben werden.

Wenn eine Sache kaufweise veräußert wird, so ist der Kaufvertrag Verpflichtungs-, die Eigentumsübertragung Verfügungsgeschäft.

3. Kausale und abstrakte Rechtsgeschäfte

Kausale Rechtsgeschäfte hängen in ihrer Wirksamkeit von einem Rechtsgrund (*causa*, Titel) ab, abstrakte sind davon unabhängig.

Ein kausales Verfügungsgeschäft ist im klassischen Recht die Eigentumsübertragung durch *traditio ex iusta causa*; abstrakte Verfügungsgeschäfte sind die *mancipatio* und die *in iure cessio*. Auch eine Stipulation als Verpflichtungsgeschäft kann kausal oder abstrakt sein.

4. Weitere Einteilungen

a) Den **entgeltlichen**, auf Leistungsaustausch abzielenden Rechtsgeschäften (zB *emptio venditio, locatio conductio*, Innominatkontrakte) stehen die **unentgeltlichen** Geschäfte gegenüber: Dazu gehören neben der Schenkung zB auch das (unverzinsliche) *mutuum, depositum, commodatum* und *mandatum.*

b) Rechtsgeschäfte *mortis causa* werden erst mit dem Tod einer Person wirksam (zB Testament, *donatio mortis causa*). Alle anderen Geschäfte sind solche *inter vivos* (unter Lebenden).

Im klassischen Recht sind vertragliche Obligationen, insb Stipulationen, auf den Todesfall unzulässig.

c) Je nachdem, ob die Abgabe der Willenserklärung(en) zu ihrer Wirksamkeit einer bestimmten Form bedarf oder nicht, unterscheiden wir **förmliche** und **formfreie** Geschäfte.

III. Einteilungen der schuldrechtlichen Verträge

1. Real-, Verbal-, Litteral- und Konsensualkontrakte

a) Als **Realkontrakte** bezeichnen wir Verträge, bei denen neben der Willensübereinstimmung der Parteien die Hingabe einer Sache Wirksamkeitsvoraussetzung ist (*re contrahitur*): Dazu zählen das *mutuum* (Darlehen), das *depositum* (Verwahrung), das *commodatum* (Leihe), das *pignus* (Besitzpfand) und die *fiducia* (Treuhandübereignung), wenn übergeben wird.

Die Realkontrakte erzeugen eine Rückgabepflicht des Empfängers.

b) Bei den **Verbalkontrakten** erfolgt die Verpflichtungsbegründung unter Einhaltung einer Wortform. Wichtigster Verbalkontrakt ist die *stipulatio* (förmliches mündliches Leistungsversprechen).

Außerdem gehören dazu noch die *dotis dictio* (S 61 f) und die *promissio operarum* (Dienstleistungsversprechen der Freigelassenen: S 37).

c) Beim **Litteralkontrakt** ist für die Verpflichtungsbegründung ein schriftlicher Akt erforderlich: Der einzige Litteralkontrakt des klassischen Rechts ist die *expensilatio* (Lastschrift).

Zu Beweiszwecken errichtete Urkunden über Verträge, wie zB Darlehen, Stipulationen, Kaufverträge, sind keine Litteralkontrakte, sondern Beurkundungen von Real-, Verbal- oder Konsensualkontrakten.

d) **Konsensualkontrakte** kommen durch bloße Willensübereinstimmung (*consensus*) zustande; es bedarf dazu keiner bestimmten Form. Im römischen Recht zählen dazu *emptio venditio* (Kauf), *locatio conductio* (Miet- und Pachtvertrag, Werkvertrag, Dienstvertrag), *mandatum* (Auftrag) und *societas* (Gesellschaft).

2. Einseitige und zweiseitige Verträge

a) Bei den **einseitigen Verträgen** (*contractus unilaterales,* zB Stipulation, Darlehen) gibt es nur ein Forderungsrecht in eine Richtung: Eine

Partei ist Gläubiger, die andere Schuldner.

Unterscheide vor allem die Begriffe einseitiges Rechtsgeschäft (hier liegt nur eine Willenserklärung vor, zB Testament) und einseitiger Vertrag (zB Darlehen).

b) Bei den **unvollkommen zweiseitigen Verträgen** (*contractus bilaterales inaequales*) entsteht ein Forderungsrecht auf jeden Fall in eine Richtung, möglicherweise auch in die Gegenrichtung.

Beispiele: *commodatum, depositum*. Es entsteht auf jeden Fall eine Forderung auf Rückgabe der erhaltenen Sache. Der Empfänger kann allenfalls ein Forderungsrecht erlangen, zB wegen Aufwendungen.

Formal erkennt man solche Verträge daran, dass sie eine *actio directa* und eine *actio contraria* als Rechtsschutz anbieten.

c) Bei **vollkommen zweiseitigen Verträgen** (*contractus bilaterales aequales*) entstehen Forderungsrechte bzw Verpflichtungen für beide Parteien, so dass jede Partei sowohl Gläubiger als auch Schuldner ist.

Beispiele: *emptio venditio, locatio conductio*. Formal erkennt man sie am Doppelnamen und daran, dass die Klagen im selben Schuldverhältnis verschiedene Namen haben (zB *actio empti, actio venditi*).

Emptio venditio und *locatio conductio* dienen dem Leistungsaustausch. Sie sind **synallagmatische Verträge**; bei diesen wird eine Verpflichtung um der anderen willen begründet. Unter Synallagma versteht man heute die wechselseitige Abhängigkeit von Leistungspflicht und Gegenleistungspflicht (zB Leistungspflicht des V und Preiszahlungspflicht des K). Diese Verknüpfung der beiden Leistungspflichten betrifft die Entstehung (genetisches Synallagma), das Erlöschen (konditionelles Synallagma) und die Abwicklung (funktionelles Synallagma) der beiden Leistungspflichten: Der letzte Aspekt führt zum sog „Zug-um-Zug-Prinzip“ bei der Abwicklung (vgl § 1052 ABGB).

3. Ziel- und Dauerschuldverhältnisse

Diese aus der modernen Dogmatik stammende Unterscheidung wurde von den Römern noch nicht bewusst reflektiert: Wenn ein Vertrag zB auf einmalige Leistung gerichtet ist (zB Kaufvertrag, Werkvertrag) und durch Erfüllung erlischt, liegt ein Zielschuldverhältnis vor. Bei Dauerschuldverhältnissen (zB Miete, Pacht, Dienstvertrag) hingegen ist der Leistungsumfang von der Dauer des Rechtsverhältnisses abhängig.

IV. Das pactum

Die historisch älteste Bedeutung (in den XII-Tafeln) von *pactum* ist Sühnevergleich (oben S 226).

In der Klassik wird mit *pactum* in einem weiten Sinn jede **formlose Abrede oder Vereinbarung** bezeichnet. Im Einzelnen begegnen folgende Bedeutungen:

a) **Pactum als Gegensatz zu contractus**: Der Typenzwang des römischen Vertragsrechts bringt es mit sich, dass nicht alle Vereinbarungen eine klagbare Obligation erzeugen. Vereinbarungen, die nicht klagbar sind, werden als *pacta nuda* bezeichnet.

Beispiel: Eine formlose Darlehenszusage (*pactum de mutuo dando*).

b) **Pactum de non petendo** (wörtl: die Abrede, nicht zu klagen): Damit bezeichnen die römischen Juristen eine formlose Stundungs- oder Erlassabrede. Sollte der Gläubiger dennoch abredewidrig klagen, wurde der Schuldner durch eine vom Prätor gewährte *exceptio pacti conventi* geschützt (dazu unten S 319).

c) **Pacta adiecta**: Darunter versteht man Nebenabreden zu anerkannten Verträgen. Bei *bona-fides*-Verträgen sind sie mit der Klage aus dem jeweiligen Hauptvertrag durchsetzbar.

d) **Pacta praetoria** und **pacta legitima** sind selbständige formlose Verträge, die vom Prätor oder vom Kaiserrecht mit Klagbarkeit ausgestattet worden sind.

Die *pacta*, die zu Klagsschutz führen, werden von den Glossatoren als *pacta vestita* bezeichnet. Der Gegenbegriff dazu ist *pactum nudum* (vgl PS 2,14,1:

ex nudo enim pacto inter cives Romanos actio non nascitur: Aus einem bloßen *pactum* entsteht unter römischen Bürgern keine *actio*).

V. Die Vertragsfreiheit

Soweit die Rechtsordnung den einzelnen Rechtssubjekten die Gestaltung ihrer rechtlichen Beziehungen überlässt, liegt Privatautonomie vor. Ein wesentlicher Ausfluss der Privatautonomie ist die Vertragsfreiheit. Die Vertragsfreiheit hat mehrere Aspekte:

a) Die **Abschlussfreiheit** überlässt es jedem Rechtssubjekt zu entscheiden, ob und mit wem es einen Vertrag schließt. Einschränkungen der Abschlussfreiheit sind einerseits der sog **Kontrahierungszwang** und andererseits **Abschlussverbote**.

Die Abschlussfreiheit ist im römischen Recht im Wesentlichen verwirklicht.

Einen direkten Kontrahierungszwang gibt es bei Gewährleistungsstipulationen gegen Rechtsmängel (Ulp. D 21,2,37,1: bei wertvolleren Sachen; Gai. D 21,2,6: bei Grundstücken), einen indirekten durch Nachteile bei Nichtabschluss bei prätorischen Stipulationen (zB *cautio damni infecti* oben S 114).

Abschlussverbote bestehen bei Schenkungen über einen gewissen Betrag (*lex Cincia*) oder unter Ehegatten (S 60) sowie aufgrund des *SC Macedonianum* (Verbot der Darlehensgewährung an Haussöhne, S 160) und des *SC Vellaeanum* (Interzessionsverbot für Frauen, unten S 301).

b) Die **Endigungsfreiheit** bei Dauerschuldverhältnissen ermöglicht es jeder Partei, den Vertrag einseitig durch Kündigung aufzulösen. Heute ist die Endigungsfreiheit zum Schutz der wirtschaftlich schwächeren Partei vielfältig eingeschränkt (Kündigungsschutz im Arbeits- und Mietrecht). Das römische Recht kennt derartige Einschränkungen nicht.

Eine gewisse Stabilität konnte bei Bestandverträgen durch Befristung (Endtermin, dazu unten S 258; 262) erreicht werden; dann war eine vorzeitige einseitige Lösung nur aus wichtigen Gründen möglich.

c) **Typenfreiheit** liegt vor, wenn die Rechtsordnung nicht nur die im Gesetz selbst geregelten Verträge anerkennt, sondern es den Parteien überlässt, neue Verträge zu erfinden („atypische Verträge"), und diese auch anerkennt. **Typenzwang** liegt dagegen vor, wenn die Rechtsordnung nur bestimmte, von ihr geregelte Verträge („typische Verträge") anerkennt und die Parteien auf diese Typen beschränkt sind.

Im römischen Vertragsrecht herrscht Typenzwang. Das *ius civile* bietet nur eine beschränkte Anzahl von anerkannten Verträgen (*contractus*). Vereinbarungen, die keinem anerkannten Kontraktstyp entsprechen, sind nicht klagbar, sie werden als *pacta* bezeichnet.

Der Typenzwang ist dadurch entschärft, dass die Stipulation ein äußerst elastischer Kontrakt ist, mit dem jede mögliche und erlaubte Leistung zum Gegenstand eines Vertrages gemacht werden kann. Zu einer Lockerung des Typenzwanges und Erweiterung kommt es durch die Innominatkontrakte und die Ausstattung einiger *pacta* mit Klagsschutz: Dies erfolgt in der Klassik durch den Prätor (*pacta praetoria*, S 207 ff), in der Nachklassik durch das Kaiserrecht (*pacta legitima*).

d) **Inhaltliche Vertragsfreiheit** liegt vor, wenn die Parteien den Umfang und das Ausmaß der wechselseitigen Rechte und Pflichten frei vereinbaren können; sie können gesetzliche Vorschriften, die für den von ihnen gewählten Vertragstypus bestehen, abbedingen und durch eine andersartige Regelung ersetzen: Abdingbares Recht heißt **ius dispositivum** (nachgiebiges Recht). Die inhaltliche Freiheit ist dann eingeschränkt, wenn die Rechtsordnung gewisse Vertragsinhalte zwingend vorschreibt oder verbietet; häufig handelt es sich dabei um Schutzbestimmungen zugunsten der wirtschaftlich schwächeren Partei. Recht, das nicht abdingbar ist, heißt **ius cogens** (zwingendes Recht).

Das klassische Recht überlässt die Festlegung der Rechte und Pflichten innerhalb der anerkannten Vertragstypen in weit größerem Maß dem freien Spiel der Kräfte als moderne Rechtsordnungen. Von der Entgeltsbildung bei Austauschverträgen sagt noch Paulus (D 19,2,22,3), dass es *naturaliter concessum est* sich gegenseitig zu übervorteilen (*invicem se circumscribere*). Korrigierende gesetzgeberische Eingriffe zugunsten der wirtschaftlich schwächeren Partei begegnen erst in der Nachklassik: Dazu gehört die punktuelle Einführung der *laesio enormis* durch Diokletian (oben S 168 f; generell hingegen § 934 ABGB) oder das Verbot der Verfallsabrede beim Pfand (dazu oben S 150; vgl § 1371 ABGB).

e) Die **Formfreiheit** ist im römischen Vertragsrecht nur teilweise verwirklicht.

VI. Die Form von Rechtsgeschäften

1. Funktion der Form

Eine Form kann ihre Rechtsgrundlage im Gesetz (gesetzliche Form) oder im Parteiwillen haben (gewillkürte Form).

Formgebote dienen heute nicht nur der **Beweiserleichterung** und **Abschlussklarheit** (zB Abgrenzung vorbereitender Verhandlungen vom Vertragsabschluss), sondern auch dem **Übereilungsschutz** (so zB beim Schenkungsversprechen [Notariatsakt] oder der Bürgschaft [§ 1346 S 2 ABGB: Schriftlichkeit]) und der **Publizität**.

Auch das römische Recht kennt mit Ausnahme des Übereilungsschutzes diese Funktionen. Der Beweiserleichterung und der Publizität dient etwa die Mitwirkung von Geschäftszeugen bei den Libralakten (*mancipatio, nexum, solutio per aes et libram*), der Abschlussklarheit das förmliche mündliche Ritual bei der Stipulation. Weiters gibt es noch sog **Wirkformen**, die gewissermaßen einen Rechtsakt durch äußere Handlungen darstellen (zB *manus iniectio* bei der Personalvollstreckung; Berührung mit einem Stab bei der *manumissio vindicta*).

2. Förmliche Geschäfte

a) **Förmliche Mündlichkeit** begegnet bei der *stipulatio* und dem dazugehörigen *contrarius actus*, der *acceptilatio*. Es kam dabei auf die formale Korrespondenz von Frage und Antwort (*solemnia verba*) an.

b) Libralakte (*negotia per aes et libram*) erfordern außer der Anwesenheit der Parteien noch die Mitwirkung von 5 Zeugen und eines Waagehalters (*libripens*), die mündige römische Bürger sein müssen. Dabei muss ein bestimmtes Ritual, insb das Zuwägen einer (ursprünglich realen, später symbolischen) Geldsumme eingehalten werden.

Libralakte sind die *mancipatio* (dazu oben S 120 f), das *nexum* und dessen *actus contrarius*, die *solutio per aes et libram* (dazu S 234; 284).

c) Eine **Mitwirkung des Gerichtsmagistrats** liegt bei der *in iure cessio* vor. Zum Ablauf oben S 121 f.

d) **Schriftlichkeit** verlangt das *ius civile* nur beim Litteralkontrakt. Aus Beweisgründen war aber ebenso wie heute bei vielen Verträgen und Rechtsgeschäften eine schriftliche Fixierung durch die Parteien üblich (aber eben nicht für die Wirksamkeit erforderlich). In der Nachklassik erzeugte eine schriftliche Schuldverpflichtung mit der sog Stipulationsklausel „...... *interrogatus spopondit*" (auf Befragen hat er geantwortet) auch dann eine Verpflichtung, wenn der mündliche Akt in Wahrheit gar nicht vorgenommen worden war.

Schriftlichkeit in Zusammenhang mit der Mitwirkung von Zeugen finden wir beim prätorischen Testament und bei der nachklassischen Schenkung.

VII. Vertragsabschluss und Willensmängel

Nach heutiger Dogmatik kommt der Vertrag durch zwei aufeinander bezogene übereinstimmende Willenserklärungen, nämlich Antrag (Offerte) und Annahme, zustande.

Im klassischen römischen Recht war bei den Konsensualkontrakten die bloße Willensübereinstimmung vertragsbegründend (*consensu contrahitur*). Bei den Realkontrakten lag ursprünglich das entscheidende Moment in der Sachhingabe (*re contrahitur*), bei der Stipulation im äußeren Einhalten des Wortrituals (*verbis contrahitur*); aber auch hier hat das klassische Recht bereits deutlich formuliert, dass ohne Willensübereinstimmung (*conventio*) kein Vertrag zustande kommt (Ulp.-Ped. D 2,14,1,3).

1. Konsens, Dissens und Irrtum

Zerlegt man ein Rechtsgeschäft in Wille und Erklärung (was die Römer freilich nicht getan haben, sondern auf Savigny und die Pandektistik zurückgeht), so stimmen im unproblematischen Fall nicht nur die Erklärungen (E) überein, sondern jede Erklärung entspricht auch dem Willen (W) des Erklärenden:

$$\begin{array}{ccc} \boxed{W_1} & & \boxed{W_2} \\ \| & & \| \\ \boxed{E_1} & = & \boxed{E_2} \end{array}$$

Stimmen die Erklärungen nicht miteinander überein, so liegt ein **Dissens** vor:

$$\begin{array}{ccc} \boxed{W_1} & & \boxed{W_2} \\ \| & & \| \\ \boxed{E_1} & \neq & \boxed{E_2} \end{array}$$

Dem Fall von Gai 3,102 liegt folgende Stipulation zugrunde: G: „*Decem HS mihi dari spondesne*?" (Versprichst du mir die Leistung von 10 HS?) – S: „*Spondeo tibi quinque HS dari*" (Ich verspreche dir die Leistung von 5 HS): Hier liegt ein **offener Dissens** vor.

Wenn der Dissens den Parteien nicht bewusst wird – etwa weil der Erklärungsinhalt mehrdeutig ist – spricht man von **versteckem Dissens**, zB G: „*Stichum servum mihi dari spondesne*?" (Versprichst du mir die Leistung des Sklaven Stichus?) – S: „*Spondeo*" (Ich verspreche es). Dabei denkt jeder an einen anderen Sklaven, die beide Stichus heißen (Paul. D 45,1,83,1).

Irrtum (*error*) liegt nach heutiger Auffassung dann vor, wenn aufgrund einer falschen Vorstellung von der Wirklichkeit Wille und Erklärung nicht übereinstimmen.

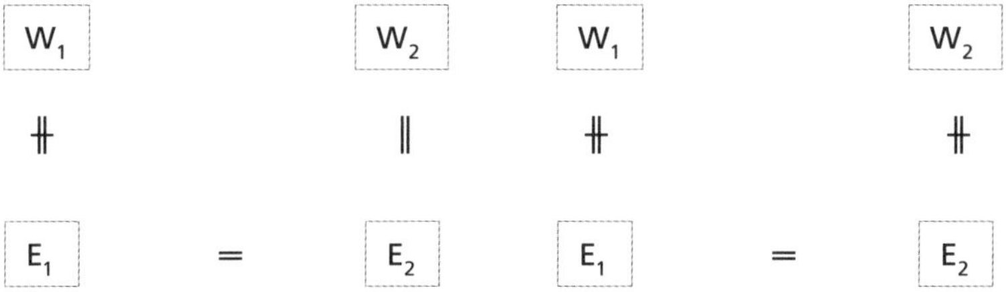

einseitiger Irrtum gemeinsamer Irrtum

Typologisch unterscheidet man **Erklärungsirrtum**, der bei der Äußerung des Willens bzw bei der Abgabe oder beim Transport der Willenserklärung unterläuft (zB Versprechen, Verschreiben: 255 statt 552) und **Geschäftsirrtum**, welcher den Inhalt der Erklärung betrifft. ZB K geht bei Abgabe seiner Willenserklärung „Ich kaufe diesen Ring" von der irrigen Vorstellung aus, dieser sei aus Gold gefertigt. Von einem **Motivirrtum** spricht man, wenn er Umstände betrifft, die außerhalb des Geschäftsinhalts liegen: ZB K geht bei seiner Erklärung „Ich kaufe diesen Ring" von der irrigen Vorstellung aus, er würde seiner Frau F gefallen.

2. Grundsätzliche Positionen zur Divergenz zwischen Wille und Erklärung

a) Die **Erklärungstheorie**: Demnach gilt das Erklärte; ein davon abweichender Wille wird nicht beachtet. Diese Theorie schützt den Empfänger der Erklärung und dient damit der Verkehrssicherheit. Sie nimmt in Kauf, jemanden an einer Erklärung festzuhalten, die er gar nicht wollte.

b) Die **Willenstheorie**: Demnach hat der Wille Vorrang vor der Erklärung. Das kann freilich zu großer Unsicherheit im Geschäftsverkehr führen, weil die Rechtsbeständigkeit von Geschäften durch Berufung auf einen abweichenden Willen angegriffen werden kann.

c) Die **Vertrauenstheorie** versucht einen Kompromiss: Maßgeblich ist die Erklärung insoweit, als sich der Erklärungsempfänger in schutzwürdigem Vertrauen auf die äußere Erklärung befindet. Wo dieses fehlt, muss er eine Berufung auf einen abweichenden Willen des Erklärenden hinnehmen.

3. Behandlung von Dissens und Irrtum

a) Heutige Sichtweise:
Das moderne Recht stellt zunächst auf das Übereinstimmen der Erklärungen ab: Daher lässt Dissens den Vertrag nicht zustande kommen (vgl § 869 S 2 ABGB); Irrtum hingegen hindert nicht das Zustandekommen des Vertrages, macht ihn aber unter bestimmten Voraussetzungen für den Irrenden anfechtbar oder führt zur Anpassung.

Die Anfechtung ist bei einem wesentlichen Erklärungs- oder Geschäftsirrtum möglich, falls der Irrtum des Erklärenden durch den anderen (den Erklärungsempfänger) veranlasst war, oder diesem aus den Umständen auffallen musste oder noch rechtzeitig aufgeklärt wurde (§ 871 ABGB). Damit folgt das ABGB der Vertrauenstheorie. § 119 BGB hingegen macht diese Einschränkungen nicht und folgt stärker der Willenstheorie. Unwesentliche Irrtümer führen zu einer Vertragsanpassung (§ 872 ABGB). Die Beachtlichkeit des Motivirrtums ist auf letztwillige Verfügungen (§ 572 ABGB) und unentgeltliche Zuwendungen beschränkt; bei entgeltlichen Geschäften ist er grundsätzlich unbeachtlich (§ 901 ABGB).

b) Sichtweise der Römer:
Da den Römern die Zerlegung in Wille und Erklärung fremd ist, wird der Irrtum nicht anders als der Dissens behandelt, teilweise auch so bezeichnet: Daher geht es auch in den Irrtumsfällen um die Frage, ob der Vertrag wirksam zustande gekommen ist oder nicht; die Denkweise der Irrtumsanfechtung ist den Römern fremd.

aa) Ein Zustandekommen des Vertrages wird verneint, wenn folgende Punkte betroffen sind:

- der Vertragsgegenstand (sog **error in corpore**)

Ulp. D 18,1,9pr: V glaubt, den *fundus Sempronianus* zu verkaufen, K glaubt, den *fundus Cornelianus* zu kaufen: *emptio nulla est.*

Im Gegensatz dazu ist das Zustandekommen des Vertrages nicht beeinträchtigt, wenn lediglich eine falsche Bezeichnung gewählt wurde, die Parteien aber dasselbe meinen; **falsa demonstratio non nocet** (Eine falsche Bezeichnung schadet nicht), so zB in D 18,1,9,1: V und K bezeichnen den *fundus Sempronianus* als *fundus Cornelianus.*

› das Entgelt

Pomp. D 19,2,52 (1. Fall): V vermietet um 10, M glaubt um 5 zu mieten: *nihil agitur*; anders, wenn V um 5 zu vermieten, M um 10 zu mieten glaubt: Da M wohl auch um 5 mieten würde, kommt der Vertrag in Höhe von 5 zustande (2. Fall).

› der Geschäftstyp (**error in negotio**)

ZB A will B Geld schenken, B glaubt, es sei ein Darlehen. Nach Julian und Ulpian liegt keine Schenkung vor; nach Ulpian auch kein Darlehen (Iul. D 41,1,36; Ulp. D 12,1,18). Zur sachenrechtlichen Frage, ob B Eigentümer geworden ist, oben S 122.

› die Person des Partners (**error in persona**)

bb) Eine eigene Kategorie ist auch der **error in substantia / materia** (Irrtum über die stoffliche Beschaffenheit), der aber kein einheitliches Erscheinungsbild zeigt:

Essig wird irrtümlich als Wein, Bronze irrtümlich als Gold (*aes pro auro*), Blei als Silber verkauft. Nach Marcellus ist der Kaufvertrag wirksam, nach Ulpian unwirksam (D 18,1,9,2). Nach Ulpians Zeitgenossen Marcian ist der Verkauf einer Messingvase als goldene wirksam (D 18,1,45).

Wird Bronze als Gold (*aes pro auro*) zum Gegenstand einer Stipulation (Paul. D 45,1,22) oder eines Pfandvertrages (Ulp. D 13,7,1,2) gemacht, so ist der Vertrag wirksam über *aes* zustande gekommen.

cc) Ein **error in qualitate** (Eigenschaftsirrtum) beeinträchtigt beim Kaufvertrag zumeist nicht dessen Wirksamkeit (Paul. D 19,1,21,2: *cum in corpore consentiamus, de qualitate autem dissentiamus, emptionem esse*: Wenn wir uns hinsichtlich des Gegenstandes geeinigt haben, hinsichtlich der Qualität Dissens besteht, liegt ein Kaufvertrag vor).

Paul. D 18,1,10: V verkauft an K Gold: Es stellt sich heraus, dass es schlechter (*deterius*) ist, als K es eingeschätzt hat: *tunc enim emptio valet*.

Paul. D 19,1,21,2: K kauft Tische in der irrigen Meinung, diese seien aus besonders wertvollem Thujenholz.

Treb.-Lab.-Pomp.-Marci. D 18,1,45: K kauft alte Kleider als neue.

Aus der Wirksamkeit des Kaufvertrages folgt, dass für K uU die Rechtsbehelfe der Gewährleistung oder Interesseersatz mit der *actio empti* in Betracht kommen (so zB im Thujenholz- und Kleider-Fall).

Der Irrtum spielt nicht nur in der Rechtsgeschäftslehre eine Rolle, sondern auch in anderen Zusammenhängen, so zB bei der *condictio indebiti* (S 126), bei der Beurteilung der *bona fides* im Rahmen der Ersitzung (S 217), und als Entschuldigungsgrund bei strafrechtlichen Delikten: Dabei wird zwischen *error* bzw *ignorantia facti* und *error* bzw *ignorantia iuris* unterschieden (D 22,6,1,1). Die *regula*, wonach *ignorantia iuris* dem Irrenden schade, *ignorantia facti* hingegen nicht (D 22,6,9pr), erfährt freilich Relativierungen. Die Unbeachtlichkeit von Rechtsunkenntnis spricht auch § 2 ABGB aus; § 9 StGB stellt beim *error iuris* auf das Kriterium der Vorwerfbarkeit ab.

4. Arglist (dolus) und Zwang (metus)

List und Zwang sind heute Anfechtungsgründe (vgl § 870 ABGB). Im römischen Recht handelt es sich dabei um prätorische Deliktstatbestände. Unter Zwang und List geschlossene strengrechtliche Verträge waren zwar nach *ius civile* gültig, doch über prätorische Rechtsbehelfe konnten ihre Wirkungen rückgängig gemacht (*restitutio in integrum*) oder ihre Abwicklung blockiert werden, indem gegen die auf Erfüllung gerichtete Klage der Bedrohte die *exceptio quod metus causa*, der arglistig Getäuschte die *exceptio doli* geltend machen konnte (S 229 f); bei Klagen aus *bona-fides*-Verhältnissen bedurfte es dieser *exceptiones* nicht.

Beim Zwang kommt es – anders als bei der Arglist – nicht darauf an, dass der Zwang gerade vom Partner ausging.

5. Weitere Willensmängel

a) Bei **nicht ernst gemeinten Erklärungen** (zB D 44,7,3,2: Eine Stipulation erfolgt zu Demonstrationszwecken oder zum Scherz) fehlt es am Rechtsfolgewillen. Problematisch sind die Fälle, wo eine Scherzerklärung vom Adressaten nicht als Scherz erkannt wird.

b) Eine **Mentalreservation** (geheimer Vorbehalt) liegt vor, wenn eine Partei bewusst – das unterscheidet die Mentalreservation vom Irrtum – etwas erklärt, was sie gar nicht will. Die Mentalreservation ist – soferne sie vom Partner nicht durchschaut wird – unbeachtlich.

c) Ein **Scheingeschäft** (simuliertes Geschäft) liegt vor, wenn beide Parteien – das unterscheidet das Scheingeschäft von der Mentalreservation – bewusst etwas erklären, was sie nicht wollen. Meist soll damit ein anderes Geschäft verdeckt werden, welches sie wirklich wollen (dissimuliertes Geschäft):

D 18,1,36: V „verkauft" an K eine Sache, wobei der festgesetzte Preis nicht verlangt werden soll: Ein Kaufvertrag liegt nicht vor (*non videtur vendere*).

Wenn V und K überdies miteinander verheiratet sind, ist nicht bloß das simulierte Geschäft (der Kaufvertrag), sondern auch das dissimulierte (die Schenkung) nichtig: Gerade das Schenkungsverbot unter Ehegatten gab Anlass zu zahlreichen Scheingeschäften.

§ 916 ABGB erklärt das simulierte Geschäft für nichtig, das dissimulierte ist „nach seiner wahren Beschaffenheit" zu beurteilen, dh seine Wirksamkeit hängt von den dafür bestehenden Vorschriften (zB bezüglich Form, Inhalt, Erlaubtheit) ab.

VIII. Die Auslegung von Rechtsgeschäften

1. Allgemeines

Unter Auslegung versteht man das Ermitteln des Sinnes eines Textes, einer Erklärung oder eines Verhaltens. Nicht nur Gesetze, sondern auch Rechtsgeschäfte und Verträge bedürfen der Auslegung: Sie kann schon erforderlich sein, um zu klären, ob ein Vertrag zustande gekommen ist, vor allem aber dient sie der Klärung der Frage, welchen Inhalt ein Vertrag hat. Solange es dabei darum geht, den Sinn von Worten, Passagen, Klauseln oder Formulierungen zu ergründen, liegt sog **einfache Vertragsauslegung** vor; demgegenüber besteht die sog **ergänzende Vertragsauslegung** darin, eine Vertragslücke (die vor allem dann vorliegt, wenn die Parteien etwas nicht bedacht haben und auch kein dispositives Recht eingreift) zu schließen. Die römischen Juristen haben diesen Gegensatz noch nicht reflektiert, aber beides vorgenommen:

Einfache Auslegung begegnet zB in Alf. D 19,2,29, wo die in einem Pachtvertrag über einen Wald enthaltene Bestimmung *redemptor silvam ne caedito neve cingito neve deurito neve quem cingere caedere urere sinito* (Der Pächter darf den Wald weder abholzen noch die Rinde der Bäume schälen noch abbrennen noch zulassen, dass irgendwer den Wald schlägert, entrindet oder abbrennt). Der sprachliche Ausdruck *neve sinito* (er soll nicht zulassen, gestatten) kann entweder meinen, bloß bei zufälligem Erblicken eines Dritten diesen zu hindern oder von vornherein aktiv alle Maßnahmen zu setzen, dass es zu keiner Schlägerung etc durch einen Dritten kommt. Alfenus Varus entscheidet sich für Zweiteres; das sei eher der Wille des Verpächters gewesen.

Ergänzende Auslegung begegnet zB in den sog Wasserrohrfällen (D 19,1, 38,2; D 18,1,47; 48; 49): Bei Verkäufen von Häusern dachten die Parteien oft nicht an die (teilweise außerhalb des Hauses und auf fremdem Grund befindlichen) Zuleitungsrohre: Sind sie mitverkauft oder nicht? Die Juristenauslegung bejahte das.

2. Kriterien für die Auslegung

Bei der einfachen Auslegung kann entweder auf den erklärten Wortlaut (die *verba*) und dessen objektiv-typischen Sinngehalt oder subjektiv auf den Willen (*voluntas, animus*) abgestellt werden. Im römischen Recht finden wir zunächst – vor allem bei den förmlichen Geschäften – keine Berücksichtigung des subjektiven Willens. Eine Berücksichtigung des Willens greift allmählich ein, zunächst bei formfreien, nach der *bona fides* beurteilten Verträgen, dann aber auch bei der förmlichen Stipulation; der Spätklassiker Papinian (D 50,16,219) kann bereits allgemein formulieren, dass *in conventionibus contrahentium voluntatem potius quam verba spectari placuit* (dass es hL ist, in Vereinbarungen eher den Willen der Kontrahenten als die Worte zu berücksichtigen; vgl § 914 ABGB). Auch bei letztwilligen Verfügungen, bei denen ja nicht – wie bei Verträgen – die Interessen eines Erklärungsempfängers zu berücksichtigen sind, setzt sich relativ früh die Berücksichtigung des Erblasserwillens bei der Auslegung durch: Einen Durchbruch bringt die *causa Curiana* (S 79), wo sogar gegen den Wortlaut zugunsten des Erblasserwillens entschieden wird.

Bei Verträgen geht es den römischen Juristen um die Ermittlung dessen, *quod actum est* (was Geschäftsinhalt geworden ist). Die Kasuistik zeigt, dass diese Formel sowohl auf den konkreten Parteiwillen als auch – vor allem dann, wenn ein solcher nicht ermittelbar ist – auf den objektiv-typischen Sinn einer Erklärung abstellt. Dabei, sowie bei der ergänzenden Vertragsauslegung, können örtlich verschiedene Ergebnisse insoferne auftreten, als dem jeweiligen *mos regionis* (der örtlichen Verkehrssitte) zu folgen ist (Ulp. D 50,17,34).

Daneben wurden einige besondere Auslegungsregeln formuliert, so zB die Maxime, dass eine zweideutige Formulierung zu Lasten desjenigen geht, der sie vorgenommen hat (zB Cels. D 34,5,26: *ambiguitas contra stipulatorem*). Dasselbe Prinzip findet sich heute als sog Unklarheitenregel auch in § 915 S 2 ABGB und bei der Auslegung von Allgemeinen Geschäftsbedingungen (AGB).

Aber auch diese Regel ist nur eine unter anderen und kommt daher nicht durchgängig zum Tragen: Im obigen Waldpachtfall wurde zwar die *lex locationis* vom Verpächter formuliert; dennoch legt sie Alfenus Varus nicht gegen ihn aus.

IX. Unmöglichkeit

1. Arten der Unmöglichkeit

a) Anfängliche und nachträgliche Unmöglichkeit:

Anfängliche Unmöglichkeit liegt vor, wenn die Leistung schon bei Abschluss des Vertrages unmöglich ist:

Gai 3,97: S verspricht dem G den Sklaven Stichus. Dieser ist zum Zeitpunkt der Stipulation schon gestorben.

Nachträgliche Unmöglichkeit tritt hingegen zwischen Vertragsabschluss und geplanter Erfüllung auf.

Pomp. D 45,1,33: S verspricht am 1.10. dem G in Stipulationsform den Sklaven Stichus für den 1.11. Am 20.10. stirbt Stichus.

Die anfängliche Unmöglichkeit ist ein Mangel an der Wurzel und berührt die Frage, ob der Vertrag wirksam ist oder nicht (dazu unten 2).

Die nachträgliche Unmöglichkeit gehört zu den Leistungsstörungen; sie berührt nicht mehr die Wirksamkeit des Vertrages. Für die Rechtsfolgen kommt es vor allem darauf an, ob sie vom Schuldner zu vertreten ist oder nicht (dazu S 278).

b) Wenn die Unmöglichkeit ihren Grund in faktischen Gegebenheiten oder Naturgesetzen hat, spricht man von **faktischer Unmöglichkeit**.

Hingegen liegt **rechtliche Unmöglichkeit** vor, wenn eine Leistung rechtlich gar nicht bewirkt werden kann.

c) **Objektive Unmöglichkeit** liegt vor, wenn die Leistung von niemandem erbracht werden kann; **subjektive Unmöglichkeit** (Unvermögen) dann, wenn sie bloß dem Schuldner unmöglich ist.

Objektiv unmöglich ist die Leistung des Stichus, wenn dieser bereits gestorben ist; subjektiv unmöglich ist die Leistung des Stichus zB dann, wenn dieser gar nicht dem Schuldner S gehört und er sich diesen auch nicht beschaffen kann.

2. Die anfängliche Unmöglichkeit

a) Die objektive Unmöglichkeit macht den Vertrag nichtig (Cels. D 50,17,185: *inpossibilium nulla obligatio est*: Über Unmögliches gibt es keine Verpflichtung; vgl §878 S 1 ABGB). Das gilt sowohl für die faktische wie auch (mit Einschränkungen) für die rechtliche Unmöglichkeit.

Unwirksam ist ein Kaufvertrag oder eine Stipulation über untergegangene Sachen (D 18,1,57pr [verbranntes Haus] und Gai 3,97 [gestorbener Sklave]: faktische Unmöglichkeit), über verkehrsunfähige Sachen (rechtliche Unmöglichkeit), der Kauf der eigenen Sache (Pomp. D 18,1,16pr: rechtliche Unmöglichkeit); der Verkauf eines Freien als Sklaven (rechtliche Unmöglichkeit) nur dann, wenn der Käufer die Freiheit kannte; ansonsten war er wirksam (Lic. Ruf. D 18,1,70), natürlich nur als Verpflichtungsgeschäft: Der verkaufte Freie wurde dadurch nicht zum Sklaven.

b) Hingegen hat **subjektive Unmöglichkeit keinen Einfluss** auf das **wirksame Zustandekommen** des Vertrages. Der Schuldner, der sich überschätzt (Ven. D 45,1,137,5), wird dennoch verpflichtet und haftet aus dem Vertrag je nach Formel auf den Wert der ausgefallenen Primärleistung bzw das positive Interesse. Ebenso ist die trotz Geldmangels eingegangene Zahlungsverpflichtung wirksam (Ven. D 45,1,137,4).

Wirksam – als Verpflichtungsgeschäfte – sind insb Stipulationen und Kaufverträge über fremde Sachen. Lediglich der beiden Parteien bewusste Verkauf einer *res furtiva* ist auch als Verpflichtungsgeschäft unwirksam (Paul. D 18,1,34,3).

X. Unerlaubtheit

1. Verstöße gegen ein gesetzliches Verbot

Nichtigkeit eines verbotswidrigen Geschäftes tritt heute dann ein, wenn das Verbotsgesetz diese selbst ausspricht oder – nach dem heutigen Verständnis des § 879 ABGB – wenn der Schutzzweck der Verbotsnorm die Nichtigkeit erfordert. Nicht jedes verbotene Geschäft ist also unwirksam.

Im römischen Recht wurde folgende Dreiteilung entwickelt:

a) *Leges perfectae* sehen die Nichtigkeit des verbotswidrigen Geschäftes vor.

Beispiele sind die *lex Iulia de fundo dotali* (Verbot der Veräußerung italischer Dotalgrundstücke, S 61) und – wiewohl es sich nicht um ein Gesetz handelt – das Schenkungsverbot unter Ehegatten.

b) *Leges minus quam perfectae* sehen bei Übertretungen Strafen bzw andere Nachteile vor.

Beispiele: Eheverbote nach der Augusteischen Ehegesetzgebung (S 56 f), *lex Laetoria* (S 44 f).

c) *Leges imperfectae* enthalten selbst überhaupt keine Sanktion.

Beispiele: *lex Cincia* (S 160), *SC Macedonianum* (S 214), *SC Vellaeanum* (S 301).

Die entgegen den (in b und c) genannten Verbotsnormen abgeschlossenen Geschäfte waren nach *ius civile* gültig. Der Prätor griff aber ein, indem er entweder die daraus entspringende *actio* denegierte oder dem Beklagten eine *exceptio* gewährte. Man kann daher auch von Unwirksamkeit nach prätorischem Recht sprechen.

2. Sittenwidrigkeit

Rechtsgeschäfte, die gegen die guten Sitten (*contra bonos mores*) verstoßen, sind nichtig:

Beispiele: Konventionalstrafen im Fall der Nichteingehung (D 45,1,134pr) oder Scheidung einer Ehe (C 8,38,2); Geldzusage für den Fall der Ehe (D 45,1,97,2); Konventionalstrafe für den Fall der Nichteinsetzung als Erbe (D 45,1,61); die Veräußerung des erwarteten Erbteils zu Lebzeiten des Erblassers (D 39,5,29,2).

Eine unsittliche Bedingung macht bei letztwilligen Verfügungen das Geschäft nicht nichtig, sondern die Bedingung wird gestrichen: Der Erblasser wendet dem Legatar L ein Legat zu, wenn L seinen Eltern keinen Unterhalt gewährt. Das Legat ist ohne diese unsittliche Bedingung wirksam (D 28,7,9).

XI. Bedingung, Befristung, Auflage

Eine **Bedingung** (*condicio*) liegt vor, wenn die Wirkung eines Rechtsgeschäfts von einem **zukünftigen ungewissen** Ereignis abhängig gemacht wird.

(1) G: „*Si navis intra Kal Nov ex Asia venerit, mihi centum dari spondesne*?" (Versprichst du mir 100 zu leisten, wenn das Schiff aus Asien bis 1. November angekommen sein wird?) – S: „*Spondeo*" (Ich verspreche es).

(2) G: „*Si navis ex Asia venerit, mihi centum dari spondesne*?" (Versprichst du mir 100 zu leisten, wenn das Schiff aus Asien angekommen sein wird?) – S: „*Spondeo*" (Ich verspreche es).

Eine **Befristung** (*dies*) liegt vor, wenn die Wirkungen eines Geschäftes von einem **zukünftigen sicheren** Ereignis abhängig gemacht werden.

(3) G: „*Kal Nov mihi centum dari spondesne*?" (Versprichst du mir am 1. November 100 zu leisten?) – S: „*Spondeo*" (Ich verspreche es).

(4) G: „*Si Titius moriatur, mihi centum dari spondesne*?" (Versprichst du mir 100 zu leisten, wenn Titius gestorben ist?) – S: „*Spondeo*" (Ich verspreche es).

Bedingung: incertus an, certus quando (1)
incertus an, incertus quando (2)

Befristung: certus an, certus quando (3)
certus an, incertus quando (4)

Bei der Bedingung entsteht also zunächst ein Schwebezustand (Pendenz), in dem unsicher ist, ob das Ereignis eintreten wird oder nicht und damit das Geschäft überhaupt wirksam wird. Bei der Befristung gibt es diese Unsicherheit nicht, lediglich gewisse Wirkungen des Geschäfts – bei Forderungen die Fälligkeit – sind aufgeschoben.

Bedingung und Befristung können nicht bloß **aufschiebend (suspensiv)** – wie in den obigen Beispielen -, sondern auch **auflösend (resolutiv)** sein: Dann treten die Geschäftswirkungen sofort ein, können möglicherweise (auflösende Bedingung) oder werden sicher (auflösende Befristung, Endtermin) wieder wegfallen.

Gai 3,145: Gemeinde G überlässt Pächter P einen *ager vectigalis, quamdiu vectigal solvatur* (solange die Pachtabgabe bezahlt wird, dh die Nichtzahlung ist auflösende Bedingung).

V und P schließen einen Pachtvertrag auf 5 Jahre (so zB in D 19,2,24,2: auflösende Befristung, Endtermin).

Bedingungen und Befristungen spielen nicht nur bei Verträgen unter Lebenden, sondern vor allem auch bei letztwilligen Verfügungen eine Rolle und eröffnen phantasiebegabten Erblassern einige Gestaltungsmöglichkeiten. Das ABGB regelt die Bedingungen, Befristungen und Auflagen daher großteils im Erbrecht (§§ 695 ff); in der allgemeinen Rechtsgeschäftslehre finden sich neben einer generellen Verweisung (§ 897) lediglich einige Modifikationen.

Nicht alle Rechtsgeschäfte sind einer Bedingung oder Befristung zugänglich: Dazu gehört heute zB die Ehe (§ 17 Abs 2 EheG).

Wo eine Bedingung oder Befristung unzulässig ist, fragt sich, ob durch deren Beisetzung das ganze Geschäft unwirksam wird oder bloß die Bedingung oder Befristung gestrichen wird, so dass das Geschäft eben unbedingt und unbefristet ist.

Vollkommen **bedingungs- und befristungsfeindlich** sind die sog **actus legitimi:** Dazu gehören der Erbschaftsantritt, die *acceptilatio*, die Bestellung eines Vormundes und die *mancipatio*. Die Beisetzung einer Bedingung oder Befristung macht diese Akte unwirksam.

Bestimmte Rechtspositionen wie Freiheit, Eigentum oder Erbrecht vertragen keine auflösenden Bedingungen und Befristungen: Wird zB jemand unter auflösender Bedingung oder Befristung als Erbe eingesetzt, so wird diese Bedingung gestrichen (*semel heres semper heres*). Zur Streichung einer unsittlichen Bedingung bei einer letztwilligen Verfügung siehe oben S 78; 258.

1. Die Bedingung

Der Ausdruck „Bedingung" ist mehrdeutig:

Zunächst sagt man auch zu einzelnen Vertragsbestimmungen ganz allgemein Bedingungen (zB AGB = Allgemeine Geschäftsbedingungen, Versicherungsbedingungen etc). Im technischen Sinn meint Bedingung a) eine Nebenbestimmung, welche einen Vertrag oder ein Rechtsgeschäft bzw dessen volle Wirkungen von einem zukünftigen ungewissen Ereignis abhängig macht bzw b) dieses Ereignis selbst („Die Bedingung ist eingetreten").

a) Die Bedingungen (im technischen Sinn) werden eingeteilt

› nach der Wirkungsweise in
  - aufschiebende (Suspensiv-) Bedingungen
  - auflösende (Resolutiv-) Bedingungen

› nach dem Einfluss des bedingt Berechtigten in
  - Zufallsbedingungen („Wenn morgen kein Gewitter kommt")
  - Wollens- oder Potestativbedingungen („Wenn du heiratest")
  - gemischte Bedingungen („Wenn du die Prüfung bestehst")

› weiters in
  - affirmative Bedingungen („Wenn du heiratest")
  - negative („Wenn du nicht heiratest" = „wenn du unverheiratet bleibst")

Negative Potestativbedingungen (*condiciones in non faciendo*) haben ihre Tücken: Ein Erblasser setzt in seinem Testament E zum Erben ein und sieht für (s)eine Frau F ein Legat oder Fideikommiss vor, wenn sie nicht (wieder) heiratet (D 36,1,67,1). Um feststellen zu können, ob die Bedingung eingetreten ist, müsste man bis zum Tod der F warten. Auf den republikanischen Juristen

Q. Mucius Scaevola geht die Lösung zurück, in einem solchen Fall der F sofort die Zuwendung zukommen zu lassen; F musste sich ihrerseits aber dem E in Stipulationsform verpflichten, das Erhaltene an E herauszugeben, wenn sie heiratet (*cautio Muciana*).

b) Die **aufschiebende Bedingung** führt zunächst zu einem Schwebezustand (**Pendenz**). Tritt die Bedingung ein, so wird das Geschäft wirksam, fällt sie aus, so ist es unwirksam.

› Bei bedingten Verfügungsgeschäften hat der bedingt Berechtigte während der Pendenz aber doch schon eine gewisse anwartschaftliche Position: Insb gibt es einen Schutz gegen weitere Verfügungen („Zwischenverfügungen") des Noch-Berechtigten:

D 30,69,1: Der Erblasser setzt E zum Erben ein und vermacht dem L unter aufschiebender Bedingung eine Sache als Vindikationslegat, dh mit Bedingungseintritt erwirbt L das Eigentum. E, der als Erbe bis zum Bedingungseintritt Eigentümer ist, veräußert – vielleicht in der irrigen Annahme, die Bedingung werde nicht eintreten – die Sache an K. Da K vom Eigentümer E erwirbt, wird er Eigentümer. Dann tritt die Bedingung ein. L wird dadurch Eigentümer und kann von K nun die Sache vindizieren.

› Bei bedingten Verpflichtungen ist die Vorwirkung geringer: Immerhin kann eine bedingte Verpflichtung zB noviert werden.

Wenn hingegen vor Bedingungseintritt irrtümlich geleistet wird, kann das Geleistete kondiziert werden (D 12,6,16pr).

› Wird der Eintritt der Bedingung durch denjenigen bewusst vereitelt, zu dessen Lasten sie sich auswirkt, so wird ihr Eintritt fingiert:

Ulp. reg. 2,5: Der Erbe hindert den im Testament vom Erblasser unter einer Bedingung freigelassenen Stichus daran, diese Bedingung zu erfüllen: Stichus wird frei.

c) Die auflösende Bedingung ist von den Römern weniger durchgebildet worden. Zu den Rücktrittsvorbehalten beim Kauf siehe S 186.

2. Die Befristung

Die aufschiebend befristete Verfügung (zB Eigentumsübertragung) verschafft zunächst nur eine Anwartschaft, der volle Rechtserwerb folgt nach. Befristete Verpflichtungen entstehen sofort, lediglich ihre Fälligkeit wird hinausgeschoben. Auflösende Befristungen begegnen vor allem als Endtermin bei Dauerschuldverhältnissen (zB *locatio conductio, societas*).

3. Die Auflage

Von der Bedingung ist die Auflage (*modus*) zu unterscheiden, die mit letztwilligen oder unentgeltlichen Zuwendungen verbunden wird. Während eine bedingte Zuwendung vom Begünstigten erst erworben wird, wenn er die Bedingung erfüllt hat – wozu ihn keine Pflicht trifft -, erhält er die Zuwendung unter Auflage sofort, ist aber verpflichtet, die Auflage zu erfüllen:

> Vgl D 35,1,80: „Ich vermache dem L 10.000 HS, **si** *monumentum fecerit* (wenn er ein Grabmal errichtet hat)": Bedingung – „Ich vermache dem L 10.000 HS **ita, ut** *monumentum faciat* (mit der Maßgabe, dass er ein Grabmal errichtet)": Auflage.

Der Rechtsschutz aus der Auflage bestand ursprünglich nur darin, dass vom Empfänger das Erhaltene kondiziert werden konnte, wenn er die Auflage nicht erfüllte: Später gab es *actiones in factum* bzw prätorische Zwangsmittel zur direkten Durchsetzung der Auflage.

XII. Das unwirksame Rechtsgeschäft

Ein Rechtsgeschäft kann daran scheitern, dass es schon vom Tatbestand her gar nicht zustande kommt: ZB es fehlt beim Vertrag die Willenserklärung einer Partei oder die Willenserklärungen decken sich ganz offensichtlich nicht (offener Dissens).

Andererseits kann vom Tatbestand her ein Vertrag oder Rechtsgeschäft vorliegen, aber nicht die gewollten Rechtswirkungen entfalten (zB V und K schließen einen Kaufvertrag über eine verkehrsunfähige Sache). Dann spricht man von Unwirksamkeit.

Die Terminologie der Römer bei gescheiterten Verträgen und Rechtsgeschäften zeigt freilich, dass sie zwischen einem nicht existenten und einem zwar existenten, aber unwirksamen Geschäft nicht genau unterschieden haben.

1. Gründe für die Unwirksamkeit

Ein Rechtsgeschäft kann unwirksam sein wegen

a) fehlender Geschäftsfähigkeit einer Partei
b) Willensmängel, zB Irrtum, Arglist, Drohung
c) Formmangels
d) inhaltlicher Mängel: Anfängliche Unmöglichkeit
Unerlaubtheit
Unbestimmbarkeit des Inhalts

Verfügungsgeschäfte sind außerdem unwirksam, wenn sie nicht vom Berechtigten vorgenommen werden.

2. Arten der Unwirksamkeit

a) **Nichtigkeit** liegt vor, wenn das Geschäft von vornherein keine Wirkungen entfaltet; **Anfechtbarkeit** liegt vor, wenn ein Beteiligter das Geschäft vernichten kann; unterbleibt die (fristgerechte) Anfechtung, so behält das Geschäft seine Wirksamkeit.

› Gelegentlich gelingt es, ein nichtiges Geschäft durch **Konversion** (Umdeutung) zu retten, indem es einem anderen als dem gewollten Geschäftstypus unterstellt wird, so lässt sich zB eine unwirksame (förmliche) *acceptilatio* in ein formloses *pactum de non petendo* umdeuten (D 46,4,8pr), ein unwirksames Vindikationslegat in ein Damnationslegat (*SC Neronianum*: S 96).

› Manchmal kann es auch zur **Konvaleszenz** (Heilung) eines nichtigen Geschäftes kommen. Verbotswidrige Schenkungen heilen durch den Tod des Schenkers; von einem Unberechtigten vorgenommene Verfügungsgeschäfte heilen vor allem dadurch, dass der Berechtigte im Nachhinein seine Genehmigung (*rati habitio*) erteilt oder zwischen Verfügendem und Berechtigtem eine Rechtsnachfolge stattfindet.

b) Im römischen Recht ist nach der Rechtsgrundlage zwischen Unwirksamkeit nach **zivilem** und **prätorischem Recht** zu unterscheiden. Letzteres liegt dann vor, wenn das Geschäft zwar nach *ius civile* wirksam ist, diesem aber vom Prätor die Durchsetzbarkeit genommen wird, indem er entweder die *actio* denegiert oder mit einer *exceptio* entkräftet oder eine *restitutio in integrum* gewährt.

Nach *ius civile* nichtig ist zB die nicht formrichtige Stipulation; ein Vertrag mit unmöglichem Inhalt; die Schenkung unter Ehegatten; der unter beachtlichem Irrtum geschlossene Vertrag (anders heute: Anfechtbarkeit vgl § 871 ABGB).

Die prätorischen Rechtsschutzmittel werden eingesetzt zB gegen strengrechtliche Geschäfte, die unter Zwang und Arglist zustande gekommen sind, weiters gegen verbotswidrige Geschäfte, wenn es sich beim Verbotsgesetz um eine *lex imperfecta* oder *lex minus quam perfecta* handelt.

c) Nach der Reichweite unterscheidet man totale Unwirksamkeit (wenn das gesamte Rechtsgeschäft betroffen ist) oder teilweise Unwirksamkeit (wenn zB unter Aufrechterhaltung des übrigen Inhalts nur eine Bestimmung als nichtig entfernt wird: *utile per inutile non vitiatur*; vgl § 878 S 2 ABGB).

3. Folgen der Unwirksamkeit

a) Ist ein Geschäft unwirksam, so treten die damit bezweckten Rechtswirkungen jedenfalls nicht ein; insb können aus einem unwirksamen Vertrag keine Ansprüche auf Erfüllung entstehen.

b) Trotz Unwirksamkeit des Vertrages kann denjenigen, der die Unmöglichkeit kannte und dennoch den Vertrag geschlossen hat, eine Schadenersatzpflicht idR auf das negative Interesse (S 272) treffen, so zB wenn V an K wissentlich eine verkehrsunfähige Sache verkauft (Ulp. D 11,7,8,1; Mod. D 18,1,62,1). Diese Fälle zählen zu den Ausgangspunkten der im vorigen Jahrhundert von Jhering entwickelten Lehre von der *culpa in contrahendo* (Verschulden beim Vertragsabschluss). Im ABGB begegnet dieser Gedanke zB in § 878 S 3 (Kennen oder Kennen-Müssen der Unmöglichkeit) und bei dem durch List und Drohung zustande gekommenen Vertrag (§ 874).

c) Sind Leistungen aufgrund eines schuldrechtlichen Vertrages erbracht worden, dessen Nichtigkeit sich erst später herausstellt, so muss es zu einer Rückabwicklung kommen.

Hat der Empfänger kein Eigentum erlangt (so vor allem bei der *traditio* aufgrund eines nichtigen Kaufvertrages), so kann bei ihm die Sache vindiziert werden (dingliche Rückabwicklung).

Hat der Empfänger trotz eines nichtigen Vertrages Eigentum erlangt (so zB bei abstraktem Erwerb; bei Eingreifen der *solutio* als selbständiger *causa*; bei Geld auch durch den originären Tatbestand der Vermengung), so erfolgt die Rückabwicklung nach Bereicherungsrecht mit einer *condictio*.

§ 38. Der Inhalt der Obligationen

I. Dare, facere und praestare

Die Verpflichtung des Schuldners kann nach einer schulmäßigen Gliederung (Paul. D 44,7,3pr) in einem *dare*, *facere* oder *praestare* bestehen:

Dare heißt allgemein geben, technisch Verschaffung von (zivilem) Eigentum. Eine solche Verpflichtung trifft etwa den Stipulationsschuldner, der die *datio* eines Grundstückes, eines Sklaven (*certa res*) oder eines Geldbetrages (*certa pecunia*) versprochen hat.

Facere erfasst jede Handlung oder Unterlassung, zB die Verpflichtung des Vermieters zur Gebrauchsüberlassung.

Praestare bedeutet Leisten in einem weiten Sinn, auch Gewährleisten und Einstehen.

II. Verträge zugunsten Dritter

Wenn A und B einen Vertrag mit dem Inhalt schließen, dass daraus ein Dritter C unmittelbar ein Forderungs- und Klagerecht erlangen soll, so handelt es sich um einen **echten Vertrag zugunsten Dritter**. Dieser war im römischen Recht **nicht anerkannt** und daher unwirksam: Der Satz *alteri stipulari nemo potest* (Niemand kann sich für einen anderen etwas versprechen lassen) erklärt sich aus dem persönlichen Element der römischen *obligatio*.

Ein **unechter Vertrag zugunsten Dritter** liegt vor, wenn die Leistung an einen Dritten bewirkt werden soll, dieser aber kein eigenes Forderungs- und Klagerecht erhält: Er war dann anerkannt, wenn eine Partei ein Interesse an der Leistung an den Dritten hatte.

III. Stück-, Gattungs- und Wahlschulden

Bei der **Stückschuld** (*species*-Schuld) wird das Leistungsobjekt von den Parteien individuell bestimmt, zB der *fundus Cornelianus*, der Sklave Titius.

Bei der **Gattungsschuld** (*genus*-Schuld) wird das Leistungsobjekt von den Parteien nach Gattungsmerkmalen bestimmt, zB ein landwirtschaftliches Grundstück, 100 Scheffel Weizen. Die Gattung kann dabei enger oder weiter definiert sein, zB 100 Amphoren Wein, 100 Amphoren Marsala-Wein. Eine sog **beschränkte Gattungsschuld** (Vorratsschuld) liegt vor, wenn das Leistungsobjekt aus einem bestimmten Vorrat zu leisten ist, zB 10 Amphoren Marsala-Wein aus der Kellerei des Lucius.

Zu den Gattungsschulden gehören insb die Geldschulden.

Die Unterscheidung zwischen *species*-Schuld und *genus*-Schuld ist vor allem für die Gefahrtragung wichtig. Geht bei einer Stückschuld das Leistungsobjekt durch Zufall unter, so wird der Schuldner frei, dh der Gläubiger trägt die Gefahr. Bei einer Gattungsschuld trägt zunächst der Schuldner die Gefahr: Wenn einzelne Stücke untergehen, so muss er eben andere leisten (*genus non perit*: Die Gattung geht nicht unter). Nur bei einer Vorratsschuld kann durch zufälligen Untergang des gesamten Vorrats der Schuldner frei werden.

Bei der Abwicklung einer *genus*-Schuld müssen spätestens bei der Erfüllung die konkreten Stücke für die Leistung bestimmt werden. Durch diesen Vorgang der **Konkretisierung** (Individualisierung) kommt es zu einer Konzentration der Gattungsschuld auf einzelne Objekte, wodurch die Gefahr auf den Gläubiger übergeht.

Bei einer **Wahlschuld** (*obligatio alternativa*, vgl § 906 ABGB) werden zwei oder mehrere Objekte in der Weise geschuldet, dass nur eines zu leisten ist. Das Wahlrecht steht mangels anderer Vereinbarung dem Schuldner zu.

Von der Wahlschuld zu unterscheiden ist die sog Ersetzungsbefugnis (*facultas alternativa*), bei der nur ein Objekt geschuldet ist, der Schuldner sich aber durch Erbringung einer anderen Leistung – die nicht Schuldinhalt ist – befreien kann. Bei der Wahlschuld (S schuldet das Objekt A oder B) ist nach zufälligem Untergang eines Objekts das verbliebene zu leisten; somit trägt zunächst S die Gefahr. Bei der Ersetzungsbefugnis (S schuldet Objekt A, kann sich aber auch durch Leistung des Objektes B befreien) wird S bei zufälligem Untergang des Objekts A frei und muss nicht Objekt B leisten, weil dieses nicht geschuldet ist. Untergang des Objektes B hingegen beseitigt bloß die Ersetzungsbefugnis.

Ein Beispiel für eine *facultas alternativa* ist die *laesio enormis*: Hat Verkäufer V von diesem Rechtsbehelf Gebrauch gemacht, so schuldet Käufer K die Rückgabe des Kaufobjekts (geschuldete Leistung); er kann sich von dieser Pflicht befreien (und damit im Ergebnis den Kaufvertrag aufrechterhalten), indem er dem V die Differenz auf den wahren Wert nachzahlt.

IV. Typisierung der Vertragspflichten

1. Haupt- und Nebenpflichten

Gegenstand der Hauptpflichten sind jene Leistungen, welche das jeweilige Schuldverhältnis charakterisieren, zB beim Kaufvertrag die Leistung des Kaufobjekts und die Preiszahlung, beim Darlehen die Rückzahlung. Nebenpflichten können sich aus einer Parteienabrede oder auch ohne eine solche häufig unmittelbar aus der *bona fides* ergeben.

Beispiele für Nebenpflichten: Informations- und Aufklärungspflichten, Pflicht zur Herausgabe von Urkunden, Zinszahlungspflicht, Schutz- und Sorgfaltspflicht gegenüber dem Gläubiger.

2. Primäre und sekundäre Leistungspflicht

Zunächst entspringt jedem Vertrag eine primäre Leistungspflicht des Schuldners: Er hat die Hauptleistung zu erbringen und allfällige Nebenpflichten zu erfüllen. Wird eine primäre Leistungspflicht verletzt, so kann an deren Stelle oder neben sie als sekundäre Leistungspflicht eine Schadenersatzpflicht treten.

Geht zB das Kauf- oder Stipulationsobjekt durch Verschulden des Verkäufers bzw Stipulationsschuldners unter, so fällt die primäre Leistungspflicht weg, an ihre Stelle tritt eine Verpflichtung zum Schadenersatz. Gerät der Verkäufer in Verzug, so bleibt die primäre Leistungspflicht bestehen, aber neben sie tritt eine Pflicht zum Ersatz des Verspätungsschadens.

Im klassischen römischen Zivilprozess gilt der Grundsatz der *condemnatio pecuniaria*, dh der Richter kann immer nur auf Geld verurteilen, nicht zB auf Leistung oder Herausgabe einer Sache. Überall dort, wo die eingeklagte Primärleistung nicht ohnedies in Geld besteht, hat der Richter den Wert der eingeklagten Primärleistung in Geld umzurechnen: Im Urteil selbst wird eine Sekundärpflicht festgelegt.

V. Zeit und Ort der Leistung

Unter dem Gesichtspunkt des Leistungsortes (§ 905 ABGB: Erfüllungsort) werden heute unterschieden:

› Holschulden: Leistungsort ist der Wohnsitz des Schuldners
› Bringschulden: Leistungsort ist der Wohnsitz des Gläubigers
› Schickschulden: Leistungsort ist der Wohnsitz des Schuldners, der Erfolg der Leistung tritt am Wohnsitz des Gläubigers ein. Heute zählen dazu zB die Geldschulden.

Der **Leistungsort** ergibt sich in erster Linie aus der **Parteienvereinbarung** (zB G: „*Spondesne mihi* **Ephesi** *centum dari*?" – S: „*Spondeo*"), dann aus der **Natur oder dem Zweck des Geschäfts.** Ansonsten ist für Gattungsschulden Leistungsort jener, *ubi petitur* (wo geklagt wird, dh idR am Wohnsitz des Schuldners), für *species*-Schulden jener, *ubi est* (wo sich die Sache befindet: Ulp.-Lic. D 5,1,38).

Leistungszeit ist jener Zeitpunkt, zu dem die Leistung vom Schuldner erbracht werden muss und vom Gläubiger verlangt werden kann (Fälligkeit der Verpflichtung).

Wenn sich aus einer von den Parteien selbst vorgenommenen **Befristung** (*dies*) oder aus den **Umständen** (zB Pomp.-Cels. D 45,1,14: Errichtung eines Hauses) nichts anderes ergibt, treten die Fälligkeit und Klagbarkeit **sofort** ein (Pomp. D 50,17,14; vgl § 904 ABGB).

VI. Zinsen

Zinsen sind ein Entgelt für die Nutzung fremden Kapitals. Die Zinszahlungspflicht begegnet als besondere Nebenpflicht nur bei Geldverbindlichkeiten.

Nach der **Rechtsgrundlage** unterscheiden wir zwischen **gesetzlichen** Zinsen, welche ohne besondere Vereinbarung kraft Gesetzes oder aus der *bona fides* gebühren, und den auf Parteienabrede beruhenden **vertraglichen** Zinsen.

Beispiele für gesetzliche Zinsen: Ab der Übergabe ist der Kaufpreis zu verzinsen (Ulp. D 19,1,13,20); Verzugszinsen als pauschalierter Schadenersatz bei *bona-fides*-Obligationen (Marci. D 22,1,32,2).

Vertragliche Zinsen können bei *bona-fides*-Verhältnissen durch formlose Nebenabrede (*pactum adiectum*) rechtswirksam vereinbart werden und mit der jeweiligen Vertragsklage durchgesetzt werden; bei strengrechtlichen Obligationen, wie zB beim Darlehen, bedarf eine Zinsvereinbarung einer eigenen Stipulation. Formlos vereinbarte Darlehenszinsen begründen eine Naturalobligation.

Zinsen werden grundsätzlich auf Basis der einfachen Zinsrechnung ermittelt. Die **Höhe** des Zinssatzes wird entweder von den Parteien vereinbart oder dem *mos regionis* entnommen (ortsüblicher Zins). Die römische Rechtsordnung legte allerdings Obergrenzen fest. Der Höchstzinssatz der XII-Tafeln beträgt 1/12, wobei nicht klar ist, ob sich dieser Satz auf ein Jahr oder auf ein Monat (was einem Jahreszinssatz von 100 % entsprechen würde) bezieht. Der klassische Zinssatz von 1/100 (*centesimae usurae*) bezog sich jedenfalls auf die monatliche Zinsperiode. Der daraus resultierende Jahreszinssatz von 12 % bildete die Obergrenze und durfte nur beim risikoreichen Seedarlehen (*fenus nauticum*) überschritten werden.

VII. Die Schadenersatzpflicht

1. Anspruchsgrundlagen

Eine Schadenersatzpflicht kann entstehen

a) aus der Verletzung einer vertraglichen Pflicht gegenüber dem Partner. Die Schadenersatzpflicht ist eine sekundäre Leistungspflicht *ex contractu* (**vertragliche Schadenshaftung**).

Beispiele: S leistet nicht oder verspätet an G; S beschädigt oder verliert die geschuldete Sache; S fügt dem G im Zuge der Vertragsabwicklung einen Schaden durch Verletzung einer Schutz- und Sorgfaltspflicht zu.

b) aus der Verletzung einer allgemeinen Verhaltenspflicht gegenüber jedermann. Hier entsteht erst durch das Delikt eine Obligation, in welcher der Schadenersatz nicht Sekundär-, sondern Primärleistung ist (Schadenersatz *ex delicto*, **deliktische Schadenshaftung**).

Beispiel: S beschädigt widerrechtlich und schuldhaft die Sache des G, mit dem er in keiner vertraglichen oder sonstigen Sonderverbindung steht.

Das ABGB regelt beide Arten des Schadenersatzes in einem Hauptstück (§ 1293 ff) und stellt in der Generalnorm des § 1295 eine Schadenersatzpflicht sowohl aus Vertrag wie auch aus Delikt auf. Es geht dabei vom Verschuldensprinzip aus, wonach S nicht nur schadenskausal und rechtswidrig, sondern auch schuldhaft (Vorsatz = *dolus*; Fahrlässigkeit = *culpa*) handeln muss, um ersatzpflichtig zu sein.

Vertraglicher und deliktischer Schadenersatz können miteinander konkurrieren (zB der Entlehner beschädigt schuldhaft die Sache des Verleihers).

2. Art der Ersatzleistung

Der Ersatzpflichtige ist heute entweder zur **Naturalrestitution**, oder, wenn dies nicht tunlich ist, zum **Schätzungswert in Geld** verpflichtet (§ 1323 ABGB). Der römische Prozess kennt grundsätzlich nur die Geldverurteilung, lediglich Klagsformeln mit Arbiträr- oder Restitutionsklausel (wie zB die *actio doli*) ermöglichen es dem beklagten Schädiger, noch während des Prozesses Naturalrestitution zu leisten (und dadurch der Geldkondemnation zu entgehen).

3. Schaden und Schadensberechnung

§ 1293 ABGB definiert als **Schaden** jeden Nachteil, welcher jemandem an Vermögen, Rechten oder seiner Person zugefügt worden ist. Neben diesem erlittenen Schaden (*damnum emergens*) kann als weiterer Posten der entgangene Gewinn (*lucrum cessans*) ersatzfähig sein. Das römische Recht anerkennt zwar wegen des Prinzips der Geldverurteilung hauptsächlich die materiellen Schäden; immerhin werden beim Delikt *iniuria* auch immaterielle Beeinträchtigungen erfasst.

Der rechnerische Schaden wird heute nach der sog Differenzmethode ermittelt. Man betrachtet dazu den Wert vor und nach dem schädigenden Ereignis.

Für das römische Recht ist der Schadenersatz vor allem eine Frage der Formelgestaltung und der Formelauslegung.

Eine Formel auf *quanti ea res est* (*erit*) führt zur Verurteilung auf den objektiven Sachwert im Zeitpunkt der *litis contestatio* (*est*) bzw des Urteils (*erit*).

Die Aufgabe, den konkreten Leistungsinhalt zu bestimmen – und damit ein größerer Ermessensspielraum -, ergibt sich aus einer *formula incerta* auf *quidquid Num Num dare facere oportet* (was auch immer der NN zu übereignen und zu tun [kurz: zu leisten] verpflichtet ist). Am weitesten ist dieser Spielraum, wenn die *formula incerta* noch die *bona-fides*-Klausel enthält: *quidquid Num Num dare facere oportet ex fide bona* (was auch immer der NN zu leisten verpflichtet ist nach Treu und Glauben).

Die *incertum*-Formeln führen zumeist zum Ersatz des *id quod interest,* dh der Richter kann über den objektiven Sachwert hinausgehen und weitere Auswirkungen im Vermögen des Klägers mitberücksichtigen. Wenn man den Terminus *id quod interest* mit Interesse übersetzt, muss man sich freilich dessen bewusst sein, dass die Römer dabei noch nicht – oder nur sehr selten – die Vorstellung einer Differenzgröße (wie beim modernen Interessebegriff) gehabt haben.

Bei der *lex Aquilia* findet sich zwar im Gesetzeswortlaut die Passage *quanti ea res fuerit* (bzw *erit*); der Formelwortlaut begnügte sich vermutlich mit einem Verweis auf das Gesetz (*oportet ex lege Aquilia*). Die Juristen sprachen jedenfalls auch hier *id quod interest* zu.

4. Positives und negatives Interesse

Im Zusammenhang mit Verträgen begegnet die Unterscheidung zwischen positivem Interesse (Erfüllungsinteresse, Ersatz des Nichterfüllungsschadens) und negativem Interesse (Vertrauensinteresse, Ersatz des Vertrauensschadens). Es handelt sich um zwei verschiedene Arten der Schadensberechnung, je nachdem, welche hypothetische Entwicklung der realen gegenübergestellt wird:

Durch den Zuspruch des positiven Interesses soll der Geschädigte so gestellt werden, wie wenn der Vertrag ordnungsgemäß erfüllt worden wäre.

Durch den Zuspruch des negativen Interesses soll der Geschädigte so gestellt werden, wie wenn er auf das Zustandekommen des Vertrags nicht vertraut hätte.

Der Nichterfüllungsschaden ist zu ersetzen, wenn eine bestehende vertragliche Leistungspflicht nicht erfüllt wird (zB D 19,1,1pr: V leistet nicht das Kaufobjekt an K: Dieser hat die *actio empti* auf *quod rem habere interest emptoris*).

Das negative Interesse findet sich in den römischen Quellen etwa beim Verkauf einer verkehrsunfähigen Sache, vgl Mod. D 18,1,62,1: Käufer K hat ein Grundstück gekauft, welches jedoch – was er nicht wusste – eine *res religiosa* oder eine *res publica* ist. Der Kaufvertrag ist unwirksam. K kann von V weder Erfüllung noch das Erfüllungsinteresse (also den Wert eines gleichwertigen Grundstückes abzüglich des Kaufpreises: Das wäre die Vermögensentwicklung bei gedachter ordnungsgemäßer Erfüllung) verlangen, wohl aber *quod interfuit eius ne deciperetur*: Als Vertrauensschaden sind ihm etwa frustrierte Planungsaufwendungen (zB Architektenhonorar) oder Kosten sonstiger frustrierter Dispositionen zu ersetzen.

VIII. Konventionalstrafe

Die Parteien können für die Verletzung einer bestehenden Vertragspflicht (Nichterfüllung, Verzug, auch Verletzung von Nebenpflichten) eine *poena* in Geld vorsehen (**echte Konventionalstrafe**). Sie wird zumeist in Stipulationsform vereinbart (*stipulatio poenae*). Dabei handelt es sich um einen pauschalierten Schadenersatz, der mit der Klage aus der Stipulation geltend gemacht wird, die zur Vertragsklage in Konkurrenz steht. Für den Geschädigten hat dies den Vorteil, dass er die Höhe des konkreten Schadens nicht nachweisen muss. Der Nachweis und die Geltendmachung eines höheren Schadens mit der jeweiligen Vertragsklage bleiben aber bei *bonae fidei iudicia* möglich (vgl Iul. D 19,1,28).

Eine **unechte Konventionalstrafe** liegt dann vor, wenn ein an und für sich nicht geschuldetes, aber erwartetes Verhalten (das kann ein Tun oder Unterlassen sein) durch Vereinbarung einer *poena* indirekt erzwingbar gemacht wird.

Beispiel in Paul. D 44,7,44,5: G: *„Si fundum non dederis, centum dare spondesne?“* (Versprichst du 100 zu leisten, wenn du das Grundstück nicht übereignest?) – S: *„Spondeo“* (Ich verspreche es). Stipulationsinhalt und klagbar ist nur die (bei Nichtleistung des Grundstücks) verfallene *poena*, nicht aber die Leistung des Grundstücks. Die Situation ist insofern einer *facultas alternativa* (Ersetzungsbefugnis: S 266 f) vergleichbar, als S durch Leistung des Grundstückes der Pönalverpflichtung entgeht.

§ 39. Haftung als Verantwortlichkeit und Vertretungspflicht

Die Frage, wann und unter welchen Umständen jemand für einen von der Rechtsordnung unerwünschten Erfolg einzustehen hat, stellt sich sowohl bei Delikten als auch bei Verträgen (im Rahmen der Leistungsstörungen).

I. Deliktische Verantwortlichkeit

Bei Delikten geht die historische Entwicklung von einer archaischen Erfolgshaftung zur Verschuldenshaftung, die zB in klassischer Zeit in die *lex Aquilia* dadurch hineingetragen wird, dass der Gesetzesbegriff *iniuria* nicht bloß im Sinne von Rechtswidrigkeit, sondern auch im Sinne von Verschulden verstanden wird:

Gai 3,211: Is iniuria autem occidere intellegitur, cuius dolo aut culpa id acciderit...... itaque inpunitus est, qui sine culpa et dolo malo casu quodam damnum committit. (Der aber begeht ein iniuria occidere, durch dessen Vorsatz oder Fahrlässigkeit das geschehen ist..... daher bleibt der ungestraft, der ohne Vorsatz oder Fahrlässigkeit durch irgendeinen Zufall den Schaden zugefügt hat.)

Manche Delikte wie zB *furtum* (Diebstahl) können nur vorsätzlich, nicht aber fahrlässig begangen werden. Auch der Deliktstatbestand *iniuria* (Verletzung einer fremden Person) ist auf Vorsatz beschränkt.

II. Vertragliche Verantwortlichkeit

1. Haftungsmaßstäbe

Im kasuistisch aufgebauten System des römischen Rechts ist ein durchgängiges Haftungsprinzip nicht zu erwarten. Die Vertretungspflicht des Schuldners kann umfassen:

a) entweder nur **dolus** (so zB der Verwahrer beim *depositum*)

b) darüber hinaus auch **culpa** (so zB der Beauftragte beim *mandatum*), wobei sich diese weiter abstufen lässt in

- *culpa lata* (grobe Fahrlässigkeit)
- *culpa levis* (leichte Fahrlässigkeit)

c) weiters die **custodia**: Diese Haftung geht als Einstandspflicht für einen Bewachungserfolg über Verschulden hinaus und reicht insofern in den niederen Zufall hinein, als sie vor allem dann eingreift, wenn das geschuldete Objekt von einem Dritten gestohlen wird. Nach einem konkreten Verschulden des *custodia*-Pflichtigen wird dabei nicht gefragt. Frei ist der *custodia*-Pflichtige hingegen in Fällen höherer Gewalt.

Die *custodia*-Haftung trifft

- den Entlehner (Kommodatar)
- bestimmte Unternehmer beim Werkvertrag wie zB den *fullo* (Kleiderreiniger oder *sarcinator* (Flickschneider)
- den Pfandgläubiger beim Besitzpfand
- den Verkäufer bis zur Übergabe der Sache
- den Sachmieter
- die *nautae*, *caupones* und *stabularii* für die eingebrachten Sachen

d) Eine Besonderheit im Bereich der *culpa* ist die sog **diligentia quam in suis** (*rebus adhibere solet*). Bei ihr verlangt man vom Schuldner jene Sorgfalt, die er in eigenen Angelegenheiten anzuwenden pflegt. Konsequenterweise bedeutet dies für den Schlamprian eine Haftungsmilderung, für den peniblen Menschen eine Haftungsverschärfung.

Man spricht in diesem Zusammenhang auch von *culpa in concreto*. Ansonsten wird zur Beurteilung, ob fahrlässiges Verschulden vorliegt, das Verhalten eines ordentlichen Durchschnittsmenschen (*diligens paterfamilias*) herangezogen, weshalb man von *culpa in abstracto* spricht (vgl § 1297 ABGB).

Die *diligentia quam in suis* begegnet im römischen Recht seit der Nachklassik bei der Haftung des Gesellschafters gegenüber den Mitgesellschaftern, beim Ehemann hinsichtlich der Verwaltung der *dos* und beim *tutor* hinsichtlich der Verwaltung des Mündelvermögens, also in Situationen, wo von ein- und derselben Person fremdes und eigenes Vermögen verwaltet wird. Klassischer Ausgangspunkt ist der Gedanke, dass derjenige *fraude non caret* (nicht frei von *fraus* ist), also dolos handelt, der fremde Sachen schlechter behandelt als eigene (Cels. D 16,3,32 für das *depositum*). Justinian hat die *diligentia quam in suis* beim Tutor und beim Ehemann als verschärfte Haftung verstanden; bei der *societas* blieb auch die Haftungsmilderung für den Schlamprian.

Das ABGB kennt nur die *culpa in abstracto*. Das BGB hat die justinianische *diligentia quam in suis* für einige Rechtsverhältnisse, darunter für die Gesellschaft übernommen. Die Einführung des deutschen HGB brachte sie auch nach Österreich, bei dessen Umwandlung zum UGB wurde sie als systemfremd aufgehoben.

e) Vom Wortlaut nicht von vornherein auf Verschulden abgestellt ist eine Umschreibung der Vertretungspflicht mit der Formel **si per eum steterit, quo minus daret** oÄ (wenn es an ihm gelegen ist, dass er nicht leistet). Diese Formel begegnet vor allem im Zusammenhang mit dem Verzug".

2. Das Utilitätsprinzip

Das sog **Utilitätsprinzip** verwendet als Kriterium für die Reichweite der Haftung den Nutzen (*utilitas*), den jemand aus einem Vertrag zieht: Demgemäß führt großes oder alleiniges Interesse zu einer sehr weitgehenden Haftung, geringer oder fehlender Nutzen zu einer milden Haftung, die lediglich *dolus* erfasst, wobei es Tendenzen gab, die *culpa lata* dem *dolus* gleichzustellen (zB Cels. D 16,3,32).

Plakativ kommt das Utilitätsprinzip beim Vergleich zwischen *depositum* und *commodatum* zum Ausdruck: Sowohl Verwahrer wie Entlehner haben eine Sache bei sich, deren Rückgabe sie schulden: Der Verwahrer – er bewahrt die Sache unentgeltlich auf und hat daher keine *utilitas* – haftet bloß für *dolus* (also mild), der Entlehner – er kann die Sache unentgeltlich benutzen und hat daher die alleinige *utilitas* aus dem Vertrag – haftet bis zur *custodia* (also sehr streng).

3. Vertragliche Haftungsregelungen

Aufgrund der Vertragsfreiheit können die Parteien die Vertretungspflicht abweichend vom gesetzlichen Maß festlegen. Durch eine Garantie kann die Haftung verschärft, durch eine Freizeichnungsklausel gemildert werden.

Ulp. D 13,6,5,10: Beim *commodatum* wird die Haftung einvernehmlich auf *dolus* beschränkt; Ulp. D 9,2,27,29: Freizeichnung durch einen Glasschleifer.

Die Haftung für *dolus* lässt sich vertraglich nicht ausschließen (Ulp.-Cels. D 50,17,23; vgl heute § 6 Abs 1 Z 9 KSchG: Unwirksamkeit des Haftungsausschlusses für *dolus* und *culpa lata*).

III. Gefahrtragung

Ein unverschuldeter Umstand, der zu einem Schaden oder im Rahmen eines Vertrages zu einer Leistungsstörung führt, heißt *casus* (Zufall); eine gesteigerte Form ist die *vis maior* (höhere Gewalt). Die Klassiker erklären sie beschreibend als *vis cui resisti non potest* (Ulp.-Serv. D 19,2,15,2: Gewalt, der man nicht widerstehen kann) und aufzählend durch sog Katastrophenkataloge (Erdbeben, Überschwemmungen, Feuersbrünste, Piratenüberfälle, Feindeseinfälle). Auch der natürliche Tod eines geschuldeten Sklaven oder Tieres ist *casus*.

Weil diese Umstände idR nicht zu vertreten sind (*casus a nullo praestantur*), handelt es sich nicht um Haftungsfälle, sondern um Fälle der Gefahrtragung (*periculum*). Dabei geht es um die (oft schwierige) Frage, wer den Nachteil aus solchen Ereignissen zu tragen hat.

a) **Allgemeine Sachgefahr**: Wird eine Sache des E zB durch Verschulden eines Schädigers S beschädigt oder zerstört, so hat E gegen S einen Schadenersatzanspruch. Wird aber eine Sache des E durch einen von niemandem zu vertretenden Umstand, zB durch höhere Gewalt, beschädigt oder zerstört, so bleibt der Schaden bei E. Wir sagen auch: Der Eigentümer trägt die allgemeine Sachgefahr (*casum sentit dominus*; vgl § 1311 Satz 1 ABGB).

b) Ein Gefahrtragungsproblem gibt es auch bei der Abwicklung von Verträgen: Hier geht es um die Frage, wie sich das zufällige, nicht zu vertretende Unmöglichwerden bzw der zufällige Untergang der geschuldeten Sache auswirkt. Wir unterscheiden dabei die **Leistungsgefahr** (Wird der Schuldner frei oder nicht?) und **Entgeltsgefahr** (auch: Gegenleistungsgefahr; ist trotz Wegfalls der Leistungspflicht das dafür bedungene Entgelt zu leisten oder nicht?).

In einseitigen Verträgen wie zB Darlehen, Stipulation gibt es nur ein Problem der Leistungsgefahr. Für *species*-Schulden trägt dabei der Gläubiger die Gefahr, für *genus*-Schulden bis zur Konkretisierung der Schuldner, danach der Gläubiger.

Das Problem der Entgeltsgefahr tritt bei gegenseitigen Verträgen in Gestalt der Preisgefahr beim Kauf, der Zinsgefahr beim Bestandsvertrag, der Lohngefahr beim Dienst- und Werkvertrag auf.

§ 40. Die Leistungsstörungen

I. Übersicht

Der ungestörte Ablauf einer Obligation besteht darin, dass der Schuldner die Leistung so, wie sie geschuldet ist, erbringt (Erfüllung). Abweichungen von diesem ungestörten Ablauf nennt man Leistungsstörungen (Obligationsverletzungen). Dazu gehören vor allem der Verzug (vgl §§ 918, 1334 ABGB) und die nachträgliche Unmöglichkeit (vgl §§ 920; 1447 ABGB).

Die Rechtsbehelfe der Gewährleistung wegen eines Rechts- oder Sachmangels (§§ 922 ff ABGB) sind im römischen Recht vor allem im Rahmen des Kaufvertrages (S 179 ff) entwickelt worden.

II. Die nachträgliche Unmöglichkeit (Leistungsvereitelung)

Bei der nachträglichen Unmöglichkeit kommt es im römischen Recht darauf an, ob sie vom Schuldner zu vertreten ist (Haftungsfall, zB S zerstört das dem G geschuldete Objekt) oder nicht zu vertreten ist (weil das Leistungsobjekt durch Zufall untergeht: Gefahrtragungsfall). Wie weit die

Vertretungspflicht des Schuldners geht, hängt vom Haftungsmaßstab ab, der für das jeweilige Rechtsverhältnis in Betracht kommt (zB *dolus, culpa, custodia*).

1) Bei der **zu vertretenden** nachträglichen Unmöglichkeit tritt anstelle der primären Leistungspflicht eine sekundäre auf **Schadenersatz**.

Bei strengrechtlichen Klagen auf eine *certa res* (zB aus einer Stipulation auf Leistung einer Sache) wird die sog **perpetuatio obligationis** (Verewigung des Schuldverhältnisses) angewandt. Dabei wird fingiert, dass der Gegenstand zur Zeit der Prozessbegründung (*litis contestatio*) noch existiert. Dieser Fiktion bedarf es, weil nach römischem Formelverständnis das *dare oportere* einer Sache voraussetzt, dass diese noch existiert. Über die fingierte Existenz kann der Richter auf das *quanti ea res est* (dh den objektiven Sachwert) verurteilen; darüber hinausgehende Schadensposten des G können nicht berücksichtigt werden. Bei Klagen auf ein *incertum* (*quidquid Num Num dare facere oportet*) bedarf es dieser Fiktion nicht; außerdem kann der Richter aufgrund des Formelwortlautes über den Sachwert hinausgehen und das *quod interest* (iS des positiven Interesses) zusprechen.

2) Die **nicht zu vertretende** nachträgliche Unmöglichkeit lässt bei Stückschulden den Schuldner frei werden (vgl § 1447 ABGB); der Gläubiger erhält somit weder die Leistung noch Schadenersatz: Er trägt die Leistungsgefahr. Bei reinen Gattungsschulden kann nachträgliche Unmöglichkeit kaum eintreten, da die Gattung nicht untergeht (*genus non perit*), insoferne trägt der Schuldner die Gefahr.

III. Der Schuldnerverzug

Schuldnerverzug (*mora debitoris, mora solvendi*) liegt vor, wenn die geschuldete Leistung trotz Möglichkeit und Fälligkeit nicht obligationsgemäß erbracht wird und das Ausbleiben der Leistung am Schuldner gelegen ist (*si per debitorem steterit, quo minus solveretur*).

Ist für die Fälligkeit kein bestimmter Termin vorgesehen, so bedarf es für den Eintritt des Verzuges der vorherigen Mahnung des Schuldners. Bei Terminverbindlichkeiten kann sie entfallen; das gemeine Recht drückt das mit dem Satz aus: *Dies interpellat pro homine* (Der Tag mahnt für den Menschen). Vom Augenblick seiner Tat an ist der Dieb im Verzug (*fur semper in mora est*).

Von subjektivem Verzug spricht man heute, wenn als weiteres Tatbestandselement Verschulden des S vorliegt; ansonsten spricht man von objektivem Verzug.

Wichtigste materielle Rechtsfolge des Verzuges ist eine **Haftungsverschärfung**, indem der Schuldner nun auch für zufälligen Untergang einzustehen hat (wofür bei strengrechtlichen Klagen auf *certa res* wieder die *perpetuatio obligationis* Anwendung findet). In *bona-fides*-Verhältnissen tritt zur weiter bestehenden Pflicht auf Erfüllung eine sekundäre Pflicht auf Ersatz des **Verzugsschadens** hinzu, bei Geldschulden in Form von Verzugszinsen.

IV. Der Gläubigerverzug

Gläubiger- oder Annahmeverzug (*mora creditoris, mora accipiendi*, vgl § 1419 ABGB) liegt vor, wenn es am Gläubiger gelegen ist, dass nicht geleistet werden kann (*si per creditorem stetit, quo minus daretur*), also wenn er die ordnungsgemäß angebotene Leistung des Schuldners nicht entgegennimmt. Der Schuldner wird zwar nicht frei, aber seine Lage wird erleichtert.

Die wichtigste materielle Rechtsfolge des Gläubigerverzuges ist eine **Haftungsmilderung** für den Schuldner auf *dolus;* dementsprechend erhöht sich die Gefahr für den Gläubiger. Weiters erlischt ein allfälliges Pfandrecht.

Wenn Geld geschuldet ist, kann dieses versiegelt an einer öffentlichen Stelle (zB in einem Tempel) hinterlegt werden. Im Ergebnis bedeutet dies Konzentration der Geldschuld auf die versiegelten Stücke und Gefahrenübergang auf den Gläubiger. Weiters endet dadurch der Zinsenlauf. In der Nachklassik wirkt diese sog *depositio* überhaupt schuldbefreiend (vgl § 1425 ABGB: gerichtliche Hinterlegung der Schuld).

Bei verschuldetem Annahmeverzug des Käufers werden in den Quellen auch Schadenersatzansprüche des Verkäufers erwähnt (S 178 f).

§ 41. Das Erlöschen der Obligationen

I. Übersicht

1) Wichtigster Tatbestand für das Erlöschen einer Forderung (*obligatio* ieS) ist die **Erfüllung** (*solutio*; vgl § 1412 ABGB: Zahlung).

Der Ausdruck *solutio* (wörtl: Lösung) erinnert noch an die ältere Konzeption der *obligatio*, bei der die Haftung mit der Person im Vordergrund stand.

2) Erfüllungssurrogate sind die **Hingabe an Zahlungs Statt** (*datio in solutum*, vgl § 1414 ABGB), ab der Nachklassik die **Hinterlegung** (*depositio* vgl § 1425 ABGB) und die **Aufrechnung** (§ 1438 ABGB: Kompensation).

3) Beim **Erlass** (vgl § 1444 ABGB: „Entsagung") unterscheidet das römische Recht förmliche Erlassgeschäfte (*solutio per aes et libram, acceptilatio*) und die formlose Erlassabrede (*pactum de non petendo*).

4) Zum Erlöschen der Forderung kommt es auch durch die Vereinigung von Schuldner- und Gläubigerstellung (*confusio*, zB S wird Erbe des G oder umgekehrt, vgl § 1445 ABGB). Bei einer Stückschuld befreit nicht zu vertretender (zufälliger) Untergang den Schuldner. Durch Tod erlischt eine Forderung grundsätzlich nicht; sie geht auf den oder die Erben über (Ausnahmen finden sich bei den *actiones poenales*).

5) Bei Forderungen auf Leistung einer Sache verliert G sein Forderungsrecht („*ius crediti non habebit*"), wenn er eigenmächtig im Wege der Selbsthilfe gegen S vorgeht. Diese Regelung des *decretum divi Marci* (D 4,2,13) war allerdings auf Geldforderungen nicht anwendbar.

6) Unter **Novation** (Neuerungsvertrag, vgl § 1376 ABGB) versteht man die Umwandlung eines Schuldverhältnisses in ein neues: Die alte Forderung erlischt dadurch, dass an ihre Stelle eine neue tritt.

Im römischen Recht kann ein Erlöschenstatbestand **ipso iure** wirken (wie zB die *solutio* oder der förmliche Erlass), so dass der Gläubiger sein Klagerecht nach *ius civile* verliert. Von einer Wirkung **ope exceptionis** spricht man dann, wenn nach *ius civile* das Klagerecht bestehen bleibt, der Erlöschenstatbestand aber eine Einrede schafft (so beim formlosen Erlass).

Vom Erlöschen der einzelnen Forderung (*obligatio* ieS) ist das Erlöschen des Schuldverhältnisses (*obligatio* iwS) zu unterscheiden; manchmal fällt beides zusammen, so bewirkt zB die Erfüllung eines einseitigen, auf einmalige Leistung gerichteten Vertrages auch Erlöschen des Schuldverhältnisses insgesamt. Bei Dauerschuldverhältnissen fallen beide Aspekte deutlich auseinander.

II. Die solutio

Die ordnungsgemäße *solutio* (Leistung, Zahlung, Erfüllung) bringt die Forderung *ipso iure* zum Erlöschen.

Der unproblematische Grundfall ist der, dass
1) die geschuldete Leistung
2) vom Schuldner S selbst
3) an den Gläubiger G selbst

erbracht wird und dieser sie annimmt. Nimmt G das ordnungsgemäße Leistungsanbot nicht an, so kommt es nicht zur *solutio*, aber G gerät in Annahmeverzug.

ad 1) Eine andere als die geschuldete Leistung (*aliud*: zB einen Teppich statt der geschuldeten 10.000 HS) muss G nicht annehmen; S gerät in Schuldnerverzug.

Wenn G jedoch damit einverstanden ist, liegt eine **datio in solutum** vor. Sie führt nach den Sabinianern zum Erlöschen *ipso iure*, nach den Prokulianern nur zum Erlöschen *ope exceptionis*. Sollte G später doch die eigentliche Leistung einklagen, gewährt der Prätor dem S eine *exceptio doli.*

Heute unterscheiden wir von der *datio in solutum* (der Hingabe an Zahlungs Statt), bei der S sofort frei wird, die *datio solutionis causa* (Hingabe zahlungshalber), bei der S von einer Geldschuld erst dann frei wird, wenn G aus dem zahlungshalber Angenommenen Befriedigung in Geld erlangt hat (zB den Teppich verkauft und den Kaufpreis erhalten hat).

ad 2) Der Gläubiger kann ein Leistungsanbot eines Dritten – von höchstpersönlichen, zB künstlerischen Leistungen abgesehen – nicht ablehnen. Die Leistung eines Dritten ist sogar gegen den Willen des Schuldners schuldbefreiend.

ad 3) Eine Forderung G → S kann in der Regel nur durch Leistung an G getilgt werden. Eine Leistung an einen Dritten D wirkt schuldbefreiend,

› wenn D zB als *procurator* oder Bote des G zur Empfangnahme ermächtigt ist;

› wenn G nachträglich die Zahlung an D genehmigt (*rati habitio*);

› wenn D bei Stipulationsverbindlichkeiten *adstipulator* (Nebengläubiger, S 294) oder *solutionis causa adiectus* (Zahlstelle) ist.

Der *adstipulator* ist nicht bloß empfangs-, sondern auch forderungsberechtigt; der *solutionis causa adiectus* ist nur empfangs-, aber nicht forderungsberechtigt.

III. Die Kompensation

Unter Kompensation versteht man die Aufrechnung mit einer Gegenforderung. Die Aufrechnung hebt die Verbindlichkeiten, insoweit sich die Forderungen gegeneinander ausgleichen, gegenseitig auf (§ 1438 ABGB).

1. Die Aufrechnungslage

Eine Aufrechnungslage liegt vor, wenn einer Forderung eine Gegenforderung gegenübersteht, wobei folgende Tatbestandselemente eine Rolle spielen:

a) Wirksamkeit (§ 1438 ABGB „Richtigkeit"): Die Gegenforderung darf zB nicht mit einer dauernden *exceptio* behaftet sein.

b) Fälligkeit.

c) Gleichartigkeit, idR Geld gegen Geld.

d) Gegenseitigkeit, dh Forderung und Gegenforderung müssen zwischen denselben Personen bestehen.

e) Nur von prozessualer Bedeutung ist heute die Liquidität: Die Gegenforderung, mit der gegen eine eingeklagte Forderung aufgerechnet wird, soll ohne umfangreiche Erhebungen leicht beweisbar sein.

f) Das Tatbestandselement der Konnexität (Forderung und Gegenforderung müssen aus demselben Schuldverhältnis stammen) spielt heute keine Rolle mehr, wohl aber im römischen Recht.

2. Die Wirkungsweise der Kompensation

Steht einer Forderung G → S eine kompensable Forderung S → G gegenüber, so sind folgende Gestaltungsmöglichkeiten zur Herbeiführung der Kompensation denkbar:

a) Die Kompensation erfolgt einvernehmlich durch Abrede zwischen G und S.

b) Die Kompensation erfolgt durch einseitige Aufrechnungserklärung des S.

c) Die Kompensation erfolgt automatisch, sobald sich zwei Forderungen kompensabel gegenüberstehen: *ipso iure compensatur.*

Im gemeinen Recht gab es eine heftige Kontroverse zur Frage, ob eine Aufrechnung einer Aufrechnungserklärung bedarf (so der Glossator Azo), oder ob bereits das Bestehen der Aufrechnungslage automatisch zur gegenseitigen Verrechnung führt (so Martinus: *ipso iure compensatur*). Die Formulierung des § 1438 ABGB liest sich zwar wie *ipso iure compensatur* („....welche schon für sich die gegenseitige Zahlung bewirkt"), die hL hat aber einen Kompromiss zwischen den beiden Positionen gefunden: Grundsätzlich bedarf es (im Sinne von Azo) einer Aufrechnungserklärung, diese wirkt dann aber auf jenen Zeitpunkt zurück, in dem die Aufrechnungslage entstanden ist.

Im klassischen Recht bedeutet hingegen *ipso iure compensatur,* dass es im Prozess keiner *exceptio* bedarf, damit der Richter die Gegenforderung berücksichtigt; das Gegenstück dazu ist die Kompensation *ope exceptionis.*

3. Die Kompensation im römischen Recht

Unproblematisch ist die einvernehmliche Kompensation: Sie konnte durch *pactum* zwischen G und S herbeigeführt werden.

Die nicht einvernehmliche Kompensation wird im klassischen Recht als ein prozessuales Problem gesehen: Es geht um die Frage, wie bei einer Klage G gegen S – bei der zunächst nur die Forderung G → S Prozessgegenstand ist – eine allfällige Gegenforderung prozessrelevant gemacht werden kann. Bei dieser prozessualen Sicht spielt wegen des Prinzips der *condemnatio pecuniaria* die Gleichartigkeit keine Rolle.

a) Bei *bona-fides*-Verhältnissen ermöglicht es der weite Ermessensspielraum dem Richter, eine Gegenforderung aus demselben Rechtsverhältnis (*ex eadem causa*) zu berücksichtigen; hier ist also Konnexität erforderlich; die Kompensation erfolgt *ipso iure*.

Hat Auftraggeber A den Beauftragten B auf Abrechnung und Herausgabe des Erlangten geklagt, kann B dem A eine Forderung entgegenhalten, die ihm aus demselben Mandat zusteht (zB Auslagenersatz), nicht aber eine sonstige Forderung.

b) Der *argentarius* (Bankier) hat bei einer Klage gegen seinen Schuldner eine allfällige Gegenforderung von vornherein in Abzug zu bringen und sein Begehren auf den Saldo zu beschränken (*agere cum compensatione*). Bei Überklage riskiert er gänzliche Abweisung.

c) Der *bonorum emptor* (Ersteher einer Konkursmasse) muss bei Durchsetzung von Masseforderungen den Abzug von Gegenforderungen hinnehmen (*agere cum deductione*).

d) Bei strengrechtlichen Klagen (zB aus Stipulation, aus Darlehen) stellt der Formelwortlaut nur auf das Bestehen der Forderung G → S ab. Eine Berücksichtigung einer Gegenforderung des S ist daher zunächst nicht möglich (dh S müsste sie in einem eigenen Prozess einklagen).

Erst Marc Aurel gewährt dem Beklagten S eine *exceptio doli*. Auch diese Lösung ist nicht sehr praktisch, da eine *exceptio* in der Klassik stets zur gänzlichen Abweisung des Klagebegehrens führt. Erst in der Nachklassik wirkt eine *exceptio* auch kondemnationsmindernd.

Justinian führt die *ipso-iure*-Kompensation bei allen Klagen ein (C 4,31,14).

IV. Die Erlassgeschäfte

1. Entwicklung der förmlichen Erlassgeschäfte

a) Die **solutio per aes et libram** diente in der Frühzeit dazu, die durch *nexum* begründete Haftung wieder zu lösen: Im Rahmen dieses Libralakts wurde dem G von S eine Summe zugewogen (dazu oben S 234).

b) Die **acceptilatio**: War eine Stipulationsverbindlichkeit erfüllt worden, so musste ursprünglich vom Gläubiger eine förmliche Quittungserklärung abgegeben werden:

S: „*Quod ego tibi promisi, habesne acceptum?*" (Hast du erhalten, was ich dir versprochen habe?) – G: „*Habeo*" (Ich habe es erhalten).

Hinter beiden Geschäften steht der Gedanke des *contrarius actus*: Rechtsverhältnisse, die durch einen bestimmten Akt entstanden sind, werden durch einen entsprechenden Gegenakt aufgehoben.

c) In klassischer Zeit werden die beiden Geschäfte nur mehr zu Erlasszwecken verwendet:

› Bei der *solutio per aes et libram* wird dem G nur mehr eine symbolische Münze übergeben.

› Bei der *acceptilatio* gibt G die Quittungserklärung ab, obwohl er nichts erhält.

2. Das pactum de non petendo

Das formlose *pactum de non petendo* (wörtl: die Abrede, nicht zu klagen) konnte entweder den Erlass oder bloß die Stundung bezwecken. Auch als Erlassabrede führte es bei strengrechtlichen Obligationen nicht *ipso iure* zum Erlöschen nach *ius civile* und zum Verlust des Klagerechts, sondern wirkte nur *ope exceptionis* nach prätorischem Recht: Sollte G abredewidrig den S klagen, so gewährte der Prätor dem S eine *exceptio pacti conventi.*

§ 42. Novation und Delegation

Nach § 1376 ABGB liegt eine Novation dann vor, wenn der Rechtsgrund oder der Hauptgegenstand einer Forderung „verwechselt" wird, folglich die alte Verbindlichkeit in eine neue übergeht.

Von der Novation (Schulderneuerung) unterscheidet sich die Schuldänderung dadurch, dass die bisherige Forderung mit geändertem Inhalt bestehen bleibt, so zB wenn bloß die Modalitäten der Verbindlichkeit oder Nebenbestimmungen geändert werden (§ 1379 ABGB).

Im römischen Recht hat die Novation eine wesentlich größere Bedeutung und Reichweite als heute. Man versteht darunter die Umwandlung einer bestehenden Obligation in eine neue in der Weise, dass die alte Forderung erlischt (**liberatorischer Effekt)** und an ihre Stelle eine neue tritt (**obligierender Effekt**), die gegenüber der alten Forderung eine Änderung (**aliquid novi**) enthält.

Mit der Altforderung erlöschen auch die akzessorischen Sicherungen wie Bürgschaften und Pfandrechte; soll auch die neue Forderung gesichert sein, ist eine Neubestellung erforderlich.

I. Die Novationsstipulation

Die rechtsgeschäftliche Novation erfolgt in Stipulationsform.

Beispiel: V hat gegen K eine Kaufpreisforderung von 100 HS. V und K schließen nun folgende Stipulation:

V: „*Centum, quae ex empto mihi debes, mihi dare spondesne*?" (Versprichst du mir die 100, die du mir aus Kauf schuldest, zu leisten?) – K: „*Spondeo*" (Ich verspreche es).

Dadurch erlischt die Kaufpreisforderung (die V mit der *actio venditi* hätte durchsetzen können); an ihre Stelle tritt die strengrechtliche Stipulationsforderung, die mit der *condictio* einzuklagen ist.

1. Voraussetzungen für eine wirksame Novation

a) Rechtsgültiger Bestand der zu novierenden Altforderung.

b) *Aliquid novi*: Es muss irgendeine Änderung im Verhältnis zur alten Forderung eintreten:

Novation ohne Personenwechsel	Novation mit Personenwechsel
› Änderung des Rechtsgrundes	› Gläubigerwechsel
› Hinzutritt oder Wegfall eine Bedingung oder Befristung	› Schuldnerwechsel

Anders als nach § 1376 ABGB betrifft die Novation des römischen Rechts nicht den Hauptgegenstand.

c) Manchmal kann zweifelhaft sein, ob die Parteien beabsichtigen, durch die Stipulation die alte Forderung erlöschen zu lassen (Novation) oder, ob die Stipulation als zusätzliches Sicherungsmittel neben der weiter bestehenden Altforderung geplant ist. Wenn zB eine Forderung G → S vorliegt, und ein Dritter dem G erklärt *idem dari* (dasselbe zu leisten wie S), so entscheidet es sich nach dem **animus novandi**, ob dies zum Zwecke des Schuldnerwechsels (Novation, dann wird S frei) oder als Bürgschaft geschieht (dann bleibt S weiterhin verpflichtet, der Dritte wird zusätzlicher Schuldner).

2. Funktion der Novationsstipulation

a) Die Novation dient dazu, einen **Personenwechsel** auf der Gläubiger- oder auf der Schuldnerseite herbeizuführen.

b) Die älteren Formen der **Bürgschaft** (*sponsio, fidepromissio*) konnten nur zur Sicherung von Stipulationsforderungen begründet werden. Sollte zB eine offene Kaufpreisforderung des V gegen K durch Bürgenstellung gesichert werden, so musste die Kaufpreisforderung zuvor in eine Stipulationsforderung umgewandelt werden: Das erfolgte durch Novation. Für die novierte Stipulationsforderung konnte nun Bürge B die Bürgschaft durch *sponsio* übernehmen.

c) Ein Anwendungsfall der Novation ist die nach dem Juristen G. Aquilius Gallus benannte **stipulatio Aquiliana**: Mit ihr werden sämtliche gegenwärtig wie zukünftig gerichtlich durchsetzbaren, obligatorischen und dinglichen Ansprüche in eine einzige Stipulationsschuld umgewandelt, die dann auch in einem einzigen Akt durch *acceptilatio* getilgt werden kann. *Stipulatio Aquiliana* und *acceptilatio* werden daher als Doppelgeschäft vor allem zu Vergleichszwecken über strittige Forderungen verwendet.

II. Novationswirkungen im Prozess

Durch die *litis contestatio* im Prozess (*iudicium legitimum*) erlischt das Klagerecht (Konsumption der *actio*); an die Stelle der Forderung tritt die Prozessobligation mit dem Inhalt *condemnari oportere*. Hiebei bleiben aber – anders als bei der rechtsgeschäftlichen Novation – die bestehenden Pfandrechte weiter aufrecht.

Durch das Urteil wird diese in eine Judikatsschuld umgewandelt.

III. Die Delegation (Anweisung)

1. Die Zahlungsanweisung (delegatio solvendi)

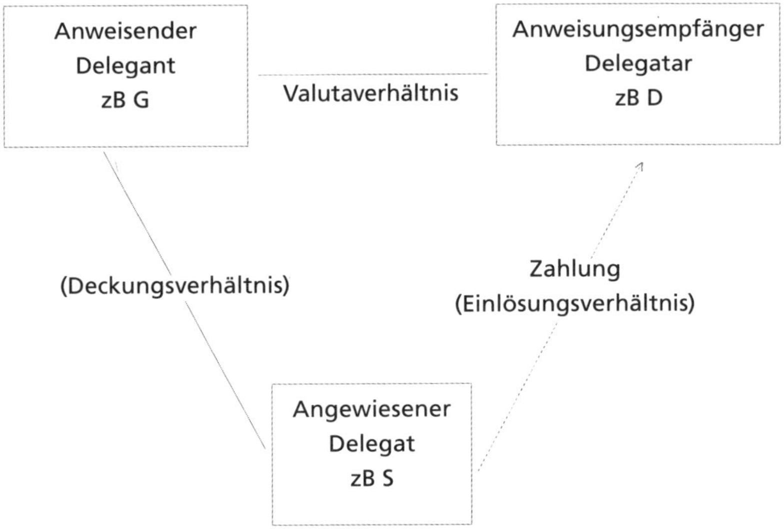

Der Delegant G hat aus dem **Deckungsverhältnis** gegen den Delegaten S eine Forderung – zB S schuldet dem G einen Kaufpreis von 700 HS.

Zwischen Delegant G und Delegatar D besteht das **Valutaverhältnis**:

Beispiele: (1) D hat gegen G eine Forderung von 700 HS (D 46,3,64).
(2) G will D ein Darlehen von 700 HS gewähren (D 12,1,15).

Die Anweisung enthält eine doppelte Ermächtigung durch den Deleganten G:

› Er ermächtigt den Delegaten S, auf seine (des Deleganten G) Rechnung an den Delegatar D zu leisten.

› Er ermächtigt den Delegatar D, beim Angewiesenen S die Leistung (als Leistung des Deleganten G, dh auf dessen Rechnung) einzufordern.

Wenn nun S an D die 700 HS zahlt,

› erlischt im Deckungsverhältnis die (Kaufpreis-)Forderung G → S:

› erlischt im Valutaverhältnis in Beispiel (1) die Forderung D → G. In Beispiel (2) kommt das Darlehen zwischen G und D zustande (Anweisungsdarlehen).

Das ABGB hat die Zahlungsanweisung in den §§ 1400 ff unter der Bezeichnung Assignation geregelt.

2. Die Verpflichtungsanweisung (delegatio obligandi)

Während aufgrund der Zahlungsanweisung der Delegat an den Delegatar zahlen soll, ist bei der Verpflichtungsanweisung die Ermächtigung darauf gerichtet, dass der Delegat gegenüber dem Delegatar eine Stipulation eingeht (die erst im Zuge der weiteren Abwicklung zu einer Zahlung an den Delegatar führt: Dieser erhält zunächst ein Forderungsrecht gegen den Delegaten). Die Stipulation kann abstrakt oder kausal formuliert sein, wobei – wie bei der Zahlungsanweisung – verschiedene Zwecke verfolgt werden können (zB Schuldtilgung, Darlehensgewährung). Häufigster Anwendungsfall ist freilich die Novation mit Personenwechsel:

a) Durch die **Aktivdelegation** kommt es zu einem Gläubigerwechsel. Noviert wird die Forderung aus dem Deckungsverhältnis:

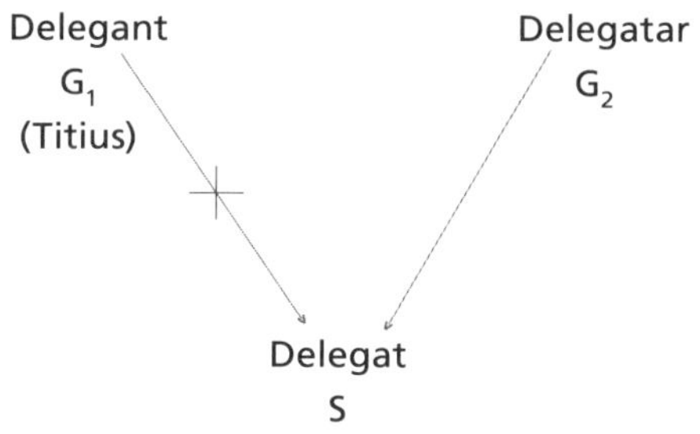

G_2: „*Quod Titio* (G_1) *debes, mihi dare spondesne*?" (Versprichst du **mir** zu leisten, was du dem Titius [G_1] schuldest?) – S: „*Spondeo*" (Ich verspreche es).

b) Bei der **Passivdelegation** kommt es zu einem Schuldnerwechsel. Noviert wird die Forderung aus dem Valutaverhältnis:

G: „*Quod Titius* (S_1) *mihi debet, mihi dare spondesne*?" (Versprichst **du** mir zu leisten, was Titius [S_1] mir schuldet?) – S_2: „*Spondeo*" (Ich verspreche es).

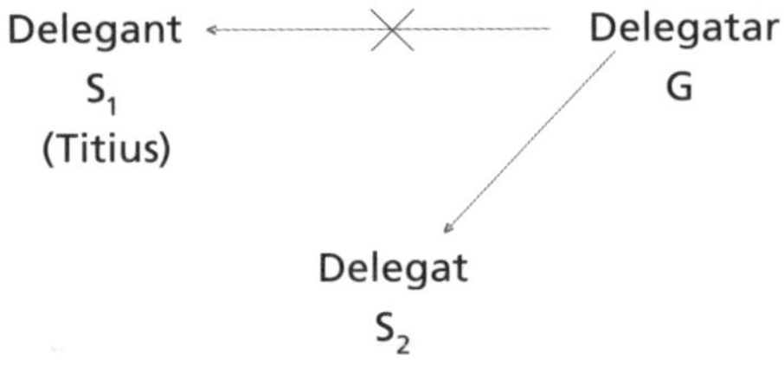

S_1 wird frei, die Delegation gilt als Zahlung des S_1 (*solvit qui delegat*) an G. Dieser trägt damit das Risiko der Insolvenz des S_2.

§ 43. Mehrheit von Beteiligten

I. Übersicht über die Gestaltungsmöglichkeiten

Beim Grundtypus der Obligation steht einem Gläubiger G ein Schuldner S gegenüber. Nun kann es aber sowohl auf der Gläubiger- wie auf der Schuldnerseite eine Mehrheit von Personen geben. Dabei sind folgende Gestaltungsmöglichkeiten denkbar:

1. Geteilte Obligation (vgl § 889 ABGB)

Eine solche liegt vor, wenn bei Gläubigermehrheit jeder Gläubiger nur einen Anteil fordern kann, bei Schuldnermehrheit jeder nur zur Leistung eines Anteils verpflichtet ist.

Dazu kommt es zB dann, wenn bei einer Obligation auf eine teilbare Leistung (zB Geld) G oder S unter Hinterlassung mehrerer Miterben stirbt: *nomina ipso iure divisa sunt*.

2. Gesamtobligation (§§ 891 ff ABGB)

Bei der **Gesamtschuld** (passive Korrealität, vgl § 891 ABGB) schuldet jeder Schuldner die ganze Leistung, aber der Gläubiger soll sie nur einmal erhalten (es haften alle für einen, einer für alle, alle haften zur ungeteilten Hand = solidarisch).

Gesamtschulden entstehen vor allem bei sog Korrealstipulationen (von mehreren Schuldnern wird an den G dieselbe Leistung versprochen: *idem dari*), außerhalb von Stipulationen bei unteilbaren Leistungen, bei ausdrücklicher Vereinbarung, bei sachverfolgenden Deliktsklagen gegen mehrere Mittäter; ferner bei bestimmten Rechtsverhältnissen von Rechts wegen (so zB bei der Haftung mehrerer Mitvormünder).

Gesamtforderungen, bei denen der Schuldner dieselbe Leistung mehreren Gläubigern schuldet, aber diese nur einmal erbringen soll (aktive Korrealität, vgl § 892 ABGB) sind selten: Sie entstehen, wenn S dieselbe Leistung an eine Gläubigermehrheit in Stipulationsform verspricht sowie bei unteilbaren Leistungen, wenn durch Erbgang mehrere Personen an die Stelle des Gläubigers treten.

3. Gehäufte Obligation

Eine Forderungshäufung mit Schuldnermehrheit begegnet bei Pönalklagen gegen mehrere Mittäter, so kann zB der Bestohlene von jedem Mittäter die volle Deliktsbuße verlangen und die *actio furti* mehrfach erheben.

II. Teilschuld und Gesamtschuld

Wenn zB G eine Forderung auf 1.000 HS zusteht und auf der Schuldnerseite vier Personen S_1, S_2, S_3 und S_4 vorhanden sind, so sind folgende Unterschiede zu beachten:

Teilschuld	Gesamtschuld
Hier haftet jeder Schuldner nur für seinen Anteil, dh zB auf 250 HS. Will G also die 1.000 HS erlangen, muss er sich an alle vier Teilschuldner halten.	Hier haftet jeder Schuldner für die ganze Forderung, also auf 1.000 HS.
Ist zB S_3 zahlungsunfähig oder unauffindbar, so kann G die dadurch ausgefallenen 250 HS nicht bei den anderen Schuldnern realisieren. Das Risiko der Zahlungsunfähigkeit eines Mitschuldners trägt also der Gläubiger.	Es hängt vom Belieben des G ab, an wen er sich hält. Ist zB S_3 zahlungsunfähig oder unauffindbar, so ist dies kein Nachteil für G: Er kann sich ohnedies an jeden anderen Mitschuldner halten. Das Risiko der Zahlungsunfähigkeit eines Mitschuldners tragen also die übrigen Schuldner, nicht der Gläubiger.

Da jeder Schuldner ohnedies nur für seinen Anteil haftet, bedarf es keines internen Ausgleichs zwischen den Schuldnern. Die gleichmäßige oder quotenmäßige Belastung aller ist schon im Außenverhältnis gegeben.	Da G einen einzigen Schuldner auch zur Gänze in Anspruch nehmen kann, bedarf es eines internen Belastungsausgleichs (dazu S 293).

Für den Gläubiger bietet die Gesamtschuld eine erhöhte Bequemlichkeit und Sicherheit. Dies ist auch der Grund, weshalb sich Gläubiger bei Vorhandensein mehrerer Personen auf der Schuldnerseite häufig eine Solidarhaftung ausbedingen.

III. Die Gesamtschuld im römischen Recht

Zu den Anwendungsfällen siehe oben I.2. Wichtigster Fall sind die Korrealstipulationen.

1. Gesamtwirkung und Einzelwirkung

Bei den Erlöschenstatbeständen fragt sich, ob sich diese für alle Schuldner oder nur für einen Einzelnen auswirken.

Wirkung nur für den jeweiligen Schuldner hat etwa ein persönlicher Erlass (*pactum de non petendo in personam*) oder die *confusio* eines Schuldners mit dem Gläubiger.

Gesamtwirkung hat die Erfüllung, weiters die *acceptilatio*, ein formloser Erlass für alle (*pactum de non petendo in rem*) sowie die Novation. Vor allem werden durch die *litis contestatio* mit einem Mitschuldner die Übrigen frei; es bleibt nur mehr die Prozessobligation mit dem Beklagten bestehen.

2. Konsumptions- und Solutionskonkurrenz

Diese gesamtzerstörende Wirkung der *litis contestatio* führt zur sog Konsumptionskonkurrenz: G kann sich bei der Gesamtschuld den Schuldner, den er klagen will, nach Belieben aussuchen. Die *actiones* gegen die einzelnen Mitschuldner stehen in elektiver Konkurrenz. Durch die *litis contestatio* wird aber das Klagerecht des G insgesamt verbraucht (Konsumption der *actio*). Kann er nun im weiteren Verlauf seine Forderung beim beklagten Schuldner nicht realisieren (zB G gewinnt den Prozess gegen S_2, erreicht aber im Wege der Vollstreckung keine oder keine vollständige Befriedigung, weil S_2 insolvent ist), kann er nicht mehr gegen S_1, S_3 oder S_4 klagen. Da *eadem res* vorliegt, ist eine zweite Klage nicht mehr möglich (Ausschluss- oder Konsumptionswirkung, S 320).

Diese für den Gläubiger nachteilige Konsumptionskonkurrenz wird von Justinian beseitigt, indem er die Solutionskonkurrenz einführt: Das Klagerecht erlischt erst, wenn der Gläubiger tatsächlich befriedigt worden ist.

3. Der interne Ausgleich

Hat einer der Gesamtschuldner zB S_2 allein die gesamte Leistung an G erbracht, so wird er idR Regress gegen die Mitschuldner nehmen. Rechtstechnisch gibt es dafür folgende Mittel:

a) Regress aus dem jeweiligen Innenverhältnis

Als Innenverhältnis liegt häufig *mandatum*, *negotiorum gestio* oder *societas* oÄ vor. Regressklage ist dann die dazugehörige *actio* (zB *actio mandati contraria, actio negotiorum gestorum contraria, actio pro socio*).

b) Klagsabtretung

Der Gläubiger tritt seine Forderung (seine *actio*) an den zahlenden Gesamtschuldner ab, zB S_2 leistet nur dann an G, wenn dieser zur Abtretung bereit ist. S_2 kann dann mit dieser Klage gegen die übrigen Schuldner vorgehen.

§ 44. Ein- und Hinzutritt dritter Personen

I. Übersicht

1) Zu einem **Gläubigerwechsel** kommt es durch die – im römischen Recht allerdings noch nicht voll entwickelte – **Zession** (vgl § 1392 ABGB). Durch sie wird eine bestehende Forderung vom Altgläubiger G_1 auf den Neugläubiger G_2 übertragen. Die sehr verbreitete **Novation mit Gläubigerwechsel** ist keine Übertragung, sondern eine Neubegründung einer inhaltlich identischen Forderung zwischen G_2 und S, wodurch gleichzeitig die Forderung $G_1 \rightarrow S$ erlischt.

Zession

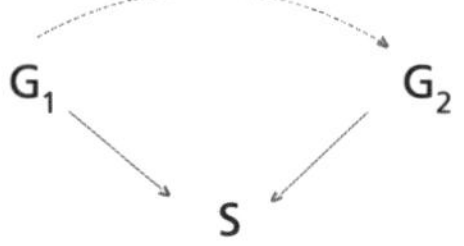

Novation mit Gläubigerwechsel

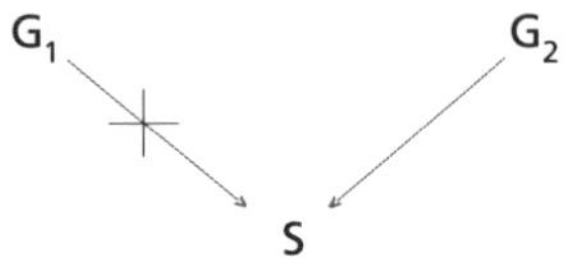

Die Novation erfordert also – anders als die Zession, die ein Verfügungsgeschäft zwischen G^1 und G^2 ist – die Mitwirkung des Schuldners S beim Gläubigerwechsel. Bei einer Novation erlöschen mit der Altforderung auch die akzessorischen Nebenrechte, wie zB Pfandrechte und Bürgschaften; sie müssen daher ebenfalls neu begründet werden.

2) Ein **Hinzutritt** eines **Nebengläubigers** ist die **Adstipulation**. Dabei verspricht S nach der Stipulation an G_1 dem G_2 in Stipulationsform *idem dari.*

Der Adstipulator, der eigenmächtig dem S die Schuld durch *acceptilatio* erlässt und dadurch den Hauptgläubiger G^1 schädigt, haftet nach dem 2. Kapitel der *lex Aquilia.* Im klassischen Recht ist diese deliktische Haftung bereits durch eine vertragliche aus *mandatum* verdrängt (*desuetudo* des 2. Kapitels).

3) Zu einem Schuldnerwechsel kommt es durch die **Schuldübernahme** (privative Interzession, vgl § 1405 ABGB). Dieser Vorgang bedarf stets der Mitwirkung des Gläubigers; es wäre interessenwidrig, ihm einen neuen (vielleicht weniger zahlungsfähigen) Schuldner gegen seinen Willen aufzudrängen. Im römischen Recht erfolgt die Schuldübernahme durch Novation mit Schuldnerwechsel.

Von der Schuldübernahme ist die bloße **Erfüllungsübernahme** zu unterscheiden (vgl § 1404 ABGB). Ein Dritter D verpflichtet sich gegenüber S, für ihn die Leistung an G zu erbringen. Hier findet kein Schuldnerwechsel statt; G erlangt kein Forderungs- und Klagerecht gegenüber D.

4) Zu einem Hinzutritt einer weiteren Person auf der Schuldnerseite kommt es

a) beim **Schuldbeitritt**: S_2 tritt neben S_1 als gleichrangiger Schuldner hinzu, so dass beide als Gesamtschuldner haften.

b) bei der **Bürgschaft**: B tritt neben S als Nebenschuldner, dessen Verpflichtung akzessorisch und subsidiär ist.

II. Die Zession

1. Allgemeines

Die Zession (§ 1392 ABGB) ist ein Verfügungsgeschäft, durch welches der Altgläubiger G_1 (Zedent) sein Forderungsrecht auf den Neugläubiger G_2 (Zessionar) überträgt. Der Schuldner S (*debitor cessus*) wird in der Folge vom Gläubigerwechsel verständigt und kann schuldbefreiend nur mehr an G_2 leisten (§ 1396 ABGB).

Das moderne Rechts- und Wirtschaftsleben fasst die (Geld-)Forderung als eine disponible und übertragbare Vermögensposition auf und kennt daher die Zession in vielfältigen Anwendungen. Das römische Recht sieht die Forderung als persönliches Band; dieser Gedanke steht der Übertragbarkeit entgegen und behinderte die Entwicklung der Zession. Trotz dieser ungünstigen Ausgangslage finden wir in den Quellen häufig Wendungen wie *cedere actionem, cedere actiones* = die Klage(n) abtreten, die Forderung(en) abtreten.

2. Die Entwicklung der Zession im römischen Recht

a) Der Zessionar als Prozessvertreter des Zedenten:

G_1 bestellt G_2 mittels *mandatum ad agendum* zum Prozessvertreter (*procurator* oder *cognitor*). G_2 kann das im Prozess Erstrittene für sich behalten und wird daher auch als *procurator* bzw *cognitor in rem suam* bezeichnet.

Die Nachteile dieser Konstruktion liegen in der schwachen Stellung des G_2. Der Zedent G_1 behält auch nach dem *mandatum* die Gläubigerstellung, S kann nach wie vor an ihn schuldbefreiend leisten, wie auch G_1 die Forderung noch selbst einziehen oder einklagen kann. Ferner kann G_1 das Mandat jederzeit widerrufen; ebenso erlischt das *mandatum* durch Tod.

Die Stellung des G_2 konnte nur intern (im Verhältnis zu G_1) gesichert werden, so vor allem durch eine Stipulation, in der sich G_1 gegenüber G_2 verpflichtet, nicht der Abtretung zuwiderzuhandeln und alles, was er aus der Forderung erlangt, an G_2 herauszugeben.

b) Die actio utilis des Zessionars:

Kaiser Antoninus Pius beseitigt einige dieser Nachteile, indem er dem Zessionar G_2 eine *actio utilis* gewährt, mit der G_2 nun aus eigenem Recht (und nicht bloß als Vertreter des G_1) klagen kann.

Damit wird die Stellung des G_2 unabhängig von Tod oder Widerruf des G_1; noch immer nicht gesichert ist G_2 dagegen, dass S an G_1 leistet (und dadurch frei wird) oder G_1 selbst die Forderung einzieht.

Die *actio utilis* wird erstmals beim Erbschaftskauf erwähnt: Verkauft der Erbe die erhaltene Erbschaft an einen Käufer K und sind darin Forderungen enthalten, so kann K diese Forderungen jeweils mit einer *actio utilis* geltend machen. Später wird diese Regelung auf andere Fälle erstreckt.

c) Maßgeblichkeit der denuntiatio:

Die Stellung des Zessionars G_2 wird dadurch verbessert, dass er durch Verständigung (*denuntiatio*) des S eine nach außen hin gesicherte Position erlangt: Ab der Verständigung kann S mit befreiender Wirkung nur mehr an G_2 leisten; eine Leistung an G_1 würde S nicht befreien, er bleibt weiterhin der Klage des G_2 ausgesetzt; einer Klage des G_1 kann S eine *exceptio doli* entgegensetzen.

Umstritten ist, ob dieser Schritt schon in der Spätklassik oder erst unter Justinian erfolgt ist.

3. Gewährleistung des Forderungsverkäufers

Beispiel:

S schuldet dem G_1 einen Betrag von 10.000 HS, welcher am 1.5. fällig ist. G_1 benötigt schon am 1.3. dringend Geld. Bankier G_2 ist bereit, dem G_1 am 1.3. einen verminderten bzw abgezinsten Betrag (zB 9.800 HS) zu leisten, dafür die Forderung gegen S zu erhalten, um am 1.5. die 10.000 HS bei S zu realisieren.

G_1 verkauft am 1.3. die Forderung um 9.800 HS an G_2 und tritt sie diesem ab.

Hat G_2 von G_1 die Forderung gekauft, so hat er ein Interesse daran, dass er die Forderung auch realisieren kann. Bei der Einstandspflicht des Verkäufers ist zu unterscheiden:

Haftung für **Verität** („Richtigkeit")	Haftung für **Bonität** („Einbringlichkeit")
G_1 hat für das Bestehen der Forderung einzustehen (*debitorem esse* = dass es einen Schuldner gibt).	G_1 hat für die Zahlungsfähigkeit des S einzustehen (*debitorem locupletem esse* = dass der Schuldner zahlungsfähig ist).

G_1 haftet ohne besondere Vereinbarung nur für Verität, nicht aber für Bonität (anders § 1397 ABGB: Haftung für Richtigkeit und Einbringlichkeit). Freilich kann die Bonität in einem *dictum* ausdrücklich zugesichert werden. Die Gewährleistung des Forderungsverkäufers wird mit der *actio empti* geltend gemacht.

III. Die Bürgschaft

1. Allgemeines

Im Bürgschaftsvertrag verpflichtet sich der Bürge B gegenüber dem Gläubiger G, diesen zu befriedigen, wenn der Hauptschuldner die Verbindlichkeit nicht erfüllt (vgl § 1346 ABGB). Der Bürge ist somit Nebenschuldner, der subsidiär und akzessorisch haftet.

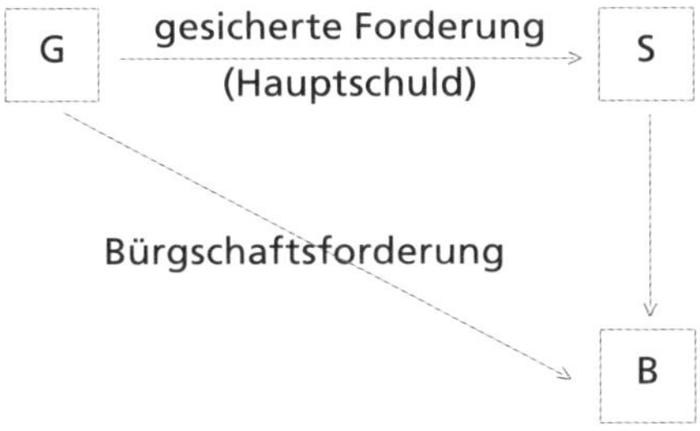

Demnach spielen bei der Bürgschaft zwei (im römischen Recht nicht von vornherein verwirklichte, dazu unten S 299) Prinzipien eine Rolle:

a) Das **Akzessorietätsprinzip** drückt die Abhängigkeit der Bürgschaftsverbindlichkeit von der Hauptschuld aus; die Bürgschaft ist ein Nebenrecht zur gesicherten Forderung:

› Besteht die Hauptschuld nicht, so entsteht auch keine Bürgschaft.

› Erlischt die Hauptschuld, so erlischt auch die Bürgschaft.

› Die Verpflichtung des Bürgen B kann nicht weiter gehen als die des Hauptschuldners S: Der Bürge B kann daher dem G alle Einwendungen des S entgegenhalten.

b) Das **Subsidiaritätsprinzip** – der Bürge ist Nebenschuldner, der erst nach dem Hauptschuldner herangezogen werden soll – ist dem klassischen Recht noch fremd. Es wird erst unter Justinian verwirklicht.

Nicht ins Privatrecht gehört die sog **Gestellungsbürgschaft**, bei der sich jemand verpflichtet, für das Erscheinen einer dritten Person einzustehen.

2. Die römischen Bürgschaftsstipulationen

Es gibt kein einheitliches Rechtsinstitut der Bürgschaft, sondern drei Bürgschaftsstipulationen (*sponsio*, *fidepromissio* und *fideiussio*) sowie zwei formlose bürgschaftsähnliche Geschäfte (*constitutum debiti alieni* und *mandatum qualificatum*). Von den Bürgschaftsstipulationen blieb letztendlich nur die jüngste Form, nämlich die *fideiussio*, erhalten.

a) Die nur römischen Bürgern zugängliche **sponsio** konnte nur zur Sicherung von Stipulationsschulden verwendet werden; andere Hauptschulden (zB eine Kaufpreisschuld) mussten zuvor durch Novation in eine Stipulationsschuld umgewandelt werden.

Im Anschluss an die Stipulation zwischen G und S erfolgte die *sponsio* zwischen G und B:

G: „*Idem dari spondesne*?" (Versprichst du, dass dasselbe geleistet wird?) –
B: „*Spondeo*" (Ich verspreche es).

Die Sponsionsbürgschaft ist auf Seite des B unvererblich und mit zwei Jahren befristet. Wird B von G in Anspruch genommen – beachte, dass sich aus dem Wortformular die Subsidiarität nicht ergibt -, so hat B gegen S ein gesetzliches Regressrecht (*lex Publilia*).

b) Die für Peregrine geschaffene **fidepromissio** ersetzt im Wortformular das den römischen Bürgern vorbehaltene *idem dari spondesne* und *spondeo* durch *idem dari fidepromittisne – fidepromitto*. Auch sie setzt als Hauptschuld eine Stipulationsschuld voraus.

c) Von der *sponsio* und *fidepromissio* unterscheidet sich die **fideiussio** in mehrfacher Weise:

> G: „*Quod Maevius* (= S) *debet, id fide tua esse iubesne?*" (Ordnest du an, dass das, was Maevius [= S] mir schuldet, auf deine Treue sein soll?) – B: „*Fideiubeo*" (Ich ordne es an).

Die *fideiussio* kann zur Sicherung jeder beliebigen Hauptforderung – also nicht bloß zur Sicherung von Stipulationsforderungen – verwendet werden.

Im Wortformular wird darauf Bezug genommen, was S schuldet: Darin kommt die Akzessorietät zum Ausdruck. Wenn S nichts schuldet, zB weil das Versprechen des S unwirksam ist, ist auch B nicht verpflichtet.

> Anders bei der *sponsio* und *fidepromissio*, wo mit *idem dari* an das angeknüpft wird, was S versprochen hat. Sollte das Versprechen des S zB wegen dessen Geschäftsunfähigkeit unwirksam sein, so entsteht dennoch eine Verpflichtung des B (vgl § 1352 ABGB).

3. Die Entwicklung der Bürgenhaftung

a) In der Klassik gibt es bei keiner der drei Bürgschaftsstipulationen ein Subsidiaritätsprinzip; B und S haften als Gesamtschuldner, so dass G auch den B zuerst in Anspruch nehmen kann: Dies ist nur sittlich missbilligt, aber rechtlich durchaus zulässig. Die Subsidiarität besteht nur im Innenverhältnis, indem B gegen S Regress nehmen kann.

Andererseits herrscht im klassischen Recht Konsumptionskonkurrenz, so dass G bereits mit Prozessbegründung gegen S oder B sein Klagerecht verbraucht.

b) Justinian bringt in beiden Aspekten Änderungen. Er verwirklicht das Subsidiaritätsprinzip auch im Außenverhältnis, in dem B gegen G – sollte ihn dieser zuerst belangen – die Einrede der Vorausklage gewährt wird. Dies führt zum sog *beneficium ordinis sive excussionis personalis*: G kann

B erst dann in Anspruch nehmen, wenn er S erfolglos geklagt hat.

§ 1355 ABGB begnügt sich beim *beneficium ordinis* mit einer erfolglosen „gerichtlichen oder außergerichtlichen Einmahnung". Bei der (sehr riskanten) Haftung als „Bürge und Zahler" (§ 1357 ABGB) kann G allerdings sofort auf B greifen.

Weiters ersetzt Justinian die Konsumptionskonkurrenz durch die Solutionskonkurrenz.

4. Die Haftung von Mitbürgen

Häufig kam es vor, dass eine Forderung nicht bloß durch einen, sondern durch mehrere Bürgen gesichert wurde. Nachdem eine (allerdings auf Italien beschränkte) *lex Furia* für die *sponsio* und *fidepromissio* eine Beschränkung auf die Kopfquote vorsah, führte Kaiser Hadrian dieses *beneficium divisionis* generell ein: G muss seine Forderung auf die zahlungsfähigen Mitbürgen aufteilen.

5. Der Bürgenregress

Der Regress des Bürgen B, der an den Gläubiger G geleistet hat, kann verschiedene Anspruchsgrundlagen haben:

a) Ein **gesetzliches Regressrecht** gibt es nach der *lex Publilia* bei der *sponsio*: Es konnte ursprünglich mit *manus iniectio* sofort vollstreckt, später mit der *actio depensi* geltend gemacht werden.

b) Ein Regressanspruch lässt sich zumeist aus dem **jeweiligen Innenverhältnis** zwischen B und S ableiten: Als solche Innenverhältnisse kommen vor allem *mandatum* und *negotiorum gestio* in Betracht.

c) Eine ganz andere Konstruktion ist die der **Klagsabtretung**: G tritt bei Zahlung durch B an diesen die Forderung (*actio*) gegen S ab; der Bürge „löst die Forderung ein". Im justinianischen Recht ist B überhaupt nur dann zur Zahlung an G verpflichtet, wenn dieser ihm die *actio* abtritt (*beneficium cedendarum actionum*). B kann dann mit dieser *actio* gegen S vorgehen.

Nach § 1358 ABGB tritt die Zession *ex lege* ein (Legalzession).

6. Bürgschaftsähnliche Geschäfte

a) Das *constitutum debiti alieni*: Diese Erfüllungszusage für eine fremde Schuld gehört zu den *pacta praetoria* (S 208); aus ihr erfließt für G die *actio de pecunia constituta.*

b) Das *mandatum qualificatum* (S 199) ist ein Auftrag zur Kreditgewährung an eine bestimmte Person. Der Auftraggeber kann daraus bei Ausfällen vom beauftragten Kreditgeber mit der *actio mandati contraria* in Anspruch genommen werden.

Neben der Formfreiheit beider Geschäfte liegt im klassischen Recht ihr Vorteil darin, dass sie zu keiner Konsumptionskonkurrenz mit der Klage gegen den Hauptschuldner führen; bei den möglichen Klagen gegen S und gegen B liegt wegen der völlig verschiedenen Verpflichtungsgrundlagen nicht *eadem res* vor: Daher kann nach einer erfolglosen Klage gegen S immer noch gegen B geklagt werden.

IV. Das SC Vellaeanum

Ein *Senatusconsultum Vellaeanum* aus dem Jahr 46 nChr untersagte Frauen, Interzessionsgeschäfte einzugehen (*intercedere* = Eintreten in eine fremde Schuld).

Zu den verbotenen Interzessionsgeschäften zählen

1. a) **Schuldbeitritt** der F
   b) **Bürgschaft** der F für eine Forderung G → S
   c) **Pfandbestellung** durch F
2. **Schuldübernahme** durch F, so dass S aus der Schuld G → S entlassen wird und F an seine Stelle tritt (privative Interzession).
3. **Eingehen** einer Schuld durch F gegenüber G im **Interesse eines Dritten** D (der vielleicht selbst wegen mangelnder Kreditwürdigkeit von G kein Darlehen mehr erhalten würde): sog stillschweigende Interzession (*intercessio tacita*).

Das Verbot wirkt nicht nach *ius civile* (im Sinne der Nichtigkeit des verbotswidrigen Geschäfts), sondern über eine *exceptio*, welche der Frau gegen eine Klage des Gläubigers aus dem Interzessionsgeschäft gewährt wird (*exceptio SCi Vellaeani*). G kann also seine Forderung gegen die interzedierende F nicht realisieren.

In der ersten Fallgruppe (Schuldbeitritt, Bürgschaft, Pfand) kann G allerdings ohnedies gegen S vorgehen; das Interzessionsverbot führt hier nur zum Verlust der Sicherheit, die F bieten sollte.

Bei privativer Schuldübernahme (die ja nach *ius civile* wirksam ist, so dass S aus der Schuld entlassen ist) wird dem Gläubiger G vom Prätor gegen den „befreiten" Schuldner S die *actio restitutoria* gewährt (bildlich: Die Schuld des S wird wiederhergestellt).

Bei *intercessio tacita* wird ihm gegen den interessierten Hintermann D eine *actio institutoria* gewährt (bildlich: D wird in die Schuld eingesetzt).

Das ABGB hat das Interzessionsverbot bewusst nicht übernommen (vgl § 1349). Doch hat der moderne Gesetzgeber die Probleme erkannt, die sich aus Kreditaufnahmen von Ehegatten im Fall einer späteren Scheidung ergeben können: Die langfristigen Schulden überdauern die oft kurzfristige Ehe. Hier kann vom Gericht bestimmt werden, wer im Innenverhältnis zur Zahlung verpflichtet ist (§ 92 EheG) – was aber den Gläubiger nicht berührt -, darüber hinaus gibt es die Möglichkeit, auch im Außenverhältnis die Haftung eines Ehegatten auf eine sog Ausfallsbürgschaft zu beschränken (§ 98 EheG). In der rechtspolitischen Diskussion wird gelegentlich eine Beschränkung der Interzessionsfähigkeit in der Ehe gefordert.

Sechster Teil

Zivilprozessrecht

§ 45. Allgemeines

G behauptet, dem S am 1.9. ein Darlehen von 10.000 gegeben zu haben, welches am 1.10. zur Rückzahlung fällig ist. S bestreitet dies und zahlt nicht.

Der Zivilprozess ist ein Verfahren zur Durchsetzung streitiger Privatrechte.

1) Das mit Klage (*actio*) eingeleitete **Erkenntnisverfahren** dient dazu, zu einem Urteil über das strittige Privatrecht zu gelangen. In diesem Verfahren sind folgende Aufgaben wahrzunehmen:

› **Die Feststellung des maßgeblichen Sachverhalts:**

Dieser Aufgabe dienen

- die **Beweisaufnahme**: Als Beweismittel dienen ua Zeugen, Sachverständige, Urkunden, Augenschein, Parteienvernehmung

zB Vorlage des Schuldscheins durch G und Einsichtnahme durch den Richter; Aussage des Zeugen Z_1, wonach S am 1.9. abwesend war; Aussage des Zeugen Z_2, wonach er die Auszahlung von G an S mitverfolgt hat.

- die **Beweiswürdigung**: Die Abwägung der Beweismittel und ihrer Glaubwürdigkeit

zB die Beurteilung der Echtheit und Richtigkeit des Schuldscheins; die Überlegung, warum dem Zeugen Z_2 geglaubt wird und nicht dem Z_1.

› Die **rechtliche Beurteilung**: Der Rechtsanwender hat zu prüfen, ob der Sachverhalt unter den Tatbestand eines Rechtssatzes fällt (Subsumtion) oder nicht.

Rechtssatz:

TATBESTAND	RECHTSFOLGE
Aus dem Darlehensvertrag, der durch Willensübereinstimmung und Auszahlung zustandekommt,	ist der Darlehensnehmer verpflichtet, den erhaltenen Betrag bei Fälligkeit zurückzuzahlen.

SACHVERHALT: G hat am 1.9. dem S ein Darlehen von 10.000 ausbezahlt, wobei als Fälligkeitstag für die Rückzahlung der 1.10. vereinbart wurde. URTEILSSPRUCH (Konkretisierung der Rechtsfolge): „S ist schuldig, dem G binnen ... Tagen den Betrag von 10.000 zu leisten".

Das Urteil kann **stattgebend** (wie in unserem Beispiel) oder **abweisend** sein (zB wenn der behauptete Sachverhalt nicht gegeben ist, oder die vom Kläger begehrte Rechtsfolge nicht deckt). Der römische Prozess verwendet dafür die Ausdrücke *condemnatio* und *absolutio.*

2) Wird ein stattgebendes Leistungsurteil vom unterlegenen Beklagten nicht erfüllt, so kommt es zum **Vollstreckungsverfahren**.

3) Nach dem Inhalt, den das angestrebte Urteil haben soll, unterscheidet man

› **Leistungsklagen:** Der Kläger begehrt ein Urteil, mit dem der Beklagte zu einer Leistung verurteilt wird (so im obigen Beispiel).

› **Feststellungsklagen:** Der Kläger begehrt ein Urteil, in dem eine rechtlich relevante Tatsache festgestellt wird (zB dass er der Sohn des Beklagten ist).

› **Rechtgestaltungsklagen:** Der Kläger begehrt ein Urteil, durch welches die Rechtslage unmittelbar gestaltet werden soll (zB Teilungsklagen).

§ 46. Die historische Entwicklung

I. Prozessarten

In der historischen Entwicklung begegnen folgende Prozessarten:

1) Legisaktionenprozess (Spruchformelverfahren)
2) Formularprozess (Schriftformelverfahren)
3) Kognitionsprozess

Für die beiden ersten Prozessarten ist eine Zweiteilung des Verfahrens charakteristisch: Der erste Abschnitt spielt sich vor dem Prätor (*in iure*) ab, der zweite vor dem Richter (*apud iudicem*).

Im Abschnitt vor dem Prätor wird der Prozess eingesetzt und ein Prozessprogramm für den Richter formuliert. Im Legisaktionenprozess werden die Prozessbehauptungen in feierlichen mündlichen Spruchformeln abgegeben, im Formularprozess wird das Prozessprogramm in einer schriftlichen Anweisung an den Richter (*formula*) niedergelegt. In beiden Verfahren schließt der erste Abschnitt mit der *litis contestatio* (Streitbezeugung, Streitbefestigung). Der Richter, der das Beweisverfahren abzuführen und das Urteil zu sprechen hat, ist ein Privatmann und steht in keinem beamteten Verhältnis zum Staat (*iudex privatus*).

Im Kognitionsprozess entscheidet in einem ungeteilten Verfahren ein staatlich beamtetes Organ.

II. Entwicklung

Umstritten ist, ob die Zweiteilung des Verfahrens schon von Anfang an bestand, oder ob es zunächst eine Vollgerichtsbarkeit des Königs bzw des Prätors gegeben hat, bei der dieser auch selbst urteilte. Die Abgabe des Beweisverfahrens an einen *iudex privatus* lässt sich dann als ein Akt der Entlastung des Jurisdiktionsträgers verstehen.

1) Die Bezeichnung *legis actiones* wird von Gaius (4,11) zweifach erklärt: Zum einen damit, dass sie durch Gesetze eingeführt wurden (*legibus proditae erant*), zum anderen damit, dass sich die Parteien bei den mündlichen Spruchformeln genau an den gesetzlich vorgegebenen Wortlaut zu halten hatten: Geringstes Versprechen bedeutete Prozessverlust.

Der Beklagte hat Weinstöcke (*vites*) auf dem Grund des Klägers niedergehauen. Die XII-Tafeln kennen eine generelle *actio de arboribus succisis*. Unter *arbores* fallen auch die Weinstöcke. Gebraucht der Kläger das Wort *vites* statt *arbores*, so verliert er den Prozess.

2) Während der gesamten Republik ist der Legisaktionenprozess das ordentliche Verfahren nach *ius civile*.

Der Übergang vom Legisaktionenprozess zum Formularprozess erfolgt nicht auf einmal, sondern allmählich. Frühe Anwendungsfälle sind das Verfahren vor dem Fremdenprätor (*praetor peregrinus*) und das Verfahren über prätorische Klagen. Allmählich wird er auch für zivilrechtliche *bona-fides*-Ansprüche verwendet. Eine *lex Aebutia* ließ ihn auch für *condictiones* zu.

Die Prozessgesetze des Augustus (*leges Iuliae iudiciorum privatorum et publicorum*) machen den Formularprozess zum ordentlichen Verfahren und beseitigen die *legis actiones* bis auf wenige Ausnahmen. Dieser Prozess liegt dem klassischen Recht zugrunde.

Ein **iudicium legitimum** (Verfahren nach *ius civile*) setzt voraus:

1. Prozessführung in Rom oder innerhalb des ersten Meilensteins
2. Einzelrichter (*iudex unus*)
3. Bürgerrecht des Richters und der Parteien.

Ansonsten liegt ein sog **iudicium imperio continens** vor, das seine Grundlage im prätorischen Recht bzw der Amtsgewalt des Statthalters hat.

Wichtig ist die Unterscheidung vor allem für die Konsumptionswirkung (S 320).

3) Schon in der Klassik begegnen Fälle, in denen der Jurisdiktionsträger selbst entscheidet und keinen Richter einsetzt (außerordentliches Verfahren: *extraordinaria cognitio*).

4) In der Nachklassik setzt sich der Kognitionsprozess schließlich als ordentliches Verfahren durch. Die Formeln werden 342 nChr verboten.

§ 47. Die Legisaktionen

Gaius (4,12) überliefert fünf *legis actiones*.

Drei dienen dem Erkenntnisverfahren, nämlich

1) die legis actio sacramento,
2) die legis actio per iudicis arbitrive postulationem,
3) die *legis actio per condictionem*, und zwei der Vollstreckung, nämlich
4) die legis actio per manus iniectionem,
5) die *legis actio per pignoris capionem*.

ad 1): Diese *legis actio* wird von Gaius als *generalis* bezeichnet, so dass sie für alle *actiones*, für die kein anderes Verfahren vorgesehen war, verwendet wurde. Man unterscheidet **legis actio sacramento in rem** und **in personam**.

Beim Sakramentsprozess handelt es sich um eine Art von Wette: Beide Parteien fordern sich *in iure* gegenseitig zu einer Summe heraus. Jene Partei, deren Prozessbehauptung falsch ist, soll die *summa* (ursprünglich wohl an die Gottheit, später) an den Staatsschatz verlieren. Die Aufgabe des *iudex* besteht darin, festzustellen, wessen *sacramentum* verfallen ist: Nur das ist Inhalt seines Spruches; die geltend gemachte Rechtsposition stellt dafür nur eine Vorfrage dar.

Zur legis actio sacramento in rem oben S 109 f.

ad 2): Bei der *legis actio per iudicis arbitrive postulationem* entfällt der Umweg über die Prozesswette. Der Kläger beantragt beim Prätor die Einsetzung eines Urteilsrichters (*iudex*), der unmittelbar über das Begehren abzusprechen hat: Anwendung findet dieses Verfahren bei Klagen aus einer *sponsio* (Stipulation unter römischen Bürgern). Ein *arbiter* (Richter in schlichtender Funktion) wird bei Teilungsklagen beantragt.

ad 3): Die *legis actio per condictionem* leitet ihren Namen von *condicere* = ansagen her. Der Kläger sagt dem Beklagten einen Termin nach 30 Tagen an, bei dem der Richter eingesetzt werden soll; möglicherweise kann in der Zwischenzeit der Streit gütlich beendet werden.

Diese Verfahrensart konnte für alle Verpflichtungen (*dare oportere*) auf *certa pecunia* oder *certa res* herangezogen werden, so zB für Darlehensrückzahlungen und Stipulationen auf ein *certum.*

Beachte: In der Klassik bezeichnet *condictio* nicht mehr eine Verfahrensart, sondern eine strengrechtliche Klage auf *dare* eines *certum*.

ad 4): Die *manus iniectio* ist als Form der Personalvollstreckung vor allem in den XII-Tafeln geregelt.

Im Anschluss an ein Urteil steht dem S eine 30-tägige Leistungsfrist offen, danach legt der Gläubiger dem S vor dem Prätor die Hand auf (*manus iniectio*). Ein *vindex*, später der S selbst, kann die Hand wegschlagen (*manum depellere*). Das damit bestrittene Zugriffsrecht wird in einem weiteren Prozess geprüft: Ist die Bestreitung zu Unrecht erfolgt und obsiegt der G, so wird der S nun auf den doppelten Betrag verurteilt (Litiskreszenz).

Erfolgt keine Bestreitung, so spricht der Prätor den S dem G zu (*addictio*). G führt S ab und kann ihn in Fesseln gefangen halten. Nach einer 60-tägigen Frist, in welcher er – etwa von Angehörigen – ausgelöst werden kann, bietet ihn G an drei aufeinanderfolgenden Markttagen öffentlich zur Lösung aus; danach kann er ihn töten oder *trans Tiberim* (dh in der Frühzeit: ins Ausland) verkaufen. Spätere Gesetze bringen Milderungen: So kann insb bei der Schuldknechtschaft S die Schuld abarbeiten.

ad 5): Eine *pignoris capio* war keineswegs generell, sondern nur für bestimmte sakrale und öffentlichrechtliche Forderungen vorgesehen, so zB für die Steuerforderungen, die von Steuerpächtern (*publicani*) eingehoben wurden. Die Pfandnahme musste zwar unter Einhaltung bestimmter Wortformeln, aber gerade nicht vor dem Prätor erfolgen; aus diesem Grund berichtet schon Gaius von Zweifeln, ob es sich überhaupt um eine *legis actio* handelt.

§ 48. Der Formularprozess

I. Ablaufsübersicht

Wer eine Klage zu erheben beabsichtigt, kann sich im Edikt des Prätors darüber informieren, ob es für den von ihm behaupteten Sachverhalt eine *actio* gibt. Das Edikt enthält unter anderem einen Katalog von Musterformeln für die verschiedenen *actiones*, wobei für die Parteien Blankettnamen verwendet werden (*AA = Aulus Agerius* für den Kläger; *NN = Numerius Negidius* für den Beklagten).

1) Das Verfahren in iure

Sind beide Parteien vor dem Prätor (*in iure*) erschienen, trägt der Kläger sein Begehren vor, gibt die gewünschte *actio* bekannt und beantragt sie (*postulatio actionis*).

Der Prätor prüft sowohl die Prozessvoraussetzungen (Zuständigkeit, Parteifähigkeit, Prozessfähigkeit, allenfalls Postulationsfähigkeit der Parteien) als auch die materielle Frage, ob die beantragte *actio* dem **vorgebrachten** Sachverhalt entspricht.

Je nach dem Ergebnis der Prüfung ist der Prätor entweder zur Gewährung der *actio* bereit (*actionem dare*) oder er verweigert sie (*actionem denegare*); dies auch dann, wenn offenkundig die Aktiv- oder Passivlegitimation fehlt.

Der Prätor hat weiters die Möglichkeit, eine vom Sachverhalt zustehende *actio* wegen mangelnden Rechtsschutzbedürfnisses des Klägers zu denegieren; andererseits kann er in Fällen, in denen er das Fehlen einer *actio* als Lücke empfindet, eine *actio in factum* gewähren.

Ist der Prätor zur Gewährung der *actio* und der Beklagte zur Streiteinlassung bereit, muss ein Richter ermittelt werden: Er wird entweder von den Parteien selbst ausgewählt (*electio*) oder aus einer Liste durch Los ermittelt (*sortitio*).

Für den Richter wird nun ein schriftliches Prozessprogramm formuliert, welches dem *iudicium-dare*-Dekret des Prätors zugrundegelegt wird, und dem sich die Parteien in der *litis contestatio* unterwerfen. Damit ist der Streit eingesetzt und das Verfahren *in iure* beendet.

Die Formel – von ihr leitet sich der Name Formularprozess her – ist alternativ gefasst: Sie weist den Richter an, unter den im Einzelnen angeführten Bedingungen zu verurteilen, ansonsten aber freizusprechen.

2) Der Verfahrensabschnitt apud iudicem

Äußerlich erfasst das Verfahren vor dem Richter die Vorführung der Beweise und allfällige Plädoyers der rhetorisch geschulten Prozessbeistände. Der Richter hat sodann – hier handelt es sich vorwiegend um gedankliche Tätigkeiten – die Beweiswürdigung vorzunehmen und den Sachverhalt festzustellen, um dann je nach dem Zutreffen oder Nichtzutreffen der in der Formel genannten Voraussetzungen entweder zu verurteilen (*condemnatio*) oder abzuweisen (*absolutio*).

Musterformel der ACTIO im EDIKT

(Vom Kläger behaupteter) SACHVERHALT

1. Verfahrensabschnitt: IN IURE (= vor dem Prätor)

› *editio + postulatio actionis*
› Prüfung durch den Prätor

ACTIONEM DARE — ACTIONEM DENEGARE

› Reaktion des Beklagten

Anerkenntnis — Einlassung — Einlassungsverweigerung

Einlassung
a) durch Bestreitung
b) durch Erhebung einer Einrede (*exceptio*)

› Richterermittlung
› *iudicium-dare*-Dekret
› LITIS CONTESTATIO: Die Parteien unterwerfen sich dem in der Formel niedergelegten Prozessprogramm.

Konkrete Prozessformel

Balbinus *iudex esto.*
SI PARET (oder: Quod) ....(nähere Umschreibung) ....
-----› IUDEX CONDEMNATO;
SI NON PARET, -----› IUDEX ABSOLVITO.

2. Verfahrensabschnitt: APUD IUDICEM (= vor dem Richter)

› Beweisverfahren: (öffentlich) — Beweisaufnahme, Plädoyers
› gedankliche Arbeit des Richters: — Beweiswürdigung, rechtliche Beurteilung --› Feststellung des Sachverhalts

Urteil
CONDEMNATIO oder ABSOLUTIO

II. Die actiones und ihre Formeln

1. Beispiele

(1) Wenn G den S auf Rückzahlung des Darlehens klagt, findet die Formel der *condictio* Verwendung:

Si paret Numerium Negidium Aulo Agerio decem milia HS dare **oportere**	INTENTIO
iudex Numerium Negidium Aulo Agerio decem milia HS condemnato, si non paret absolvito	CONDEMNATIO

Wenn es sich erweist, dass NN dem AA 10.000 HS zu leisten (nach *ius civile*) verpflichtet ist,

soll der Richter den NN gegenüber dem AA zu 10.000 HS verurteilen. Wenn es sich nicht erweist, soll er die Klage abweisen.

Wie die Verwendung des Wortes *oportere* zeigt, verweist die *intentio* auf eine bestehende Verpflichtung nach *ius civile*. Die Formel geht auf ein *certum*. Der Richter hat nur die Möglichkeit, auf 10.000 zu verurteilen oder abzuweisen; er kann nicht zB auf 9.000 verurteilen (dazu S 323).

(2) Wenn K den V aus dem Kaufvertrag klagt, wird dem Prozess die **actio empti** zugrunde gelegt:

Quod Aulus Agerius de Numerio Negidio rem qua de agitur **emit,**	DEMONSTRATIO
quidquid ob eam rem Numerium Negidium Aulo Agerio dare facere **oportet** *ex* **fide bona**	INTENTIO
eius iudex Numerium Negidium Aulo Agerio condemnato, si non paret absolvito.	CONDEMNATIO

Was das anlangt, dass der AA die Sache, um die es hier geht, von NN gekauft hat, was auch immer deswegen der NN dem AA zu übereignen und zu tun (kurz: zu leisten) verpflichtet ist nach Treu und Glauben,
darauf soll der Richter den NN gegenüber dem AA verurteilen. Wenn es sich nicht erweist, soll er die Klage abweisen.

Die Formel verwendet das *oportet* mit dem Zusatz *ex fide bona*; weiters gibt sie dem Richter keine feste Summe vor, sondern überlässt ihm die Bestimmung des konkreten Leistungsumfanges (Klage auf ein *incertum*).

(3) Wenn der Hinterleger den Verwahrer auf Rückgabe der verwahrten Sache klagt, findet die *actio depositi directa* Verwendung:

Si paret › *Aulum Agerium apud Numerium Negidium rem qua de agitur deposuisse* › *eamque rem dolo malo Numerii Negidii Aulo Agerio redditam non esse,*	INTENTIO
quanti ea res erit, tantam pecuniam iudex Numerium Negidium Aulo Agerio condemnato, si non paret, absolvito.	CONDEMNATIO

Wenn es sich erweist,
- dass AA die Sache, um die es hier geht, bei NN hinterlegt hat,
- und dass diese Sache durch *dolus malus* des NN dem AA nicht zurückgegeben worden ist,

soll der Richter den NN gegenüber dem AA zu so viel Geld verurteilen, wie viel diese Sache wert sein wird. Wenn es sich nicht erweist, soll er die Klage abweisen.

Die Formel zählt die Tatbestandselemente einzeln auf. Nach der Formelkonzeption liegt eine *actio in factum concepta* vor. Die vorher gebrachten Beispiele sind *actiones in ius conceptae*, weil sie auf eine Rechtslage (zB das *oportere* = Verpflichtung nach *ius civile*) verweisen.

Die hier gebrachten Formeln betreffen schuldrechtliche Klagen (*actiones in personam*). Formelbeispiele für dingliche Klagen (*actiones in rem*) auf S 134 (*rei vindicatio*) und S 153 f (*actio Serviana*).

2. Die Formelbestandteile

1) Am Beginn mancher Formeln steht die **demonstratio**, mit welcher auf den klagsbegründenden Sachverhalt hingewiesen wird (so zB in der *actio empti* auf das *emere* durch den Kläger).

2) Die **intentio** ist nach Gaius (4,41) *ea pars formulae, qua actor desiderium suum concludit* (jener Teil der Formel, in welcher der Kläger sein Begehren umschließt). Wenn darin als Klagsgrundlage eine Rechtsposi-

tion nach *ius civile* (zB *Num Num oportere* = Verpflichtung des Beklagten; *Ai Ai esse ex iure Quiritium* = Eigentum des Klägers) angegeben ist, liegt eine *in ius* konzipierte Formel vor; werden einzelne Tatbestandselemente aufgezählt (wie zB in der oben wiedergegebenen Formel der *actio depositi*), so ist die Formel *in factum* konzipiert.

3) Die Formel schließt mit der **condemnatio**, der Ermächtigung an den Richter, zu verurteilen oder abzuweisen.

Beachte: Der Ausdruck *condemnatio* meint sowohl den Vorgang der Verurteilung als auch die entsprechende Formelklausel.

Der Richter kann im klassischen Formularprozess immer nur auf Geld verurteilen (*omnis condemnatio pecuniaria est*: Prinzip der **Geldkondemnation**). Wenn der Kläger eine nicht in Geld bestehende Primärleistung (zB der Käufer die Leistung des Kaufobjekts) einklagt, so muss diese vom Richter in Geld bewertet werden.

Eine Milderung bringen nur jene Klagen, die eine sog **Arbiträr- oder Restitutionsklausel** enthalten, die zwischen *intentio* und *condemnatio* eingebaut ist: ...*neque ea res* (*arbitrio iudicis*?) *restituetur* (und wenn diese Sache nicht [nach dem Ermessen des Richters?] zurückgestellt werden wird). Nach dem Formelwortlaut kann es nur bei unterbliebener Restitution zur Geldverurteilung kommen. Wenn der Beklagte noch während des Prozesses die Sache in natura leistet, wird er freigesprochen.

Eine Restitutionsklausel enthalten die dinglichen Klagen (zB die *rei vindicatio, actio Publiciana*); ferner manche Deliktsklagen (zB die *actio doli* und *actio quod metus causa*).

4) Bei Teilungsklagen findet sich als Formelbestandteil zusätzlich die *adiudicatio*: Der Richter wird ermächtigt, Alleineigentum zu begründen.

5) Zugunsten des Beklagten kann eine **exceptio** (Ausnahme von der Verurteilung) eingeschoben werden (Beispiel S 319).

6) Gelegentlich wird allen übrigen Formelbestandteilen eine praescriptio vorgeschoben. In der Klassik begegnet vor allem die *praescriptio pro actore*, mit der ein Vorbehalt oder eine Einschränkung zugunsten des Klägers in das Prozessprogramm aufgenommen wird (zB: Aus einem

Versprechen auf wiederkehrende Leistungen werden nur die bisher fälligen zum Prozessgegenstand gemacht); in der Frühzeit gab es auch eine *praescriptio pro reo*. Ihre Funktion übernimmt in der Klassik die *exceptio*. Auch die *longi temporis praescriptio* (S 127 f) ist prozessual eine Einrede (der langen Zeit).

Bei den *actiones praescriptis verbis* (im Zusammenhang mit den Innominatkontrakten: S 206 f) wird in der Formel der klagsbegründende Sachverhalt vorangeschrieben. Die *praescripta verba* haben dabei die gleiche Funktion wie eine *demonstratio*.

3. Einteilung der Klagen und actiones

Die *actiones* und ihre Formeln lassen sich nach verschiedenen Gesichtspunkten einteilen:

a) Nach der Formelkonzeption wird zwischen *in ius* und *in factum* konzipierten Klagen unterschieden.

b) Nach der **Rechtsgrundlage** gliedern sich die *actiones* in **zivile** Klagen (zB *condictio, rei vindicatio*) und **prätorische** Klagen, die auf der Amtsgewalt des Prätors beruhen.

Zu den prätorischen Klagen zählen

› die **actiones in factum**: Sie können sowohl im Edikt mit der typischen Rechtsschutzverheißung ....*iudicium dabo* generell vorgesehen sein (zB das obige Beispiel der *actio depositi directa*, die *actio doli*) als auch aus Anlass eines konkreten Prozesses ad hoc gewährt werden.

› Abwandlungen ziviler Klagen, um Lücken im Rechtsschutz zu schließen: Dazu gehören die **actiones utiles, actiones ad exemplum** sowie die Verwendung von **Fiktionen** (zB des Bürgerrechts, um Rechtsschutz für und gegen Nichtbürger zu erreichen, zB bei der *actio furti*).

c) Nach dem zugrundeliegenden subjektiven Recht unterscheiden wir **actiones in rem** (dingliche Klagen, zB *rei vindicatio*) und **actiones in personam** (schuldrechtliche Klagen, zB *condictio*).

Prozessual liegt der Unterschied darin, dass bei *actiones in rem* Einlassungsfreiheit, bei *actiones in personam* hingegen ein Einlassungszwang für den Beklagten besteht (dazu unten S 320).

d) Das **Ermessen**, welches die Formel dem *iudex* einräumt, kann verschieden weit gehen:

› Bei Formeln auf **certa pecunia** kann der Richter nur auf die eingeklagte Summe verurteilen oder freisprechen. Hier hat der Richter keinen Ermessensspielraum.

› Bei Formeln auf **certa res** gebraucht die Formel in der *condemnatio* die Wendung

quanti ea res est = wie viel die Sache (im Zeitpunkt der *litis contestatio*) wert ist

oder

quanti ea res erit = wie viel die Sache (im Zeitpunkt des Urteils) wert sein wird.

Dieser Wert ist vom Richter durch Schätzung zu ermitteln. Bei dolosem Verhalten des Beklagten kann er dieser Schätzung einen Eid des Klägers zugrunde legen.

› Eine formula incerta liegt vor, wenn schon in der intentio der Leistungsinhalt mit folgender Wendung umschrieben ist:

quidquid Num Num Ao Ao dare facere oportet (was auch immer der NN dem AA zu übereignen und zu tun [kurz: zu leisten] verpflichtet ist).

Hiebei obliegt dem Richter die konkrete Bestimmung des Leistungsumfanges. Noch weiter ist das Ermessen bei einer incertum-Formel mit bona-fides-Klausel:

quidquid Num Num Ao Ao dare facere oportet **ex fide bona** (was auch immer der NN dem AA zu leisten verpflichtet ist nach Treu und Glauben).

Das Ermessen des *iudex* betrifft hier nicht nur die Höhe, sondern auch den Grund der Verpflichtung.

e) Unter dem eben besprochenen Gesichtspunkt lassen sich die Klagen aus Obligationen einteilen in

› **strengrechtliche Klagen** (*iudicia stricti iuris*), bei deren Formel nur *oportere* ohne *bona-fides*-Klausel verwendet wird (so zB bei der *condictio, actio ex stipulatu*)

› und **bona-fides-Klagen** (*iudicia bonae fidei*):

Dazu gehören zB die actio empti, actio venditi, actio locati, actio conducti, actio mandati, actio negotiorum gestorum, actio depositi directa, actio fiduciae, actio tutelae.

Dazu schon oben S 238.

Bei strengrechtlichen Klagen kann zB Arglist des Klägers oder ein formloses *pactum de non petendo* nur über eine entsprechende *exceptio* als Abweisungsgrund berücksichtigt werden; in *bona-fides*-Klagen bedarf es dazu keiner *exceptio* (sog Inhärenz der *exceptio doli* oder der *exceptio pacti conventi*). Ebenso ist der Inhalt von *pacta adiecta* bei *bona-fides*-Klagen mit der jeweiligen Vertragsklage durchsetzbar.

f) Nach dem **Klagsziel** unterscheiden wir

› *actiones reipersecutoriae* (sachverfolgende Klagen), mit denen ein Vermögensinteresse verfolgt wird (zB *condictio*, alle dinglichen Klagen, alle Vertragsklagen),

› *actiones poenales* (Strafklagen), die auf Buße abzielen (zB *actio furti*) sowie

› *actiones mixtae* (gemischte Klagen), welche beiden Zielen dienen (zB *actio legis Aquiliae*).

Diese Einteilung ist für das Konkurrenzproblem (S 229 f) von Bedeutung.

III. Beteiligte

1. Jurisdiktionsträger

Wichtigster Jurisdiktionsträger ist der Prätor als der für die Rechtspflege zuständige, jeweils auf ein Jahr gewählte Magistrat. Seine Funktionen bestehen einerseits in der am Beginn des Amtsjahres erfolgenden Erlassung des Edikts (S 6) und andererseits in der Leitung des ersten Verfahrensabschnittes in jedem einzelnen Prozess.

Neben dem *praetor urbanus*, der für römische Bürger zuständig ist, gibt es den *praetor peregrinus* für Prozesse mit Beteiligung von Fremden. Weitere Jurisdiktionsträger sind die kurulischen Ädilen, die für die Marktgerichtsbarkeit zuständig sind. Die *iurisdictio* für Italien liegt je nach dem Streitwert entweder beim Prätor in Rom oder bei lokalen Magistraten. In den Provinzen ist der Statthalter für die Rechtspflege zuständig.

2. Richter

Als Richter fungieren Privatmänner, die in keinem beamteten Verhältnis zum Staat stehen und die auch keine juristische Ausbildung haben, sich aber ebenso wie die Prätoren von einem *consilium* beraten lassen.

Zumeist entscheidet ein Einzelrichter (*iudex unus*), in Prozessen mit einem gewissen öffentlichen Interesse ein dreiköpfiges Rekuperatorenkollegium. Für bestimmte Erbschaftsstreitigkeiten sind die *centumviri* zur Entscheidung vorgesehen.

3. Parteien

Die Parteien heißen Kläger (*actor*) und Beklagter (*reus*).

Unter **Parteifähigkeit** (prozessuale Rechtsfähigkeit) versteht man die Fähigkeit, Partei eines Verfahrens zu sein. Parteifähig sind alle gewaltfreien Personen sowie die Haussöhne. Ferner *collegia,* Gemeinden und der *fiscus*. Nicht parteifähig sind vor allem Sklaven.

Die **Prozessfähigkeit** (prozessuale Handlungsfähigkeit) ist die Fähigkeit, selbst prozessuale Handlungen zu setzen oder selbst einen Vertreter zu bestimmen, der diese Handlungen setzt. Nicht prozessfähig sind zB Unmündige oder Geisteskranke.

Die **Postulationsfähigkeit** ist die Fähigkeit, entweder für sich oder als Vertreter für einen anderen (*postulare pro alio*) vor Gericht Anträge zu stellen. Ausgeschlossen vom *postulare pro alio* sind infame Personen.

4. Prozessvertreter und Beistände

Prozessvertreter agieren **anstelle**, Prozessbeistände **neben** einer Partei. Beim Prozessvertreter unterscheiden wir den formlos bestellten *procurator* und den vor Gericht und Gegner förmlich legitimierten *cognitor*. Weil das römische Recht keine direkte Stellvertretung kennt, wirkt das Urteil nur für bzw gegen den Vertreter. Durch Stipulationen samt Bürgenstellung muss sichergestellt werden, dass das Urteil auch für bzw gegen den Vertretenen durchgesetzt werden kann.

Als Prozessbeistände (*oratores, advocati*) treten vor allem rhetorisch geschulte Personen auf (zB Cicero).

IV. Die Ladung

Im klassischen Formularprozess erfolgt die Ladung nicht von Amts wegen, sondern es ist Sache des Klägers, den Beklagten vor den Prätor zu bringen. Zuvor hat der Kläger dem Beklagten mitzuteilen, welche *actio* er gegen ihn anstrengen will (*edere actionem*).

1) Bei der **in ius vocatio** fordert der Kläger den Beklagten zum Erscheinen vor dem Prätor auf. Der Beklagte hat dem unmittelbar Folge zu leisten oder einen zahlungsfähigen *vindex* zu stellen, der sich für das spätere Erscheinen verbürgt.

Bei Nichtbefolgung der Ladung sieht das Edikt eine Bußklage vor. Außerdem droht dem Beklagten die *missio in bona* (der Kläger wird ins Vermögen des Beklagten eingewiesen) und die konkursmäßige *venditio bonorum* (dazu unten S 325). Wird ein *vindex* gestellt, droht diesem bei Nichterscheinen des Beklagten eine *actio in factum.*

2) Beim freiwilligen **Ladungsvadimonium** unterwirft sich der Beklagte dem vom Kläger genannten Termin und sagt für den Fall des Nichterscheinens eine Strafsumme in Stipulationsform zu.

3) Ein **Vertagungsvadimonium** wird dann verwendet, wenn die Verhandlung nicht an einem Tag beendet werden kann.

V. Verhalten des Beklagten in iure

1. Anerkenntnis

Wenn der Beklagte den Anspruch anerkennt (*confessio in iure*), so hat ein solches Anerkenntnis die Wirkung eines Urteils.

2. Streiteinlassung

Üblicherweise wird der Beklagte sich aber auf den Prozess einlassen, wobei seine Verteidigung in zweierlei Weise erfolgen kann:

› Bestreitung: ZB „Ich habe von G kein Darlehen erhalten, daher besteht keine Verpflichtung“;

› Erhebung einer Einrede: ZB „G hat mir in einer formlosen Abrede Stundung bis zum 1.12. zugesagt“.

Mit der **Bestreitung** bekämpft der Beklagte das Zutreffen der *intentio:* Bestritten wird also das vom Kläger behauptete Recht bzw der diesem Recht zugrundegelegte Sachverhalt.

Die Erhebung einer **Einrede** kommt dann in Betracht, wenn zwar das behauptete Recht bzw der zugrundegelegte Sachverhalt nicht bestritten werden, aber andere Umstände prozessrelevant gemacht werden sollen, die einer Verurteilung entgegenstehen, wie in unserem Beispiel die Stundungsabrede.

So wie dem Kläger die *actio*, muss dem Beklagten vom Prätor die Einrede (*exceptio*) gewährt werden. In der Formel geschieht dies dadurch, dass der Einredetatbestand (zB die Stundungsabrede) negativ in die Formel eingeschoben wird:

Si paret Numerium Negidium Aulo Agerio decem milia HS dare **oportere**	INTENTIO
si inter Aulum Agerium et Numerium Negidium **non** *convenit, ne ea pecunia peteretur*	EXCEPTIO PACTI CONVENTI
iudex Numerium Negidium Aulo Agerio decem milia HS condemnato, si non paret absolvito.	CONDEMNATIO

Wenn es sich erweist, dass NN dem AA 10.000 HS zu leisten (nach *ius civile*) verpflichtet ist,
und wenn zwischen AA und NN **keine** Vereinbarung darüber vorliegt, dass diese Summe nicht eingeklagt werden soll,
soll der Richter den NN gegenüber dem AA zu 10.000 HS verurteilen. Wenn es sich nicht erweist, soll er die Klage abweisen.

Als Formelbestandteil umschreibt die *exceptio* eine Ausnahme von der Verurteilung. Materiell steht dahinter ein Einrederecht (genauso wie hinter der *actio* als Klagsformel das mit der Klage durchgesetzte subjektive Recht steht).

Eine besonders wichtige Einrede ist die *exceptio doli* (S 227 f).

3. Einlassungsverweigerung (Indefension)

Das Zustandekommen des Prozesses, insb die *litis contestatio*, erfordert die Mitwirkung des Beklagten.

Bei *actiones in personam* führt die Einlassungsverweigerung dazu, dass der Beklagte als *indefensus* gilt. Ursprünglich konnte er daher sofort vom Kläger abgeführt werden (*ductio*); später wurde der Kläger in das Vermögen des *indefensus* eingewiesen (*missio in bona*) und der Konkurs in Gang gesetzt. Diese (wirtschaftlich ruinöse) Maßnahme wurde wieder aufgehoben, falls der Beklagte zur Einlassung bereit war.

Bei *actiones in rem* führt die Einlassungsverweigerung dazu, dass die Sache unverteidigt ist; daher kann, falls sie *in iure* gegenwärtig ist, der Kläger sofort zur Mitnahme ermächtigt werden. Ansonsten wird dem Kläger bei beweglichen Sachen die *actio ad exhibendum* (Klage auf Vorweisung) gewährt. Sie ist eine *actio in personam* und führt bei unterbliebener Exhibition zur Verurteilung auf den Betrag, den die *actio in rem* erbracht hätte. Bei Grundstücken wird dafür das *interdictum quem fundum* verwendet.

VI. Die litis contestatio

Während im alten Legisaktionenprozess unter Aufruf von Zeugen (daher der Name *litis contestatio* = Streitbezeugung, Streitbefestigung) in Spruchformeln der Streit und der Streitgegenstand festgelegt wurde, besteht dieser Akt im klassischen Formularprozess darin, dass sowohl Kläger wie Beklagter erklären, sich dem in der Formel niedergelegten Prozessprogramm zu unterwerfen. Durch das *iudicium-dare*-Dekret des Prätors und die *litis contestatio* ist das Prozessrechtsverhältnis begründet, die Sache *in iudicium deducta.*

Mit der *litis contestatio* ist eine **Ausschlusswirkung** verbunden, die darin besteht, dass über denselben Gegenstand nicht noch einmal eine Klage gewährt werden kann: *de eadem re ne bis sit actio* (über dieselbe Sache soll es nicht zweimal eine Klage geben), kurz: **ne bis in idem**. Bei *actiones in personam* im sog *iudicium legitimum* (das ist ein Prozess unter römischen Bürgern vor einem Einzelrichter in Rom oder der unmittelbaren Umgebung) tritt diese Ausschlusswirkung *ipso iure* ein, dh das Klagerecht ist nach *ius civile* verbraucht (Konsumption der *actio*). In allen anderen Fällen tritt die Ausschlusswirkung über eine *exceptio rei iudicatae vel in iudicium* *deductae* ein, die einer allfälligen zweiten Klage über dieselbe Sache entgegengesetzt werden kann.

VII. Das Verfahren apud iudicem

1. Allgemeines und Verfahrensgrundsätze

Der Verfahrensabschnitt *apud iudicem* umfasst das Beweisverfahren, die Plädoyers und das Urteil. Nach dem Befund der Quellen stößt dieser Abschnitt nur auf geringes Interesse der Juristen, er ist vor allem ein Betätigungsfeld für die rhetorisch geschulten Gerichtsredner.

Wichtige Grundsätze sind das beiderseitige Gehör, die Öffentlichkeit, die Mündlichkeit, die Verhandlungsmaxime und die Unmittelbarkeit.

Nach der Verhandlungsmaxime (Beibringungsgrundsatz) ist es Sache der Parteien (und nicht des Gerichts), den Prozessstoff zu sammeln, insb die Beweise vorzuführen. Das Gegenstück wäre die Inquisitionsmaxime (Untersuchungsgrundsatz), bei welcher der Prozessstoff von Amts wegen durch das Gericht gesammelt wird.

Der Grundsatz der Unmittelbarkeit soll einen engen Zusammenhang zwischen Stoffsammlung und Entscheidung garantieren: Das Gericht soll seine Entscheidungsgrundlagen aus eigener Anschauung gewinnen. In zeitlicher Hinsicht verlangt die Unmittelbarkeit eine rasche Verwertung des gesammelten Prozessstoffes für die Entscheidung.

2. Das Beweisverfahren

Das Beweisverfahren dient der Verifizierung der von den Parteien behaupteten entscheidungsrelevanten Tatsachen und Umstände. Die Beweisgegenstände sind primär der Formel im Anschluss an das *Si paret......* (Wenn es sich erweist, dass......) zu entnehmen.

a) Beweisgegenstände

Beweisgegenstände sind in erster Linie bestimmte **Tatsachen**. Bei *in ius* konzipierten Formeln ist Beweisgegenstand eine bestimmte subjektive **Rechtslage** (zB das Eigentum des Klägers, die Verpflichtung des Beklagten), die ihrerseits freilich auch den Beweis gewisser Tatsachen erfordert.

Objektive Rechtssätze müssen grundsätzlich nicht bewiesen werden. Auch heute geht man davon aus, dass das Gericht das inländische Recht kennt *(iura novit curia)*.

b) Beweislast

Unter Beweislast versteht man das Risiko des Prozessverlustes, der eine Partei trifft, wenn eine wesentliche Tatsachenbehauptung nicht erweisbar ist und daher im Unklaren bleibt.

Grundsätzlich trägt jede Partei die Beweislast für die ihr günstigen Umstände, der Kläger somit für die in der *actio* genannten anspruchsbegründenden Tatsachen, der Beklagte für die Einredetatsachen. Doch gab es im Formularprozess vermutlich keine starre Beweislastverteilung.

Zur Umkehr der Beweislast bei der *exceptio non numeratae pecuniae* siehe S 159.

c) Beweismittel

Beweismittel sind vor allem Zeugen, Urkunden, (zumeist beeidete) Parteienaussagen, fallweise auch der Augenschein und Sachverständige.

d) Beweiswürdigung

Der klassische Prozess ist vom Prinzip der freien Beweiswürdigung getragen, dh es bestehen keine festen Beweisregeln – das wäre gebundene Beweiswürdigung – und der Richter hat die Glaubwürdigkeit der Beweismittel nach freier Überzeugung zu beurteilen.

VIII. Das Urteil

a) Entsprechend dem in der Formel niedergelegten Prozessprogramm hat der Richter sein Urteil (*sententia*) zu fällen, außer er schwört, dass ihm die Sache nicht klar ist (*rem sibi non liquere*). In diesem Fall muss ein neuer Richter bestellt werden.

b) Ein stattgebendes Leistungsurteil führt stets zu einer Verurteilung auf Geld, auch dann, wenn die eingeklagte Leistung nicht in Geld besteht (Grundsatz der *condemnatio pecuniaria*).

Neben den Leistungsurteilen gibt es noch Feststellungs- und Rechtsgestaltungsurteile. Das stattgebende Urteil über eine Teilungsklage enthält stets eine rechtsgestaltende *adiudicatio* (zB Zuweisung von Alleineigentum), kann aber darüber hinaus in einer *condemnatio* auch Leistungspflichten aussprechen (zB Forderungen aus der gegenseitigen Abrechnung).

c) Der Formularprozess kennt keinen Instanzenzug, so dass das vom *iudex* gesprochene Urteil sofort **formell rechtskräftig** ist.

Während die formelle Rechtskraft eine Eigenschaft des Urteils (Unanfechtbarkeit bzw Unabänderbarkeit) darstellt, ist die sog materielle Rechtskraft eine Wirkung des Urteils: Die Parteien und das Gericht sind an den Inhalt des Urteilsspruches gebunden. Die Rechtslage ist dadurch zwischen den Parteien endgültig festgestellt; ein weiteres Verfahren über denselben Gegenstand ist daher ausgeschlossen. Im Formularprozess knüpft diese Ausschlusswirkung (*ne bis in idem*) freilich nicht erst an das Urteil, sondern schon an die *litis contestatio* an.

Die Rechtskraftwirkung ist grundsätzlich auf die Parteien des Verfahrens beschränkt; lediglich Gestaltungsurteile wirken über die Parteien hinaus.

d) Mit der Verurteilung aus bestimmten Klagen ist Infamie (Verlust der Ehre) verbunden: Zu den infamierenden Klagen zählen neben bestimmten Deliktsklagen alle Klagen, bei denen die Verurteilung einen Bruch eines Vertrauensverhältnisses anzeigt (zB *actio depositi directa, actio fiduciae directa, actio mandati directa, actio tutelae directa, actio pro socio*).

IX. Die pluris petitio

Eine *pluris petitio re* liegt vor, wenn mehr (zB 10.000) eingeklagt wird als tatsächlich geschuldet wird (zB 9.000). Heute führt das dazu, dass dem Klagebegehren nur teilweise stattgegeben, das Mehrbegehren hingegen abgewiesen wird. Diese Möglichkeit besteht im römischen Formularprozess über eine strengrechtliche *actio* auf ein *certum* (zB *condictio* auf 10.000) nicht: Hier hat nach dem Formelwortlaut der *iudex* nur die Möglichkeit, entweder auf 10.000 zu verurteilen oder abzuweisen: Letzteres muss er auch dann tun, wenn sich herausstellt, dass nur 9.000 geschuldet sind.

Eine zweite (berichtigte) Klage auf 9.000 kann der Kläger aber nicht mehr erheben, da *eadem res* vorliegt und mit der *litis contestatio* das Klagerecht verbraucht worden ist.

Bei Klagen auf ein *incertum* besteht für den Kläger kein Risiko der *pluris petitio*, da kein fixer Betrag begehrt wird, sondern *quidquid Num Num dare facere oportet*: Somit obliegt dem *iudex* die Ermittlung der Urteilssumme.

Der Begriff *pluris petitio* geht über das zu hoch formulierte Klagebegehren (*pluris petitio re*) hinaus. Als *pluris petitio* gilt auch, wenn das Begehren auf Leistung vor dem Fälligkeitstermin (*pluris petitio tempore*), am falschen Ort (*pluris petitio loco*) oder bei einer Wahlschuld lediglich auf ein Objekt gerichtet ist, so dass der beklagte Schuldner um sein Wahlrecht gebracht wird (*pluris petitio causae*).

X. Die Vollstreckung

1. Die actio iudicati

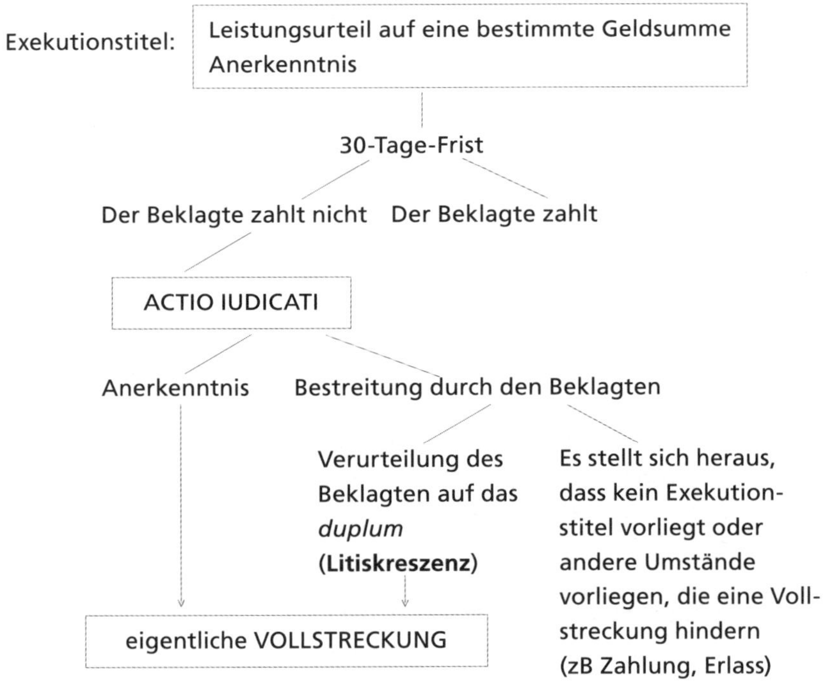

Hat das Verfahren mit einer *condemnatio* oder mit einer *confessio in iure* geendet, so kann auch nach Verstreichen der 30-tägigen Leistungsfrist nicht sofort vollstreckt werden, sondern es bedarf einer weiteren Klage: Bei dieser *actio iudicati* wird lediglich geprüft, ob ein Exekutionstitel vorliegt; keineswegs kann in der *actio iudicati* noch einmal die Berechtigung des ursprünglichen Begehrens in Zweifel gezogen oder überprüft werden. Der Beklagte, der zu Unrecht das Vorliegen eines Exekutionstitels bestreitet, riskiert eine Verurteilung auf das Doppelte (Litiskreszenz).

2. Arten der Vollstreckung

1) Die **Personalexekution** führt zu einem Zugriff auf den Schuldner selbst: Aufgrund einer *addictio* durch den Prätor kann der betreibende Gläubiger den Schuldner in Schuldknechtschaft abführen. Diese dient vor allem dazu, Druck auf ihn bzw seine Angehörigen auszuüben, andererseits vermutlich zur Abarbeitung der Schuld.

2) Die **Vermögensexekution** begegnet in drei Formen.

a) Die regelmäßige Vollstreckung ist nicht – wie heute – die Einzelvollstreckung, sondern der Konkurs; dieser findet auch dann statt, wenn keine Insolvenz vorliegt.

Der betreibende Gläubiger wird zunächst in den Besitz des Schuldnervermögens eingewiesen (**missio in bona**). Durch öffentliche Bekanntmachung (*pro-scriptio bonorum*) werden weitere Gläubiger zur Forderungsanmeldung aufgefordert.

Die Verwertung des Schuldnervermögens erfolgt über die sog **venditio bonorum**. Dazu wählen die Gläubiger einen *magister bonorum*, der das Schuldnervermögen en bloc zu versteigern hat. Bei der Versteigerung wird nicht der Preis lizitiert, sondern die Quote, welche die Interessenten den Gläubigern zu zahlen bereit sind (zB 20 %, 30 %, 40 % ihrer Forderungen). Der Ersteher (*bonorum emptor*) erhält das Schuldnervermögen und hat die Gläubiger in der gebotenen Quote zu befriedigen. Er ist Universalsukzessor des Gemeinschuldners.

Die *missio in bona* und die *venditio bonorum* hat für den Schuldner Infamie zur Folge; für den unbefriedigten Rest der Gläubigerforderungen haftet er weiter; lediglich im ersten Jahr nach dem Konkurs wird ihm ein Existenzminimum belassen.

b) Wenn jemand **unverschuldet** in Zahlungsunfähigkeit geraten ist, kann er diese schwerwiegenden Folgen sowie die Personalexekution dadurch abwenden, dass er sein Vermögen freiwillig an die Gläubiger abtritt (**cessio bonorum**).

c) Nur in Ausnahmefällen begegnet eine Einzelvollstreckung: Bei der sog **distractio bonorum** unterbleibt die *missio in bona*. Durch einen *curator* werden so viele Vermögensstücke veräußert, wie zur Befriedigung des Gläubigers erforderlich sind. Der Schuldner entgeht dadurch auch der Infamie.

Dieses Verfahren wird bei der Vollstreckung gegen geschäftsunfähige Erben und gegen Senatoren angewandt.

XI. Sonstige prätorische Rechtsschutzmittel

Neben *actiones* sieht der Prätor in seinem Edikt weitere Rechtsschutzmittel vor.

1. Interdikte

Interdikte sind vom Prätor ausgesprochene Verbote oder Gebote. Wenn ihnen Folge geleistet wird, hat der Antragsteller sein Ziel auf raschem Weg erreicht. Wird dem Interdikt nicht Folge geleistet, dann kommt es zu einem Nachverfahren (*agere ex interdicto*).

Nach dem vom Prätor gebrauchten Wortlaut unterscheidet man

1) prohibitorische Interdikte, mit denen der Prätor ein Verbot ausspricht, zB das Verbot weiterer Gewaltanwendung („*vim fieri veto*");

2) restitutorische Interdikte, mit denen der Prätor die Herausgabe anordnet („*restituas*"), und

3) exhibitorische Interdikte, mit denen der Prätor die Vorlegung einer Sache anordnet *(„exhibeas")*.

Interdikte finden sich vor allem im Bereich des Besitzschutzes (*interdictum uti possidetis, interdictum utrubi, interdictum unde vi, interdictum de vi armata,* S 136ff). In den Bereich des Pfandrechts gehören das *interdictum Salvianum*, mit dem der Bestandgeber die erstmalige Besitzerlangung an den *invecta et illata* begehrt (S 153) und das *interdictum de migrando*, mit dem der Mieter deren Freigabe verlangt (S 153). Mit dem *interdictum de precario* setzt der *precario dans* die Rückgabe durch den Prekaristen durch (S 118; 161). Im Erbrecht dient das *interdictum quorum bonorum* zum Schutz der *bonorum possessio* (S 92).

2. Restitutio in integrum

Das Edikt des Prätors verheißt in einer Reihe von Tatbeständen eine Wiedereinsetzung in den vorigen Stand. Als solche Restitutionsgründe werden zB *dolus, metus*, Minderjährigkeit, bei Erwachsenen *absentia rei publicae causa* (Abwesenheit in Staatsangelegenheiten) genannt. Das Vorliegen des Restitutionsgrundes wird zumeist vom Prätor selbst geprüft, der dann eine *actio* gewährt, in deren Formel die Fiktion enthalten ist, als sei die vom Restitutionsgrund betroffene Wirkung nicht eingetreten.

Hat zB G dem S unter Zwang eine Forderung durch *acceptilatio* erlassen, wird dem G die Klage aus der Forderung so gewährt, als sei der Erlass nicht erfolgt. Hat E zufolge *absentia rei publicae causa* eine Ersitzung seines Grundstückes durch B nicht verhindern können, so wird dem E eine *actio* mit der Fiktion gewährt, die *usucapio* sei nicht eingetreten.

Heute ist die *restitutio in integrum* eine Einrichtung des Verfahrensrechts: Hat eine Partei durch ein unvorhergesehenes und unabwendbares Ereignis die rechtzeitige Vornahme einer Prozesshandlung versäumt, so kann sie einen Antrag auf Wiedereinsetzung in den vorigen Stand stellen (vgl § 146 ZPO, § 71 AVG).

3. Sonstige Einrichtungen

a) Eine *missio in bona* (Einweisung in das gesamte Vermögen) begegnet als Druckmittel bei der Ladung (*in ius vocatio,* oben S 318), zur Durchsetzung des Einlassungszwanges bei *actiones in personam* (S 320) und bei der Vollstreckung (S 325).

b) Das Edikt enthält ferner Musterformulare für sog prätorische Stipulationen. Sie werden teilweise im Zusammenhang mit einem Prozess eingesetzt (zB die *cautio pro praede litis et vindiciarum* S 134), teilweise dienen sie der vorbeugenden Rechtssicherung (zB *cautio rem pupilli salvam fore* S 50, *cautio damni infecti* S 114, *cautio usufructuaria* S 142). Ihr Abschluss kann zumeist indirekt – durch Androhung von Nachteilen bei Nichtleistung – erzwungen werden.

c) Zur **außerstreitigen Gerichtsbarkeit** gehören zB die *manumissio vindicta* (S 35), die Adoption (S 64), die *datio tutoris* (S 48), die *in iure cessio* (S 121 f) und die Erteilung der *bonorum possessio* (S 83).

§ 49. Der Kognitionsprozess

Während im Formularprozess ein privater Richter aufgrund eines schriftlich formulierten Prozessprogrammes zur Urteilsfällung berufen ist, wird der Kognitionsprozess ohne Verwendung einer Formel vor einem beamteten Organ abgewickelt. Die Unterteilung in zwei Abschnitte entfällt.

1) In der Klassik findet sich das Kognitionsverfahren

a) als sog *extraordinaria cognitio* in bestimmten Bereichen, wie zB für Honorarforderungen, für Unterhaltsforderungen, für Fideikommisse, für das Verfahren vor den Fiskalprokuratoren;

b) beim Provinzialprozess in jenen Provinzen, in denen der Formularprozess nie eingeführt (so zB in Ägypten) oder bald verdrängt wurde;

c) beim Prozess vor dem Kaisergericht.

2) In der Nachklassik setzt sich der Kognitionsprozess generell durch und wird ordentliches Verfahren. Allerdings kann auch hier der Gerichtsherr die Entscheidung an einen Unterrichter (*iudex datus, iudex pedaneus*) delegieren und diesem eine entsprechende Instruktion zukommen lassen; diese ist jedoch nicht mit einer Formel vergleichbar.

Die stärkere staatliche Gerichtsgewalt zeigt sich vor allem bei der Einleitung des Verfahrens. Die Ladung ist nicht ein privater Akt des Klägers, sondern erfolgt entweder halbamtlich, indem das Gericht die private *denuntiatio* des Klägers mit seiner *auctoritas* versieht oder amtlich, indem das Gericht dem Beklagten eine schriftliche Ladung zustellt (*evocatio litteris*) oder ihn allenfalls durch öffentlichen Anschlag lädt (Ediktsladung). Später wird im sog Libellprozess vom Kläger eine Klagsschrift (*libellus*) eingereicht und mit der amtlichen Ladung dem Beklagten zugestellt, der darauf seinerseits mit einer Klagebeantwortung (*libellus contradictorius*) reagiert. Bei Nichterscheinen trotz ordnungsgemäßer Ladung (*contumacia*) ergeht ein Versäumungsurteil, ursprünglich nur zu Lasten des nicht erschienenen Beklagten, im justinianischen Recht auch zu Lasten des nicht erschienenen Klägers: Dabei wird das Vorbringen der erschienenen Partei dem Urteil zugrunde gelegt.

Im Kognitionsprozess wird der Grundsatz der *condemnatio pecuniaria* aufgegeben, so dass ein Leistungsurteil zB auch auf Herausgabe einer Sache ergehen kann. Das Urteil ist im Wege der *appellatio* überprüfbar, der Instanzenzug geht bis zum Kaiser. Die Vollstreckung im nachklassischen Kognitionsprozess ist nicht mehr der Konkurs, sondern die Einzelvollstreckung.

§ 50. Nachklassische Sonderverfahren

1. Der Reskriptsprozess

Schon in der klassischen Prinzipatszeit konnte sich jedermann an den Kaiser mit der Bitte um Rechtsauskunft wenden. Diese wurde dem Anfragesteller in der Form des Reskripts erteilt. Da es sich um Rechtsauskünfte handelt, wird vom Kaiser nicht überprüft, ob der vom Anfragesteller vorgebrachte Sachverhalt auch tatsächlich zutrifft. Mit der Ausarbeitung der Reskripte war eine eigene Kanzlei – in der zeitweise auch prominente Juristen mitwirkten – befasst.

Reskripte – sie stellen einen Typus von Kaiserkonstitutionen dar – sind vor allem im *Codex Iustinianus* überliefert.

Beim nachklassischen Reskriptsprozess erwirkt der Kläger vor dem Prozess ein kaiserliches Reskript, welches freilich unter den Vorbehalt gestellt wird, *si preces veritate nituntur* (wörtl: wenn sich die Eingabe auf die Wahrheit stützt). Der Kläger legt dieses Reskript dann zusammen mit seiner Klage dem Richter vor, dem es vorbehalten bleibt zu überprüfen, ob der zugrundegelegte Sachverhalt zutrifft oder nicht. Trifft er zu, ist der Richter an die Rechtsansicht des Kaisers gebunden, trifft er nicht zu, ist das Reskript für den Kläger wertlos.

2. Die episcopalis audientia

Innerhalb der Christengemeinde hatte der Bischof seit jeher eine streitschlichtende Funktion. Die Korruption in der staatlichen Rechtspflege führte häufig dazu, dass Parteien sich auch in weltlichen Streitigkeiten an den Bischof wandten. Diese *episcopalis audientia* wurde von Kaiser Konstantin ausdrücklich anerkannt und in der Folge weiter ausgebaut. Die Sprüche der Bischöfe waren wie staatliche Urteile vollstreckbar.

Sachregister

böhlau

WILLEM J. ZWALVE, BOUDEWIJN SIRKS

GRUNDZÜGE DER EUROPÄISCHEN PRIVATRECHTSGESCHICHTE

EINFÜHRUNG UND SACHENRECHT

Die verstärkte Zusammenarbeit zwischen den Mitgliedern der Europäischen Union hat auch Auswirkungen auf den juristischen Unterricht und die juristische Praxis ebenso wie auf das traditionelle Privatrecht. Dies sollte Anlass geben, nicht nur den Unterschieden, sondern auch den systematischen Ähnlichkeiten in den zivilrechtlichen Kodifikationen der EU-Mitgliedsländer nachzugehen. Die Autoren verfolgen mit ihrer Untersuchung drei Ziele: den Nachweis, wie groß – trotz scheinbarer Rechtsvielfalt – der Zusammenhang zwischen den unterschiedlichen westeuropäischen Rechtssystemen ist; die Gewichtung der rechtspolitischen Überlegungen, die den unterschiedlichen Kodifikationen zu Grunde liegen; und schließlich den Leser in einige Grundbegriffe des kontinentalen »civil law« und des englischen »common law« einzuführen und auf die gemeinsamen Traditionen mit dem kontinentaleuropäischen Rechtssystem zu verweisen. Das Buch soll nicht nur im akademischen Unterricht Verwendung finden, sondern richtet sich zugleich an interessierte praktizierende Juristen.

2012. 537 S. BR. 170 X 240 MM.
ISBN 978-3-205-78640-5

BÖHLAU VERLAG, WIESINGERSTRASSE 1, 1010 WIEN. T: +43 (0) 1 330 24 27-0
BOEHLAU@BOEHLAU.AT, WWW.BOEHLAU-VERLAG.COM | WIEN KÖLN WEIMAR

böhlau

ZEITSCHRIFT DER SAVIGNY-STIFTUNG FÜR RECHTSGESCHICHTE (2012)

Der erste Vorgänger der heute vorliegenden ZRG wurde im Jahr 1815 von Friedrich Carl von Savigny und C.F. Eichhorn im Geiste der Historischen Rechtsschule ins Leben gerufen und gefördert. Heute stellt die ZRG einen festen Bestandteil der europäischen rechtshistorischen Forschung dar. Der Aufsatzteil mit grundsätzlich unveröffentlichten Beiträgen über neu entdeckte Quellenfunde, neue Wertungen von Bekanntem oder vergleichende Beobachtungen prägt maßgeblich den aktuellen Stand der Disziplin. Der Literaturteil berichtet nach Möglichkeit umfassend von den einschlägigen Neuerscheinungen am internationalen Medienmarkt.

PETER OESTMANN, JOACHIM RÜCKERT, GERHARD KÖBLER (HG.)
GERMANISTISCHE ABTEILUNG
129. BAND, 2012
2012. 995 S. BR. | ISBN 978-3-205-78882-9

GERHARD THÜR, MARTIN JOSEF SCHERMAIER, WOLFGANG KAISER (HG.)
ROMANISTISCHE ABTEILUNG
129. BAND, 2012
2012. 1058 S. BR. | ISBN 978-3-205-78883-6

ANDREAS THIER, HANS-JÜRGEN BECKER, HEINRICH DE WALL (HG.)
KANONISTISCHE ABTEILUNG
98. BAND, 2012
2012. 412 S. BR. | ISBN 978-3-205-78884-3

BÖHLAU VERLAG, WIESINGERSTRASSE 1, A-1010 WIEN, T:+43 1 330 24 27-0
INFO@BOEHLAU-VERLAG.COM, WWW.BOEHLAU-VERLAG.COM | WIEN KÖLN WEIMAR

böhlau

THOMAS OLECHOWSKI, CHRISTIAN NESCHWARA, ALINA LENGAUER (HG.)

GRUNDLAGEN DER ÖSTERREICHISCHEN RECHTSKULTUR

FESTSCHRIFT FÜR WERNER OGRIS ZUM 75. GEBURTSTAG

Werner Ogris war 1962–1966 Professor an der FU Berlin und 1966–2003 an der Universität Wien. Der Österreichischen Akademie der Wissenschaften gehört er seit 1972 als korrespondierendes, seit 1975 als wirkliches Mitglied an. Seine Forschungen reichen von der Privatrechtsgeschichte des Mittelalters über das Verhältnis von Recht und Staat im aufgeklärten Absolutismus bis hin zur Strafrechtsentwicklung im 20. Jahrhundert. Der vorliegende Band, verfasst von Freunden und Kollegen an Universität und Akademie, spiegelt dieses reiche Schaffen wider. Er enthält Beiträge zur antiken, mittelalterlichen und neuzeitlichen Rechtsgeschichte, zum geltenden österreichischen und europäischen Recht sowie allgemeine Reflexionen zu Universität und Rechtswissenschaft.

2010. 606 S. GB. M. SU. 170 X 240 MM.
ISBN 978-3-205-78628-3

BÖHLAU VERLAG, WIESINGERSTRASSE 1, 1010 WIEN. T: +43(0)1 330 24 27-0
BOEHLAU@BOEHLAU.AT, WWW.BOEHLAU-VERLAG.COM | WIEN KÖLN WEIMAR